作 者 简 介

周丹　广东农村信用社联合社银信中心副总裁

　　现任广东省农村信用社联合社银信中心党委委员、副总裁，中国银行业协会信息科技专业委员会副主任委员，中国计算机用户协会金融互联网分会暨中国网络金融联盟副理事长，数据中心运营管理工作组专业委员，广东银行同业公会第一届金融科技工作委员会副主任委员。曾任中国银监会银行业信息科技"十三五"发展规划农村中小金融机构编制组领导小组副组长、广东省农村合作金融机构数据大集中工程项目负责人。具有 27 年以上的银行业工作经验，在金融科技领域研究颇深。

焦烈焱　普元首席技术官、数字化金融研究院院长

　　普元信息技术股份有限公司首席技术官、数字化金融研究院院长，长期从事软件产品研发与技术管理工作，专业领域涉及分布式计算、数据管理、软件过程等方面，组织研发了多款软件基础设施产品，致力于利用创新的软件架构与平台为大型企业实现数字化转型。曾主持完成多家大型企业的软件平台建设。

邓通　数字化金融研究院研究员

长期致力于分布式平台、IT 工程效率平台建设实践，拥有多年大型企业 IT 规划、体系建设、分布式平台建设经验。先后参与了邮政集团、陕西信合、内蒙古银行、华润银行及中国移动、联通等流程平台、开发平台、DevOps 平台及研发体系等项目建设。

喻吉林　数字化金融研究院研究员

长期致力于 SOA 架构、微服务架构、业务中台架构的设计与实践，拥有多年金融行业 IT 规划、架构设计与研发经验。先后参与了国家电网、工商银行、远光软件、国家开发银行、中国证券结算上海分公司、兴业银行、广东省农村信用联社等公司的业务流程平台、Java 技术平台、应用云平台、统一应用平台、综合应用开发平台、业务中台等平台建设项目。

陈清娟　数字化金融研究院研究员

长期致力于银行核心业务系统、业务中台、数据仓库/监管报表和项目管理体系等领域的实践，拥有多年银行 IT 规划、研发、运维的建设经验。先后参与了摩根史丹利国际银行中国公司、齐鲁银行、深圳农村商业银行、吉林银行、柳州银行、广东农信的数据仓库建设与监管报表实施、核心业务系统建设，业务中台建设、需求结构化和项目管理体系的建设工作。

植栋辉　数字化金融研究院研究员

长期致力于金融企业科技研发管理平台、企业级移动平台、金融业务中台等领域的实践，具备多年金融企业系统规划、研发建设、上线运维的实施经验。先后参与了中国结算、广发银行、广东农信、南海农商银行等金融企业的业务系统、流程平台、移动平台及应用、科技管理平台、业务中台以及中台体系建设等项目实施。

姚斌　数字化金融研究院研究员

长期致力于科技管理、产品设计、研发效能、质量管理等领域的实践，拥有多年大型企业 IT 规划及建设经验。先后参与多家大型企事业单位、金融机构流程平台、业务系统规划及落地，对零售业务有深入的理解，拥有扎实的业务中台落地经验。

魏鹏　数字化金融研究院研究员

长期致力于金融科技管理、研发效能、质量管理等领域的实践，拥有多年金融行业 IT 规划、研发、运维的建设经验。先后参与了中国银行、建设银行、民生银行、渤海银行、邮储银行、九江银行、华兴银行、华润银行、天津银行、鄂尔多斯银行的基础架构、私有云、DevOps、IT 规划、科技管理等体系的建设项目。

郝炎峰　数字化金融研究院研究员

十几年 Java 开发与架构设计经验，持续关注和研究分布式、微服务、DevOps 等领域。主要负责普元微服务平台、流程平台产品的核心架构设计与产品版本发展规划。先后参与了国家电网 BPM、BAM 平台、浦发银行新一代流程平台、兴业银行综合应用开发平台等大型平台项目建设与实施。

黄荣　数字化金融研究院研究员

20 年 IT 行业经验，致力于企业 IT 架构规划、科技管理实践。先后参与甘肃银行和包商银行信息安全系统建设，广东农信、陕西信合架构设计和规范制定，邮储银行微服务平台建设。参与研发的神州商桥电子商务平台获得信息产业部颁发的"全国电子商务示范单位"称号；参与研发的应用开发框架 Sm@rtFrame 获得首届北京优秀软件构件评选一等奖；带领团队申请获得"SYT1906 银行密码设备秘钥管理系统"商用密码产品型号证书。

金融企业
数字化中台

周　丹　焦烈焱　邓　通　喻吉林　姚　斌　著
郝炎峰　黄　荣　魏　鹏　植栋辉　陈清娟

清华大学出版社
北京

各个方面。

1. 金融企业数字化转型的本质是通过数字化手段实现"研产供销服"各环节的全面提升，以适应千人千面的"个性化需求"

金融企业数字化转型是在"深化金融供给侧改革，增强金融服务实体经济能力"的大趋势下开展的，需要"以市场需求为导向，积极开发个性化、差异化、定制化金融产品"，金融企业一般都具有较完善的网点渠道、广泛的客户基础、坚实的业务积累，但是组织决策和业务流程相对比较复杂冗长。数字化转型就是希望通过数字化、智能化手段，实现组织和流程的高效运转，满足客户与合作伙伴个性化、差异化、定制化需求，将金融服务嵌入到客户的生产、生活之中。从其他行业的经验看，数字化转型是企业通过"研产供销服"各环节的数字化，实现大规模的个性化产品制造，即通过市场数字化手段与产品数字化手段，洞察客户需求，快速完成产品的定义与验证，缩短产品研发时间，减少试错成本；通过生产过程的数字化，实现制造的横向集成与纵向集成，提高个性化生产的能力，提高产品质量；通过供应链的数字化，建立完备、高效的物流与供应链体系，实现资源整合，提高效率防止风险；通过营销的数字化，连接客户与企业，构建客户的全渠道触达，实现精准互动与交易，让营销资源的利用更加高效，推广成本降低；通过客户服务的数字化，优化内部服务能力，提升客户体验。金融企业的数字化转型，同样应该在产品设计、产品生产、产品运营、产品营销、渠道接触等五个方面的数字化入手：

（1）通过市场数字化明确客户需求与产品差异化，利用配置化手段快速推出产品，建立统一的产品视图和生命周期管理；

（2）金融企业的产品生产即 IT 系统的建设，通过低代码平台、微服务、DevOps 等手段，建立数字化的应用研发体系，提高应用研发的效率与质量；

（3）实现全渠道的营销覆盖，支持多样化的营销场景，建设丰富的营销运营组件，快速组合营销流程，实时监控营销成果并快速试错；

（4）建设标准化、数字化、配置化的运营流程与运营组件，提高运营流程的定制化能力，通过流程挖掘与员工行为数字化，优化内部运营流程，通过数字化减少员工重复劳动，为一线减负；

（5）整合员工渠道、线上渠道、线下渠道和合作渠道，完善渠道协作体系与营销互动，提高渠道服务体验。

2. 金融企业数字化中台建设是科技部门主导的，是科技建设的抓手

阿里中台建设是"业务变革、机制变革、组织变革、技术架构变革"的全面转型，这种模式的要求较高，实际上这种模式实施失败的例子也不少。金融企业对 IT 的依赖度远远高于其他行业，因此金融企业的中台建设是从 IT 建设的转型与重构开始，由科技部门驱动：

（1）首先，金融企业传统架构上也会分为前后台，前台是渠道层，后台对应账务、产品、风控、人力资源、经营分析，等等，中间一般有控制层，但是我们会发现，一般中间的控制层都很薄，往往被前端渠道和后端产品服务所剥离，因为相关业务在前端和后台都能做，不需要中间层做什么事。不过，后台往往具备稳定的模型、固化的流程，强调自身运转的效率，当数字化转型需要业务更加个性化时，需要与营销、合作伙伴、多渠道互动的时候，就与后台系统的初衷相违背了，造成大量的业务堆积在前台，随着业务增长，前台应用往往变成了牵一发而动全身，因此失去了敏捷性。针对这种情况就需要将中间层做厚，通过中间层将后台系统整合起来，交通银行信用卡中心的大运营平台前端打通了 APP、网银、微信等各个渠道，后端衔接了催收、客服、理财、贷款、支付等系统，就取得了良好的效果。

（2）其次，中台是科技部门快速响应业务需求、引领业务需求的抓手，强调在科技部门建立可复用能力的平台。SOA 架构标准化、服务化的要求仍然是需要遵守这个基本原则，同时中台的服务更加强调端到端和柔性（可变性）。所谓端到端是指服务提供者能够尽可能提供一个完整的业务流程供调用者使用，而不是仅仅提供一些细粒度的 API 供调用者组装（虽然这种情况不可避免），复用不是从实现层面来把类似的功能用一段代码完成，而是从使用者的角度出发，为使用者提供一种标准化的使用模式。既然端到端，就更加强调柔性（可变性），也就是适应变化的能力，中台服务需要像接口的标准化一样将服务的可变性透明化提供出来，让使用者可以在固定范围内通过配置化决定服务的行为，而不是依赖接口参数，最后这一点也是最关键的一点。

（3）最后，中台的建设未必一定在企业级，其实这种思路也可以在具体应用建设中采用，把应用按前中后层分离，后端是基础服务，中间层提供可复用、可变化的框架，快速适应前台业务的变化。实际上，中台化是平台化的一个延伸，可以在现有平台的基础上进行中台化的改造。

所以，我们说前台要极致的个性化，要有小惊喜，后台要极致的效率化，要有小感动，而中台要极致的标准化（标准化的接口、标准化的端到端能力、标准化的可变性），要有小确幸。

3. 金融企业数字化中台建设是建立企业级的软件可重用能力

金融企业的中台，是科技部门主导的、以可重用能力为核心的平台，那么中台建设的原则就要围绕着重用进行。重用首先要进行分类，只有通过分类进行解耦，才能明晰边界、确定职责，所谓分科而学。金融企业可重用能力按技术维度可以分为流程与规则、信息与数据、组件与框架三大类，对应到业务中台、数据中台、技术中台三大类。但更重要是业务维度的分解，决定中台的内涵，这些是不同行业中台建设不同的原因，即使同一行业的不同企业也会由于经营状况不同而有差异。传统上商业银行往往将业务分为资产类、负债类和中间业务，但这是按资产负债表构成来做的分类，并不能作为能力可复用的分解。从业务的构成看，金融企业业务都会包括客户交互（渠道）、金融产品服务、产品营销、产品运营、风险控制几个部分，当一个业务方案提出后，可以分解为：

（1）业务在哪些渠道完成，本渠道如何交互，跨渠道如何协作？

（2）业务由哪些产品提供，这些产品需要哪些个性化要求？

（3）该业务通过何种营销手段触达客户？

（4）渠道接受客户请求后，企业内部所需的运营流程如何？

（5）该业务有哪些风险控制因素，如何控制风险。

因此业务中台可以按照这几个方面抽象可重用的流程与规则，供前台应用快速发布业务，同时收集各种数据，供业务进行优化；数据中台根据这几个方面对数据标签化、形成模型，提供数据服务；技术中台根据不同业务类型确定技术组件、集成方式和技术框架，通过工具支持软件研发。需要注意的是：

（1）金融企业的客户交互包括线上、线下与合作伙伴，渠道众多，客户交互要突出渠道整合、渠道协作与多渠道营销互动；

（2）金融企业的产品定义一般都相对灵活，但在个性化产品、产品组合的能力上需要加强；

（3）产品的运营以前一般都在后台系统中完成，中台建设后需要将后台的能力独立出来（例如集中作业、客服等），通过中台的流程组合后为前台应用提供柔性的、端到端的服务能力，另外，传统架构中合作伙伴的概念并不突出，耦合在交易、产品、服务、渠道等流程中，但目前金融企业生态建设过程中，期望将金融服务嵌入到生产、生活当中，有些产品运营的流程需要按照合作伙伴要求定制，因此在产品运营服务中，需要将类似客户、订单、物流、积分等能力独立出来，为合作伙伴业务提供基本的运营能力。

4. 数字化中台建设需要从过程与方法、平台与架构、资产与知识三方面入手

基于中台进行大规模软件研发的方法论，我们建议参照"软件产品线工程"的理论，把软件研发分为领域工程与应用工程两部分，领域工程研发可复用的流程与服务，应用工程基于领域工程的流程配置新业务，或者通过领域工程的服务组合新业务。前面提到，现实中谈到重用的时候，大家往往从技术角度从后往前看，希望做出不重复的代码，实际上的复用是从业务视角看，从使用者视角看，抽象出标准化的流程，同时抽象出这些流程上的可变点，在流程执行时通过配置和当前上下文决定流程的行为，即决定可变点的具体执行方式。这样，就可以在业务中台中预制很多标准化的流程，这些流程已经确定了业务的处理方式，新业务只需要考虑自己的特殊性即可，例如一个线上渠道的业务受理流程一般包括客户交互（信息上传）、要素组织、信息确认、系统处理、业务交付几个环节，每个环节只是客户资料不同、确认方式不同（可以穷举）、处理交易不同（可以穷举）、业务交付内容不同（信息交付、实物交付两种方式可穷举），这个流程可以在业务中台中作为渠道流程组件提供出来，作为业务受理的标准流程。流程包括业务流程（长交易）、操作流程、交易流程（短交易）几种类型，业务的可变性可以包括流程环节可变、业务数据可变、业务规则可变、展现形式可变、人员角色可变，业务中台的技术框架应该支持上述流程的编排、配置与运行，支持上述可变性的描述与配置。我们总结了领域工程的分析设计方法：采用 BPMN 流程驱动的方式、DDD 领域驱动的方法、四色原型方法混合完成。DDD（Domain-Driven Design，领域驱动设计）应用在领域划分、业务语言统一、对象模型建立方面，四色原型方法在数据模型建立与展现方面具备独到之处，流程驱动的方式用于分析业务流程。应用工程以领域工程可复用组件为基础，可以建立覆盖业务需求、应用开发、应用发布、应用运营的研发流程，实现配置化的软件研发过程。基于业务中台的软件研发，可以基于低代码平台进行，根据业务类型进行抽象后的可重用能力和框架，提供配置化开发的工具，提高研发效率，例如针对线上渠道业务的合作方开发平台、针对网点渠道的网点开发平台、针对运营类业务的表单/流程/数据处理的开发平台等。

数据中台的建设不同于传统数据仓库的建设：数据在企业应用的建设过程中，存在于各个不同的系统中，这些系统由不同的部门开发、维护，信息存在重复、不完整、冲突等问题，无法形成可被方便使用的资源。为了解决信息在组织内部流通不利的问题，企业往往通过建设数据仓库为代表的 OLAP 系统。但数据仓库系统往往由专业的数据团队进行开发、维护，通过专门的技术/工具，从各个不同的系统中抽取、清洗、转换数据，建立多维的数据模型，产生业务需要的报表。逐渐地，数据团队变成了一个专业、庞大、独立的部门，专门为产生报表服务，这个团队采用了与其他系统开发不同的流程，积累了大量的业务需求，数据源头与数据使用需求不一致导致数据质量难以提高，形成了交易开发、数据开发两张皮的现象。为了快速响应业务需求，支撑业务创新，我们希望每个团队都能够利用数据实现对业务的感知与洞察，不需要等待数据团队来响应他们的需求，能够自己发现数据、使用数据，这就是数据自服务能力，而数据团队的职责是管理数据架构、提供平台与工具、提高数据质量、支持各方对数据的使用、形成数据资产，建立企业的数据自服务能力，简而言之，这就是数据中台的初衷。建立数据中台，需要完成如下工作：

- 转变目前数据团队的目标与组织架构，明确面向数据自服务的数据管理职能；
- 梳理现有全业务系统的数据架构，形成可逐步演进的企业元数据；
- 为数据的使用方提供数据生产线，为数据的收集/转换/存储/探索/可视化等提供方便的工具和研发过程；
- 通过数据标签化、数据关联、画像等手段，形成有重用价值的企业数据资产；基于数据安全策略，提供数据自服务能力。

技术中台的建设是对企业技术架构与研发过程进行抽象与封装，提供可复用能力，同样需要达到标准化、端到端、柔性（可变化）的要求。技术中台包括：可复用的技术组件，提供标准化的使用方法，例如消息、缓存、持久化、前端等；集成组件，将各应用整合起来以一致的视图展现给使用者，例如门户、服务集成、统一身份/认证、对账等；技术框架，根据业务类型的不同提供标准的代码开发框架，例如联机框架、批量框架、联机小批量框架、异步处理框架、前端展现框架等；研发流程，以 DevOps 为核心建立架构、需求、开发、发布、监控、运维的流程。金融企业一般系统很多，采用的技术也不一样，决定了技术中台的建设，同样不要追求一个大一统的平台，而是按照这样的思路循序渐进，也不要追求最先进的实现技术，为开发者提供可复用能力后，底层的技术差异应该被屏蔽掉。我们的经验是，首先考虑的是集成组件，因为多个应用不能整合直接影响了用户的使用体验，也造成了应用间互联互通的困难，而使用集成组件进行整合也容易被不同系统的研发者接受；其次是研发流程的标准化，可以从版本管理、持续集成与发布入手，比较容易达到效果；再次是统一一些技术组件，指导系统使用这些组件，提高应用的质量，最后，在有条件的应用中定义标准化的应用技术架构。

明确了中台建设的目标、原则与方法，可以看出中台建设更多是利用可重用思想，建立标准化、端到端、柔性（可变化）的重用能力，可以从企业级中台开始，也可以从某一业务领域开始，还可以在某一系统入手进行，因此，对金融企业中台建设成熟度的评估，我们建议从业务、架构、流程、组织几个维度入手，参考 CMMI 的成熟度模型。其中业务考量中台建设的产品化能力，包括愿景与策略、融合与创新，是单一项目还是可管理、可度量、可优化的企业行为；架构考量中台的重用能力，是否符合标准化、端到端、柔性（可变化）的标准；过程考量企业软件研发过程，是否建立了可重用、敏捷的过程体系；组织考量金融企业科技团队组织架构与协作关系，是否建立了可重用软件研发的模式。

对于金融科技的从业者，这是一个全新的时代。从 B/S 到 SOA 再到中台架构，标志着 IT 建设进入到了深水区，一方面 IT 系统不再是简单的信息保存，而是业务数据化，利用数据驱动业务；另一方面 IT 系统不再是简单的从业务需求转化为系统实现，而是需要通过可复用能力支撑甚至引导业务需求。本书通过七个部分，论述了金融企业中台的背景、目标、原则与分工、业务中台/数据中台/技术中台的实施方法、成熟度评估原则，这也是我们从 SOA 架构到中台架构、从平台化到中台化里程碑的总结。

抛砖引玉，是为序。

著者
2020 年 6 月

致 谢

特别感谢广东农信银信中心陈俊首席架构师、信息技术部架构管理室黄水华经理， 以及银信中心的其他同事，他们为我们提供了大量指导与实践经验，广东农信银信中心将银行业务按渠道、产品、风险、管理、营销、机构、能力解耦的架构思想，是本书核心的指导。

感谢交通银行信用卡中心互联网部巢国勇总经理、信息技术管理部陈鹏技术经理给我们的帮助，交行信用卡中心在大运营平台的建设中，提出了前中后分离理念，使用了微服务化的架构模式，是业务中台与微服务架构在银行业较早的践行者。

感谢我们的朋友哈尔滨银行首席信息官梁勇、金融行业资深专家沈培林、龙湖集团数字科技部副总经理李博，他们对业务的理解与归纳、系统思维能力让我们受益匪浅，诸如产品工厂的设计、大营销与渠道建设、敏捷研发过程与精益管理、数字化转型，他们总能够举重若轻， 将问题的本质与共性抽象出来，将业务与科技实现完美地结合起来，我们经常讨论的很多内容 都体现在了本书中。

感谢刘亚东博士、黄柳青博士，他们创立了普元信息，2004 年他们在《软件中国的机会》、《软件的涅槃》中预示由于中国和西方存在着根本性的差异，套装软件的"恐龙式"模式不适合中国国情，中国市场需要更加灵活的软件架构模式， 中台理念的流行是这种预见最好的见证。

感谢普元金融司建伟先生、周立先生，他们支持普元数字化金融研究院的成立，并为编写创造了大量的有利条件，也感谢普元数字化金融研究院的诸位同事，本书是我们集体创作的结晶。

感谢我们众多的合作伙伴与同事，因为本书的内容很多是从不同场合的讨论中引申出来的，某个意见事后被回忆起来，便成为某个问题的解决方案。本书存在纰漏，无论如何是作者的失误。

著者

2.1.2 中台架构：IT 架构发展的必然 26

2.1.3 中台是企业数字化转型下重构 IT 的最佳选择 28

2.1.4 中台是平台建设的自然延伸 30

2.2 中台之殇，金融中台建设何去何从 31

2.2.1 盲目跟风，奔着中台做中台 31

2.2.2 对中台定位不清，期望包治百病 32

2.2.3 实施中台所需的组织架构不清晰 32

2.3 个性化前台、标准化中台、效率化后台 33

2.3.1 前台要有小惊喜：极致的个性化 34

2.3.2 中台要有小确幸：极致的标准化 35

2.3.3 后台要有小感动：极致的效率化 36

第 3 章 中台之道：金融企业中台建设方法论 38

3.1 全面解读科技部门主导的金融企业数字化中台 38

3.1.1 企业级可重用能力的建设，是金融企业数字化中台建设的主要手段 38

3.1.2 金融企业数字化中台建设全景图 40

3.1.3 典型的可重用中台架构模式 42

3.2 金融企业数字化中台建设的过程与方法 43

3.2.1 研发过程 44

3.2.2 研发方法 47

3.2.3 评估方法 51

3.3 业务中台架构原则 53

3.3.1 顶层设计，明确业务中台在应用架构中的定位 54

3.3.2 按价值链理论，进行业务中台可重用能力的领域划分 54

3.3.3 能力中心，以形成可独立运营单元为划分原则 56

3.3.4 流程建模，抽象端到端、柔性的可重用流程 58

3.3.5 产品中台：产品工厂与业务中台的关系 61

3.3.6 渠道中台：体验整合、流程整合、数据整合、营销整合 63

3.3.7 运营中台：打造标准化运营流程，支持新业态 65

3.3.8 营销中台建设原则 69

3.3.9 业务中台与低代码平台 71

3.4 数据中台设计原则 73

3.4.1 数据中台建设的价值架构 73

3.4.2 金融机构数据中台架构 74

3.4.3　数据中台必备的 5 大核心能力 76

3.5　技术中台架构原则 77

3.5.1　通过"5S 管理"的思路，建立柔性的软件生产线 78

3.5.2　建立标准化的企业集成架构与应用技术架构 82

3.5.3　利用"端到端"的思路，沉淀业务组件与技术组件 84

3.6　中台建设的组织保障 86

3.6.1　中台组织架构模式：科技双模 87

3.6.2　产品/需求/架构角色分离 88

3.6.3　敏捷团队转型，从小团队模式开始 90

3.6.4　建立对齐业务的科技部落 91

第 4 章　中台之法一：金融企业业务中台建设 92

4.1　业务中台建设的相关方法 92

4.1.1　需求的结构化描述方法 92

4.1.2　可重用体系架构的设计方法 113

4.1.3　业务可变性设计方法 125

4.2　业务可变性技术框架 134

4.2.1　技术框架解决可变性问题 134

4.2.2　从技术框架角度看可变性 136

4.2.3　技术框架的运行机理 143

4.3　业务中台关键设计 146

4.3.1　产品中台，产品工厂在业务中台的实现 146

4.3.2　渠道中台，线上线下一体化服务流程的通用性与可变性分析 ... 151

4.3.3　运营中台，产品服务流程的标准化与柔性 156

4.3.4　营销中台，精准营销的标准化与柔性 172

4.4　低代码平台，高效率创建新应用 179

4.4.1　基于可重用的业务组件支撑业务需求快速落地 180

4.4.2　整体的可扩展性是平台可持续发展的保障 189

4.4.3　平台需要全面支撑应用的生命周期 191

第 5 章　中台之法二：金融企业数据中台建设 194

5.1　数据中台之认知篇 194

5.1.1　金融企业数据中台的挑战 194

5.1.2　什么是数据中台 195

5.1.3 数据中台 vs 数据仓库 196

5.1.4 数据中台 vs 业务中台 197

5.2 数据中台之方法篇 197

5.2.1 数据中台之"盘"，关键是盘活数据 198

5.2.2 数据中台之"规"，重点在标签体系 200

5.2.3 数据中台之"整"，难点在数据治理 211

5.2.4 数据中台之"用"，体现在数据服务 217

5.3 数据中台之应用篇 218

5.3.1 银行网点绩效优化 219

5.3.2 精准营销 221

5.3.3 风险管控 224

第6章 中台之法三：金融企业技术中台建设 227

6.1 应用集成架构，提高企业应用的整合能力 227

6.1.1 统一身份认证 228

6.1.2 统一组织机构用户数据 231

6.1.3 统一应用门户 234

6.1.4 统一任务中心 237

6.1.5 服务集成平台 239

6.1.6 文件传输 246

6.1.7 作业调度 248

6.2 DevOps，建立数字化的软件生产线 250

6.2.1 软件生产过程中的十四大浪费 250

6.2.2 建立数字化生产线的软件生产全流程 257

6.2.3 打造数字生产线需要做到的五个统一 259

6.2.4 度量与引领性指标必不可少 261

6.2.5 金融企业引入以 DevOps 为基础的数字化生产线的五点建议 ... 264

6.3 微服务化的应用技术架构与技术组件 265

6.3.1 从业务发展来看应用技术架构的变迁 265

6.3.2 从技术发展来看应用技术架构的变迁 266

6.3.3 当前应用技术架构微服务化出现的问题与解决原则 ... 267

6.3.4 服务分布，流程聚合的服务设计原则 269

6.3.5 数据分布与信息聚合的设计模式 274

6.3.6 感觉分布与知觉聚合 280

第 7 章　中台之术：金融企业中台成熟度模型 ·· 286

7.1　基于业务、架构、软件过程和组织保障的多维成熟度模型简介 ················ 286

7.2　成熟度分级模型评估框架 ·· 288

　　7.2.1　业务成熟度模型 ·· 288

　　7.2.2　架构成熟度模型 ·· 291

　　7.2.3　软件过程成熟度模型 ·· 293

　　7.2.4　组织保障成熟度模型 ·· 294

7.3　成熟度评估流程 ·· 296

　　7.3.1　评估准备 ··· 297

　　7.3.2　执行评估 ··· 297

　　7.3.3　分析评估 ··· 299

　　7.3.4　报告结论 ··· 299

第1章

中台之势：金融企业数字化转型背景

1.1 数字化经济浪潮下，颠覆与被颠覆成新常态

在数字化经济蓬勃发展的今天，在互联网＋、云计算、大数据、人工智能、区块链等新技术的不断推动下，跨界竞争每天都在悄然发生。互联网的发展让企业具备了跨界竞争发展的能力，这让传统企业需要直面这些"站在门口的野蛮人"——他们手持的不是刀枪棍棒，而是整合后的横跨高低维度的商业模式。他们不需要考虑成本、资金、仓库甚至实体店面的位置，用最简洁的方式短时间内便拿走了传统企业经营多年的市场。大润发创始人离职时说："我战胜了所有对手，却输给了时代"。大润发在零售行业是一个号称19年不关一家店的传奇商场，在商场这个领域里，没有任何人能够打败它，包括沃尔玛和家乐福，但是很可惜它败给了这个时代，令人唏嘘不已。

时代的车轮滚滚而过，它抛下你时，连一声再见都不会说。

1.1.1 这是一个多变的、敏捷创新的时代

我们身处变化越来越快、知识边界不断被突破的VUCA时代，信息的超饱和不断打破暂时达成平衡的局面。VUCA一词在20世纪90年代起源于美国军方，是Volatility（易变性）、Uncertainty（不确定性）、Complexity（复杂性）、Ambiguity（模糊性）的缩写，概括了后互联网时代商业世界复杂易变的特征。2018年3月，曾经的ATM巨头"维珍创意"公布了2017年度业绩预告公示，2017年净利润仅300~390万人民币，同比暴跌88.6~91.2%。维珍创意在公示中直接写道："2017年支付宝、微信支付迅猛发展，移动支付替代了大量的小额现金支付，严重影响了银行ATM机的布放，造成全公司业绩出现大幅下调。"维珍创意，曾经的银

行 ATM 机的龙头企业，它围绕 ATM 产业将一条龙服务做到了极致，拿下了四大行，战胜了多个同类竞争对手，一度风光无限。但就是这样，它活在了局限于 ATM 的世界里，最后输给了一个不用现金的时代。

这是一个多变的时代，竞争已经不止来自专业的同行，更多来自另外一个领域的跨界者，行业的边界正在被这些跨界者打破，来不及变革的企业，必将遭遇前所未有的打击。早在 2015 年，马云在乌镇世界互联网大会上曾发言："这是一个摧毁你，却与你无关的时代；这是一个跨界打劫你，你却无力反击的时代；这是一个你醒来太慢，干脆就不用醒来的时代；这是一个不是对手比你强，而是你根本连对手是谁都不知道的时代。在这个大跨界的时代，告诫你唯有不断学习，才能立于不败之地！今天你还很贫穷，是因为你怀疑一切；如果你什么都不敢尝试，你将永远一事无成，机会总是留给有准备的人"。

这是一个敏捷创新的时代，大批新科技崛起，而推出这种新科技产品并占有市场的，往往不是这个行业的企业，而是其他跨界企业。这样的"门口野蛮人"还有很多，比如，在汽车行业，电动汽车老大特斯拉，原来根本就没有制造过汽车；谷歌同样没有一点汽车制造的背景，却正在开发无人驾驶汽车，也将对汽车行业带来一定的影响；柯达垄断了全球的胶卷，数码相机和手机的出现让它快速倒塌；Apple 是一家科技公司，推出 Apple Watch 后，传统的钟表企业无不倍感压力。在中国，这样的情况也非常多，移动和联通竞争了这么多年，最后发现最大的对手是腾讯；康师傅从风靡全国到减产，原因不是今麦郎，而是饿了么和美团外卖的崛起影响了方便面的销售……

这是一个最好的时代，也是一个最坏的时代。所有的桎梏将被打破，所有的模式都将被推翻。创新者以前所未有的迅猛，从一个领域进入另一个领域。门缝正在裂开，边界正在打开，传统的广告业、运输业、零售业、酒店业、服务业、医疗卫生等，都可能被逐一击破。在移动互联网之上，会建立一个更便利、更关联、更全面的商业系统。

同样，在金融行业，大批金融科技企业也不是金融行业出身，却对传统银行产生很大冲击。伴随着数字化经济的到来，我国金融企业正在掀起一股数字化转型的浪潮，信用卡的营销渠道、产品创新流程、风控建模与贷后催收等环节，均发生了翻天覆地的变革。各家银行加强体验创新、科技创新、生态创新和组织创新的商业模式，以此对传统银行进行数字化改造，部分领先的银行已开展"敏捷银行"的创新实践。

从最新实践成果来看，2019 年 4 月初热议的"人类历史上首张黑洞照片"就是最佳的范例。招商银行与中信银行在照片公布的当晚和第二天，分别推出了迅速响应的信用卡产品，引起互联网用户的广泛关注与转发。招商银行的宣传语是"黑洞已揭开面纱，而黑卡依旧是个秘密"；中信银行则是推出了"星云信用卡"，主要面向天文爱好者这类群体。从两家银行的快速反应可知，金融机构的信用卡中心已开始建立产品研发与营运部门的协同机制，使产品开发周期大幅缩短，可以及时地投入市场，是业界对于敏捷开发实践的成功范例，传统银行正逐步朝向数字化银行方向迈进。

1.1.2　数字化经济时代，金融业正在经历着历史性巨变

国际金融危机以来，全球经济持续低迷，主要发达国家贸易保护主义抬头，我国经济发展的外部动力逐渐弱化，内部约束逐渐增强，经济由高速增长调整为中高速增长，经济金融转向深层次变革。金融行业 ROE 持续下滑、营收增长停滞不前，银保监会数据显示，2019 年四季度末我国银行业金融机构本外币资产 290 万亿元，同比增长仅 8.1%。与此同时不良贷款比例高位攀升，从 2012 年的 1.0%增长到 2019 年的 1.86%；2019 年四季度末商业银行不良贷款余额达到 2.41 万亿元，较上季末增加 463 亿元，仍保持较快增长；2020 年 2 月末银行机构的不良贷款率已达到 2.08%。金融业作为变革的前沿阵地，竞争日益白热化，国内仅银行业法人机构已经超过 4000 家，各类金融机构超过 2 万家，同质化竞争严重。行业内部也从同质竞争走向差异化竞争、从"坐商"转为"行商"、从单一服务功能转向综合服务功能。为应对竞争，获得新的利润增长点，各家商业银行纷纷转向综合化经营，凭借多元化产品和服务重塑市场竞争力。

同时，近年来跨界企业涌入金融行业，创造了大量的消费场景，带领金融行业进入场景化金融时代。目前，中国互联网金融用户数已经超过了 5 亿人，中国已成为世界最大的第三方支付市场，互联网金融年交易额已经远远超过了中国银行卡消费类交易额。金融科技公司的迅速发展更是冲击传统银行的已有格局，新兴金融科技企业已跨界进入支付结算领域并从事实质性的存贷款业务，撬动客户关系。相对保守的银行则被迫面临新的困境：客户脱媒、产品与服务解绑、产品透明化和品牌隐形化，挑战着传统银行业的客户基础和业务模式。金融企业面临的双重挑战示意图如图 1-1-1 所示。

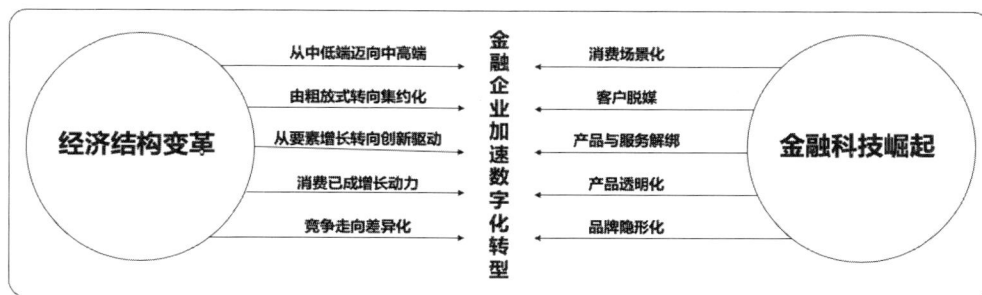

图 1-1-1　金融企业面临的双重挑战

1. 客户需求在转变

近年来，用户在"花""贷""存"方面都在发生巨大转变，79%的用户资金主要往互联网迁移，而简单、便捷已成为用户选择金融产品和服务的首要考虑因素，同时也希望金融平台能够一站式满足多方面的金融需求。从产品角度看，用户希望能得到更贴合自己使用需求的个性化产品，银行过去那种标准化的产品模式已经不适应这个时代的需求，用户对工行、建行、农行等各种银行产品的品牌，已经没有太强的依赖性，对于银行品牌的感知度逐渐成为一个比较模糊化的状态。

2. 客户行为在改变

随着中国经济的崛起，消费升级和消费降级的行为同时并存。一部分消费者愿意花更多的钱，换取产品更多的附加价值，高端消费品、海外购物十分旺盛，2018 年上半年化妆品增长 14.2%，运动型多用途汽车（SUV）销售同比增长 9.7%。同时，消费者在消费时更加看重"性价比"，低价销售平台火爆，拼多多一年销售额近万亿元，用户数量达到 5 亿。对于金融服务来说，传统金融已不能覆盖新中产层面，截至 2019 年年中，央行征信系统数据库累计收录了 9.9 亿自然人，2591 万户企业和其他组织的有关信息，其中仍有 4.6 亿自然人没有信贷记录并缺少征信数据。

3. 竞争对手在改变

这几年，支付宝、微信支付等移动化金融产品如火如荼。以 BATJ 为代表的互联网企业，正以其独特的经营模式和价值创造方式，对商业银行传统业务形成了直接冲击，甚至具有一定的替代作用。其实，金融科技仅仅是敲开了传统银行向智能银行迈进的大门，背后是互联网经济时代银行业商业模式、经营模式和组织模式的深层次变革。在支付、融资、理财方面，银行都面临着互联网行业不同场景的挑战。

4. 企业生态在改变

随着金融产品服务模式的转变，场景的丰富化，阿里巴巴和腾讯已成为行业标杆。集合在线批发、零售电商、大文娱、交通出行、生活服务、金融科技、物流网络等多板块，阿里巴巴已经构建出电商、金融、物流三大生态系统，未来旨在发展成为全球第一个基于虚拟空间的"互联网+"经济体，体量或超过 10 万亿元，成为全球"第五大经济体"。腾讯也从什么都自己做，转到专注连接使命。目前，腾讯聚焦社交平台、数字内容和金融的"两个半"业务，其他垂直领域采取与伙伴合作模式，构建"去中心化"的"森林型"生态体系。

随着信息化深入发展和金融行业对信息技术的高度依赖，金融业正在经历着历史性巨变，金融与科技深度融合，智慧银行、开放银行等新模式相继诞生，各类金融机构在"深化金融供给侧改革，增强金融服务实体经济能力"的要求下开始加速数字化转型，从产品、渠道和业务模式等方面进行全方位改变，以顺应技术创新的发展趋势及客户需求变化的挑战。在数字浪潮下，数字化金融已被纳入银行业的战略重点，在产品设计、运营模式、场景融合、数据洞察等方面，银行的数字化转型探索步伐在不断加快。

1.2 Bank 4.0 时代，敏捷银行已来

金融行业在数字化的路上一直领先于其他产业，其中，银行的数字化转型在经历了以物理网点进行服务的 Bank 1.0 时代、提供自助服务比如 ATM 机的 Bank 2.0 时代、通过 APP 等移动入口随时随地提供服务的 Bank 3.0 时代以后，通过金融科技重构银行业务的 Bank 4.0 时代开启。银行数字化转型历程如图 1-2-1 所示。

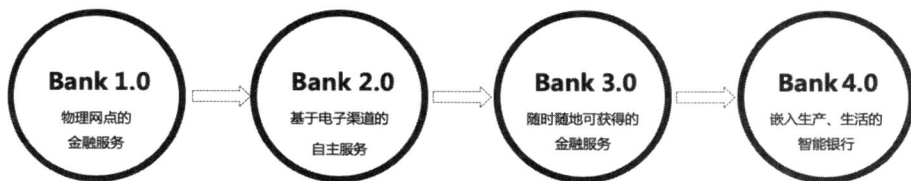

图 1-2-1　银行数字化转型历程

银行数字化转型踏入 4.0 时代已是业内普遍的共识。Bank 4.0 时代又被业界称为数字化及开放银行时代，"Bank 4.0" 将依托于人工智能（AI）、现实增强（AR）、语音识别设备、穿戴智能设备、无人驾驶、5G 通信、区块链等创新型技术手段发展和普及，将银行业务的效用和体验不再局限于现有的物理网点和以物理网点为基础的渠道延伸，让银行业务的效用和体验不再依附某个具体金融产品，而是通过应用程序编程接口 API 将服务嵌入更多的线上、线下场景，为不同的客户群提供有针对性的服务。Bank 4.0 智能银行如图 1-2-2 所示。

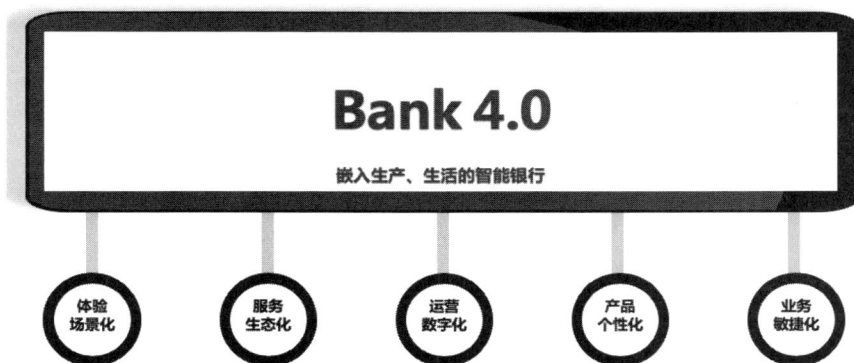

图 1-2-2　Bank 4.0 智能银行

Bank 4.0 时代，使银行从一个"地方"服务变成一种随时、随地、随需的场景化服务，银行也将更加注重数字化生态银行的建设，金融和场景将无处不在地结合在一起，银行将从单纯的"金融服务商"转变为"综合类生活服务商"。随着新技术的革新，前端的各种产品和服务会加速融合，银行将重塑业务流程和底层技术架构，创造以用户场景为中心的服务，借助数字化技术形成"APP Store"的运营模式，逐步建立"乐高式银行"，体验场景化、服务生态化、运营数字化、产品个性化、业务敏捷化将会愈发重要。

1.2.1　体验场景化

Bank 4.0 时代，金融企业必须面对消费行为逐步场景化的趋势，而客户体验的场景化需要 IT 系统能够在任意时间、任意地点通过不同的渠道、用合适的方式与用户进行交互，在商家和消费者之间产生互动和黏性。伴随着社交网络、虚拟现实以及人工智能技术日趋广泛的应用，银行物理网点服务升级和线上渠道用户体验的改善有了全新的手段。客户与银行的接触不再局限于传统网点，接触的渠道将日益增多。所谓渠道，并不是简单的手机、PC 机这样的接入设备，而是不同的客户接触手段，例如银行的手机银行、微信银行、柜面、网上银行、ATM 机、自助终端，等等。但客户并不希望关注具体的渠道，而是希望在使用不同渠道时可以无缝地完成业务。

金融企业需要提升线下物理网点和线上多个渠道的客户体验，并通过线上、线下全渠道整合实现客户体验的革命性提升。线下渠道可以通过应用互联网、生物应用、多媒体等技术改造网点（如智能叫号、生物识别 ATM 等），使人力解放出来专注于围绕客户需求的金融解决方案。线上渠道可以通过网银、移动端升级实现更多业务迁徙至线上，打通手机银行、微信银行等线上流程，并无缝融合线下物理网点与线上渠道。同时，以客户为中心，全面汇集不同渠道产生的交易资料和客户数据，创建客户 360 度全景画像，提供全渠道一致的客户体验。

从"场景在前、金融在后"到"无处不在的金融服务"，银行也在进行快速的升级。未来的银行将更加注重场景融合，智能化的金融服务可能融入 AR、融入可穿戴、融入车联网物联网、融入各类场景，实现金融服务无处不在、即时提供。如果说金融与场景的融合只是向未来银行转型的第一步，那么接下来通过服务生态化助力产业升级、赋能商业生态将是 Bank 4.0时代向敏捷银行战略推进的必然趋势。

1.2.2　服务生态化

Bank 4.0 时代，随着用户体验越来越场景化，金融机构、金融科技公司和各类场景应用服务企业需要搭建一个开放的金融生态，将金融服务供给更加结构化、多元化和普惠化，赋能商业新生态。随着场景应用的深入、产业互联网的发展，以及开放银行战略的推进，金融企业已经探索了标准化产品或技术与不同场景相结合的模式，开始走向与产业和生态的融合与创新。这种商业模式通过商业生态系统为客户、员工、第三方开发者、金融科技公司、供应商和其他合作伙伴提供服务，推动银行金融服务渗透到日常生活场景的方方面面。

建立金融生态首先需要银行开放。近两年，"开放银行"的话题越来越热，不论是国有银行、股份制银行还是城商行、民营银行都已开始布局开放银行。在多家银行发布的年报中或多或少都能看到"开放平台"、"开放 API"的身影，而无论是哪种叫法，都是"开放银行"的概念。中国互联网金融协会通过对 51 家各类型商业银行调研发现，65%的商业银行已建立开放银行平台并开始与合作伙伴深入合作。中国银行 2012 年就提出了开放银行的概念，2016年开始工商银行、建设银行、招商银行、中信银行、民生银行、浦发银行等多家银行纷纷加入，以 API 技术为载体推进开放银行的业务布局。但简单地对外开放 API，并不是生态合作，生态合作需要做到三个方面：一是应用开放，开放企业的各种标准接口，第三方可以使用这些标准接口开发各类应用；二是横向开放，金融生态平台与第三方平台互联互通，让用户在不同平台间畅通无阻，金融企业也可以融入第三方生态；三是数据开放，在保护隐私的前提下，开放用户基本数据、关系数据和行为数据，和第三方一起为客户打造个性、实时、智能的服务。通过将银行的 API 嵌入生态平台的各类场景应用中，将银行从一个固定的场所变成一种可以随时、随地使用的金融服务，用户在哪里，银行的服务就在哪里。开放银行如图 1-2-3 所示。

图 1-2-3　开放银行

建立生态合作能力并不一定是互联网企业的事情，金融企业可以选择加入第三方的生态也可以自建生态，尤其是大型金融机构完全可以利用自身优势构建自己的生态，例如兴业银行的银银平台和建设银行的智慧生态的金融平台。

兴业银行 2007 年开始了跨越之旅，正式发布银银合作品牌"银银平台"，建设兴业银行与广大中小银行共建、共有、共享、共赢的综合金融服务平台。银银平台的第一个重要举措就是"柜面通"，开放兴业银行的柜面业务平台，与国内众多银行类金融机构系统联网，实现在各联网网点柜台为所有参与银行个人客户办理银行卡（存折）的现金存、取款、转账、余额查询及信用卡还款等业务，任意一家银行参与柜面通互通联网后，即可实现与各家成员行之间的柜面互联互通、通存通兑。此后银银平台又升级了理财门户，推出"钱大掌柜"综合财富管理，依托银银平台的合作网络，帮助中小银行等合作伙伴丰富产品线，使金融服务不发达地区的居民也能享受到优质金融服务。目前，兴业银行"银银平台"签约的合作银行客户已达 446 家，柜面互通连接网点已突破 25600 多个，合作银行的广大个人客户可以通过这些节点，轻松连接全国业务。手握强大的银银平台，兴业银行在同行业务上占尽先机，在业务创新上，提前布控、快速调整都快人一步，对市场的资金流动性的把握、资金的匹配、调整越来越成熟，快速成为国内领先的股份制商业银行。

中国建设银行很早就推出了"Top+"战略，T 代表科技驱动，O 代表能力开放，P 代表平台生态，+代表鼓励创新，其核心是将智慧金融能力开放出来，借助技术能力与数据能力的科技驱动，构建智慧生态的金融平台。建设银行融合人工智能、云计算、大数据、区块链、移动计算、物联网、前沿科技等技术开放了建行金融科技能力，目前已打造了十多个社会化生态平台，着力从 B 端、C 端、G 端三个维度开启转型和重构，为 B 端客户搭建开放共享平台，赋能传统产业升级和客群协同发展。根据 C 端客户的特征和需求，使银行服务深度融入大众的生产生活；比如建行总行提出"个人客户金融生态系统"，以社区为核心依托，根据社区客户衣食住行、娱游学购、生命周期、成长积累传承，集成建行、房地产开发商、第三方机构等产品和服务资源，提供满足客户金融和非金融需求的服务，形成全景式、多样化、开放式、自演型、智慧型的社区生态系统，助力实现社区智慧服务，改善物业经营效率，提升社区服务和居民生活品质。在 G 端不断加快推进与政府的连接，通过建设智慧政务系统等深化合作，助力"放管服"（简政放权、放管结合、优化服务）改革，促进治理体系和治理能力现代化。目前建设银行已与云南、山东、福建等省签署战略合作协议，在数字城市建设、智慧政务等方面输出技术，例如为云南打造了"一部手机办事通"APP，人们通过 APP 可以轻松办理户籍、查询职工养老保险、预约办税等多项政务服务，截至 2019 年 4 月，该 APP 注册用户突破 150 万，累计办理业务逾 460 万件。

1.2.3 运营数字化

银行的运营管理是全行各项业务的基础，任何产品和服务都需要通过银行运营管理才能转化为现实的服务，银行的一切经营发展活动都离不开运营体系的支撑。在数字化金融时代，用户对于银行服务体验、金融产品、品牌感知呈现出更多样化的趋势。从服务来看，银行虽然已具备较完善的服务渠道和业务服务流程，但是组织决策和业务流程仍比较复杂冗长，用户普遍希望能够得到更高效、快速的金融服务，如手机银行与传统银行网点办理业务排队等候相比较虽然已经很方便，但相较第三方支付而言用户体验仍有待提升；从产品来看，银行提供的金融产品虽然已经很丰富，但过去那种标准化的产品模式与用户的生活场景结合不够紧密，难以满足消费者个性化、差异化的需求；从品牌感知度来看，用户对工行、建行、农行等各种银行产品的品牌已经没有太强的依赖性，对于银行品牌的感知度逐渐较模糊化。因此，运营越来越成为银行构筑难以复制竞争优势的关键因素，卓越的运营体系已成为银行的核心竞争力。

Bank 4.0 时代，银行需要以用户场景为中心构建新的数字化运营管理体制，基于场景重新定义用户并重新建立与用户的"连接"，通过数字化、智能化的手段围绕用户体验、产品设计、科技研发、客户营销、客户服务及风险管理等所有以客户为中心实现业务流程再造，如图 1-2-4 所示。

图 1-2-4　运营数字化-流程再造

用户体验优化方面，从客户角度出发管理客户旅程，并沿着整个客户旅程来提升客户体验，包括：节约业务所需时间，例如运用指纹、人脸影像、电子签名等技术突破以纸质、人工为基础的客户交互，提高流程效率。在产品研发方面，可以引入组件化设计思维，建立产品结构化框架，开发产品公共功能组件，直接运用组件装配产品，提高产品创新的速度，满足用户的个性化、差异化、定制化需求。在风险控制方面，可通过物联网技术采集担保物的状态进行实时监控，可以与电商企业合作，根据卖家的交易流水信息快速审批贷款，可以分析客户之间的关联，及时找到潜在的洗钱对象并阻断交易。在合规审查方面，可以通过认知计算提高合规审查的效率和效果并降低成本，自动检索法律法规的要求，结合从历史案例中学习到的业务规则，提示交易中可能的不合规之处，为合规审查人员提供决策支持。在业务运营方面，可以通过智能化的分析，对于柜面操作、前后台分离、后台集中作业、流程切分、智能排班等领域，从风险控制、效率提升、客户体验提高及成本控制等方面提供持续精细的流程优化措施。在管理方面，可以利用新技术优化业务流程提升内部效率，如在清算和结算、大额支付、股票和债券发行等方面可以应用区块链技术，最大程度消除信息、创新和交互方面的摩擦。在科技方面，通过制定或实施"双模 IT"战略，快速响应客户的需求，保证核心系统的稳定性和可靠性，在开放平台上可以利用快速迭代的设计和开发方法，支撑创新需求。

例如，浦发银行推出的零售经营新体系，其核心就是通过流程重构实现业务的模块化和组件化，通过 API、智能感知、挖掘建模等大数据应用技术，提升数据驱动运营能力；通过把握客户需求关键点，连接上下游合作伙伴，形成银行业务的场景融入。

1.2.4　产品个性化

在这个以用户为中心的时代，人的存在感被提到了空前的高度，人们寻求认同感，张扬着各自独一无二的个性。在金融产品和服务中，用户同样也在寻找最适合自己的产品和服务，用户希望享受个性化的定制服务，希望每一款产品、每一次服务都是私人定制，每个用户都需要被当成真正的独一无二的"上帝"。

Bank 4.0 时代，前端金融服务将愈加场景化、高频化，各种个性化、差异化、定制化的业务需求也越来越多，银行应以市场需求为导向，对市场需求进行深刻洞察，积极开发客户的个性化、差异化、定制化产品服务，构建差异化、特色化的核心竞争力，以此重塑银行客户体验、提升银行价值创造能力。数字化技术已经深入到人们生活的方方面面，深入到各种应用场景中，个性化、精准性、低成本的产品与服务已成为可能。产品个性化如图 1-2-5 所示。

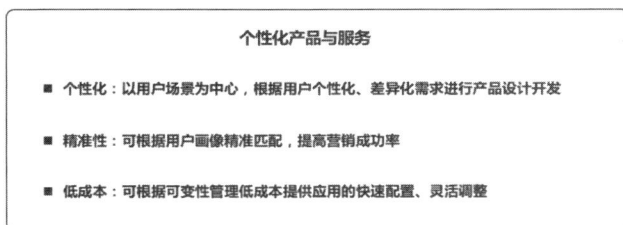

```
个性化产品与服务

■ 个性化：以用户场景为中心，根据用户个性化、差异化需求进行产品设计开发

■ 精准性：可根据用户画像精准匹配，提高营销成功率

■ 低成本：可根据可变性管理低成本提供应用的快速配置、灵活调整
```

图 1-2-5　产品个性化

未来，银行需要紧跟用户需求持续创新，推动产品数字化创新，利用技术手段提供个性化、定制化产品及服务，例如根据典型客户的画像，理解客户在与银行交互的典型场景中的所想、所感、所做和所说；模拟典型客户在交互全流程中各场景和关键时刻（MOT）的感受，寻找痛点和改进目标；根据所确定的改进目标，进行未来体验的原型设计；模拟典型客户对原型设计进行重新体验，提出修改意见。

1.2.5　业务敏捷化

Bank 4.0 时代，传统银行将向敏捷银行转型，借助数字化技术形成"APP Store"的运营模式，逐步建立"乐高式银行"。在"乐高式银行"里，传统银行的商业模式将转变成以平台为基础的组件化"积木",通过组件的方式快速为客户提供高度定制化的产品和服务,金融服务可借由预测演算法即时提供,客户可在无人驾驶车里或家里,通过语音界面相关虚拟现实设备获得服务,也可携带功能持续扩增的智能手表或手机,获得符合自身风险回报个性化特征的适时、适量、适当价格的金融服务。

敏捷化的银行在构建外部差异化、内部简约化能力的同时,还要充分利用业务和科技的实践经验,基于金融价值链打造与价值链主体的协同能力,前台业务需要融入商业场景提供嵌入式金融服务,科技部门敏捷交付业务应用和产品服务,连接用户场景和金融服务。

在业务方面,金融企业将深入挖掘以客户为中心场景化生态服务需求,通过构建涵盖客户关系、产业链、金融机构价值交互等在内的外部价值图谱,依托企业级管理理念建立标准化、模块化、参数化的业务模型,通过业务敏捷化为金融价值链赋能。同时,也需要积极探索生态系统客户联合经营的模式,基于生态中伙伴各自的优势专业能力,采用 B4B4C 的方式进行跨界协同,实时感知和响应客户的个性化需求。在科技方面,金融企业的科技部门及 IT 系统都需要不同程度地做出改变,通过敏捷的科技团队和双模的 IT 架构支撑业务的敏捷化,通过重构"竖井式"或"烟囱式"IT 架构和"全覆盖、无死角"的各式各样业务应用,以适应场景化时代业务敏捷化、产品快速迭代的需求。在业务与科技融合方面,敏捷银行将改变传统金融企业业务和科技部门相互孤立、融合度低的协作模式,通过引入敏捷文化、敏捷制度和建立敏捷组织打破业务和科技之间的"部门墙",从而快速响应业务部门快速变化的场景化需求。

1.3 当前金融企业的创新举措:加速数字化转型

数字经济时代,金融科技逐渐成为银行核心竞争力。近几年来,银行纷纷加大金融科技的投入,每年将营收的一定比例投入到金融科技领域,不断加快数字化转型的速度,通过体验创新、科技创新、生态创新和组织创新,逐步探索敏捷银行建设。金融企业创新举措如图 1-3-1所示。

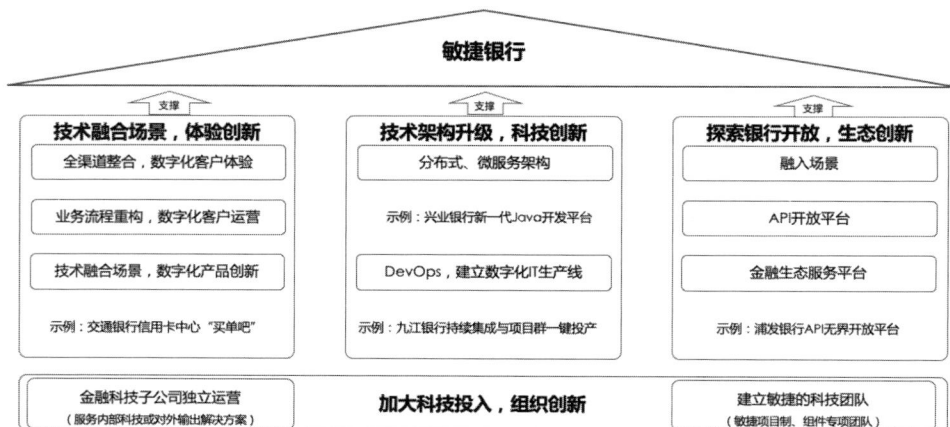

图 1-3-1 金融企业创新举措

1.3.1　技术融合场景，体验创新

面对越来越激烈的竞争，银行获客困难、客户体验不佳、渠道业务混乱等问题越来越明显，银行迫切需要通过数字化手段维系客户关系、提升客户体验、获取新的客户。以客户体验为中心打造场景化、个性化、差异化的业务前台体系成为银行探索的热点，伴随着科技的进步，以 ABCDMI 等（人工智能、区块链、云计算、大数据、移动互联、物联网等）为核心的金融科技飞速发展，以移动技术为代表的"随时随地、碎片化、多场景"给客户带来更加便捷地获取信息和享受服务的便利，助力金融行业重塑银行业务流程，甚至变革银行商业模式。目前，金融企业已经显著地提升了业务效率，改善了客户的体验。

（1）全渠道整合，数字化客户体验。银行借助移动平台技术建立手机银行 APP，将大量业务转移到线上办理，通过人脸识别、指纹识别等技术实现线上业务办理，通过语音助理、OCR 识别、智能客服、VR/AR 等技术提升客户数字化交互体验。通过移动窗口深入进行业务平台整合，形成银行统一移动业务平台，以用户流程为中心整合原有分散的各个渠道业务能力（信用卡、手机银行、网银、支付、钱包、直销、理财、移动展业等），从用户体验出发重构业务流程、实现业务创新，把用户细分，然后分析每一种用户场景以及用户在该场景下的体验需求，再优化用户流程。同时优化客户体验 UI，完善客户交互。比如中国银行最近一直在提的金融移动门户，就是通过移动门户打通线上线下业务流程、跨端提供 200 多项银行主要金融服务；建行也建立了移动门户，打造便捷的线上线下操作环境，实现不同终端、不同浏览器、不同应用的一致体验；浦发银行推进的 SPDB+u 的核心也是打通渠道、线上线下无差异化服务；兴业银行提出的全家桶一站式综合金融服务也是移动门户，对客户而言，原来需要下载打开"点"渠道，一个一个 APP 应用，现在通过一个门户、一次呈现、一致体验。

（2）业务流程重构，数字化客户运营。通过大数据、AI、机器学习等技术，建立客户的精准画像、智能营销、智能风控体系，实现千人千面的功能、个性化的服务、精准的营销推荐、智能化精细化运营、实时防范线上业务风险。部分银行开始借助科技变革传统的营销和风控体系，营销方面，应用大数据、人工智能、生物识别、区块链等技术，提升营销的智能化和人性化，改善客户体验。风控方面，应用大数据等技术在信用风险检测、反欺诈管理和合规监管等操作风险和市场风险防范中已经广泛应用。科技在银行对公业务领域应用的核心是智能风控，银行传统风控注重抵押物，为了服务小微企业，银行需要采取智能风控技术，精准识别小微企业的需求、意愿和能力，提高风险识别能力，同时也需要借助信息技术提高自动化程度，降低服务成本。随着区块链、人工智能技术的逐渐成熟，智能风控将贯穿于信贷业务的贷前、贷中、贷后全流程管理之中，智能风控在对公业务中的应用逐渐增多。

（3）技术融合场景，数字化产品创新。以人脸识别、语音识别为代表的智能化服务技术，将赋能传统金融产品创新，围绕客户在各类生产生活场景中的需求，引入场景化应用服务，提升对客户的服务黏性，打造"生活+金融"的场景金融服务。建立银行通用的产品工厂、资产管理等平台化能力，实现快速产品创新、业务创新，面对热点业务和事件可以按天/周频度实现产品上线。如基于人脸识别的远程开户、声纹支付等，有效提升产品客户体验和市场竞争力。

示例：交通银行信用卡中心"买单吧"

交通银行信用卡中心 2016 年推出了"买单吧"APP，并逐步成为交行场景式应用的移动端体验入口，同时，通过卡中心大运营平台的建设，打通网上银行、APP、微信、客户、催收等各不同客户接触渠道，为用户提供一致性的体验。这个过程中，除了理财、贷款、支付等传统的"卡生活"，更重要的是涵盖了商城、餐饮、充值、生活缴费、电影五大生活场景，并不断引入外部合作伙伴，比如饿了么、易果生鲜等细分行业巨头以拓展场景，这不仅满足了用户的日常生活消费需求，还弥补了信用卡类 APP 打开频率低的缺陷，提高了自身 APP的打开频次。利用全场景营销，交通银行信用卡给消费者提供了一个全链路的立体化体验和感受，在活跃度和黏性上都得到了极大体现。"买单吧"APP 服务的绑卡客户数量持续增长，获客速度引人瞩目。上线半年后即吸引 1000 万绑卡客户，约 1 年时服务的绑卡客户达2000 万，1 年半时服务的绑卡客户超 3000 万；至 2 周年前夕，服务的绑卡客户数已逾 4000万。可以看到，交行信用卡从思路上利用数字化转型的机会，通过"买单吧"APP 与大运营平台的建设，形成了企业的客户体验基础设施，在传统金融服务加入场景化、科技化、全渠道的功能，同时还兼具传统银行的安全背书，自然受到用户的喜爱。

1.3.2 技术架构升级，科技创新

银行当前的 IT 平台架构主要是集中式架构、业务流程烦琐，在技术支撑方面，投入成本居高不下，处理速度慢，需求响应周期长，且核心技术掌握在少数国外厂商手中。分布式架构的灵活性、扩展性、低成本等特性决定了银行业在业务品种和业务量爆炸式增长过程中会成为新型业务架构的必然选择。

（1）分布式微服务的架构。从系统设计架构角度看，数字化的分布式架构平台以模块化+服务化的方式应对组织和业务规模飞速增长；建立分布式微服务架构下的分布式事务和服务治理，以微服务的方式实现拆分与组合，以应对容量问题；以高性能分布式事务能力，保证事务中数据的强一致性问题。

（2）DevOps，数字化 IT 生产线。金融企业随着业务不断发展，业务部门对科技的需求在不断加快，产品上线发布周期逐步缩短，依靠人工方式难以满足业务部门快速交付的需要。DevOps 是一个完整的面向 IT 生产线的工作过程，以 IT 自动化以及持续集成（CI）、持续部署（CD）为基础，建立应用开发、测试、发布等所有环节的流水线。DevOps 可将金融企业软件产品交付过程中 IT 工具链打通，使得各个团队减少时间损耗，更加高效地协同工作。DevOps通过软件开发人员和运维人员的沟通合作，通过自动化流程来使得软件构建、测试、发布更加快捷、频繁和可靠。

示例：九江银行持续集成与项目群一键投产项目

随着商业银行信息化程度不断加深，信息化建设水平也日新月异。各行在业务系统规模化升级的同时，在基础平台的建设上同样保持着重点投入。九江银行在 2018 年新核心的建设中，近百个系统需要同步进行升级改造，由于系统的承建团队能力差异、标准不一，对于整个科技团队面临着前所未有的协作压力。如何简便、清晰地区分项目维度与系统维度的交叉？如何做好多项目并行、投产时间不一致的版本管理？如何在测试管理阶段做到既实用又满足监管要求？这些都是现阶段迫切需要解决的问题。九江银行通过 DevOps 开发运维一体化平台的建设制定了标准的研发运维过程，并通过平台工具将标准落地，最终提供从需求到上线的全生命周期支撑能力，从全生命周期的项目管理、到持续集成、到近百个系统的一键投产、再到基于数据的精益度量。

1.3.3　探索银行开放，生态创新

金融行业已经从金融产品、金融服务进入了场景化时代，也就是场景金融。金融企业和客户的交互逐渐地从柜台的存款、贷款、汇款、基金、保险、理财等产品或服务转向随时随地的金融消费。对于银行来说提供的核心价值依然是金融服务，但通过建立金融生态服务平台，可以将原本有点冷冰冰的服务融入用户的生活场景中，让用户有更好的体验。银行如何充分发挥这些自身优势，以更加开放的形式，来提供更佳的数字化生态服务，这已经成为银行数字化转型的方向。银行正通过开放生态平台与合作伙伴深度结合，提供 B2B2C 甚至是 B4B4C 的联合服务，将银行的金融产品嵌入在非金融场景服务之中来提供更加吸引客户、接地气、提高客户黏性的生活服务。

浦发银行率先提出了 API 银行的理念，其 API 开放平台以 API 架构驱动全新银行业务和服务模式，即以开放、共享、高效、直达的 API 为承载媒介，将多种能力输出，嵌入到各个合作伙伴的平台和业务流程中，实现以客户为中心、场景为切入，进行产品和服务快速创新，形成跨界金融服务，无界延伸银行服务触点，无限创新服务和产品。到 2019 年年底，浦发银行累计发布 400 个 API 服务，对接合作伙伴应用 207 家，涉及账户管理、贷款融资、投资理财等九大类业务领域。基于 APIBank，浦发银行将金融产品和服务，与政府、企业、行业平台等深度结合，在各类生产和生活场景中，为客户提供无处不在、无微不至的服务。例如，基于浦发银行的客户账户分类和升级体系，与京东、苏宁、本来生活等平台通过 API 方式进行服务输出、整合，实现了在线服务和平台权益共享，提升客户活跃度和黏性，更为 C 端零售客户带来了全新的服务体验。与上海国际贸易单一窗口快速对接，将金融服务嵌入单一窗口平台，为贸易企业提供在线付汇、购汇、申报等服务，不仅提高了企业开展跨境贸易的效率，也帮助政府部门实施对进出口业务的全链路跟踪管理。

1.3.4　加大科技投入，组织创新

在科创领域，企业研发占营收的比例一直是判断企业研发投入最重要的标准之一。去年

全球研发投入最多的 5 家科技公司分别是亚马逊、谷歌、三星、华为和微软；而从研发投入占比上来看，谷歌、华为、微软分别高达 16%、14%、13%，位列前三。在金融企业数字化转型提速的当下，这同样也是衡量一家银行"科技力"的重要指标。

1. 银行科技投入大规模增加，加快推进银行转型升级

中国银行业协会曾发布过一份行业调研报告，披露了多家银行在金融科技方面的投入。从数据来看，上榜银行 2018 年的金融科技投入从此前普遍占总营收的 1%升至 2%。对比 2018 年上市银行财报，尽管仅有少数几家银行披露了研发和科技投入的规模，但都在上述调研结果的区间内。2019 年，不少银行将这一比例提升到了 3%以上。例如，招行就在公告中明确表示，2019 年研发和科技投入将提升到集团营收的 3.5%；邮储银行董事长张金良也在近日表示，每年将拿出营业收入的 3%左右投入到信息科技领域。

相比国有大行、股份行等，新兴的民营银行、互联网银行由于从基础架构（建立在云上），到展业渠道（以线上为主），再到运营流程（以机器为主）等差异，对于研发和科技的投入和维护花费普遍更高。对于金融企业而言，加大科技金融的投入力度，加快数字化转型的速度已势在必行，科技力成为决胜未来的关键。金融科技战略描述已成为银行年报标配。诸如，工行提出要"科技立行"；建行将"住房租赁、普惠金融、金融科技"定位为该行发展的三大战略；兴业银行表示，始终坚持"科技兴行"的治行方略；平安银行将"科技引领"作为全行首要发展战略方针。

2. 组织创新，加快布局金融科技

由于未来银行变革的力量将来自金融科技，银行纷纷成立科技子公司或建立敏捷的组织以支撑金融科技战略。在金融科技子公司的设立方面，大行和部分股份行由于科技部门的规模大实力强，也成为行业的领跑者。目前，各银行加大科技投入进行组织创新的方式可以分为两类：

第一类是成立科技子公司独立运营，自 2015 年 12 月兴业银行设立兴业数金起，12 家全国股份制商业银行中，已有 6 家银行成立金融科技公司，分别为平安银行（平安科技、平安壹账通）、兴业银行（兴业数金）、光大银行（光大科技）、民生银行（民生科技）、招商银行（招银云创）、华夏银行（龙盈智达），注册资本分别为（29.25 亿元、12 亿元）、5 亿元、2 亿元、2 亿元、0.5 亿元、0.21 亿元。其目的主要是将 IT 部门独立运营，为内部金融业务提供科技服务或实现金融科技解决方案输出。例如，光大科技的主要职能就是孵化光大银行的新产品、新服务、新模式、新业态，努力提升集团整体信息科技水平；建信金科是国有大行设立的首家金融科技子公司，成立之初的近 3000 名员工是由建行总行直属的七个开发中心和一个研发中心的 IT 部门直接划转而来；兴业数金科技输出签约银行已达到 311 家，连接了 4.36 万个银行网点，服务客群涵盖中小银行、非银机构、政府与公共服务机构、产业互联网参与者。

第二类是建立敏捷的科技团队以实现组织创新。部分股份制银行和城商行虽没有成立独立的金融科技子公司，但同样加大了科技投入，通过建立敏捷的科技团队逐步向敏捷银行转型，很多银行克服了自身长期以来形成的部门边界，打破了条块分割的机制。比如，建立项目制，设定权责利对等的授权和激励约束机制并给予中后台更多资源，采用动态调配资源的方式建立

敏捷项目团队，任务结束则解散归队而非固化（如前台业务部门要求有对齐的团队，可按实际要求组建临时专业化需求团队，但并非是固化的组织），逐步打造敏捷组织；同时，组建产品、需求、架构等各专项团队，并根据需要招聘具备复合型人才技能的高级岗位，推动敏捷银行转型。

1.4　数字化转型的本质："研产供销服"各环节的敏捷化

2019 年，Gartner 对全球最大规模的首席信息官调查显示：企业信息化建设发展分成工匠时代、工业化时代、数字化时代三个阶段，目前已进入数字化时代，其核心是数字驱动业务，强调"研产供销服"整个价值链的敏捷化。

2020 年 2 月 10 日，微软股价创历史新高达到 188.7 美元，市值达到 14352 亿美元，重新超越苹果成为美国市值最高的公司。根据微软的发展可知，近些年微软已由一个以出售软件授权为主的软件公司，发展为"智能云和智能边缘"世界领先的生产力和平台公司，其成功的关键在于数字化转型，微软数字化转型的核心方向是从客户、员工、运营以及产品、营销等方面进行全面的数字化、敏捷化。

制造业革新更是离不开数字化转型，各国围绕制造业都提出了相应的数字化战略，如工业 4.0、中国制造 2025。制造型企业数字化转型离不开"研产供销服"五大环节的革新，可以说制造业数字化转型的核心就是实现"研产供销服"产业链的数字化、敏捷化。例如，红领集团通过数字化转型实现了由客户需求直接驱动工厂的 C2M 商业模式，数字化转型过程中红领以客户服务为中心重新定义客户，利用互联网、物联网、大数据等技术转变业务模式，重新设计端到端业务流程，并通过组织架构的扁平化、流程化匹配业务流程；通过物联网、大数据、互联网等技术，建立人（客户、员工、量体师、供应商、服务商、加盟商）、事（订单、打版、裁剪、缝制、熨烫、配套、包装、物流配送等）、物（手机、手持扫码设备、RFID 等）互联互通的智能工厂，实现了数据驱动的智能工厂以及工业化手段个性化制造的飞跃；通过 IT 精益运营支撑敏捷化研发和个性化产品生产，满足客户个性化、差异化需求。红领所搭建的 RCMTM 西装定制平台将研发设计、生产制造、智能物流、客户服务等全价值链打通，实现了数字化，这已成为"红领模式"的核心竞争力。

从其他行业的经验看，数字化转型是企业通过"研产供销服"各环节的数字化，实现大规模的个性化产品制造，即通过市场数字化手段与产品数字化手段，洞察客户需求，快速完成产品的定义与验证，缩短产品研发时间，减少试错成本；通过生产过程的数字化，实现制造的横向集成与纵向集成，提高个性化生产的能力，提高产品质量；通过供应链的数字化，建立完备、高效的物流与供应链体系，实现资源整合，提高效率，防止风险；通过营销的数字化，连接客户与企业，构建客户的全渠道触达，实现精准互动与交易，让营销资源的利用更加高效，推广成本降低；通过客户服务的数字化，优化内部服务能力，提升客户体验。

金融企业的数字化转型，同样应该从产品设计、产品生产、产品营销、渠道接触、产品运营等五个方面的数字化入手。

1.4.1　数字化研发：数据驱动的产品工厂，缩短产品研发时间

伴随着金融企业数字化转型的深入，未来银行的发展需要业务与 IT 融合得更加紧密，银行信息系统将加速转型升级以适应产品创新。银行传统的研发模式，基本上是一种串行工程，即银行把产品研发过程，拆分成业务方案、需求分析、架构设计、开发测试、产品发布等诸多环节，按照一个一个环节顺序进行，研发活动在不同科室、不同人员、不同项目以及环境之间顺序推进。银行这种传统的产品工厂研发非常缺乏多维度、高频化的交易场景，突出问题是效率低、成本高、周期长。随着客户的数字化移动习惯已经形成，金融企业产品研发需要通过市场数字化明确客户需求与产品差异化，根据客户行为，寻找市场空白点，定义产品目标市场和核心竞争力，快速配置产品，减少试错成本，建立统一的产品视图和生命周期管理，这需要研发模式向可满足多维、高频、线上场景的数据驱动的产品工厂模式转变。数字化研发流程如图1-4-1 所示。

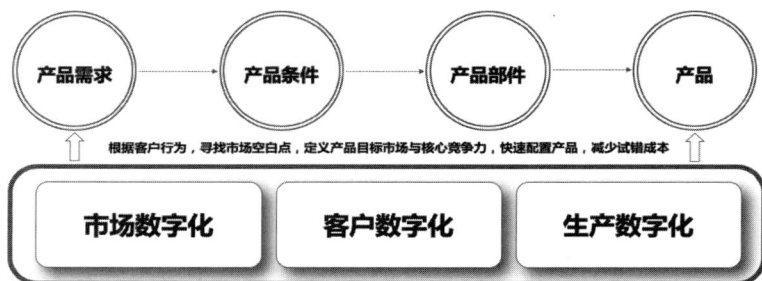

图 1-4-1　数字化研发

（1）市场数字化。随着金融服务的场景化和生态化发展，客户与银行的连接已经不局限于传统物理网点进行金融产品的购买，金融产品将更多地以服务的方式嵌入到各种应用场景中，用户可以随时、随地使用金融服务。数字化的市场需要通过对市场方面的销售数据、市场数据、舆情数据、竞品数据进行数字化分析，准确把握市场发展趋势，根据市场需求及时调整产品定位、优化产品设计，使产品更快适应市场，更加具备市场竞争力。

（2）客户数字化。未来，银行提供的金融服务需要在企业级客户信息管理系统和客户关系管理系统支持下，细分个人和公司客户，基于企业级客户视图和智能分析洞察客户需求的变化；需要能够集成各类系统和整合各类渠道，尤其是各种新兴的渠道；需要将跨业务条线和跨企业产品服务价值链的横向流程深度整合，并为不同类型的客户划分不同的渠道、营销方式、产品和服务价格等，从而进行数字化、智能化营销。

（3）生产数字化。在客户细分的基础上建立产品敏捷创新能力是未来银行的主要竞争方向，虽然各类细分客户对银行产品需求组合差异越来越大、变化越来越快，但核心的产品基本要素仍然一致，银行可以通过参数化、配置化的方式灵活改变产品的属性，支撑个性化产品定

制和客户自主选择的差异化服务。这要求银行对核心产品和流程进行细分和标准化管理，如从支付、收款、贷款等各个方面重新设计产品和流程，从而更快速、更准确地感知市场需求的变化，及时按照细分市场实施产品和服务的灵活组合、扩展。

金融企业市场数字化、客户数字化、生产数字化的产品研发就是要建立数据驱动的产品工厂。产品工厂实现的前提是形成全行统一的产品目录为全行提供唯一的产品视图，统一产品目录可以为前台提供标准化的可售产品，为产品管理提供基础。产品的参数化和组件化设计、细分产品目录是产品工厂的基础，通过提炼产品的各种条件、规则等信息将其进行结构化管理和封装，才能实现产品创新和开发的敏捷化。动态的产品定价机制是实现产品个性化定制和差异化服务的基础，产品工厂可以提供标准化流程和成本计算以及全面的客户视图、风险监测，银行通过产品工厂可以根据客户的使用情况、违约概率、忠诚度、产品依附关系等进行成本核算，然后及时准确地对产品或产品组合套餐进行定价，如价格的上下浮动、量身定做的产品合约等。需求分析和功能设计是真正使用产品工厂进行产品管理和创新的前提，通过需求分析准确评估市场、客户需求，并将其转换成相应的产品功能，进而提供给具体的研发部门进行快速配置实现。产品的快速配置是产品创新的灵魂所在，需要能够在获取新的功能需求后，快速选择已有产品组件、参数进行新产品组合和配置。

毋庸置疑，数字驱动的产品工厂正在以前所未有的速度与力度改变着金融产品的创新方式，无论是产品受众、产品形态、还是产品推出渠道、推出速度都将发生巨大的变化。在数字化的产品工厂模式之下，金融产品将呈现出精细化发展趋势，面向不同渠道、不同客户、不同细分市场涌现出大批特色金融产品。我们相信，随着技术的进步，产品工厂必将成为驱动金融产品创新的革命性模式，数据驱动的产品工厂将建立全新的产品创新生态，大幅缩短研发时间。

1.4.2 数字化生产：敏捷化的系统建设模式，个性化业务的批量化生产

当前，数字化技术正在从价值传递的交易环节渗透到价值创造的生产环节，在这一新的发展进程中，如何应对高度碎片化、个性化的需求，并对各种新的需求做出实时、精准、科学的响应是未来需要解决的核心问题。在定制化生产体系的道路上，全球不同行业的企业都在进行探索，许多企业通过在内部进行数字化改造，实现生产的资源优化，以满足个性化需求，并取得了阶段性成果，成为业界发展的共识和方向。

随着金融行业数字化的发展，数字技术对消费端的赋能以及新生代人群对于产品功能、产品包装等求新求快的需求变化，应用的碎片化，时间的碎片化，人们关注度的碎片化，都对金融企业软件的生产能力提出了更高的要求。客户需要即得感，这要求金融企业敏捷响应个性化需求、缩短产品研发周期、加快产品更新，以"周"或以"天"甚至以"小时"为单位快速实验和探索，在不断尝试中获得更加契合客户需求的软件。

金融企业的数字化生产需要企业采用技术手段，通过快速配置各种资源（包括技术、管理和人），以有效和协调的方式响应用户需求，实现系统的敏捷性。敏捷性是核心，它是企业

在不断变化、不可预测的市场环境中善于应变的能力，是企业在市场中生存和领先能力的综合表现，具体表现在产品的需求、设计和开发、发布、运营上具有敏捷性。

但是，金融企业当前的 IT 平台架构主要是集中式架构、业务流程烦琐；在技术支持方面，投入成本居高不下，处理速度慢，需求响应周期长。尤其对中小型金融机构，它们的业务系统、业务品类并不少于大型金融机构，它们的业务复杂度与大型金融机构相似，它们的科技队伍却远远无法与大型金融机构相比。另外，传统金融企业的 IT 建设对安全性、稳定性、监管等要求高，与个性化、快速响应的要求其实是有矛盾的。用很多银行 CIO 的话说，"核心系统要稳定，但是应对客户那一端的科技要快速、可迭代、可复制。"这就要求务实而有效地进行科技创新。数字化生产如图 1-4-2 所示。

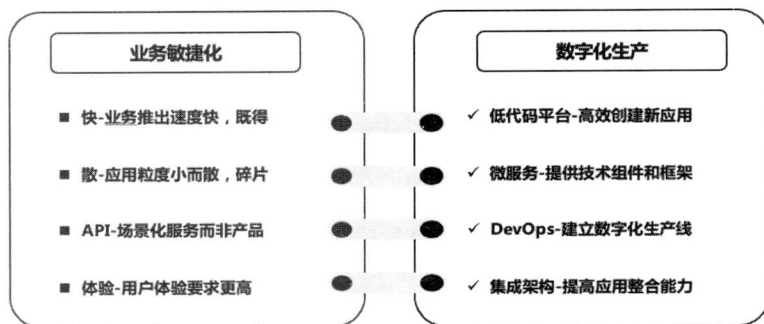

图 1-4-2　数字化生产

金融企业的产品生产即 IT 系统的建设在业务品种和业务量爆炸式增长过程中，低代码平台、分布式微服务架构、DevOps、集成架构等敏捷化的系统建设模式逐渐成为新型架构的必然选择。

1. 低代码，本质是一种类似"乐高积木"的理念

低代码平台将通用、可重复使用的代码形成组件化的模块，通过可视化的界面组装应用，从而在只写少量代码或不写代码的情况下搭建软件应用。通过将业务实施与代码开发分离，降低成本、提升效率、降低技术和人员门槛，这是低代码平台要解决的终极问题。

例如，兴业银行综合应用开发平台是基于该行多年平台建设和实施经验构建的低代码开发平台。通过可视化、在线化、配置化开发，大幅降低分支机构系统建设复杂度，提升开发效率，让分支机构在不增加科技人员的情况下快速将业务需求落地成应用系统。为该行推进数字化建设，以创新驱动发展战略提供了强有力的技术支撑，有效地促进了该行业务转型。

2. 基于微服务架构建设分布式应用

微服务架构被认为是未来建设新一代分布式架构应用的方向，通过将应用和服务分解成更小的、松散耦合的组件，可以更加容易地升级和扩展，更加容易部署在云环境中。微服务架构拥有巨大优势，尤其是它让敏捷的开发和复杂的企业应用交付成为可能。

3.　基于 DevOps 工程效能平台落地敏捷交付

敏捷开发和 DevOps 都是一种理念，是为了更好、更快地发布产品。敏捷与 DevOps 转型在银行业已成燎原之势，众多金融企业已经开始通过建立 DevOps 工程效能平台落地敏捷交付，研发运营的成熟度也成为衡量金融企业工程效能的重要指标，2018 年信通院发布了《研发运营一体化成熟度模型》，为敏捷与 DevOps 之火拾柴助威。

例如，九江银行利用 DevOps 工程效能平台的自动化部署，来提高部署效率和准确性，降低或完全替代人工操作，并将 DevOps 贯彻到需求、设计、研发、测试、发布、度量等软件生产的全生命周期。在新核心建设中，九江银行借助 DevOps 工程效能平台实现了一键式换"芯"，平台支撑了新核心和围绕新核心的数十套应用系统一键部署，包含近千条流水线定义，数千个流水线任务环节，上万次的构建和部署流水线任务执行。

1.4.3　数字化运营：集中化、自动化的交付，流程再造助力运营效率持续提升

目前金融行业已经进入存量竞争阶段，数字化运营的作用显得越来越重要。整体来看，数字化转型打破了客户的边界，对金融企业运营管理也产生了巨大影响，未来金融企业需要通过数字化能力，强化顶层设计，支撑新业态的商业模式；统筹流程管理，提高运营流程的定制化能力，确保运营流程的标准与高效，通过流程再造实现精益化、标准化的交付，通过流程挖掘与员工行为数字化等技术，持续为前台业务部门、职能部门等一线员工减负。数字化运营如图 1-4-3 所示。

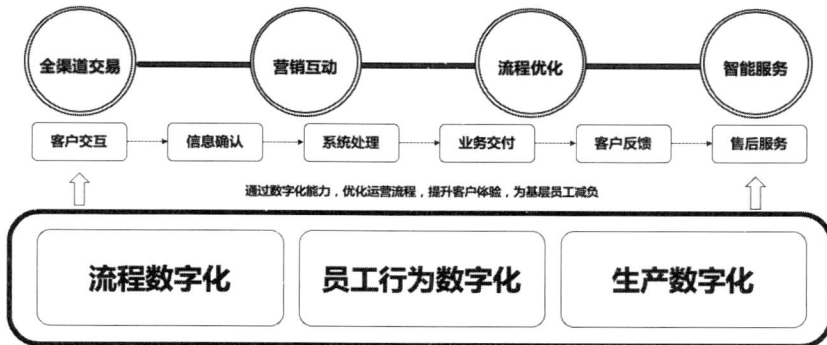

图 1-4-3　数字化运营

（1）流程数字化。随着跨界合作的金融生态模式逐渐成熟，金融企业将逐步建立生态服务平台或与生态平台合作，借力生态资源，拓展获客渠道，这需要企业基于价值链打通业务流程。随着金融服务越来越场景化，金融企业需要挖掘金融服务场景，需要将产品融入服务场景，并提供全流程服务，同时也需要建立用户分层体系，细分用户需求，了解用户业务偏好与消费习惯，通过全流程的数字化整合、优化，有效提升业务各环节的转化和效率，提升用户价值和用户满意度，有效增强用户对产品的价值认同与依赖。

（2）员工行为的数字化。重塑客户旅程和渠道后，再通过将员工行为数字化提升流程运营效率，如开户过程中通过 OCR+大数据和 RPA 技术结合，完成信息的调阅、核对、比照、监管报备、账户的生成，无人工干预的情况下自动开户；柜员印章电子化可以节省大量的工作量，也少了关门以后勾对的工作。利用线上渠道，结合远程视频服务，完成一些客户以及法人双录和真实意愿核实，增强客户体验的提升。通过 OCR、RPA、大数据的结合，在授权中心利用流程机器人替换人工。集中作业应用 OCR+人工智能，将凭证进行自动影像分类，自动识别证件和类别。通过类似的数字化技术为前台业务部门减负。

（3）生产的数字化。敏捷交付可用性、易用性、灵活性更好的产品，改善产品感官体验与交互体验，提升独立用户与全局用户的满意度、忠诚度。

例如某银行信贷流程的进件环节，传统的信息交互依托于详细的纸质证明，申请一笔贷款，用户需要提交多项纸质证明材料，来证明"我是谁"以及"我的还款能力如何"，其实归根结底是银行运营缺乏数字化技术的支撑。利用数字化技术使用电子进件，在用户电子授权的基础上，通过调用多个合规数据源，运用数字化分析技术即可毫秒级完成用户身份识别和实时信用评估，并通过多维数据刻画用户画像，提高风险控制精准度。海量数据的处理能力解决了让用户提供纸质资料自证信用的麻烦，全流程数字化运营在提升效率的同时，也进一步减少了资源消耗，使银行逐渐向"成本消耗低、运转效率高、发展速度快"转变。传统银行较多依靠人工审批，采用的是因果性决策方式，银行分析用户过往的征信记录、收入证明、房产证明等，判断其还款能力，然后才给用户授信放款，这种决策方式下，银行看重的是用户过往的财务和征信数据，而新型银行采用的是相关性决策方式，即通过把"好用户""坏用户"各类行为特征都录入到大数据智能风控系统，进行相关性分析得出具有普适性的结论，新的用户进来之后，和这样的结论进行比对，来判断其违约的概率。传统银行在人工审批阶段，会经历上门尽调核验、人工会审及决策等五项流程，通过对各类证明材料的研读、求证、判断，最终给出决策，耗时较长，其风险判断的标准主要依赖于常年累积出来的专家经验。而新型银行的风控则是利用机器学习模型进行智能决策。

1.4.4 数字化营销：场景驱动的智能营销，精准互动交易

营销环节是距离消费者最近的环节，也是数字化、智能化程度最高的环节。过去的消费者，对于金融企业来说是一个陌生的黑箱，即使拥有"会员体系"的银行，也难以实现与消费者的实时互动，难以与消费者共创价值。而在智能化、数字化的环境下，随着消费者数据的不断沉淀，消费者的概念也正在由"客户"变成"用户"，并进一步地变成"产消合一"视角下的"价值共创者"，在银行与用户的实时、持续互动中，智能化营销也已经越来越无所不在了。

传统银行习惯服务于高端的企业客户和个人客户（2:8 法则），但数字化时代打破了客户边界，可以通过数字化渠道触达所有客户群体（长尾法则）。在 Bank 4.0 时代，长尾客群需要更加精细化数字化的营销能力：数字化的渠道获客、精准的客户洞察、千人千面的营销、智能化的客户体验等。

基于数据智能和自动化的精准营销模式将替代传统粗放的营销模式，以收获更多社会主

力军和新生代客户。具备用户画像、数据标签、营销策略、决策引擎的开放式渠道的智能营销体系，可计划性与事件驱动，实时通过渠道协同实时联动，实现精准、高效、联动的场景驱动营销。并通过建设丰富的营销运营组件快速组合营销流程，实时监控营销成果并快速试错。数字化营销如图 1-4-4 所示。

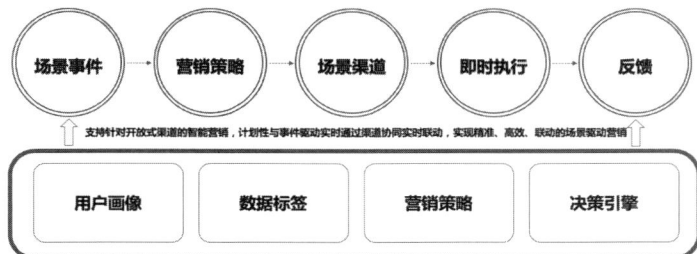

图 1-4-4　数字化营销

数字化营销的核心是基于庞大的客户行为数据，通过机器学习、客户画像、关联分析等举措，进行客户细分，划分不同群体。根据群体的属性制定差异化营销策略，推送定制化服务信息，从而达到"千人千面"展示方式，以低成本促进营销转化率提升，从普众营销过渡到精准营销，演化为场景营销，最终实现智能营销。

如今，部分银行正在尝试将精益化营销手段应用于日常营销工作中，在客群定位、产品营销、渠道服务等领域做出了多项创新。在客群定位方面，银行使用大数据机器学习模型、客户画像、客户标签库等工具精准定位；在产品营销方面，采用数字化品牌营销与精准营销结合、线上渠道与线下渠道协同的方针，实施以客户为中心、主动出击的营销方案，同时对营销效果加以回收分析，形成营销闭环体系；在渠道服务方面，实行营销与服务线索的全渠道转介，打通行内外服务渠道。

例如，上海银行利用机器学习和大数据分析等新技术手段，建立了批量获客模式，实施客户群体的分层管理。通过多维度客户数据，形成多样化的用户画像，预测客户行为，实现精准营销。并借助新型交互设备等应用，结合非金融元素的引入，形成新型营销工具使营销业务推广更加精准，打造了符合客户需求的特色化产品推广体系，实现定制化推荐和精准营销。目前上海银行已在网点试点手机银行扫码特惠购、自助售货体验、智慧健康体验等。

1.4.5　数字化渠道：全渠道协作无缝衔接，提升客户体验

互联网产品把人的存在提到了空前的高度，一切设计都围绕用户的实际情况和消费习惯展开，并通过行业间的跨界融合和由此衍生的口碑效应，在商家和消费者之间产生互动和黏性。这种人们在特定时间、特定地点发生的消费行为被称为消费的场景化升级。而银行传统的物理网点本身存在一定的局限性，例如地理位置、营业窗口期、服务人员覆盖面等。相比而言，线上渠道可以提供无限触达能力、全时化服务、丰富的产品服务、良好的客户体验能力，但线上渠道是一种"冷冰冰"的方式，缺少金融服务所需要的温度。

Bank 4.0 时代的客户体验是虚拟时空的交易与现实时空的交付,移动互联网带来时间碎片化的分割、大量信息的涌入,导致了人的行为与特定时间、特定地点存在了特定的关联关系。传统的银行信息化系统虽然具备网银、ATM、柜面、电话银行、手机银行等多个渠道,但以往更强调业务可以在单一渠道上完成。而数字化转型过程中,客户与银行的互动过程产生了线上线下更多的触点,银行需要整合线上渠道、线下渠道和合作渠道,完善渠道协作体系与营销互动,提高渠道服务体验。良好的体验表现为客户不需要关注具体的接触渠道,而是可以通过多渠道的协作,无缝地完成业务。数字化渠道如图 1-4-5 所示。

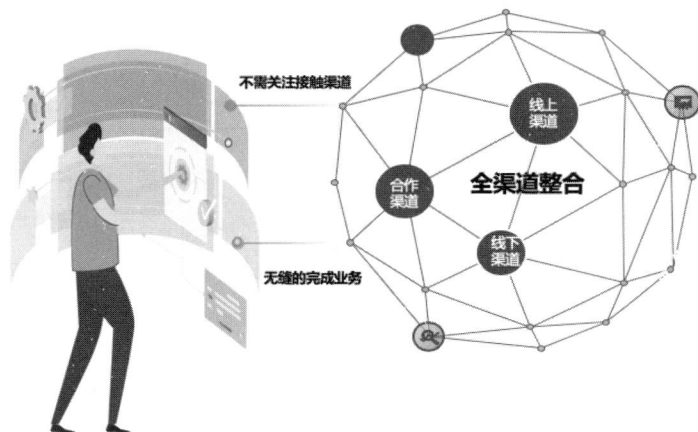

图 1-4-5 数字化渠道

目前的金融企业一般已经具备客户接触渠道,全渠道整合需要能够支持渠道应用完成如下工作:建立对客户和目标客户唯一/连续/整体的视图,更好地了解客户;结合客户与不同的渠道特征建立连贯的内容策略;在多种渠道之间引导客户的消费,与客户在正确的时间、地点、方式进行交互;可以从所有内部和外部来源(例如 CRM、信贷数据、社交网络、移动应用)整合数据,为客户提供个性化的内容、服务与产品推荐;提供公共 API,支持渠道应用实现统一的数字化体验,支持企业能够参加社交活动并进行交易;支持企业自身方便地增加新渠道,合作伙伴可以通过 API 建设自己的渠道,并融入银行的生态中。

从技术上看,客户体验能力需要从体验、流程和数据三个层面支持全渠道整合。

创建统一的全渠道服务,需要在任何渠道上,都能够提供统一数字化体验。这种数字化体验表现在网站、商业站点、社交媒体站点和移动应用程序上,甚至可以延展到可穿戴设备、联网汽车、物联网设备以及任何用于客户参与的数字技术。这些数字渠道还需要与实体渠道(如商店、分支机构、经销商或销售人员)无缝集成。为提高统一的数字化体验,需要提供统一的身份核实、智能交互、业务受理、业务处理、信息与实物交付、用户反馈等能力。

企业的多个渠道,物理上是分离的,需要建立统一的客户服务流程,客户可以在任意环节上切换到最便利的渠道来继续服务,不管是什么渠道,在流程跨渠道时是一致的。BPM 技术可以用来链接断开的流程,客户在各种渠道体验(如网站、应用程序、聊天机器人、VPA)和终端设备(如桌面、智能手机、平板电脑、可穿戴设备、车辆和智能设备)中,需要保留流程或事务状态，以便在其他渠道进入后，能够很方便地继续操作，客户在服务过程中得到的信息和服务是透明的、一致的。

从数据层面进行客户体验的整合，重点是建立单一的客户视图，支持个性化的营销。客户在不同的生命周期中，通过不同渠道会产生各类数据：人口/家庭特征、社交媒体数据、交易数据、行为数据，这些数据包括结构化、半结构化、非结构化数据。企业内部其他系统也会产生相应的数据，例如 CRM 系统的客户分级、营销推介系统产生的产品推荐，同时企业外部的数据源也可以得到需要的数据。全渠道整合需要提供这些异构数据源数据的有机组合，通过数据清洗/过滤、建立数据关联、实时分析等手段，形成单一的客户视图，并为各渠道应用建立有效的产品推荐、交叉销售，实现客户的留存。全渠道整合需要统一管理对客户的内容策略，在正确的时间、地点，利用正确的渠道将合适的内容推荐给客户。

总之，金融企业数字化转型涉及产业、生态、企业等在商业环境下管理的变革，思维、创新、商业模式决定着每个企业的数字化转型之路，金融企业最终都会通过数据驱动的产品工厂、敏捷的系统建设模式、集中化自动化的交付、场景驱动的智能营销和全渠道协作无缝整合走向数字化。金融企业数字化转型是将数字化技术应用到企业内部的管理领域和外部变化的商业环境中，改善产业生态链上的员工、客户、渠道分销商、合作伙伴、供应商等的商业关系，从而对业务价值链产生决定性的改变，金融企业数字化转型需要持续不断地变革，探索适合自身的数字化转型策略。

1.5　金融企业数字化转型的关键：中台战略

通过以上的内容我们了解到，金融企业数字化转型的本质是实现产品设计、产品生产、产品营销、渠道接触、产品运营等五方面的数字化，通过研发的数字化快速完成产品的定义与验证，缩短产品研发时间，减少试错成本；通过生产的数字化提高个性化产品生产的能力；通过运营的数字化实现资源整合，提高效率防止风险；通过营销的数字化实现精准互动与交易，让营销资源的利用更加高效，推广成本降低；通过客户服务的数字化，优化内部服务能力，提升客户体验。可以说，以流程和数据的沉淀、共享、创新为核心的中台架构是实现金融企业数字化和开放化的枢纽，也是敏捷业务实现的根本。金融企业数字化转型关键——中台战略如图 1-5-1 所示。

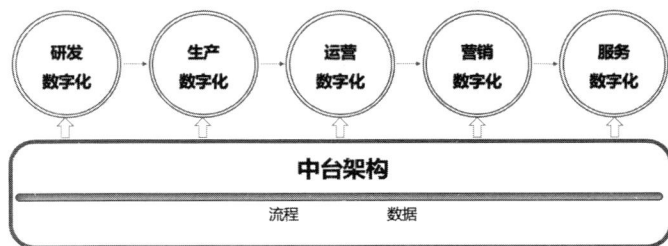

图 1-5-1　金融企业数字化转型关键——中台战略

支撑业务快速创新的中台架构是金融企业数字化转型的基础，是实现"研产供销服"数字化的关键，其核心是打破传统僵化的前、后台运营模式，重组组织和业务架构，为银行提供更灵活、更具创新性，并能实现协同共享和多技术融合的核心数字化能力。部分领先的金融企业已经逐步采用"大中台、小前台"的组织架构和业务机制，通过中台提供对业务敏捷创新的支持，响应开放业态下客户高频度需求变化以及合作伙伴高频度需求变化。作为前台的一线业务会更敏捷、更快速地适应瞬息万变的市场；中台将集合整个金融机构的运营数据能力、产品技术能力，对各前台业务进行强力的支持。

例如，某大型商业银行信用卡中心就发现，他们在开展互联网业务时，传统 IT 对市场促销的响应速度较长，很难在促销的时间窗口内做出响应；原有贯穿各渠道之间的运营流程需要改进，以提高客户体验，增加客户留存；面对不确定的互联网流量，系统可靠性不够，会在促销的关键时刻无法响应；软件的交付速度不够，对创新性业务快速上线、有限客户实验、提供数据反馈等方面都存在不足。该中心并没有孤立地看待这些问题，而是通过中台架构的建设，帮助各团队、各应用打通竖井式的数据与流程，能够迅速整合资源为客户服务，加强客户洞察的能力，提高软件研发效率，实现企业 IT 能力的整体提升，以适应数字化转型的要求。

正如广东省农村信用社联合社银信中心副总裁周丹在谈到银行在数字化转型的新契机时所说："中台战略"将为银行带来透明化、可复用、端到端的服务能力，是"百行百面"的关键。对于中台的本质探索，他做了一个非常形象的比喻，即将中台战略比作"中药铺"。"中药铺"的抽屉一定是按药材而非药方进行储藏，然后按方找药、按药组包。而银行科技对业务的支持同样面临着过去按药方进行储藏所带来的挑战，"中台"则是银行从开发模式、服务模式、IT 架构、业务发展各方面进行转型的关键。中台战略和中药铺的比喻如图 1-5-2 所示。

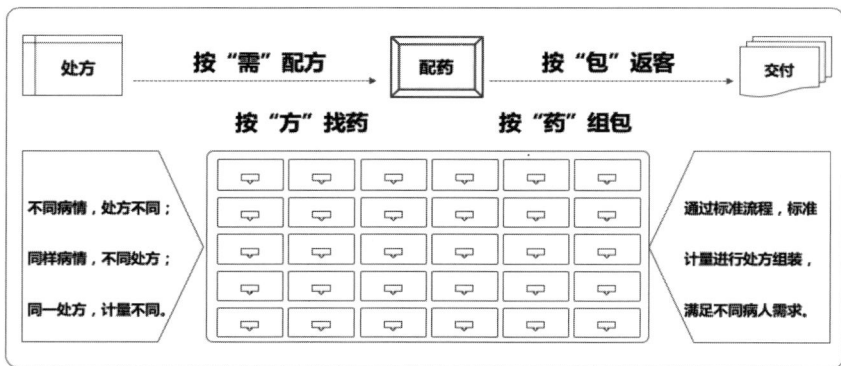

图 1-5-2　中台战略和中药铺

第 **2** 章

中台之殇：金融企业中台建设的本质

2.1　中台的本质：企业 IT 架构的一种形式

中台的概念突然爆发后，很多软件公司打出了"中台"的标签，资本开始不断问询，更有众多关于"中台"的微课、直播和学习课堂开设。在这里面，有人笃定，有人盲目，更有人焦虑。那么，究竟什么是中台，中台的定位是什么，中台与平台又有什么关系呢？

2.1.1　中台概念：为前台而生，提供能力复用

1. 中台概念的来源

中台最早是由阿里在 2015 年提出的"大中台，小前台"战略中延伸出来的概念，灵感来源于芬兰一家仅有 300 名员工的小公司 Supercel，这家公司接连推出多个爆款游戏而成为全球最会赚钱的明星游戏公司。正是这个看似很小的公司开创了中台的"玩法"，并将其运用到了极致。Supercel 建立了共享的技术平台，每个小的研发团队都不用担心基础的技术支撑问题，通过技术能力的重用，支撑了众多小团队敏捷地进行游戏研发。

2015 年阿里提出企业中台，开始倡导的"数据+业务双中台"，经过 5 年的建设，不但大幅提升了各生态圈的建设速度，也降低了大规模协作的成本损耗。"中台"也被视作字节跳动能成为"App 工厂"的基础，技术出身的张一鸣，创立今日头条时就融入了中台架构；字节跳动搭建了"直播中台"，将三个产品的直播技术和运营团队抽出和合并，来支撑它旗下的所有直播业务。腾讯在 2019 年 5 月的入局，宣布将进一步开放数据中台和技术中台，更是将这一波"中台崇拜"推进至高潮。

2. 中台到底是什么？

目前普遍对中台的定义是：中台是企业级能力复用平台。中台的关键是共享、联通、融合和创新。联通是前台以及中台之间的联通，融合是前台流程和数据的融合，并以共享的方式支持前端一线业务的发展和创新。中台首先体现的是一种企业级的能力，它提供的是一套企业级的整体解决方案，解决业务域、全行甚至是生态的能力共享、联通和融合问题，支持业务和商业模式创新。通过联通和数据融合，为用户提供一致的体验，更敏捷地支撑前台一线业务。

所谓"中台"，其实是为前台而生的平台，它存在的唯一目的就是更好地服务前台规模化创新，进而更好地服务用户，使企业真正做到自身能力与用户需求的持续对接。

3. 中台的划分

中台通常可以分为业务层面、数据层面和技术底层三个层面，中台架构也通常分为业务中台、数据中台和技术中台。

- 业务中台：负责沉淀业务能力中心，将用户、账户、产品、支付等基础服务能力通过组件接口的方式输出给各类应用。
- 数据中台：全领域数据的共享能力中心，可提供数据采集、数据模型、数据计算、数据治理、数据资产、数据服务等全链路的一站式产品、技术、方法论服务。
- 技术中台：是业务中台与数据中台的底层支撑，这些底层技术包括：安全认证、权限管理、流程引擎、门户、消息、通知等。这些组件通常与业务关联度不大，属于每个应用都需要使用的功能。

2.1.2 中台架构：IT 架构发展的必然

中台架构是企业 IT 架构的一种形式，回顾软件应用及技术的发展，软件架构演进经历了单体架构、SOA 架构、分布式微服务架构几个阶段的发展。单体架构把应用整体打包部署，随着功能的增多，系统越来越庞大也越来越复杂，导致升级、研发、发布、定位问题以及扩展升级会变得越来越困难。于是，企业开始通过 SOA 架构来解决这些问题，基于 SOA 的架构思想将重复公用的功能抽取为组件，将应用程序的功能作为服务发送给最终用户或者其他服务。但和单体架构类似，SOA 架构下每个系统仍然都是高内聚的，服务的粒度过大，系统与服务之间耦合性仍然较高，随着业务功能的增多，SOA 的服务会变得复杂，系统与服务的界限模糊，不利于开发及维护。为适应海量客户、海量交易数据和快速业务响应能力等互联网业务的特点，以云计算、敏捷开发模式为基础的微服务架构逐渐成为业界的主流。各大银行先后开始搭建"大平台、微服务"的基础平台进行企业软件资产积累、沉淀和复用，提升 IT 的敏捷性、灵活性和可靠性。

1. 传统 IT 架构已无法支撑新业态的发展

金融行业是信息化建设中最重要的一个行业，也是信息化建设程度最高的一个行业，IT技术已经成为金融企业的核心竞争力。经过多年的信息化建设，金融企业早已实现了账户服务

（结算服务）、支付、融资等服务能力，但是，随着涉足场景金融的企业增多，大到买房、买车，小到装修、旅游、育儿，在场景金融的背后传统金融企业的账户服务（结算服务）、支付、融资等已不足以支撑新业态的发展。比如在场景化时代，银行在清结算时，系统要支持目前复杂的业务场景，能灵活地配置对不同分润方的清结算规则，包括不同的分润方有不同的结算周期和支付手续费率、支付时分账的需求、组合支付、支付中营销活动的支持（代金券、积分、红包）等，除了满足用户支付需求，还应满足商户在不同业务场景下，收款结算的要求；银行需要提供丰富的支付渠道以满足更多用户的需求，从而提升使用时的体验、留住更多的用户，因此，支付清结算系统应当实现网银接入、银企直连、快捷支付、第三方支付以及对公对私接口等，同时系统还要具备一定的可拓展性，实现高效管理，便于一段时间以后在不影响老渠道的情况下快速接入新的支付渠道，以满足新的需求；支付清结算时还需要自由切换渠道，自动选择费率或者速度最优渠道。例如在用户使用某银行的银行卡支付之后，系统可以自动选择同行转账渠道实现最低费率，另外，也需要根据不同渠道设置权重优先级，并针对出款银行不可用的情形，能够重新路由到可用渠道完成出款。

2. 传统"竖井式"IT 架构过于复杂，难以支撑敏捷创新

金融企业经过多年的信息化建设，已经建立了大量的竖井式应用，带来了 IT 的复杂性的问题，IT 的复杂性的一个表现是应用"过载"，金融企业需要面对纷繁复杂的应用，通常一个银行内部员工的工作应用以及银行对外提供服务的应用数量会达到 300 个，这些应用运行在不同的架构、不同的操作系统上。随着金融企业布局数字化生态，以创新客户体验为核心，创新商业模式、实现数字化营销与资产创新、重塑业务流程、打造生态圈都离不开 IT 系统的支撑，但 IT 的复杂性难以支撑业务的敏捷创新，如图 2-1-1 所示。

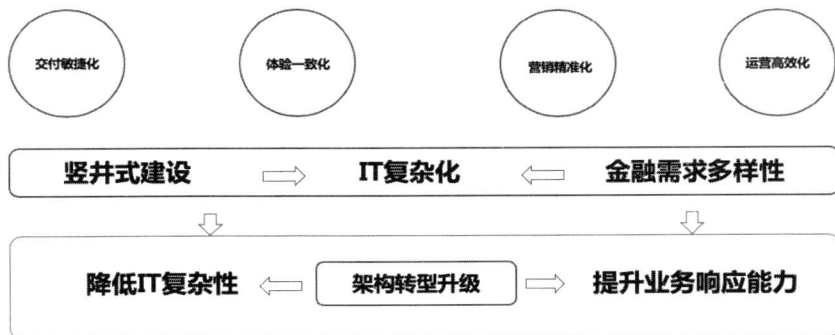

图 2-1-1　IT 的复杂性难以支撑业务的敏捷创新

金融企业需要通过 IT 架构的转型升级，降低 IT 的复杂性，提升敏捷响应业务的能力。

3. 前台灵活、后台稳定"匹配失衡"，矛盾越来越多

随着信息化的建设，银行业逐步形成了以价值链关系来区分的前、后台。所谓前台就是以客户为中心，面向客户需求，为客户提供适合的金融产品和服务，直接创造价值的前台是银行与最终客户的交点，如客户使用电子银行、手机银行等获取信息、获得客户服务、申请服务、

下订单和交易等，前台强调的是响应敏捷和不断创新。传统后台主要面向内部人员，以提供管理和决策服务为主，间接创造价值的后台是实施银行管控决策的支点，例如银行的核心银行系统负责银行经营相关的会计结算、账务处理等，后台强调的是成本可控和运营规范。这种前后台关系实现了企业对价值创造的有效分工协作，但随着数字化革命将快速用户响应和个性化创新作为金融企业竞争的核心，前台好比是多个"小直径、高转速"的齿轮，需要灵活以支撑用户的个性化、定制化、差异化需求，而后台就好比是一个"大直径、慢转速"的齿轮需要稳定、有序，这种"前台+后台"的齿轮速率"匹配失衡"问题就愈发明显，脱节与失配问题导致冲突越来越大，如图 2-1-2 所示。

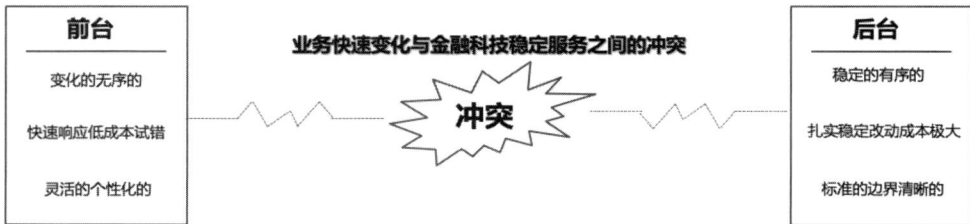

图 2-1-2　前台与后台的冲突

　　中台其本质是企业 IT 架构的一种形式，是 IT 架构发展的必然，其根本是为了降低 IT 复杂化、解决业务响应力困境及支撑新业态发展，弥补创新驱动快速变化的前台和稳定可靠驱动变化周期较慢的后台之间的矛盾。和传统 IT 架构的核心区别在于其更加贴合业务架构，是企业 IT 战略适应业务战略的高阶抽象，是"百人百面、千人千面"的解决之道。企业 IT 架构演进历程如图 2-1-3 所示。

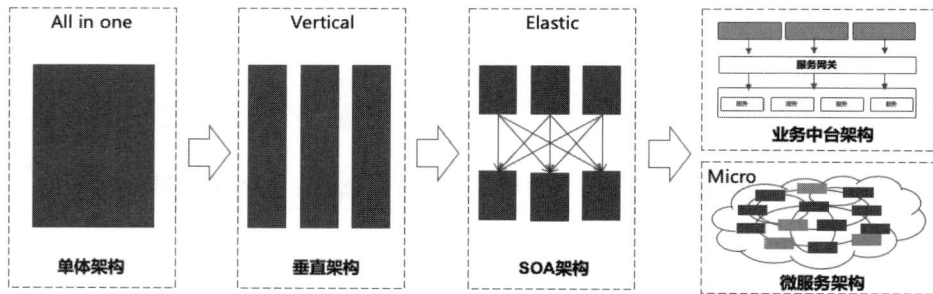

图 2-1-3　企业 IT 架构演进历程

2.1.3　中台是企业数字化转型下重构 IT 的最佳选择

　　中台是金融企业前后台速度适配的必要环节。中台存在于敏捷的前台与稳态的后台之间的中间层，就像是在前台与后台之间添加的一组"变速齿轮"，将前台与后台的速率进行调试匹配，将后台资源顺滑流向前台，通过可重用、端到端的服务能力解决变化相对缓慢的后台系统与数据的稳定、与满足快速变化的前台需求之间的矛盾。在银行中台搭建起模块化、组件化、共享化的敏捷服务中心，借助多元化、精细化的业务服务组件，银行前台业务部门可以像搭积木一样调用中台上的业务组件来编排业务模块，创新业务就可以"乐高积木式"地搭建起来，进而实现业务敏捷的核心目的。中台示意图如图 2-1-4 所示。

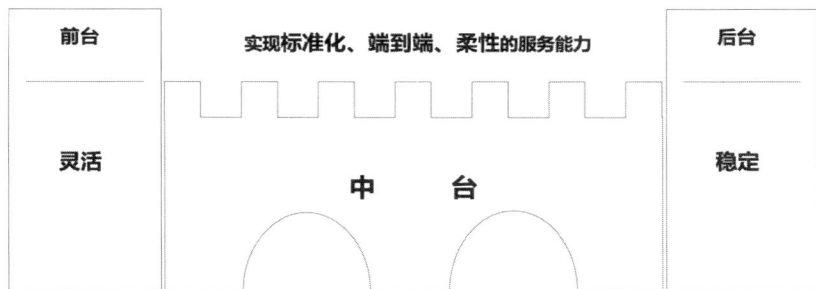

图 2-1-4　中台相当变速齿轮

（1）基于中台实现服务共享与业务创新。通过整合银行内部资源、外部资源，提供标准化的业务流程和共享的服务能力，帮助各团队快速打通各渠道、各系统、各合作伙伴，提升客户服务能力。为业务创新提供受控的实验环境，通过实现验证业务的假设，快速试错，并能把稳定成熟的业务快速积累到平台中。

（2）基于中台提升客户感知与数据洞察。通过中台系统性的收集、管理、使用数据，帮助各团队全面了解客户、掌握生产运行情况、识别经营风险，为优化银行运营流程、提升客户体验的决策提供数据支撑。

（3）基于中台实现安全稳定可靠的运行。中台架构为应用提供标准化的架构、运行框架、中间件、基础设施，建立应用研发的规范，保证应用可以在私有云模式、混合云模式和公有云租赁等不同模式下安全可靠运行，提高 IT 的弹性。

（4）基于中台提升软件研发效能。银行数字化转型过程中，既需要高稳定可靠的核心系统，也需要快速灵活试错的创新性系统，中台需要针对不同类型的应用，建立标准化的需求、设计、开发、交付、运维流程，为团队提供高协作、可复用的组件与工具链，提高应用研发、运营的效率，实现软件研发的精益运营。

在 2019 年银行披露的信息中，不少银行已经开始了中台的布局。

平安银行在推进零售全面 AI 化，其提到，从资源集约、能力共享的角度出发，以模块化、参数化、闭环化为原则，积极推动 AI 中台能力层建设。例如投产了营销机器人、投放机器人、 陪练机器人、客服机器人等多个 AI 中台项目。AI 中台的建设，主要是为了对零售前端应用场景的赋能。除了 AI 中台，平安银行还打造了数据中台，主要整合和共享全行数据资源。

兴业银行也提出打造"业务中台""数据中台"双轮驱动。一方面，通过资源整合和业务沉淀固化企业核心能力，打造更敏捷高效的"业务中台"，提升业务共享和复用程度，快速响应并有效赋能前台业务和生态互联；另一方面，充分利用内部数据资产并提升外部数据整合能力，打造强大的"数据中台"，大力提升数据分析与决策能力。

招商银行也搭建了面向企业的统一数字化中台——招商银行开放平台，运用金融科技变革服务输出模式，探索以标准化、模块化服务支持业务经营模式的转型，快速响应客户的产业互联网需求。

2.1.4 中台是平台建设的自然延伸

中台被热议时，也有很多质疑声：中台不就是已经做了好多年的平台吗？

1. 平台到底是不是中台？

中台战略提出后，很多企业开始拿着自己的系统与中台对标。部分领先的企业在前些年就完成了恐龙级系统的拆分，实现了从传统大单体应用向大平台的演进，他们将公共能力和核心能力分开建设，解决了公共模块重复投入和重复建设的问题。

那这是不是阿里所说的中台呢？阿里业务中台的前身是共享平台，而原来的共享平台更多地被当作资源团队，他们承接各业务方的需求，并为业务方在基础服务上做定制开发。阿里业务中台的目标是把核心服务链路（会员、商品、交易、营销、店铺、资金结算等）整体当作一个平台产品来做，为前端业务提供的是业务解决方案，而不是彼此独立的系统。

传统企业大平台战略只是将部分通用的公共能力独立为共享平台。虽然可以通过 API 或者数据对外提供公共共享服务，解决系统重复建设的问题，但这类平台并没有和企业内的其他平台或应用，实现页面、业务流程和数据从前端到后端的全面融合，并且没有将核心业务服务链路作为一个整体方案考虑，各平台仍然是分离且独立的。

平台解决了公共能力复用的问题，但离中台的目标显然还有一段差距！中台来源于平台，但中台和平台相比，它更多体现的是一种理念的转变，它主要体现在对前台业务的快速响应能力、企业级复用能力，以及从前台、中台到后台的设计、研发、页面操作、流程服务和数据的无缝联通、融合的能力。

中台的建设未必一定在企业级，其实这种思路也可以在具体应用建设中采用，把应用按前中后层分离，后端是基础服务，中间层提供可复用、可变化的框架，快速适应前台业务的变化。实际上，中台化是平台化的一个延伸，可以在现有平台的基础上进行中台化的改造。

2. 中台是平台化的自然演进，平台化与中台化相辅相成

中台是平台化的自然演进，平台的目标为高内聚、低耦合、职责边界清晰，是单一团队、部门、系统的效率提升。中台的目标是提升效能、数据化运营、更好支持业务发展和创新，是多领域、多 BU、多系统的负责协同。平台到中台的改变就是从业务抽象到服务的改变，中台的本质就是从抽象的服务中实现业务，从而满足快速多变的前台，中台的核心是"构建企业共享服务中心"。

平台化与中台化是相辅相成的，平台化是中台化建设的关键基础，平台化建设要以中台化建设方针为引领。平台化解决的是竖井式建设带来的瓶颈，中台是前台与后台连接的纽带。平台化后并没有万事大吉，由于服务与服务之间明确的职责划分，必然会造成协作间的隔阂，而前端业务在个性化、多样化的发展趋势下，更希望提供端到端的支撑能力，平台化模式做到端到端，需要前端业务充分理解企业相关平台的全貌，对人员有一定要求，也需要一定的研发时间进行平台间的对接与协调。但是在互联网影响下业务希望小团队、微应用方式快速试错，

而不希望把人力、精力放在对企业平台的理解上，这就需要在平台化的基础上，消除平台（服务）间的隔阂，为前端业务透明化提供端到端的服务能力。

2.2　中台之殇，金融中台建设何去何从

"中台"的出现恍若一剂支撑新业务快速崛起的良方，一时蔚然成风。

一时间大家都在说中台，似乎什么都可以往"中台"里装，有业务中台、数据中台、技术中台、安全中台、AI 中台……从来没有一个"风口"，像中台这样说不清、道不明。"中台"随之在 2019 年成为 VC 们下注的赛道：不少投资人相信，大量传统公司没有 IT 能力自建中台，第三方服务商就有了市场。2019 年第四季度，三家中台服务商相继宣布获得融资：滴普科技完成 3500 万美元 A 轮融资、云徙科技完成 3.5 亿元 B 轮融资、袋鼠云完成数亿元 B 轮融资。

但是，中台既不是一套软件，也不是一套服务器，更不能包治百病。目前已经出现了实施中台失败的企业，更多的企业在面对中台概念时感到不知所从，既担心不建设中台会落后，又担心没有成熟的经验可以参考。探究中台建设的困惑，其原因多是为做而做、看到别人做也跟风做，或者前期缺乏清晰目标，真正做的时候发现无从下手，或者组织架构不匹配，难以支撑中台的建设，最终无法落地，我们称之为中台之殇，如图 2-2-1 所示。

图 2-2-1　中台之殇

2.2.1　盲目跟风，奔着中台做中台

中台概念提出后，出现了盲目跟风上中台的情况，至于需要什么样的中台、如何实施中台，并没有搞清楚，项目从开始就已经注定了失败的结局。中台是一种方法论，是一种公共能力的下沉，是一个企业在发展过程中建设了很多烟囱式的系统，在业务没有重用性、流程没有互通、数据不能统一归集时，水到渠成的选择。

和金融企业相比互联网企业历史沉淀并不多，理清逻辑，下沉公共能力，建设中台尚且如涅槃重生一样难，例如阿里，在进行中台改造过程中面临各种困难，从开始的弱势被各个业务部门打压，到后来地位渐渐提高，各部门依赖中台的服务，再到后面中台逐渐成熟，成为企业核心竞争力。阿里的成功并不意味着中台是一剂万能药，同样的药方大象吃可以强身健体，换做蚂蚁吃却会当场毙命。

中台建设都是公司发展到一定阶段，有了痛点，才值得花大力气去做的事情。它是公共

服务的抽象，是企业能力的下沉，是已经经历过从 0~1，略做修整，盘点资源，继续向 10、100 发起冲击的企业所应该考虑的战略。建设中台是一个持续投入、持续建设的过程，对于基础建设不够、资金实力有限、专业力量不足的企业，在实施中台战略之前务必要做好充分评估，避免陷入大量投入却没有达到预期效果的局面。

金融企业在前几年经过了大规模的系统建设，已经奠定了从 0~1 的基础。大型金融企业的信息系统多是采用自主研发，其科技团队规模较大，且对已有信息系统比较熟悉，可以自主掌控，在中台建设时，大型金融企业可以从企业级的角度建立全行统一的中台架构。但对于中小型金融企业来说，很多遗留的系统可能都是由不同厂商开发建设，不仅是一根根独自耸立的"烟囱"，而且往往科技内部的人也很少能对这些烟囱的内部结构有深入了解。中小型金融企业如果建立企业级的中台架构，需要将各种厂商的系统构建成公共服务，会带来大量的现存系统重构，在这样的基础条件下建设企业级中台，项目的实施风险较高，中小型金融企业可以选择从应用级建立中台架构，而技术中台作为业务中台和数据中台的支撑，且不涉及太多业务，通常是中小型金融企业中台架构建设的第一步。

2.2.2　对中台定位不清，期望包治百病

很多企业期望中台能够把业务增长慢、企业运作效率低、组织架构臃肿、缺乏创新等问题都解决，幻想着中台战略短期内一步到位，长期能够包治百病，真做起来的时候才发现无从下手或者缺乏清晰目标，最终很难落地。金融企业中台建设目前并没有标准的模式，尤其是业务中台，不像电商领域，业务中台可以收敛一些基础的业务服务，如会员、商品、交易、营销和结算等，所以阿里也只是在新零售领域推广业务中台，在其他行业更多地推更容易建设的数据中台和技术中台。

中台并不是什么都做，中台的建设应该采用产品化思维，要清晰地定义中台的边界，明确中台在企业架构、应用架构中的位置，明确中台上下游中与其他系统的关系，要提供哪些基本的基础服务和服务能力，要对接哪些能力，同时为谁服务，也需要明确建设的目标及考核指标。

中台战略是否成功与金融企业的实际状况和实施策略密切相关，如果不顾企业的实际情况，没有掌握合适的实施策略，盲目建设反而会适得其反。

2.2.3　实施中台所需的组织架构不清晰

2015 年末，在张勇提出"大中台、小前台"的组织战略后，阿里巴巴在 2016~2019 年内，进行过 19 次组织调整。联想中台建设时，1800 名员工的组织调整从 2017 年 9 月持续到 2019 年 4 月，这场改革费时近 20 个月，当中涉及诸多高管换岗、部门合并，均为拉通中台提供了基础。可以说中台战略的成功落地，其组织架构的调整也十分关键。

（1）阿里式的组织调整，对于金融企业来说属于敏感问题。金融企业在中台战略制定过

程中，组织架构调整的矛盾与冲突时刻存在，即便是阿里的"共享业务事业部（业务中台）"，早期也是非常艰难地活在淘宝和天猫的夹缝中。金融企业中台建设需要考虑方法论、支撑技术、资产知识及组织四方面的因素，而建立实施中台所需的组织是基本的保障。

当然，任何组织架构调整都会遇到矛盾，组织调整会重新分配责任和权限，涉及组织管理的权力缩减问题，可以说金融企业组织架构调整是一个大坎，调组织就是在动利益关系。同时，业务边界的划分上需要进行磨合，要理清中台、前台的边界在哪里，如果边界尚不确定，就会涉及很多矛盾、冲突。

（2）金融企业中台建设会带来组织架构的调整，但不能等待组织架构调整后才进行中台化改造。金融企业的组织架构相对稳定，不像很多互联网企业容易变动调整，金融企业对 IT 的依赖度远远高于其他行业，且金融企业的中台建设是从 IT 建设的转型与重构开始，因此中台是科技部门快速响应业务需求、引领业务需求的抓手，强调在科技部门建立可复用能力的平台，应由科技部门驱动，不需要等待业务组织架构的调整而进行。同时，中台建设是一个重用文化的落地，希望将可重用软件与快速变化的应用研发分离，这个过程中首先需要推动设计架构理念的改变，可以选择多变的业务领域或者应用，采用小团队试点的方式，组织虚拟团队，明确产品经理、需求、架构、可重用组件开发、应用开发、测试等相关角色，采用中台的理念改造或者研发新的应用，逐步进行组织的调整。

（3）中台建设需要自上而下的驱动，"一把手"不重视、不参与，同样失败的概率较高。因为大部分员工是很难站在一定的高度去做一个"看十年、做一年"的规划，特别是当一件事和眼前的 KPI 难以达成平衡时，中台的工作会受到各个方面的挑战。因此高层的坚定支持是中台战略的第一必要条件。中台的价值是有条件的，搭建完成后还得有机会来享受成果，这个判断也需要高层来完成。

2.3　个性化前台、标准化中台、效率化后台

我们提出了中台建设的若干问题，明确了金融企业数字化中台建设应由科技部门主导，是科技的抓手，不需要等待业务组织架构的调整而进行。大型金融机构有建立中台架构的技术支撑和组织保障，可以全面的实施 IT 架构转型升级，建立企业级的中台架构。但对于中小型金融机构来说，由于信息系统多是合作开发，科技投入有限且科技团队规模较小，其中台的建设未必一定是企业级的，在具体应用建设中也可以采用，把应用按前中后层分离，后端是基础服务，中间层提供可复用、可变化的框架，快速适应前台业务的变化。前台、中台、后台的定位与划分如图 2-3-1 所示。

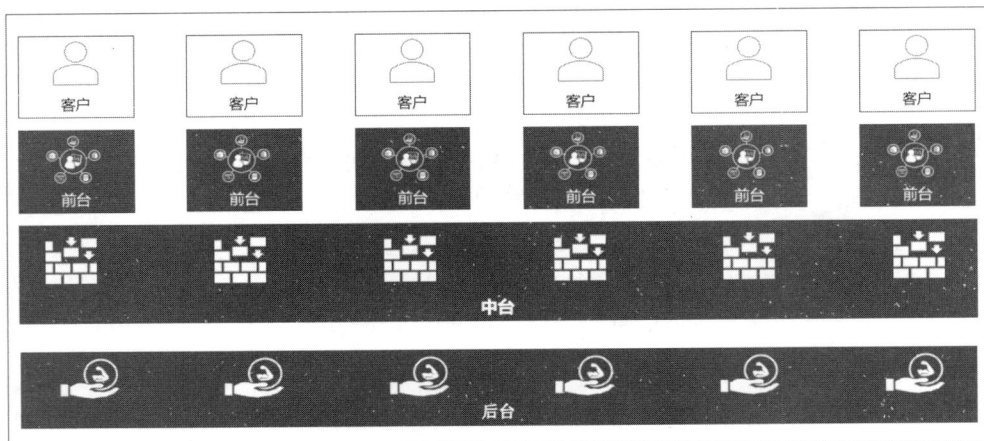

图 2-3-1　前台、中台、后台的定位与划分

为了支撑数字化转型，金融企业根据前台、中台、后台的职责划分，IT 架构提出了"薄前台、厚中台、稳后台"的转型理念。中台主要依托银行传统能力沉淀成服务，包括产品能力、用户、风控、营销、客户服务等，为前台快速灵活适应市场变化提供基础。后台主要是稳定的金融产品与业务管理能力，提供金融产品、经营决策、监管报送、人力资源等能力，为中台和前台提供支持。根据这样的分工，我们对前、中、后台的建设提出了目标。

2.3.1　前台要有小惊喜：极致的个性化

金融机构的核心就是客户。前台主要面向渠道和贴近用户的产品，与用户建立数字化连接，通过用户生态掌握用户及行为数据，满足客户需求，提供良好的体验。前台需要深刻洞察和快速响应市场趋势与客户需求，快速、灵活交付差异化的产品和服务。

前台要有小惊喜：所谓的小惊喜，就是极致的个性化。个性化就是"知我所需，想我所想"，在最恰当的时机，用最恰当的方式为客户提供最恰当的服务。

例如，客户在国外无法使用信用卡提取现金，原因是出发前没有事先开通海外提现功能。银行的正常流程是客户必须在国内设置好。传统的银行只会在客户致电客服时照本宣科，请客户下次留意。个性化银行却会考虑到客户的潜在需求，即时主动和客户联络，而不是等客户上门；银行得知客户人在国外，会破例帮助客户在线上进行设置，解决客户当下的燃眉之急。一天后，主动询问客户是否还有其他需求，并提醒客户使用本行信用卡海外消费的多重优惠；一周后，当客户在国内用同张卡消费时，银行知道客户已回国，欢迎回家之余，顺便介绍有优惠的海外旅行保险。两个月后，客户再次出国，银行主动帮客户设置好海外提现，并以短信通知客户，顺便提醒客户两个月前买的旅行险的服务电话。

听起来有点儿像天方夜谭，但这正是客户需要的。第一，即时发现问题；第二，解决问题；第三，确认问题已经解决；第四，委婉提醒客户银行的存在，为交叉销售和进一步的服务埋下伏笔。个性化银行为客户量身定制的不仅是产品，还有服务、提醒、游戏。

有人可能以为"个性化"的目的就是为了促进营销或者最佳产品推荐。我们认为，个性化不仅仅是增加销售，还是改善服务，提供对客户有用的资讯和建议。要真正做到"千人千面"的可能，银行需要彻底颠覆以往和客户沟通的方式，使用数据分析洞察并全面改变与客户的互动，让每一次互动都建立在对客户的需求预测之上，建立并加深和客户长期可靠的信任关系。个性化的频率可以一天一次，甚至一天数次，频率不是重点，关键的是内容和时机。

极致的个性化如何做？

个性化服务是互联网企业的核心竞争力，其实银行比电商或者零售企业同样具有优势。金融企业多样化的数据为提供个性化服务带来了无穷机会：存款金额以及变化可以预测客户的资金现况；贷款可以说明客户资产状况和偿还能力。信用卡和借记卡的消费记录可以显示客户的消费喜好；投资则能反映客户风险承受力和对投资回报的预期；保险可以了解客户的家庭情况和生命周期，以及客户对生活素质和健康的重视程度等。银行对客户的了解，无论是广度还是深度，都远远超出其他非金融机构。可是银行的个性化发展却落后于一些电商和零售企业，主要原因是银行缺少一个端到端的个性化生态体系，能够即时服务成千上万的客户，满足他们千变万化的个性化需求。

前台需要快速适应瞬息万变的市场，其直接面对客户并提供相关专业服务从而创造价值。从创新的视角来看，前台主要负责产品/服务的快速迭代试错，为后台的个性化创新提供事前的初步启发，以及事后的初步实验，这要求前台需要实现业务简单化、产品标准化、基础模块化、应用小程序化。

银行有成千上万的客户，千人千面的行为，在不同的时间和地点，构成了上亿种的组合。要应付如此庞大的业务，不能没有整体的统筹，各事业部门的配合，客户行为数据的即时采集、分析和应用，渠道实时触达和反应能力，以及技术平台的支持。个性化的挑战是规模，如何实现大规模的个性化定制，就是中台建设的目标。

2.3.2　中台要有小确幸：极致的标准化

中台的定位是能力复用平台，中台的核心是沉淀数据化、标准化的专业服务能力，让前台将能力进行组合，配置实现个性化业务。金融企业数字化中台能力建设是致力于去打造标准化、模块化的金融组件，以提高前台业务针对市场需求快速组装的能力；其核心要求是标准化、组件化、可重用，以此赋能创新。

（1）标准化。业务流程一致、数据标准统一，实现流程打通、数据打通，需要整合企业内部被"部门墙"割裂的流程与数据。

（2）组件化。中台为前台创新提供即时可用的服务，快速让设想转化为新产品；避免从零开始，从而降低创新成本和创新难度。中台既赋能内部前台，也要赋能生态圈共生企业和其他客户。中台将前台的成功经验总结成为高度标准化、高度模块化的工具，为前台提供丰富有效的积木式工具库，以服务的方式让前端可以即取即用。组件化设计可以避免系统间耦合性大，牵一发而动全身。这需要针对共用服务进行抽象设计。

（3）可重用。中台提供的服务是应该可以即取即用的、可重用的。业务 A 可用，业务 B

也可用。一个中台服务的价值高低，是"可用"和"可重用"的区别。服务的高重用是设计能力的一大考验，既要尽可能地靠近业务、靠近用户，又要能够实现标准化。通过中台向前台提供"相应的服务"还是提供"端到端服务"取决于服务提供的可开放共用的程度。作为前台的服务提供者，通过数字化的方式为前台提供稳定可靠的服务，实现服务共享重用，避免竖井式建设。在端到端的服务输出后，业务量可能会短时间大大激增。能扛得住大流量高峰时期的高并发、高可用将成为一个大挑战。底层的可灵活扩展能力将非常重要。

广发银行科技部门于 2017 年年底开始引入企业金融云技术和开源框架，使用分布式架构和服务化，以"业务建模标准化、分析设计标准化、能力输出标准化"的高标准高要求，组建中台产品团队和中台能力团队，按业务领域构建了互联网业务中台（包括交易中心、用户中心、账户中心、权益中心、营销中心、支付中心、产品中心、清算中心等），为客户提供可伸缩的系统性能体验，为渠道提供可复用的服务能力。

中台需要把后台的速度和前台的速度匹配起来，有效平衡前端的敏捷性和后端的稳定性。银行中台包含技术中台、数据中台和业务中台。业务中台是将支持业务快速上线的功能模块进行标准化，打造不同的引擎组件，帮助银行快速实现产品设计、产品运营、客户营销、风险管理等核心功能的调用与整合，缩短产品上线和迭代的周期。数据中台提供数据采集、数据模型、数据计算、数据治理、数据资产等全链条的服务，帮助银行搭建数据治理体系，将跨部门的数据进行统一管理、分析挖掘，让数据发挥最大价值。技术中台是业务中台与数据中台的底层支撑，这些底层技术包括：安全认证、权限管理、流程引擎、门户、消息、通知等，这些组件通常与业务关联度不大，属于每个应用都需要使用的功能。

不同的行业、不同的企业都会有自己的中台模式。一般来讲，好的中台往往具有以下特点：一是相对的独立性，一方面可以从前台分离出来，否则就无法形成独立中台，另一方面又是前台的有机组成部分，而不是完全独立；二是兼顾稳定性和灵活性，一方面与前台的灵活性、个性化相比，中台具有较好的稳定性，正是这种稳定性才使得中台可以相对标准化和规模化运营，另一方面又不能过于固化，往往要有组件化、模块化、可灵活扩展的特点，通过简单组合和定制，就能快速支持产品创新的能力；三是最大程度的重用共享。中台要具有一定的适用广度，与前台之间往往是一对多的关系。通过大量的重用共享，才使得成本可以下降、效率可以提升、信息可以联动。

2.3.3　后台要有小感动：极致的效率化

银行后台主要面向内部人员，以提供管理和决策服务为主，属于对业务和交易的处理和支持，以及共享服务，是整个机构的支持和支援部门，间接创造价值的后台是实施银行管控决策的支点，包括财务里的会计核算、内审、人力、行政、IT 支持、呼叫中心等，集中处理贷款审批的中心，后台强调的是成本可控和运营规范。

后台要有小感动，所谓小感动，就是通过精益求精的运营，达到至极的效率化。金融企业需要搭建起可敏捷支撑前台业务的后台组织，借助强有力的技术支持，对全行业务流程、作业模式和相关业务处理系统进行全面整合与再造，建立强大的后台支持中心，逐步实现业务集中处理。同时，通过创新运营操作风险管理模式，建立技术先进、内控严密、运作高效、响应及时的运营操作体系、服务体系和管理体系。通过业务的后台工厂化和集约化处理、流程的优化和再造以及风险的专业化和集中化管控，逐步建立中心化、工业化的运营支持格局，通过提升运营管理水平来提高核心竞争力。

　　后台效率的提升核心是要优化业务流程，进一步减少业务办理的时间。后台系统可以充分运用会计凭证影像采集、RPA、OCR 识别、自动勾对、大数据、人工智能等技术推动后台业务创新发展，在风险、效率、质量、成本等上达到均衡，提升银行后台管理水平及运营管理能力。信息技术的应用是保证业务能够在后台集中处理的基础和前提，通过信息技术可以实现自动化的业务流程处理和智能化的风险管控，通过信息技术可以将后台集中人员和前台紧密联系起来，推动金融业务的发展。如开户过程中通过 OCR+大数据和 RPA 技术结合，完成信息的调阅、核对、比照，监管报备、账户的生成，无人工干预的情况下自动开户；柜员印章电子化可以节省大量的工作量，也少了关门以后勾对的工作；利用线上渠道，结合远程视频服务，完成一些客户以及法人双录和真实意愿核实，增强客户体验的提升；通过 OCR、RPA、大数据的结合，把授权中心利用流程机器人替换人工；集中作业应用 OCR+人工智能，将凭证进行自动影像分类，自动识别证件和类别。通过类似的数字化技术为前台业务部门减负。

第3章

中台之道：金融企业中台建设方法论

3.1 全面解读科技部门主导的金融企业数字化中台

3.1.1 企业级可重用能力的建设，是金融企业数字化中台建设的主要手段

金融企业的数字化中台建设，是由科技部门主导的，旨在数字化转型背景下提高业务推出的速度，满足客户个性化要求。软件研发的经验告诉我们，实现这一要求，必须采用重用的手段，建设企业中台，就是要建设企业级可重用的软件平台，实现有计划、体系化、强制性的重用。重用的本质是将软件中共性的部分抽象出来，开发成可重复使用的能力，基于这些能力开发应用系统。广义的重用有很多种方式，例如代码、函数、文档、测试用例、架构、组件等等，这些方式在中台建设中都有涉及，但是中台建设中提倡的重用，有很多基本的原则：

（1）重用就是多个相似功能的抽象实现。企业应用是由业务流程和业务数据为核心组成的，因此企业级重用同样是流程和数据的重用，我们把这些可重用的流程与数据，称之为模型。每个可重用模型都应该有相应的组件对应，文档、架构、代码片段等等虽然有重用的价值，但仅仅是一种参考方式，无法达到强制的效果，并不是中台倡导的重用方式。我们常说，"有代码实现的重用才是重用"。

（2）企业级的重用提倡大粒度的重用，提倡端到端流程的重用。以前的重用主要是指相对较小的代码块的重用，也就是小粒度重用。有些机构已经建成了包含算法、模式、对象和组件的可重用库，然后鼓励研发人员使用库里所提供的东西而不是创建自己的版本。这种小粒度的重用在组合、集成为一个大的业务时可能会带来便利，但业务发生变化时需要重构相关的组合逻辑，往往造成大规模的调整。大粒度的重用需要在业务流程层面抽象共性，提供软件组合

的模式与框架，而不是基于小粒度的自行组合。当然，大粒度的重用必然基于小粒度的重用，我们常说，要把可重用的组件"提供端到端的能力，大到不能再小"。

（3）重用的首要目标是满足个性化业务的快速推出。重用可以带来很多好处，包括快速推出业务，降低实施成本，提高软件的质量，降低人员能力要求等，以往实施重用的效果看，降低实施成本、降低人员要求、提高质量往往体现在首位，快速推出业务的效果并不明显，甚至担心大规模重用后会减少科技人员的数量，降低科技的投入。在数字化转型过程中会发现，最重要的是在有限资源投入的情况下，满足更多的业务需求，让业务能够快速试错、调整，重用会带来单点实施成本的降低，让节省出来的资源投入到更多新业务研发中。同时减少重复劳动，让科技人员能够投入到更多有价值的活动中。我们常说，要让重用"创造更多业务价值"。

（4）可变性管理是重用最重要的手段。传统 SOA 的服务化也是解决重用的问题，但 SOA 架构下的服务强调互联互通的标准化，并没有为服务的可变化能力进行标准化定义。为了适应不同的情况，服务往往存在下面几种方式：一是多版本方式，不同版本对应不同的业务，实际上每个版本就是不同的服务，我们不建议这种多版本方式管理服务，还不如做成一个新服务来维护；二是利用不同的输入参数标识需求特征，在实现中利用不同的代码分支（例如面向对象的多态方式）实现，这种模式是一个常见模式，但这种方式只对小粒度重用是有效的，大粒度重用时就会造成输入输出定义复杂，难以使用；三是通过内部配置的方式生成可执行的代码，这种方式已经接近重用的最佳方式，缺点是如何进行配置，能够支持哪些变化，外界是不可知的。因此，需要将重用能力所支持的可变性标准化出来。我们常说，"能力是柔性（可变化）的，柔性（可变化）是透明的"。

（5）通过数字化中台建设，推进重用在企业中的应用，实现软件设计理念与文化的提升。金融企业动辄上百套系统，庞大的软件规模，以往注重系统安全可靠运行，稳定性压倒一切，但数字化转型背景下不但希望核心系统稳定运行，而且希望新业态业务快速推出，占领市场，目前的软件研发方法显然不能满足要求。业界目前敏捷研发的方法是从研发过程的角度，在团队中建立良好的研发习惯，利用自动化手段减少重复劳动，提升研发效率，也是中台建设需要采用的方法。而重用是从软件结构的角度提升研发效率，需要在软件设计层面，提出重用的要求与目标，建立总结、抽象的习惯，改变设计的结构。传统金融企业软件，在会计、账务、支付、资产等等核心业务上，根据会计准则等要求，具备了良好的可重用模型，但是在客户接触、营销、运营等方面却缺少具备普遍共识的总结，在新业态、新商业模式下，业务已经不是以会计、账务为核心，而强调以客户、产品、合作伙伴为中心的全生命周期，因此，需要从上述方面进行流程、数据的总结、抽象，建立可重用的能力。重用对软件设计的要求很高，需要逐步形成重用的文化，逐步推广。我们常说，"软件行业已经进入深水区，取法乎上，得乎其中"。

（6）中台建设会带来组织架构的调整，但不能等待组织架构调整才进行中台化改造。一来金融企业的组织架构相对稳定，不像很多互联网企业容易变动调整，所以数字化中台建设是科技部门主导的，是科技的抓手，不需要等待业务组织架构的调整而进行；二来中台建设是一个重用文化的落地，希望将可重用软件与快速变化的应用研发分离，这个过程中首先需要推动设计架构理念的改变，可以选择多变的业务领域或者应用，采用小团队试点的方式，组织虚拟团队，明确产品经理、需求、架构、可重用组件开发、应用开发、测试等相关角色，采用中台的理念改造或者研发新的应用，逐步进行组织的调整。我们曾经在某大型国有商业银行，针对调账对账这样的业务开发了大粒度的可重用组件，让试点团队体验到可重用组件带来的价值，坚定了建立可重用能力的信心。

（7）可重用能力的建设，要采用产品化思维进行建设，在业务与技术之间达到平衡。过去往往在衡量可重用能力的时候，喜欢以被重复调用的次数、重复使用项目的次数等等，来作为主要的评价标准，这种方法是片面的。单一从这个视角进行评估，就是技术化的思维，事实上越是小粒度的重用能力，被调用、使用的次数就越多。中台提供的可重用能力，自身就是一个产品，需要有自己的愿景和定位，明确自己的客户是谁，为客户解决哪一类问题，这类问题的业务价值是什么，如何评估业务价值，针对不同用户的策略是什么（例如服务、定制还是自助），如何保证产品的服务质量，产品推广的策略是什么，如何建立产品持续运营的能力，回答了这些问题，就建立了数字化中台持续发展运营的能力，我们常说的"服务能力化，能力数字化"就是这个意思。

金融企业数字化中台建设，是一个建立企业可重用能力的体系，我们希望能够通过本书探讨这样一个体系的全貌。

3.1.2 金融企业数字化中台建设全景图

既然金融企业数字化中台的建设核心是企业级可重用能力的建设，涉及的范围就会比较广，形式也会比较多。图 3-1-1 给出了金融企业数字化中台建设的全景，本书也会从这四个方面分别阐述中台建设的原则、方法与实践：①过程与方法，其中研发过程包括中台研发过程与基于中台的应用研发过程，分别被归结为领域工程与应用工程两部分。研发过程中涉及的研发方法，包括金融行业需求的结构化描述方法、体系架构设计方法、软件持续交付的方法与规范、行为驱动的软件测试方法，以及业务可变性分析的方法。中台建设的评估方法，从业务、架构、过程和组织四个维度评估企业的可重用能力建设，评估参考了 CMMI 成熟度模型，同样分为五级；②平台与架构，金融企业数字化中台分为业务中台、数据中台和技术中台，前两者提供可重用的流程与数据，后者是软件生产需要的架构、技术组件与生产过程；③资产与知识，中台建设积累的业务组件、技术组件、模型与数据，将成为企业资产被管理起来；④组织保障，引入中台后科技部门组织架构的建议，研发角色的划分，以及研发团队的组织模式。

业务中台和数据中台的建设，是中台建设的难点，尤其是前者。这里我们以问题为导向，澄清几个问题，以便对中台建设有一个充分的了解。第一个问题，金融企业究竟应该有几个业务中台，很多专业中台的概念（例如移动中台、支付中台、信贷中台、互金中台）等是否都需要？究竟有几个业务中台？实际上业务中台内部分工、分类的问题，也就是业务中台中究竟有几类可重用的能力，这些可重用的能力如何支持金融企业的业务。既然是分工、分类，我们就要找到分类的方法，传统金融企业例如银行将业务分为存款类、贷款类和中间业务类，显然这是按照资产负债表构成做的分类，并没有覆盖银行的其他业务。这里，我们使用价值链分析的方法（价值链的概念首先由迈克尔·波特于 1985 年提出："每一个企业都是在设计、生产、销售、发送和辅助其产品的过程中进行种种活动的集合体。所有这些活动可以用一个价值链来表明。"）金融企业的价值链，可以分解为产品研发、客户交互（渠道）、产品营销、产品运营、风险控制、产品生产几个部分，总结下来，产品、渠道、运营、营销、风险五大类流程是金融企业核心的经营模式，也是可以业务中台可重用能力的分类，而产品生产属于技术中台的范畴。

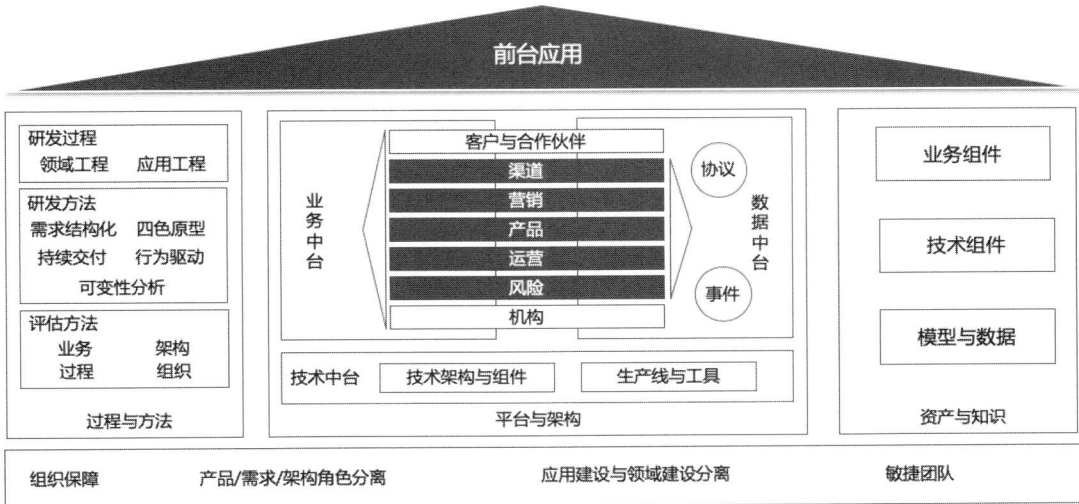

图 3-1-1　金融企业数字化中台建设全景图

从上述分类可以看出，支付中台的支付流程属于运营流程。而信贷业务可以分解为信贷产品、渠道接触、贷中贷后的运营、信贷产品营销、产品风险控制等五部分，信贷中台可以从这几方面入手考虑。这些专业化提法虽然不全面，但我们并不反对，如果这些中台采用了可重用的思想，沉淀了可重用的能力，这种做法是值得鼓励的，因为这恰恰体现了软件设计理念的提升。我们反对的是为中台而中台，一时间中台满天飞，却没有看到可重用的能力。

第二个问题是业务中台与数据中台之间如何协作，如何实现业务数据化、数据业务化？上述五大类流程，都是服务客户、对接合作伙伴，流程的当事人可以归结为客户和合作伙伴；流程的责任主体是机构，也就是由企业内部哪些组织或者岗位承担；流程产生了与当事人之间的协议，产生了交易相关的事件。业界现有的金融企业数据模型分类，例如 IBM FSDM 模型将金融企业的数据主题分为关系人、合约、条件、产品、地点、分类、业务方向、事件、资源项目，Teradata FS-LDM 分为当事人、机构、协议、产品与服务、财务与风险、渠道、事件、市场营销、地理区域、资产，也都是从类似的维度进行数据的组织。因此，数据中台需要从业务中台收集数据，根据产品、渠道、运营、营销、风险、客户、合作伙伴、机构、协议、事件等十个维度加工、组织数据主题，通过标签化方式聚合数据提供数据服务，再根据业务需要，提供类似客户画像、网点画像之类的解决方案供业务使用，形成业务到数据、数据到业务的闭环。

3.1.3　典型的可重用中台架构模式

如果对中台架构有了解，就会知道中台分为几种类型，例如业务中台、数据中台、技术中台。中台由若干个中心组成，例如订单中心、客户中心、支付中心等，那金融企业中台建设前中后台是如何分工的？应该有几个中台呢？也需要有这些中心吗？貌似支付中心、客户中心在金融企业中已经存在，还需要重新构建吗？简而言之，金融企业应用的前台是服务客户（包括线上、线下渠道）的渠道、服务合作伙伴的渠道、服务于内部运营的员工服务渠道这四种应用类型，后台是比较稳定的会计/账务等产品、人力资源、客服等，而中台建设针对业务中比较容易发生变化的部分，针对新业态下传统业务没有涵盖的部分。图 3-1-2 是一个典型的中台分层架构。

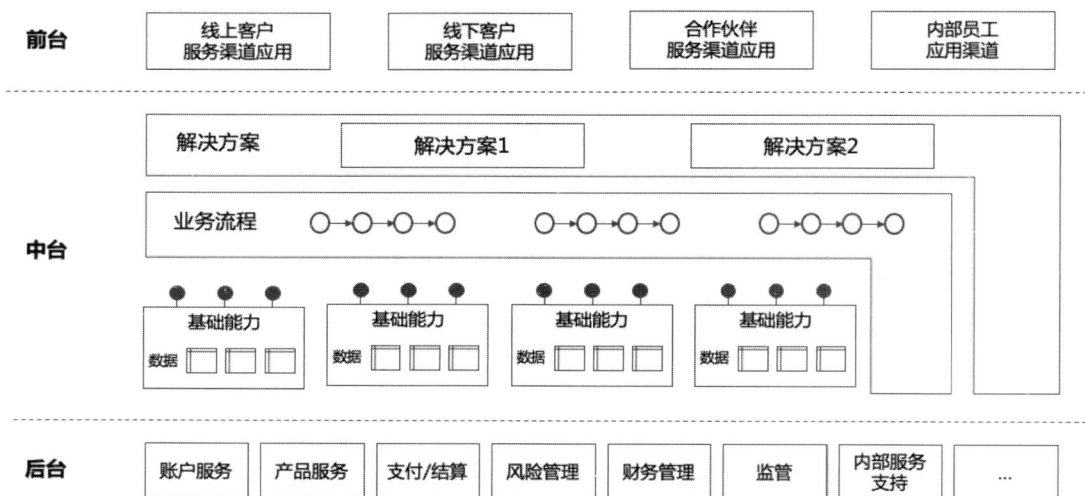

图 3-1-2　典型的中台分层架构

典型的中台架构自下而上分为基础服务、业务流程、解决方案三层，向下衔接后台，向上支撑上述四类应用。通常能力中心按照数据主题进行划分，例如订单、用户等，存储该主题相关数据，对外提供基础服务；业务流程编排服务，对外提供端到端的流程服务，例如银行网点的服务流程，有业务受理、业务处理、业务交付、反馈这四个环节，可以作为一个流程服务提供；面向一定业务领域，提供解决方案，例如银行信贷相关可以分为个人信贷、对公信贷、小微贷解决方案，基于这些解决方案提供汽车贷、校园贷、教育贷等前台应用。

如何划分能力中心，是一个常见的问题，一般来说能力中心的划分依赖于数据主题。企业数据可以分为元数据（描述数据的数据）、引用数据（也就是元数据的取值范围）、主数据（企业经营中不易随时间发生变化的数据实体，如产品、客户等）、交易活动数据（企业经营活动产生的数据，例如合约、支付等等）、流程轨迹数据（对数据变更通过进行记录，例如审批、复核，包含了交易审计数据），行为轨迹数据（这是近年来为优化用户体验、提高对业务感知记录的数据，如用户的操作行为等）、分析数据（根据不同维度对数据进行统计产生的数据）等几种类型，能力中心就是按照主数据、交易活动数据来划分的，这种划分方式符合信息化软件的设计习惯，容易被 IT 从业者接受。

在划分能力中心的时候，总会感觉到有很多跨中心的业务无所适从，放在哪里都不合适，这就需要由业务流程层进行编排。如果大家关注阿里、蚂蚁金服的中台架构演变就会发现，从最初只有能力中心，逐渐加入了商业能力（也就是业务流程）与解决方案两层，用于解决面向业务积累端到端能力的问题。金融企业中台的业务流程层，不但可以编排基础服务，也可以编排后台系统提供的服务。从数据的角度看，业务流程层保存流程的轨迹信息。

基础服务、业务流程服务，都需要定义自身的可变点，同时提供部分可变点的实现方式，解决方案层则是把具备业务相关性的服务汇合在一起。例如阿里的业务中台就提供天猫、淘宝、国际的三类解决方案；有些金融机构在中台支撑互联网金融时会提供个人、对公、政府的解决方案；蚂蚁金服内部中台建设会提供保险、理财的解决方案。

中台分层架构往往见于业务中台的介绍中，其实这个架构不仅仅适用于业务中台，数据中台建设中能力中心对应主题数据的划分，通过标签化等手段提供数据服务，业务流程对应数据的处理、服务流程，例如数据采集与转化流程、数据发布流程、数据使用流程等，解决方案是面向领域的一组数据服务与流程，例如银行网点画像就是一个解决方案。同样，这个架构也适用于参考中台架构进行现有系统改造，能力中心对应模块的划分，模块内部数据是紧耦合的，是需要保证数据一致性的，模块可独立部署；业务流程是对服务的编排，是客户交互流程；解决方案层可以不需要。

3.2　金融企业数字化中台建设的过程与方法

金融企业数字化中台建设的目的是推进重用在企业中的应用，实现软件设计理念与文化的提升。在研发过程方面，可重用能力的建设要采用产品化思维，从软件结构的角度提升研发效率，在软件设计层面提出重用的要求与目标，改变设计的结构。数字化中台建设可将研发过程分为可重用的中台研发过程与基于中台的应用研发过程，参照软件产品线工程分别被归结为领域工程与应用工程两部分。金融企业庞大的软件系统在数字化转型时既希望核心系统稳定运行，又希望新业态业务快速推出，目前的软件研发方法显然不能满足要求。业界目前敏捷研发的方法是从研发过程的角度，在团队中建立良好的研发习惯，利用自动化手段减少重复劳动，提升研发效率，这也是中台建设需要采用的方法，但并不是全部，本节我们探讨一下中台建设的过程与方法。企业数字化中台建设不是一蹴而就的，而是随着金融企业信息化建设的持续发展和业务的不断创新最终沉淀下来的，因此中台建设时需要了解企业信息化的发展现状，评估其中台建设的成熟度，为企业中台建设提供参考。

3.2.1　研发过程

随着金融企业软件应用领域逐步扩大，科技部门需要交付的软件产品数量将呈现出指数级增长。面对不断增长的软件产品规模，如何灵活定制软件缩短新业态软件产品的上市时间？如何提高软件产品的质量、交付稳定可靠的产品以降低核心系统风险？如何降低软件开发、维护的成本让知识工作者创造更大的价值？这些都是科技部门必须解决的问题，如图 3-2-1 所示。

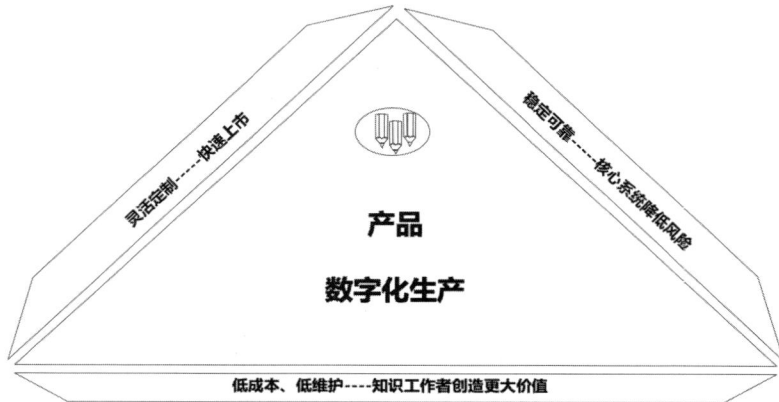

图 3-2-1　金融企业科技部门要解决的问题

1. 借助软件产品线工程方法，实现大规模重用

对于金融企业来说大部分的软件需求并不是全新的，而是已有系统需求的变体，传统的软件研发通常只关注某一具体应用领域，不断地重复开发该领域已有软件的变体，这些变体之间通常存在着大量的相似性，这为系统化和大规模软件重用奠定了基础。金融企业需要采用产品化思维，通过平台来进行重用和扩展，支撑大规模软件重用研发。产品线工程方法就是进行大规模复用的一种方法。

软件产品线起源于 20 世纪 70 年代对程序族的研究，80 年代中期开始使用软件产品线开发系统，90 年代中期出现了对软件产品线正式的理论研究，进入 21 世纪软件产品线的研究已成为软件工程领域的热门，借助于软件工程中软件重用和软件架构的理论基础，软件产品线成为一种非常专业的软件开发组织的方法。

软件产品线是一个产品集合，这些产品共享一个公共的、可管理的特征集合，这个特征集合能满足选定的市场或任务领域的特定需求，这些系统遵循一个预先描述的方式，它们是在一个公共的核心资源基础上开发的。软件产品线工程是基于软件产品线理论进行规模化软件开发的方法，主要包括领域工程、应用系统工程和产品线管理三个方面，领域工程是其中的核心部分，它是领域核心资产（包括领域模型、领域体系结构、领域构件等）的生产阶段；应用系统工程面向特定应用需求，在领域核心资产的基础上，面向特定应用需求实现应用系统的定制和开发；而产品线管理则从技术和组织两个方面为软件产品线的建立和长期发展提供管理支持。

2. 金融企业数字化中台建设关键是实现可变性管理

金融企业数字化中台建设的核心是重用，中台的建设可借鉴软件产品线工程方法实现大规模的软件重用、保证高质量的新产品开发。软件产品线的关键问题是如何进行可变性管理，并基于可变性管理实现软件核心资产的复用，因此金融企业数字化中台建设关键也是实现可变性管理，如图 3-2-2 所示。

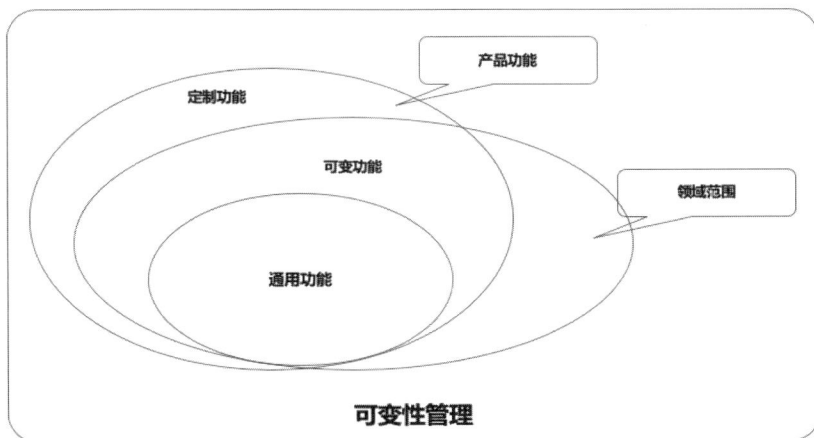

图 3-2-2　可变性管理

可变性管理是重用最重要的手段。传统 SOA 的服务化也是解决重用问题的，但 SOA 架构下的服务强调互联互通的标准化，并没有为服务的可变化能力进行标准化定义。为了适应不同的情况，服务往往有下面几种方式：一是多版本方式，不同版本对应不同的业务，实际上每个版本就是不同的服务，我们不建议这种多版本方式管理服务，还不如做成一个新服务来维护；二是利用不同的输入参数标识需求特征，在实现中利用不同的代码分支（例如面向对象的多态方式）实现，这种模式是一个常见模式，但这种方式对小粒度重用是有效的，大粒度重用时就会造成输入输出定义复杂，难以使用；三是通过内部配置的方式生成可执行的代码，这种方式已经接近重用的最佳方式，缺点是如何进行配置，能够支持哪些变化，外界是不可知的。因此，数字化中台建设重点是需要将重用能力所支持的可变性标准化出来，可变性建模是可变性管理的关键技术，可实现产品家族成员的共性和可变性的描述。

3. 实现可变性管理需要将领域工程和应用工程分离

可变性管理是对产品线范围内的通用资产和可变资产进行管理，并将可变性建模的成果透出给应用，用于应用的个性化业务的配置。建立企业级可重用能力将是金融企业数字化中台建设的主要手段，企业级可重用能力的建设可借助软件产品线工程中重用的指导思想，依托可变性管理方法，将数字化中台分为领域工程与应用工程来实现软件大规模重用的开发。

领域工程是开发以重用，基于领域工程将建设可重用的共享服务中心，提供通用的业务流程和服务，并提供可变的业务定制点，用于应用工程系统化的、一致的软件重用。领域工程职责是定义主题数据并根据主题数据切分共享服务中心，实施标准化、端到端业务流程，并发布应用工程可复用的业务组件。领域工程和应用工程分离示意图如图 3-2-3 所示。

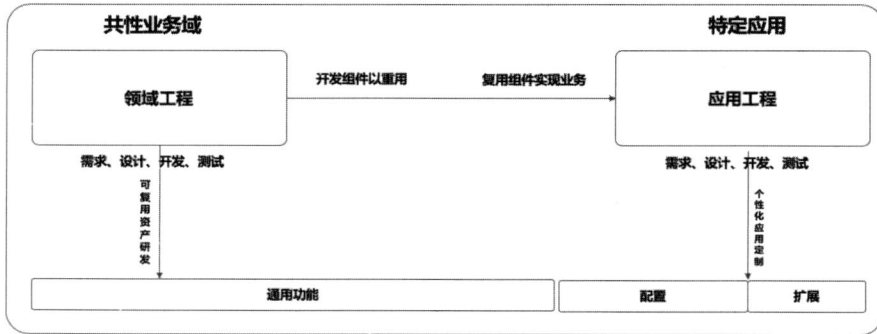

图 3-2-3　领域工程和应用工程分离示意图

　　应用工程是使用重用来开发，应用工程从领域工程的共享服务中心中获得可复用的流程和服务，使用其中可变的业务定制点，实现特定业务需求的个性化实现，从而构建出个性化的前台业务应用。应用工程职责是在利用领域工程提供的标准化、端到端流程，细化分析差异需求，通过个性化的可变点实现，完成个性化业务定制。研发过程如图 3-2-4 所示。

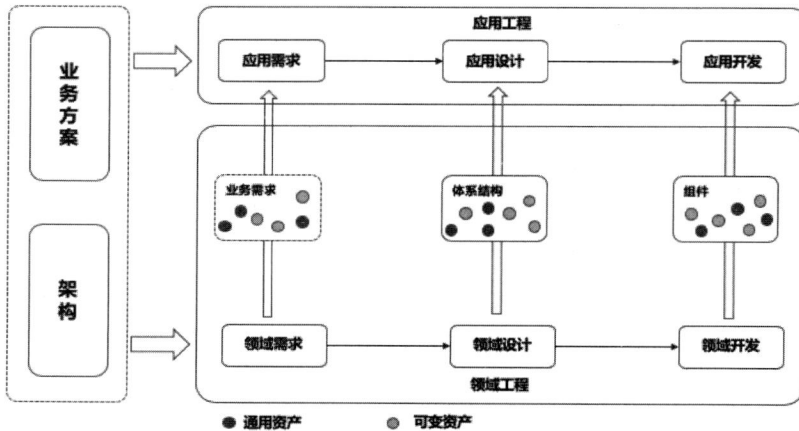

图 3-2-4　研发过程

　　金融企业建立产品线时应先由产品经理制定详细的"业务方案"，"业务方案"是一个全方位的产品规划，包含目标客户、核心价值、解决方案、渠道、合作方、考核指标、竞争分析、收入分析和成本分析等。从业务的构成看，银行的业务方案可分解为客户交互（渠道）、金融产品服务、产品营销、产品运营、风险控制等部分，当一个业务方案提出后，需要明确业务在哪些渠道完成，本渠道如何交互，跨渠道如何协作；业务由哪些产品提供，这些产品需要哪些个性化要求；该业务通过何种营销手段触达客户；渠道接受客户请求后，企业内部所需的运营流程如何；该业务有哪些风险控制因素，如何控制风险。

　　编制系统需求时需要由中台架构人员根据重用的指导思想、依托可变性管理方法，将需求拆分为领域需求和应用需求，并梳理领域需求中可重用的能力，决定是否需要领域工程研发新的组件。

领域工程研发过程分为领域需求、领域设计、领域开发等，最终交付可重用资产，并通过"可变管理"将"通用资产"（指在业务中台建设过程中具有普遍应用价值的通用流程、服务、组件或工具类等）和"可变资产"（指在业务中台建设过程中在时间、空间、角色、业务、技术等方面存在个性化差异的扩展主题）透出共享服务给"应用工程"，而应用工程在应用需求梳理、应用设计和应用开发时复用领域工程的通用资产，同时部分复用可变资产，然后通过个性业务定制，发布应用服务。

"业务需求"是对业务目标、业务流程、业务实体类型和决策过程的业务模型的分析描述。业务需求需要描述清楚业务目标、业务办理的流程、业务办理的条件等。在需求阶段，我们需要充分分解领域业务目标和应用业务目标，抽象可重用的业务流程和定制化的业务流程，透出共享服务，复用可变资产，建立领域需求与应用需求在需求层面的沟通体系。

在设计阶段，我们需要全面阐述业务中台建设的"体系结构"。"体系结构"是通过特定结构组合起来的 IT 系统架构，可以分解为业务架构、数据架构、应用架构、技术架构、部署架构，和技术中台对应的是技术架构，技术架构又可以分解为应用集成架构、应用技术架构和基础设施架构等。

"组件"是用来复用的，从功能的角度可以分为业务组件和技术组件，业务中台中提供的主要是业务组件，技术组件是从技术角度看的复用，我们可以分为基础设施（服务器、存储、网络等）、基础软件（数据库、操作系统等）、集成组件（门户、企业服务总线、文件传输等完成应用间集成功能的软件）、其他技术组件等。

3.2.2　研发方法

研发过程中需要解决的核心问题是领域工程和应用工程的业务需求沟通、体系结构的设计和交付可重用的组件，为了更好地借助领域工程和应用工程分离实现可变性管理，研发过程中也需要借助一些成熟的研发方法，包括需求的结构化描述方法、参考"4+1"视图和四色原型法进行体系结构设计、软件持续交付的方法与规范、行为驱动的软件测试方法，以及业务可变性分析的方法等。

1. 通过需求结构化描述业务，把设计模式用业务需求的语言简单地表述出来

需求分析是软件工程中的一个关键过程，也是一个复杂的过程。需求的管理与各个应用的特征密切相关，同时还涉及非功能性需求及其与功能性需求的错综复杂的关系。需求需要方方面面的人员参与，业务部门是需求的发出者，需求分析人员是需求的接受者，开发人员是需求的执行者，只有三方人员对需求的理解达成一致才能开发出成功的软件产品。但这三种人员由于背景知识不同、擅长的领域不同，通常不能完整、正确地了解对方领域的知识，再加上沟通的不充分，最终导致需求理解存在偏差。

举个简单的交易前检查的例子：

● V1.0：必须是登录的用户才可以进行交易；必须是未惩罚、未冻结的用户才可以进行

交易。

- V1.1：海外登录的用户 IP 不能是"XX.XX.XX.XX"。
- V2.0：金额大于 1000 元需要短信验证码确认，单日限额 10000 元。
- V2.1：短信验证金额、单笔限额、单日限额可以由用户调整……。
- V2.5：转账给曾经转账用户小于 2000 元无须短信认证……。
- V3.0：购买行内理财产品仅需输入密码确认；购买三方理财产品需要短信验证……。
- V4.0：久眠户交易必须增加实名认证和生物识别，且金额大于 500 元需要审批。

一般需求描述方法随着迭代周期的延伸，最终流程图复杂到我们无法一目了然地找到需求切入点。如果需求人员都不知道该在哪里加需求，谈何设计和开发呢？

因此，如何对业务需求进行准确的传递至关重要。用结构化的表达方式来描述需求，统一项目相关方对于需求的理解，是保证需求被正确理解的重要方式。为了更好地支撑业务中台的标准化、端到端、柔性的业务流程建设，我们需要一套需求结构化方法，从产品、架构、需求、设计、开发、测试等多角色的全链路视角，建立标准化的信息描述语言和可复用标准，打造跨越业务、需求、设计的需求结构化管理与沟通协作方法。

2. 参考"4+1"视图和四色原型法进行体系架构设计

一个软件的架构要涵盖的内容非常多，很难一蹴而就，因此多采用分而治之的办法从不同视角分别设计。目前软件架构设计常用模型就是视图模型，可以从多个角度描述一个复杂的软件系统，分而治之下一个架构视图是从某一视角或某一点上看到的系统所做的简化描述，描述中涵盖了系统的某一特定方面，而省略了于此方面无关的实体，这为软件架构的理解、交流和归档提供了方便。1995 年，Philippe Kruchten 在 *IEEE Software* 上发表了题为 *The 4+1 View Model of Architecture* 的论文，引起了业界的极大关注，并最终被 RUP 采纳。该方法的不同架构视图承载不同的架构设计决策，支持不同的目标和用途，如图 3-2-5 所示。

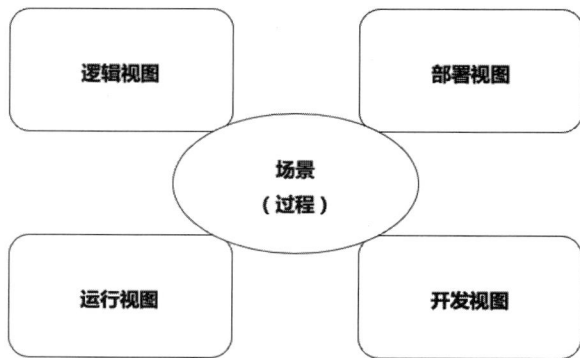

图 3-2-5 "4+1"视图

- 逻辑视图：当采用面向对象的设计方法时，逻辑视图即对象模型。逻辑视图关注功能，不仅包括用户可见的功能，还包括为实现用户功能而必须提供的"辅助功能模块"；它们可能是逻辑层、功能模块等。

- 开发视图：描述软件在开发环境下的静态组织。开发视图关注程序包，不仅包括要编写的源程序，还包括可以直接使用的第三方 SDK 和现成框架、类库，以及开发的系统将运行于其上的系统软件或中间件。开发视图和逻辑视图之间可能存在一定的映射关系，比如逻辑层一般会映射到多个程序包等。
- 运行视图：描述系统的并发和同步方面的设计。运行视图关注进程、线程、对象等运行时概念，以及相关的并发、同步、通信等问题，同开发视图相比，运行视图比较关注的正是这些运行时单元的交互问题。
- 部署视图：描述软件如何映射到硬件，反映系统在分布方面的设计。部署视图关注目标程序及其依赖的运行库和系统软件最终如何安装或部署到物理机器上，以及如何部署机器和网络来配合软件系统的可靠性、可伸缩性等要求。和运行视图相比，部署视图重视目标程序的静态位置问题，是综合考虑软件系统和整个 IT 系统相互影响的架构视图。

运用"4+1"视图方法可以针对不同需求进行架构设计，"4+1"视图模型实际上使得有不同需求的人员能够得到他们对于软件体系结构想要了解的东西。系统工程师先从部署视图，然后从运行视图靠近体系结构；最终使用者、客户、数据专家从逻辑视图看体系结构；项目经理、软件配置人员从开发视图看体系结构。

"4+1"视图可以全面阐述中台建设的体系结构，运用"逻辑视图"讲述中台分解方式、模块层次关系、依赖关系；运用"运行视图"讲述应用系统内外的运行期交互模式，柔性价值等；运用"部署视图"讲述中台进程在机器上的安装部署，并和网络等配合满足软件系统的可靠性、可伸缩等要求。运用"开发视图"讲述开发视角的组织管理形式、技术框架支撑等。运用"关键过程"讲述业务中台的研发交付机制。

四色原型是领域模型的一种原型，领域中的任何模型及其关系都可以抽象为"四色原型"。四色原型可以用这句话进行描述：某个人（Party）的角色（PartyRole）在某个地点（Place）的角色（PlaceRole）用某个东西（Thing）的角色（ThingRole）做了某件事情（MomentInterval）。

（1）时刻-时间段原型（Moment-Interval Archetype）：表示在某个时刻或某一段时间内发生的某个活动。使用粉红色表示，简写为 MI。

（2）参与方-地点-物品原型（Part-Place-Thing Archetype）：表示参与某个活动的人或物，地点则是活动的发生地。使用绿色表示。简写为 PPT。

（3）描述原型（Description Archetype）：表示对 PPT 的本质描述。它不是 PPT 的分类！Description 是从 PPT 抽象出来的不变的共性的属性的集合。使用蓝色表示，简写为 DESC。

（4）角色原型（Role Archetype）：角色就是我们平时所理解的"身份"。使用黄色表示，简写为 Role。

四色建模是建立在 UML 基础之上的一种新型建模方式，在建模过程中需要按照四个步骤来完成业务领域的建模工作：

（1）分析业务流程，确认流程中的关键名词，抽象出业务实体。

（2）从用例入手，找出其中的红色。

（3）找出其中的相关元素。

（4）细化每一个类的方法和属性。

这四种类型不仅规定了各种类的属性和方法，而且也蕴含了不同原型间的典型交互方式。通过彩色编码不仅有利于开发组中各种人员的沟通，而且还可以加深开发人员对领域问题的理解，从而保证开发可以按照分析阶段的领域模型正确地进行开发。

3. 建立软件持续交付的方法与规范，保障交付效率和质量

采用中台架构后，各业务系统将从原来一个巨石型系统发展为大量的服务，服务可以独立部署与发布，降低了系统耦合度，水平扩展能力得到显著提高，但也带来交付与运维复杂度增加的问题。中台建设需要建立持续交付的方法与规范，将需求、设计、开发、交付、运维的过程协同与配合，用于促进应用开发、技术运营和质量保障各职能之间的沟通、协作与整合，通过优化开发（DEV）、测试（QA）、运维（OPS）的流程，使开发运维一体化，通过高度自动化工具与流程来使得软件构建、测试、发布更加快捷、频繁和可靠。

首先需要建立敏捷的项目管理方法。敏捷的项目管理方法以需求进化为核心，采用迭代、循序渐进的方法进行软件研发管理。项目不再采用瀑布式的模式，而是被切分成多个子项目，各个子项目的成果都经过测试，具备可视、可集成和可运行使用的特征。分布式应用让应用、服务、数据、感知都可以独立发布、部署、运行，可以把一个大的业务系统项目分为多个相互联系但可以独立运行的小项目，并分别完成，在此过程中软件一直处于可使用状态。支撑平台支持这种敏捷的项目管理方法，帮助业务系统研发团队管理需求与设计，建立需求、设计与开发、测试的关联，分配任务并跟踪进度，有效整理与跟踪出现的问题，对团队行为进行记录，通过看板方式可视化团队活动，提高各业务系统项目的项目管理水平。

其次要建立持续集成能力。持续集成可帮助业务系统的研发团队经常集成他们的工作，通常每个成员每天至少集成一次，也就意味着每天可能会发生多次集成。每次集成都通过自动化的构建（包括编译、发布、自动化测试）来验证，支撑平台连接统一的代码库，调用研发人员编写的编译脚本、自动化测试用例进行自动构建与自动测试，通常每次代码递交后都会在持续集成服务器上触发一次构建，可以在模拟生产环境中自动测试。研发人员需要保证每次构建都要100%通过，每次构建都可以生成可发布的产品。持续集成有利于检查缺陷，了解软件的健康状况，减少了代码编译、数据库集成、测试、审查、部署及反馈中的重复劳动，同时对功能完成度和缺陷率等项目的状态自动产生有效的报告，提高了软件研发的质量。

最后要实现一键式部署与持续交付。业务系统开发过程中，往往存在多个环境，包括开发环境、测试环境、预发环境、性能测试环境、生产环境，研发人员需要将代码、配置、类库等部署到多个环境中，遇到问题需要回退到前一个状态，手工操作是一个非常烦琐的过程，通常研发人员会编写部署脚本进行一些自动化的操作，但是这些脚本又缺少规范与管理，无法成为统一、一致的行为。通过支撑平台，研发人员可以自定义部署过程，实现一键部署、一键供应、一键创建新环境，环境的创建可以通过一条命令或一键点击的方式创建，减轻运维人员的负担，避免错误，缩短业务系统上线的周期。一键式部署让持续交付成为可能，通过更频繁的自动化部署，业务系统新上线的功能可以尽可能快地呈现在用户面前，并能在一定的时间内从用户处获得尽可能多的反馈，根据反馈更快速地对新业务功能进行调整，从而加快业务系统交

付的速度，适应业务变化。

4. 通过行为驱动的软件测试方法，敏捷研发

传统软件研发模式的问题在于业务人员把业务需求描述给软件需求分析人员之后，软件需求分析人员按照自己的理解编写软件需求规格说明书，然后研发人员根据软件需求规格说明进行软件架构设计和编写软件代码，最后测试人员根据软件需求规格说明书编写测试案例进行测试。由业务需求到软件编码，再到软件测试的过程中，不同角色和不同人员在不同时段对软件开发所需的信息进行处理，这中间有太多可能的机会丢失、弄错甚至直接忽视业务人员的原始需求。软件研发的众多环节中，只要有一个环节出错，软件研发团队就很难按时交付出符合业务人员要求的软件产品。

行为驱动开发（Behavior Driven Development，BDD）是一种敏捷软件开发的方法，它鼓励软件项目中的开发者、QA 和非技术人员或商业参与者之间的协作。应用在自动化测试中也可称为行为驱动测试。BDD 借鉴了敏捷和精益实践，让敏捷研发团队尽可能理解产品经理或业务人员的产品需求，并在软件研发过程中及时反馈和演示软件产品的研发状态，让产品经理或业务人员根据获得的产品研发信息及时对软件产品特性进行调整。BDD 帮助敏捷研发团队把精力集中在识别、理解和构建跟业务目标有关的产品特性上面，并让敏捷研发团队能够确保识别出的产品特性被正确设计和实现出来。

BDD 的软件研发过程是这样的：

产品经理（业务人员）通过具体的用户故事使用场景来告诉软件需求分析人员他（她）想要什么样的软件产品。使用软件产品的使用场景来描述软件需求，可以尽可能地避免相关人员错误理解软件需求或增加自己的主观想象的需求。

软件需求分析人员（BA）和研发团队（研发人员、测试人员）一起对产品经理（业务人员）的用户故事进行分析，并梳理出具体的软件产品使用场景举例，这些场景举例使用结构化的关键字自然语言进行描述，例如中文、英文等。

研发团队使用 BDD 工具把用户故事场景文件转化为可执行的自动化测试代码，研发人员运行自动化测试用例来验证开发出来的软件产品是否符合用户故事场景的验收要求。

测试人员可以根据自动化测试结果开展手工测试和探索性测试。

产品经理（业务人员）可以实时查看软件研发团队的自动化测试结果和 BDD 工具生成的测试报告，确保软件实现符合产品经理（业务人员）的软件期望。

BDD 并不是一种软件研发方法，也不是用来替代 Scrum、XP、看板等现有的敏捷理论和方法，而是把现有的工作方法融合起来，让软件研发团队更加高效地工作，从而减轻因软件产品计划延误或功能缺失带来的压力。

3.2.3 评估方法

信息化成熟度模型是研究企业信息化从不成熟到成熟过程中演变的规律。在有关信息化建设的研究中，国内外目前评估企业信息化成熟度的有 10 多个比较著名的模型，包括 Nolan

模型、Synnott 模型、Mische 模型、Hanna 的信息技术扩散模型、Edgar Schein 模型、SW-CMM 模型、COBIT 框架下的 IT 过程成熟度模型、信息卓越度模型、IT 联盟成熟度模型、基于价值链的四阶段模型和 BAPO 评估模型等。我们经过研究，筛选出近些年主流的 5 个成熟度模型并进行了对比分析，各模型的特点具体如下：

（1）Mische 模型对信息技术综合应用的连续发展分为四个阶段，分别是起步阶段、增长阶段、成熟阶段和更新阶段，决定这些阶段的特征有五个方面：一是技术状况；二是代表性应用和集成程度；三是数据库和存取能力；四是信息技术组织结构和文化；五是全员文化素质、态度和信息技术视野。这些特征和属性综合性较强，但由于分类没有统一的范畴，导致模型仅具有描述性，说服力不足。

（2）SW-CMM 模型主要用于对软件过程改善和软件过程评估，该模型提供了一个基于软件工程成果的过程能力阶梯式进化的框架，阶梯共有五级。这五级由低到高依次为初始级、可重复级、已定义级、定量管理级和优化级。CMM 模型主要的应用对象为软件开发单位，如软件公司。该模型只能用来指导组织信息化建设的过程，还不能对一个组织的信息化水平进行完全准确的描述。

（3）COBIT 框架下的 IT 过程成熟度模型把 IT 过程的管理划分为六个级别，分别是不存在级（0 级）、初始级（1 级）、可重复级（2 级）、定义级（3 级）、管理级（4 级）、优化级（5 级）。该模型更多的是从组织如何管理信息化项目的角度来分层的，但不是从一个组织信息化已经达到的状态进行评估的模型。

（4）IT 联盟成熟度模型是基于 Nolan 模型和 CMM 模型而提出的，该模型分为五个成熟度等级，分别是初始过程、已承诺过程、建立核心过程、改善过程和优化过程，每个等级均基于沟通水平、竞争力、治理水平、伙伴水平、范围和基础架构水平和技巧水平六个指标。该模型不是从一个组织信息化已经达到的状态进行评估的模型。

（5）BAPO 评估模型是软件产品线工程研究通过平台化实现大规模软件开发时形成的软件能力成熟度评估模型。欧洲工业界和学术界从 90 年代初开始，经过一系列项目的研究，形成了完备的理论体系，并经过了飞利浦、西门子、诺基亚、Software AG 等公司的实践，其中 2003~2005 年的 Families 项目提出了从四个维度 BAPO（Business、Architecture、Process 和 Organisation）对软件平台化开发进行评估的框架。与此同时，SEI 也开始了软件产品线的相关研究，BAPO 框架也借鉴了 SEI 的研究成果。

通过对以上信息化成熟度模型的介绍和分析，可将上述模型分为台阶型阶段模型和雷达型阶段模型两种类型。除 SW-CMM 模型和 COBIT 框架下的 IT 过程成熟度模型外，台阶型阶段模型一般是对在一定的历史条件下，已有组织信息化进程的经验总结出的、明显的阶段性特征。台阶型阶段模型的缺点是研究视角全面性不足，不能从组织信息化演化的内在机制出发揭示其演化规律。雷达型阶段模型比台阶性阶段模型出现得较晚，一般是随着组织信息化的不断发展，信息技术对业务的不断渗透和影响，考虑问题的维度越来越多，开始出现了从多个研究视角综合考虑组织信息化进程的模型，这些模型一般可通过雷达式图样表示。这类模型的优点是既考虑信息技术的应用程度，又考虑企业业务对信息本身的需求，还考虑从单部门到跨部门、从组织内部到组织外部的横向价值链，把组织的信息化过程与组织的战略发展目标紧密地结合在一起，对信息化过程和状态反映比较全面。

雷达型阶段模型中，BAPO 评估模型覆盖了软件工程的业务支撑、架构支撑、软件过程、组织保障四个维度，每个维度有五个级别，可以全面、科学地对软件产品或产品线的研发能力进行指导和评估，同时 CMMI 模型主要用于对软件过程改善和软件过程评估，对软件开发流程中的需求开发阶段有较好的参考价值。

在金融企业中台建设中，我们认为存在四个相互依赖的中台开发问题，即业务支撑：如何从中台产品中获利；架构支撑：构建中台的技术手段；软件过程：中台开发中的流程、角色、职责和关系；组织保障：角色和职责到组织结构的实际映射。这四个问题互相关联，一个维度的变化会引起其他维度的变化。业务支撑是最有影响力的因素，必须优先考虑；架构支撑反映中台软件结构和规则中的业务问题；软件过程构建由架构支撑确定的中台产品；最后，通过组织保障执行软件过程。

为确保评估的准确性，我们结合自身在金融企业信息化建设多年的经验，综合分析后选择的国际先进 BAPO 评估模型是最符合金融企业中台建设的评估模型，该模型提供了一个基于软件工程成果的过程能力阶梯式进化的框架，可基于 BAPO 模型对金融企业中台建设进行全面且深入的评估。BAPO 成熟度评估模型如图 3-2-6 所示。

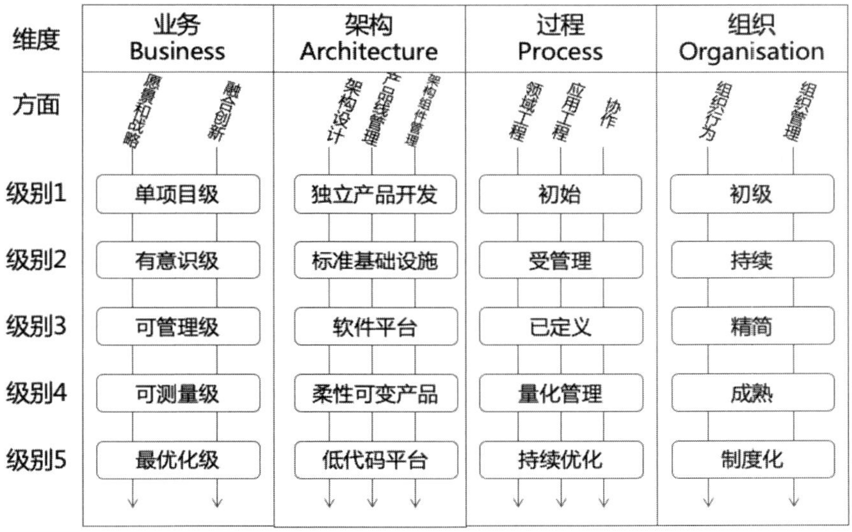

图 3-2-6　BAPO 成熟度评估模型

3.3　业务中台架构原则

业务中台的建设是把企业的核心能力沉淀下来，将各业务板块之间实现链接与协同，提供快速业务创新的能力，因此，实施业务中台就必须在明确下列问题：①企业架构中前中后台的划分，中台在企业应用架构中的位置；②业务中台内部可重用能力的领域划分，有哪些种类的领域中台；③各领域中台的能力中心建设原则；④能力中心提供端到端流程的梳理方法；⑤各领域中台的核心设计原则是什么，解决哪些关键问题，提供哪些可重用能力；⑥业务中台沉淀的可重用能力，如何通过工具体现出来，便于软件使用。下面我们逐一来回答这些问题。

3.3.1　顶层设计，明确业务中台在应用架构中的定位

金融企业应用架构通常分为渠道层、服务交付层、产品层、业务管理层四个层次。渠道层属于前台，产品层与业务管理层属于后台，但是每个企业在各层次中对应的应用并不一致。具体来说，渠道、产品和业务管理区别不大，最大的不一致在于服务交付层的定位：①有的企业称为客户服务层，一般定位于完成营销、客户对账、销售管理、客户服务等功能，在产品层中内部区分产品与产品服务支持；②工商银行称为控制层，将后端细粒度服务组装为粗粒度服务，实现能力共享；③浦发银行称为"业务枢纽"；④建设银行称为"客户服务整合"，虽然也是提供能力共享，但在定位上强调信息与服务的整合，范围比服务整合层更广。从实践的情况看，作为渠道与产品的中间层，传统服务交付层在定位上比较模糊，很多功能可以在渠道层完成也可以在产品层完成。在渠道层完成带来的问题是：金融企业天然是通过多渠道触点与客户接触，渠道应用本身做大，会带来渠道间整合不够，降低客户的体验。服务能力也无法在多渠道间实现共享，难以快速推出服务；在产品层带来的问题是：传统金融企业后台产品要求稳定，但产品的运营模式不能完全满足新业态的要求，例如对电商类业务的支持，如果在产品层支持这些能力，会把稳定的业务与快速变化的业务耦合在一起，改造比较困难。

业务中台希望通过可重用的能力，衔接后台和前台应用，更好提供对客户的服务，将中间层做厚。业务中台建设，需要从易变化的部分入手，将变化本身标准化，形成能力。传统账务、会计的处理无论在稳定和变化方面，考虑的已经比较充分，可以作为后台独立发展。例如信贷业务，可以分为信贷产品、核算、信贷产品服务支持、产品营销、客户接触等不同的环节，这些环节中，信贷产品、核算比较成熟，可以放在后台。中台实现快速变化的服务支持、产品营销和客户接触三部分。

3.3.2　按价值链理论，进行业务中台可重用能力的领域划分

业务中台位于企业应用架构的渠道层与服务交付层，但这里面包含的业务种类比较多，为保证业务中台自身的可持续发展能力，必须将业务中台进行拆分，以保证拆分后的每个部分面向不同的业务领域，能够成为是一个独立的体系，能够独立地运营。业务中台拆分的本质，是对金融企业业务的分解，将每一类业务过程中标准化的能力抽象出来，形成组件以便前端应用使用。传统金融企业例如银行会把业务划分为存款类、贷款类和中间业务类，这是按照资产负债表构成做的分类，不能作为业务中台分类的依据，主要问题是：①业务分类粒度比较粗，业务过程存在重复。比如营销活动，对存款产品和贷款产品而言，营销活动没多大的区别；②中间业务包含的业务种类比较多，业务过程不同，无法抽象出统一的业务流程。比如代收代付的

处理过程跟银行卡分期的处理过程完全不同；③业务条线是纵向视角，仅仅考虑所属业务条线需要的流程，考虑其他业务条线的协助。而业务中台建设是科技部门主导，需要从横向视角考量哪些存在共性可以做成可重用组件，哪些差异较大，需要特殊处理。

这里，我们采用价值链分析的方法进行业务的分类。价值链的概念首先由波特于 1985 年提出："每一个企业都是在设计、生产、销售、发送和辅助其产品的过程中进行种种活动的集合体。所有这些活动可以用一个价值链来表明"。波特的"价值链"理论揭示：企业要生存和发展，必须为企业的股东和其他利益集团包括员工、顾客、供货商以及所在地区和相关行业等创造价值。如果把"企业"这个"黑匣子"打开，我们可以把企业创造价值的过程分解为一系列互不相同但又相互关联的经济活动，或者称之为"增值活动"，其总和即构成企业的"价值链"。任何一个企业都是其产品在设计、生产、销售、交货和售后服务方面所进行的各项活动的聚合体。每一项经营管理活动就是这一价值链条上的一个环节。无论哪个企业，都包含设计、生产、组装、营销、售后服务等一系列环节，我们引入价值链就是为金融企业提供分析框架，从横向视角审视自身的业务能力。从业务的构成看，我们认为金融企业业务都会包括客户交互（渠道）、金融产品、产品营销、产品运营、风险控制几个部分。一个业务方案首先要确定当事人（客户或者合作伙伴）画像，确定企业中承担业务的相关机构，然后可以分解为：①业务在哪些渠道完成，本渠道如何交互，跨渠道如何协作；②业务由哪些产品提供，如何由基础产品组合为可售产品，这些产品有哪些个性化要求；③该业务通过何种营销手段触达客户；④渠道接受客户请求后，企业内部所需的运营流程如何；⑤该业务有哪些风险因素，如何控制风险。金融企业业务划分如图 3-3-1 所示。

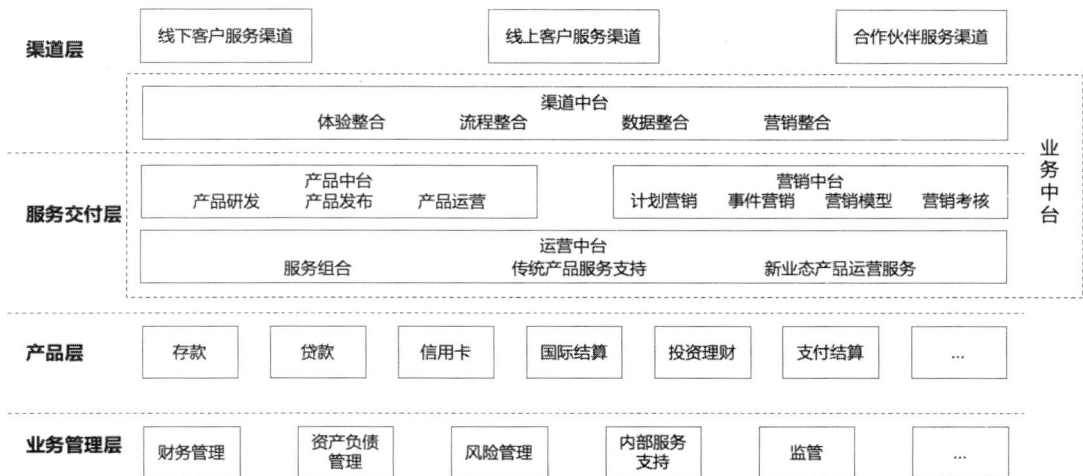

图 3-3-1　金融企业业务划分

这样，就可以将金融企业的业务基于价值链分解为渠道需求、产品需求、营销需求，运营需求、风险需求五大方面，其中前四类需求属于客户服务部分，我们把他们纳入业务中台部分独立建设与运营，而风险需求，包括市场风险、信用风险和操作风险，前两者属于数据中台考虑的问题，是贯穿在由各自中台的流程中的。

这样业务中台内部可以做以下划分：渠道中台关注客户交互流程，提高渠道协同能力，提供统一的客户视图和产品视图；产品中台关注于创意评估、需求分析、方案设计、产品运营等产品研发流程，产品的定义以及产品上下架管理流程；营销中台关注营销策略/计划，营销执行流程；运营中台关注产品运营相关流程，运营能力和运营数据。

3.3.3 能力中心，以形成可独立运营单元为划分原则

能力中心是业务中台分解后的基本单元，可以独立开发、独立部署、独立发布、独立运营的单元。能力中心具有这些特点：①能力中心是一组能力的聚合体，面向业务中台的一个子领域，能力由服务方式体现出来；②也是一个业务中台能力的物理载体，可以是独立的运行进程，也可以由几个分布式进程组合；③是业务中台一个可独立开发的单元，有专门的团队维护、运营；④是业务数据的聚合体，保存一个子领域中不可分割的耦合数据。能力中心内部的业务逻辑可以分为基础能力、业务流程、解决方案三个层次，例如订单中心中存储订单数据，提供下单的业务流程，也可以组合订单处理的流程，形成提供电商的众筹、预售等商业模式解决方案。

能力中心是按照业务领域来划分的。前面我们把业务中台分为渠道中台、产品中台、营销中台、运营中台，能力中心在中台之下，就是面向子领域。业界在能力中心划分上，一般采用领域驱动设计（DDD）的方法，根据业务知识，建立统一语言，识别出核心领域，根据限界上下文划定子领域，这个子领域就可以是能力中心。例如产品，从不同视角看有不同的概念，可以分为研发概念、制造概念、维护概念、销售概念、营销概念、库存概念，每种概念中产品的模型是不一样的，其实是不同的实体，这些不同的概念，就可以是不同的领域。这种自上而下的方法，给我们一个很好的启示，这里，我们用一种自下而上的方式予以补充。金融企业在软件设计过程中，比较习惯从数据建模开始，而不是对象建模的方式。究其原因，金融企业的业务是以流程、数据、规则、展现为主，采用对象模型进行设计，额外增加一个层次的概念，会引起不必要的适配。经常在设计中发现，大家在争论充血模型、贫血模型的问题，在争论方法应该属于哪个对象的问题。在数据与流程的世界中，这是完全没有必要的。我们也曾经分析过以往的技术，例如 Java 技术在企业应用中使用，应用最好的 JSP、Sevlet、JDBC、JMS 等，恰恰是面向过程、面向结果集的技术，而 EJB、JNDI、JMX 等面向对象的模式，希望远程服务也与本地对象类似，这样的技术都因为太复杂而极少使用了。

我们的方法是从数据耦合的角度进行能力中心划分，用于已有数据架构的情况下进行，也可以作为 DDD 的补充。这里，我们引入了四色原型法，把所有的数据分为 MI（Moment-Interval）、PPT（Party, Place, or Thing）、Role、DESC（Description）四种类型，即交易的动作（是与时间或者时间段相关的活动）、参与者（单位包括人与组织、地点或者物体）、角色（参与者以何种角色完成了交易）、类别。例如，订单是一个动作，它会包含子订单这样的子 MI，下单人是一个当事人（PPT），它和订单之间的关系（Role）是下单者的关系，类似的关系还有支付者、收货者、商品使用者，每个关系表示的角色都不一样（这个方法我们会在下一章领域设计中详细介绍）。在能力中心的划分中，我们以 MI 和 PPT 两个方面进

行划分，与 MI 相关的子 MI、Role 等属于一个能力中心。与每个 MI 数据一致性要求高，也就是高耦合的数据为一个能力中心，体现高内聚低耦合的特征。

四色原型法给了我们一个区分高内聚数据的方法，如果完整地从企业数据的角度看，我们会发现，企业数据分为元数据（描述数据的数据）、引用数据（也就是元数据的取值范围）、主数据（企业经营中不易随时间发生变化的数据实体，例如产品、客户等）、交易活动数据（企业经营活动产生的数据，例如合约、支付等）、流程轨迹数据（对数据变更通过进行记录，例如审批、复核，包含了交易审计数据），行为轨迹数据（这是近年来为优化用户体验、提高对业务感知记录的数据，例如用户的操作行为等）、分析数据（根据不同维度对数据进行统计产生的数据）等几种类型，我们会把元数据散落在各个应用中，可以集中管理起来；引用数据一般会建立类似参数管理的系统，集中管理、分布下发；主数据、交易活动数据划分为能力中心，根据高内聚原则将轨迹数据分布到能力中心中，行为轨迹分布在前台应用和能力中心中，分析数据一般属于数据中台或者分析类应用。例如大家熟悉的订单中心、支付中心、权益中心都是以交易活动数据聚合的中心，客户中心、产品中心、商品中心都是以主数据划分的中心。根据可独立发展的原则，如果解决方案、业务流程需要独立发展，也可以拆分出来，例如有的企业建立搜索中心。能力中心划分如图 3-3-2 所示。

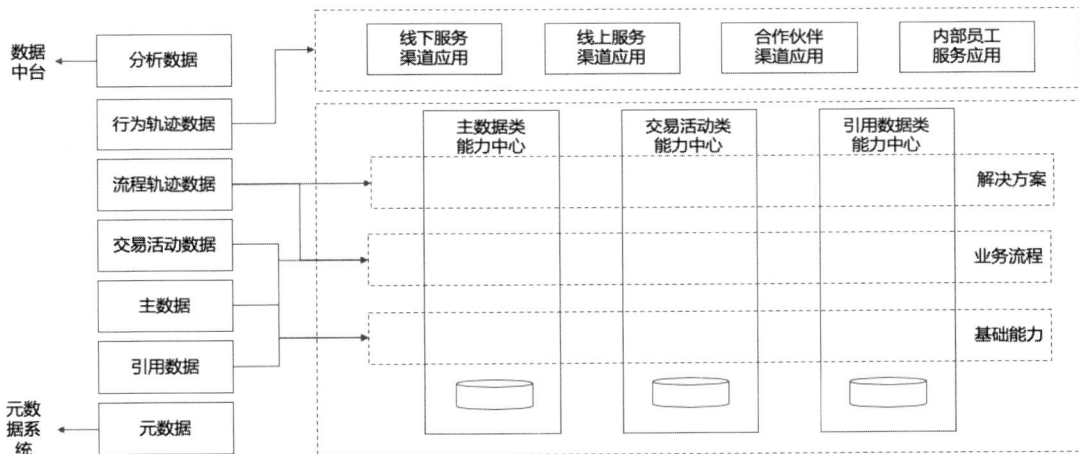

图 3-3-2　能力中心划分

按数据主题进行能力中心划分后可以看出，有些数据主题在传统应用中已经存在了，是否有重新构建的必要，这些是金融企业中台建设的一个典型问题，即如何与现有的架构进行分工与融合。我们已经提到，金融企业建设数字化中台，需要针对容易变化部分，而稳定的业务模式一般属于后台，类似会计、账户等属于后台的部分。但是由于新业态的出现，后台系统已经不能够满足，这些新业态包含了很多传统应用不支持的业务运营模式，所以需要在中台满足这些需求。将变化分离出来，而不是大幅度改造现有后台，才能保证后台系统的稳定性。例如支付，很多银行都建设有统一支付清算平台，整合、管理和控制外部支付渠道，建立统一的本外币清算机制，为各种支付业务、各个相关单位提供清算服务，实现统一的对外支付信息管理、头寸管理、业务监控等传统业务。但是，在数字化金融背景下，需要为客户提供个性化的支付方案，个人客户的支付方案包括积分支付/优惠券支付、微信、支付宝等支付渠道、支付优惠等活动，这些明显区别于银行传统的支付方式，如果改造现有支付清算平台代价巨大，因此一般会在业务中台独立构建支付中心。再如客户中心，传统银行 ECIF 保存客户信息，但这些客户已经是银行的客户，产生了交易行为，而数字化金融中有很多非银行客户的参与，例如外部合作伙伴的客户、浏览未交易客户，都需要管理起来。

根据业务特征（其核心是数据特征）划分能力中心。能力中心由服务组成，是一组服务的组合。能力中心可以单独作为进程运行，也可以是一组进程共同构成一个能力中心，让一组服务独立运行。服务的拆分可以根据业务变化的频繁度，将稳定与变化的分离，变化部分独立为服务；从非功能需求考虑独立部署服务。

3.3.4 流程建模，抽象端到端、柔性的可重用流程

服务是能力中心能力的载体，是能力的具体体现，而流程是服务的实现方式。业务中台提供的服务，都可以用流程的方式体现。金融企业的流程既包括高阶的业务流程，也有操作流程、交易流程这样的低阶流程。中台建设把软件开发分为领域工程与应用工程两部分，领域工程抽象出可重用流程，应用工程中对这些可重用流程进行扩展开发与配置。SOA 架构下，服务的重点是标准化，是保证服务之间互联互通的标准，达到服务共享的目的。SOA 的服务标准化也是业务中台服务所必须的，是基础。但业务中台服务更加强调端到端，即提供端到端的标准化业务流程，同时这些端到端流程有足够的可变化能力，这些可变化能力也是标准化的。

流程的抽象建模是建立可重用流程的基础。抽象建模首先从流程梳理开始。参考业界流程建模的方法，例如电信行业 eTom（Enhanced Telecom Operations Map，增强型电信运营图）业务流程框架。这里我们把企业流程可以分为 0~6 级，L0 是一个完整的业务视图，例如银行的 L0 可以分为对公、对私，是 CEO 视角；L1 是核心业务的分组，例如我们对银行业务分解为产品、渠道、运营、营销、风险，是 VP 和 管理负责人视角；L2 是核心流程，是各个部门主管的视角，例如产品生命周期管理流程，再如贷前贷中贷后。上述三种流程是在架构层面的定义，并不在 IT 系统物理层面体现出来。L3 是具体的业务流程（Process Flow）；L4 是流程中的活动（Activity），是较低层次的业务流程；L5 是任务（Task），由个人或者小组完成的工作；L6 是操作（Step），在一个任务中可能分为多个操作步骤，例如录入信息后点击"下一步"按钮。

这样我们就可以给出一个流程梳理方法：对于 L0~L2 层属于业务架构的范畴，在业务中台建设中可以帮助企业进行中台的划分和能力中心的划分，实现业务与 IT 的对齐。而具体业务过程的梳理，针对 L3、L4、L5 三级形成标准化的模板，将任何一个业务过程梳理为业务流程、业务活动和任务三级。例如个人开卡业务，柜面的处理流程 L3 级为身份核查、客户信息预判、业务受理、个人签约、系统处理、凭证打印；L4 级以个人签约为例可以分为短信银行签约、电子银行签约、收费试算、客户确认、授权；L5 级以电子银行签约环节为例，可以分为信息维护、短信确认；L6 一般是具体的界面操作步骤，在梳理过程中可以忽略。这里我们可以发现，很多时候 L3 与 L4、L4 与 L5 之间，不存在明确的界限，三级的方式给了我们一个

标准化的梳理方法而已：①不必过分纠结业务应该出现在哪一级；②不要纠结同级流程之间可以互相包含。梳理业务过程时，除了流程工作步骤，还包括每个环节的信息模型、效验规则、输入输出、流转规则、当事人、可变性等几个方面，我们以 BPMN 为基础，增加了可变性描述，形成了结构化的业务需求建模规范，这会在下一章节详细探讨。业务流程框架如图 3-3-3 所示。

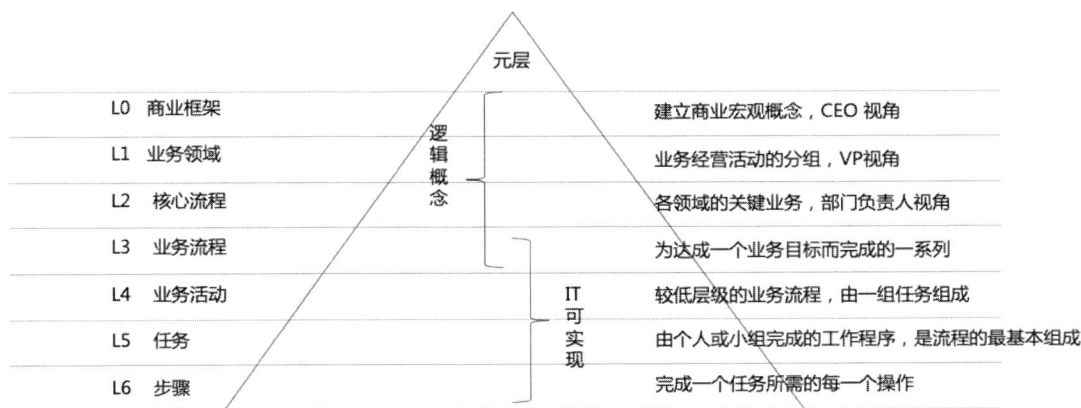

图 3-3-3　业务流程框架

分级方式的流程梳理，为结构化描述需求提供了基础，但是还不能解决流程真正重用的问题。以上述柜面个人开卡为例，在柜面进行个人开卡与客户经理通过移动端为客户开卡，虽然大多数环节是类似的，但总是有一些不同，例如后者需要在开卡业务之前"选择外出领用的卡类型"，凭证打印时是"电子化凭证"等。这样的业务过程即类似又不同，这就是需要进行流程抽象建模。L3~L6 的流程划分是从业务需求分析角度入手的，常常流程属于哪个层级没有一定之规，因此不能针对每一层级使用对应的抽象方式。这里，我们按照业务过程的特点把业务过程分为三种类型：业务流程、操作流程和交易流程。流程抽象也有三种模式：虚拟流程抽象、操作模式抽象和交易流程抽象。

（1）虚拟流程抽象：业务流程是业务实施必须经过的一系列环节，每一个环节都是一个价值提升的体现，例如信息价值、产品价值、客户价值等等，也可以从操作风险角度考虑，提供必要的风险控制手段，业务流程经常是跨组织、跨部门的，但跨组织、跨部门不是业务流程的必要条件，业务流程抽象建模就是抽象出共性的虚拟流程。这里举一个简单的例子，如图 3-3-4 所示，流程的模式确实非常像，都是经办人录入→复核人复核→相关人员审核→系统处理→通知经办人查看结果，我们可以以将这个流程作为虚拟流程。应用工程中使用业务中台组件进行需求分析，就可以从业务中台中选择这个虚拟流程作为基础，对流程的可变部分编制需求，下发开发任务，扩展开发每个具体的活动、操作或者步骤后组合运行。

（2）操作模式抽象：是针对某些特定的业务操作，总结出操作过程的共性，在业务流程的活动或者任务中使用。例如图 3-3-4 中录入复核是就是一种常用的操作模式，在 L4、L5 层级都可能存在。它包括录入环节、复核环节，录入环节提交后数据暂存，复核环节提交后与录入数据比对，如果相同则进行业务处理，如果不同则需要重新录入。在使用业务中台组件进行业务分析时，就可以在活动或者任务时指定这种操作模式。操作模式的抽象不仅仅针对人工操作，交易服务也可以用这种方式进行抽象。

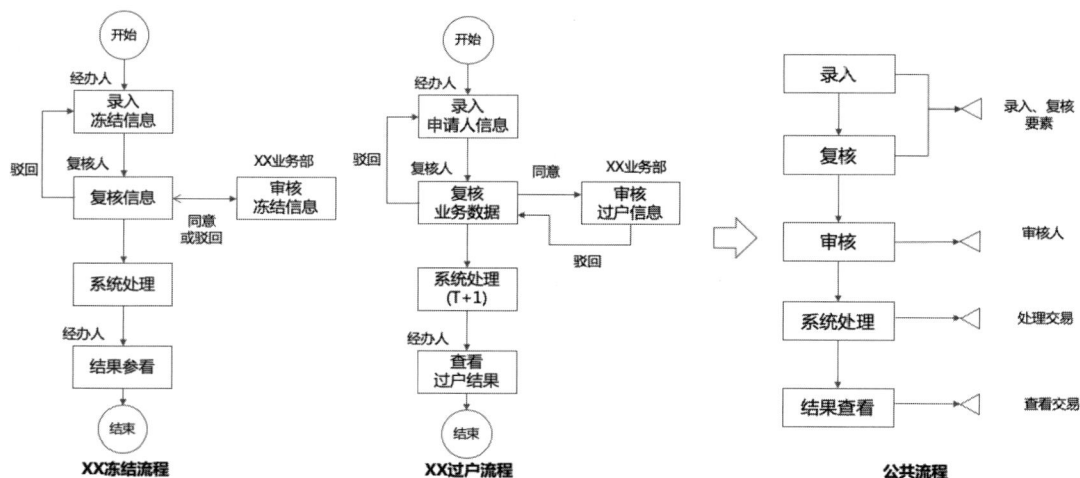

图 3-3-4　虚拟流程抽象

（3）交易流程抽象：交易流程是对信息的交换、处理、存储、查询等功能进行编排，一般是一个自动处理的流程。例如上例中系统自动处理，一般包括流水记录、数据转换、数据交换/存储、结果返回等步骤，这就可以作为一个抽象的交易流程固化下来，可变的部分是流水记录的格式、数据转换的规则、数据交换/存储的函数、结果组织的形式。

有了流程的抽象，就为业务处理设计了固定的模式，在应用工程进行业务分析时，就建立了一个固化的交流方式，产品经理、需求经理可以采用这样的固定模式进行业务分析，例如金融企业中我们可以说，某一个环节需要录入复核，一句话就把业务的特征讲明白了，大家只要根据业务要求设计复核要素即可。这个固化的操作模式是不变的部分，是一个流程，而可变的部分是复核要素。经常有这样的问题：这个业务从技术看没有被很多调用方使用，需要在中台中体现吗？其实，核心业务流程恰恰是业务中台中最关键的部分，对可重用流程的抽象，避免了从技术角度理解重用的狭隘，是大粒度重用的基础。

流程的抽象不仅仅是流程流转过程的抽象，还包括信息模型的抽象，也就是流程所拥有业务信息的抽象，这些信息不包含技术实现中的"主键"等，是业务的关键数据要素；业务规则的抽象，包括规则的条件、满足规则的行为、规则与数据要素的关系、数据要素的来源；流程产生的事件；人机交互中数据要素的交互方式；流程环节中当事人的选择，抽象这些内容时同样要考虑共性和可变性。

根据我们金融业务首先分解为渠道、产品、运营、营销、风险五个部分，一个业务方案可以对每一部分再继续分解为 L3、L4、L5、L6，建立从业务到领域工程、应用工程的映射关系。业务方案分解如图 3-3-5 所示。

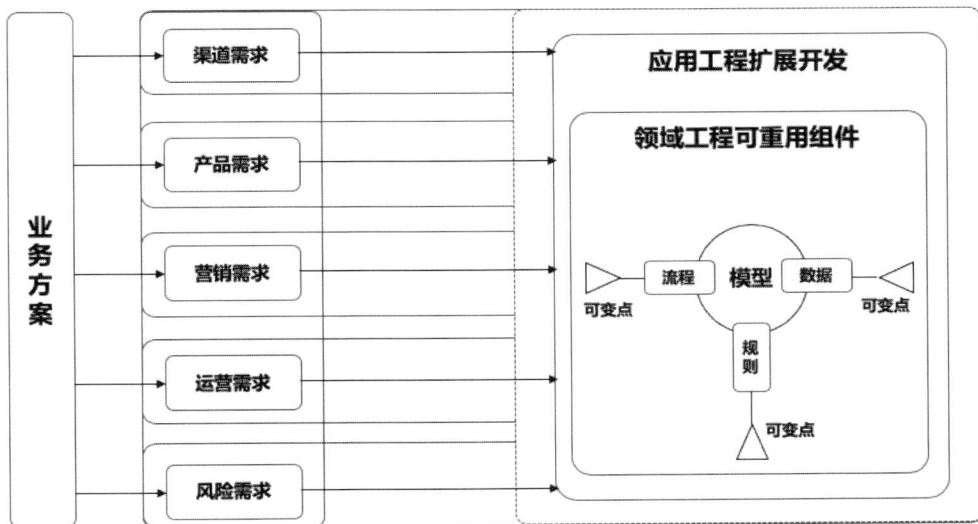

图 3-3-5 业务方案分解

3.3.5 产品中台：产品工厂与业务中台的关系

产品工厂属于中台还是后台，这是一个很纠结的问题，一般核心系统中都有产品工厂存在，通过参数化配置定制产品，似乎是属于后台，但是产品组合又是一个经常变化的部分，按中台的原则应该也属于中台的一部分，如何抉择？究其原因，是因为金融企业 IT 发展时间很长，相对比较成熟，架构稳定，传统业务中产品定义本身变化频繁，为了应对这种变化，已经有了解决方案。我们不是重新建立一个 IT 环境，而是在现有基础上变革。因此，是否将产品工厂在中台中实现，需要和当前企业的现状结合起来，选择对应的策略。

但按照业务中台的定义，灵活变化的部分正是业务中台建设的目标，这里我们必须把产品工厂相关能力做一个论述，理清这个思路有助于对中台建设策略的选择。广义上的产品工厂，包括创意的评估、创新需求分析、方案设计、构建与测试、产品面市这样的产品研发与生命周期全流程，是金融企业创新能力的体现，正是服务产品化、产品工厂化。数字化中台的建设，恰恰是为了实现广义上的产品工厂，而我们在业务中台建设中，采用了分而治之的方法，由多个渠道中台、产品中台、运营中台和营销中台配合账务等后台系统分别完成，因此这里的产品中台并不是广义上的产品工厂。狭义上产品工厂是指对产品的各种条件、规则进行预先参数化定义，按照其功能或者特定服务进行组件化封装的基础上，根据客户需求进行配置的机制。这种机制，在中台建设中也是需要的，因此我们将产品中台分为业务流程、基础服务、数据整合三个层次，狭义的产品工厂就是图 3-3-6 中的产品定制。我们通过探讨产品工厂在业务中台的实现，探讨如何灵活定义产品。

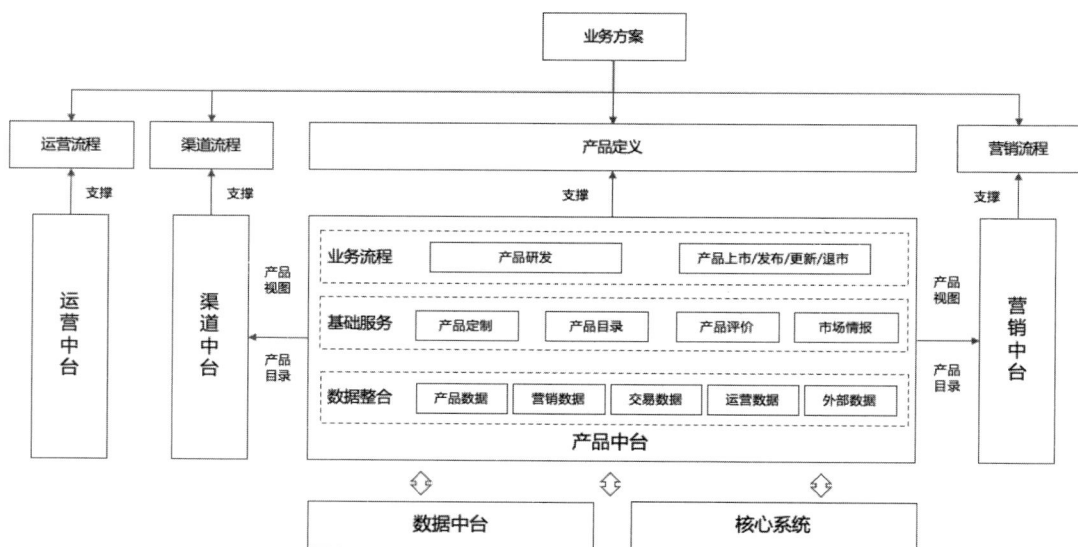

图 3-3-6　产品中台

　　早期银行没有产品的概念，多以科目代替产品，是一个面向账户的做法。为了以客户为中心，将科目和产品进行了分离，一个面向市场，一个面向财务。所谓产品，包含以下概念：单项基础产品（传统产品工厂称之为部件），表示一个具体业务特征的组件（也就是一个功能），功能有自身特定的属性（传统产品工厂称之为元件）；基础产品，是单项基础产品的组合，基础产品进行实例化（也就是确定了相关的参数）就形成了可售产品；可售产品，就是通过渠道可以销售给客户的产品；可售产品根据基础产品的定义，由多个单项可售产品组成，每个单项可售产品就是对单项基础产品（部件）的属性配置了具体参数。多个可售产品可以组成套餐。对于基础产品来说，单项基础产品可以分为必选和可选两种类型。这里可以看出，可售产品分为单项可售产品、可售产品套餐和客户定制可售产品这三种类型。为方便管理，会把产品归集到产品线、产品组中。可售产品销售过程中，会与一些服务组合销售，例如短信通知就是一个服务，这里我们可以将服务作为一个单项可售产品对待，用来组合产品套餐。通过对上述概念的组合，实现产品灵活定义的工作。

　　对一个大型国有商业银行来说，可售产品的种类会达到几万种，可见产品管理的复杂度。产品工厂的设计为产品的灵活定制提供了可行的手段，但是随着时间的推移，也逐步暴露出一些问题，主要是：①产品以交易形式提供出来，注重产品的后台信息处理，而对产品运营、产品服务、客户接触等方面并没有提供支持；②程序维护非常困难，一旦出现无法配置的产品需要系统改造，常常无所适从；③这些参数主要支持传统的金融业务，对数字化转型过程中出现的新产品形态缺少支持。

　　针对第一个问题，我们先从软件设计的角度出发，回顾一下产品配置与实现之间的关系。产品工厂实现一个金融产品，可以分为四个层次：账户层提供满足对账户差异化需求的交易，产品层根据产品定义完成相关交易（可能是一组交易）以及创建、删除、维护等流程，协议层负责账户组建立与维护、签约、变更、解约等交易，应用层提供基于产品的相关应用。但是应用层面对的情况就比较复杂，我们曾经看到在核心系统中配置产品的审核流程，配置渠道交互的控制方式。这种方式也能满足功能要求，但长期下去程序职责不清，形成了诸多的技术债务。在业务中台架构中，我们把应用层分为渠道、营销、风险、运营，对应用层的业务流程进行分解，避免了应用紧耦合的现象，产品中台负责产品层、账户层的交易，协议层流程由运营中台负责，可以由不同的中台提供可重用能力，解决传统产品工厂中关注前台流程少的问题。

针对第二个问题，同样需要将产品参数化定义与软件的实现关联起来。程序维护困难的主要原因是产品和参数品种众多，参数之间语义可能有冲突；参数产品之间的使用关系不透明，修改了参数是否对其他产品有影响难以确定；参数在实现代码中究竟如何使用不清晰。我们在中台架构中采用了可变性管理的方式，首先将产品的信息处理流程进行了标准化，针对使用者、维护者透明化出来，将元件用流程/规则可变性的方式表示出来，将可售产品配置的参数与流程、服务的关联关系可视化地表示出来，提高系统的可维护性。这种透明化、可视化的方式需要从需求结构化定义、可重用设计、代码框架实现结合起来，把传统通过文档方式体现的知识与代码实现进行了关联，是业务中台实施的一个重点，也是难点。

针对第三个问题，上述的产品定义能力，不仅仅针对金融产品，非金融业务也是类似的方式。我们曾经遇到有些金融机构将传统核心银行中产品定义的功能，独立建设为产品平台。可以看出，在业务中台建设过程中，从传统核心逐步剥离功能，迁移到中台中实现，是中小金融机构更容易选择的方式。

3.3.6　渠道中台：体验整合、流程整合、数据整合、营销整合

产品与服务是金融企业经营的核心，当基础的金融产品趋向于同质化，如何提供更好的服务成为企业竞争力的关键。其实服务本身也是产品，头部金融企业具有资金成本的优势，导致其他金融企业更需要提供灵活的服务。渠道是企业与客户之间建立连接的桥梁，正如我们在第 1 章所说，金融企业的渠道从第一代单一线下网点、第二代多渠道（multi-channel）、第三代全渠道（omni-channel）发展到第四代数字化全渠道（digital omni-channel）这个阶段，所谓全渠道，就是智能手机出现以后，重新定义了金融企业服务的时间和地点，企业需要实现线上、线下的融合，提供一致的客户体验，满足消费者、合作伙伴碎片化、个性化、便捷化的需要。所谓数字化全渠道，就是根据客户需要及时提供内嵌的、无所不在的金融服务，这种服务是即时的而不是滞后的，是嵌入生产、生活的场景化体验，而不是需要感受到金融企业的存在，是智能化、个性化的服务，而不是需要客户进行复杂的选择。渠道中台建设就是为了满足数字化全渠道建设的要求。

数字化全渠道是渠道建设的高级阶段，多渠道、全渠道是渠道建设的基础，并不是有了数字化全渠道其他方式就不需要了。这里举一个香烟零售门店贷款发放的例子，企业贷款可以在线上渠道或者合作伙伴渠道扫码、身份认证、个人信息收集、资料上传、额度确认到贷款发放一系列动作，其中身份认证、额度确认等环节也可以通过线下渠道的云柜面方式完成，这就是传统的多渠道、全渠道建设。但金融企业可以将相关的 API 开放给第三方合作伙伴，将贷款发放的服务嵌入到门店订烟业务中，订烟付款时使用网贷支付，当额度不足时向客户推荐合

适的产品，进行身份认证、申请贷款，如果条件具备即可秒贷放款。同时，可以收集客户对业务的反馈，优化客户体验，改善产品，通过渠道发布新产品。

金融企业的渠道分为线下的客户服务渠道、线上的客户服务渠道以及合作伙伴服务渠道三种情况：线下的客户服务渠道，利用网点的线下渠道提供人工以及自助服务，线下渠道从传统的网点服务发展而来，对客服务从预填单、排队机到自助终端服务、柜员服务，自身已经是一个多渠道的整合；线上的客户服务渠道，例如 APP、网银、手机银行、微信公众号等，根据不同客户的特点提供不同体验的客户服务，例如公众号适合"轻客户"，网银适合"重客户"，是第二、三代银行服务；合作伙伴服务渠道，提供 SDK 方式将金融服务嵌入到合作伙伴的业务中，提供场景化的服务，将传统以自身为主的渠道改变为合作伙伴渠道，就是第四代金融服务的特点。上述三种形式的渠道特点不一致，管理手段也不一致，需要分别进行建设，提取公共的、具备各自特点的客户服务流程，为快速推出新业务提供便利。例如银行对客的业务流程传统方式是临柜交付、业务沟通、业务审核、业务提交、业务处理、交付、反馈，但吸收了互联网特点，利用双录、人脸识别的手段帮助，可以改变为客户录入上传、身份识别、信息确认、业务处理、交付、反馈这样的步骤，改变了多次输密码、多次填单、多次确认的复杂流程，提升了客户的体验。

渠道中台除了完成上述三种类型渠道运营外，还需要提供渠道的协同整合能力，提供跨渠道的共享服务。这些整合能力首先是整合跨渠道的流程，例如在手机银行预填单，预约外汇取现，然后在网点通过柜员服务提取外汇。其次是产品营销的整合，在不同渠道上收集客户行为信息，将营销中台提供的营销信息，发送到客户手上；再次完成多渠道的集中控制，例如交易的限额控制，产品在不同渠道投放的开关，不同渠道业务的优先级控制，交易的集中统一授权等。最后，是集中的内容发布，不依赖于具体的渠道，统一安排。渠道的协同保证了客户在不同渠道间能够体验一致地完成业务，而不再是割裂的感觉。在一、二、三代模式下，渠道协同在各自的渠道平台上也能完成，但第四代数字化多渠道形势下，渠道应用已经不再是金融企业自身拥有，而是借助了合作伙伴的渠道，开放了渠道协同的能力，提供给合作伙伴。

金融企业的对客服务，由于触点分散，统一服务比较难，造成客户满意度的降低。同时知识难以沉淀、分析与决策困难。这就需要渠道中台利用数据整合的手段，为各渠道应用、柜员、客户经理提供统一的数据视图，以便在客户全旅程、全场景服务中能够无缝支撑。例如，根据客户财务情况，为客户经理提供客户理财推荐，保证不同渠道、不同人员对客服务的一致。

因此，我们将渠道中台分为渠道服务、渠道协同、数据整合三层，对接运营中台和后台的产品服务。①渠道服务分线下客户服务渠道、线上客户服务渠道、合作伙伴服务渠道三个平台，提供各自渠道服务特有的公共服务能力，例如为线下渠道提供智能设备接入、柜面终端接入、授权能力、集中监控能力、网点运营能力，为线上渠道提供身份核实、体验、服务组合、门户管理、信息发布能力，为合作伙伴渠道提供身份认证、安全管理、接入管理、服务组合与管理能力，保证各个渠道的客户体验一致。②渠道协同是将渠道控制、渠道互动、营销协同、身份认证、内容发布集中进行考虑，保证渠道间流程的打通，营销的一致，不再割裂到不同的渠道；③数据整合为渠道提供完整的数据视图，包括统一的产品视图、客户视图、交易视图，以保证数据的统一，为业务提供数据支撑能力。

根据每一层的特征，在渠道应用的前端应用中，例如合作方系统、网点前端不落交易数据，可以收集客户行为数据；在渠道服务层进行服务组合，落地交易数据，完成对账；渠道协同层不落交易数据，用事件通知方式进行协同；在针对多渠道的产品组合，在运营中台完成。渠道中台如图 3-3-7 所示。

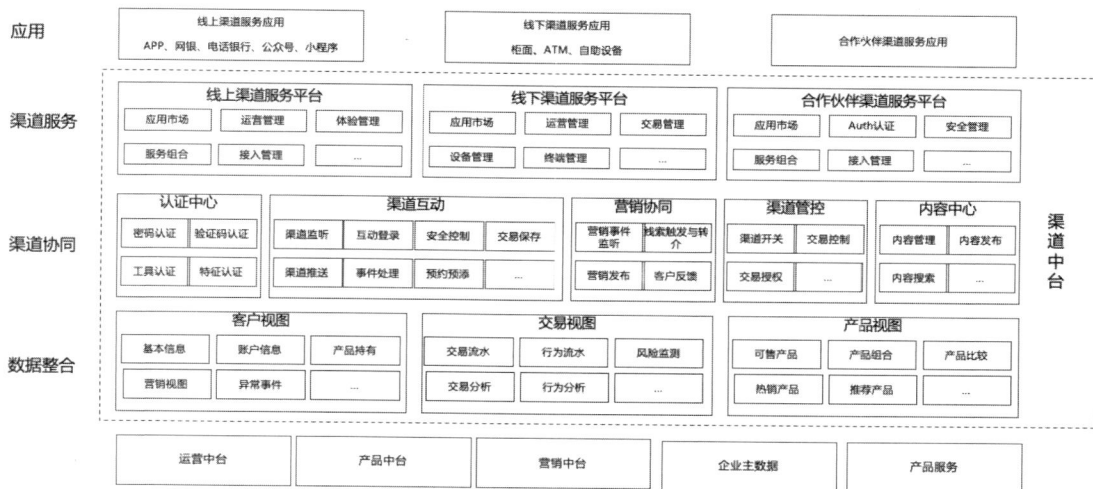

图 3-3-7　渠道中台

渠道中台直接面向客户，是中台建设可以优先考虑的，提升体验、整合流程、营销互动、知识共享是渠道中台合适的切入点。新技术的出现，为渠道中台实现上述目标提供了更好的手段。人脸识别技术让客户身份核实更加简便，录音/录像双录与图像识别/语音识别帮助实现客户的自助服务，数据埋点技术收集客户的行为习惯为营销提供依据，定位信息与流式计算技术记录了客户与企业接触的体验跟踪。利用这些技术，把客户服务的流程与数据固化在渠道中台中，不断快速地推出、优化客户体验。我们将在第 4 章介绍线上线下融合后如何抽象公共业务流程，如何针对合作伙伴渠道提供解决方案。

3.3.7　运营中台：打造标准化运营流程，支持新业态

将渠道中台与运营中台分离，是因为我们希望用"大运营"的思路进行中台建设。渠道中台以客户为中心，关注客户的个性化服务、关注用户体验的提升，而运营中台则是将传统的产品服务支持流程标准化、自动化，逐渐转变为"智慧运营"模式。同时，传统金融企业核心系统中无法支持新业态，需要在运营中台中体现出来，例如目前的互联网金融业务，很多银行建立的互联网金融平台、互联网核心，就是为了提供这部分能力。运营中台如图 3-3-8 所示。

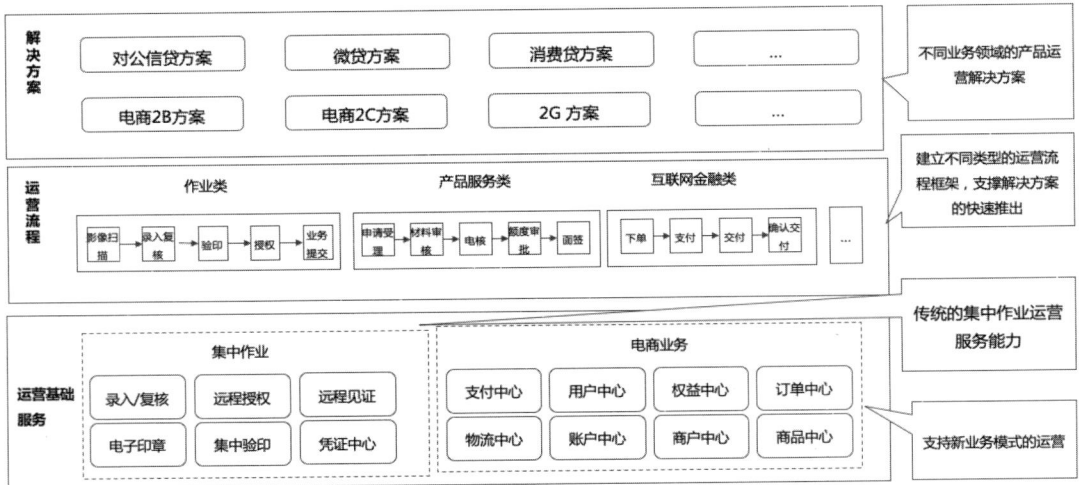

图 3-3-8　运营中台

1. 渠道与运营的分离，运营流程标准化原则

渠道完成客户交互流程，运营完成产品服务支持流程，主要是业务处理和业务交付，后者实现作业处理的高度标准化、自动化、集约化，让人工服务逐步转变工作重点，将高端服务与专业交付为主要工作。前后端流程直通，前台完成电子化信息采集，与后台运营系统有效地对接，实现端到端的电子化流程。通过标准化的作业流程建模，将公共流程抽象出来，进行组件化设计，明确流程可变性，在中台中形成公共流程框架，也就是科技上的虚拟流程，对渠道业务可以通过清单化方式，通过配置虚拟流程，实现业务快速创新，系统快速迭代。渠道与运营分离如图 3-3-9 所示。

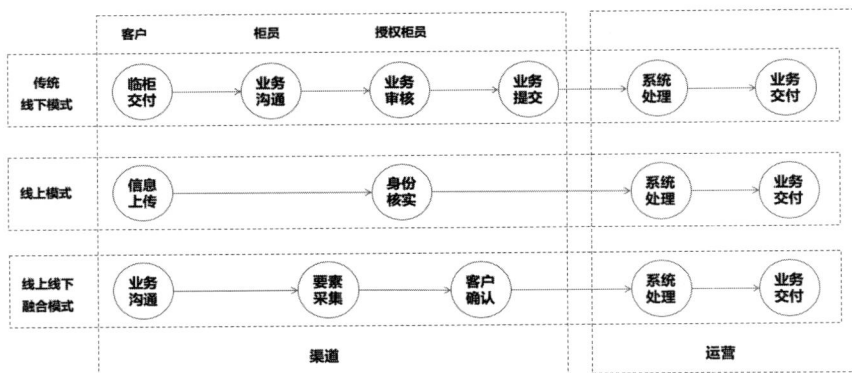

图 3-3-9　渠道与运营分离

例如，柜面交易中可以按照客户识别、操作、确认、配款、审查、授权、输出、评价这样的标准化流程进行，在中台中就有一个这样的虚拟流程，对于不同的业务环节是一致的，但是每个环节完成的动作、相关数据可能并不相同，通过配置的方式可以决定每个环节的处理方式，授权可以是本地授权，也可以是远程授权。此外，针对这些的标准化流程，很多环节可以抽象为基础能力，由渠道中台或者运营中台组成新的流程，类似集中验印、集中授权、凭证处

理、双屏交互等。再如，信贷的产品服务支持流程，可以由受理、电核、面签、审核、放款审查、放款等环节组成，这可以是运营中台中一个典型的标准流程（虚拟流程），显而易见，小微贷、个贷、对公信贷在各个环节的处理是不同的。信贷业务主要的变化有三：一是在审批模式、相关当事人/组织机构经常发生变化；二是相关业务规则经常发生变化；三是对接的外部系统数据要素经常发生变化。针对不同的情况可以配置实现不同的运营流程，不同方式又组合形成小微贷、个贷、对公信贷等解决方案。上述的运营流程，可以综合考量操作效率、成本投入，还可以将部分风险点从人工控制向系统控制转变。这些改变在虚拟流程中很容易表达出来，这些调整不必改变流程的具体实现，而是以"外挂"的方式加入，更加便于提高科技的迭代速度。第 4 章我们在水平业务叠加与垂直业务叠加中会详细介绍。

2. 支持 B4B 等新业态

从 B2B、B2C 到 B2B2C，再到 B4B，2（to）表示朝某个事物触达或靠近的动作或方向，与 from 含义相反，表示企业需要将自己的产品、服务和支持提供给其他企业，企业的组织架构也是为了制造、销售和服务我们的客户而设置的。随之而来的就是自上而下的管控、各个职能部门、中心化体系和标准化例行工作。4（for）则不然，当你做某事是为了（for）某人时，完全为对方着想，而不仅仅是为了自己。为了客户的成功，自己的商业模式如何，如何创造产品、解决方案和服务，如何让客户参与进入市场等等。浦发银行率先提出"API 银行"的理念，就是希望将金融企业与合作伙伴的关系从供应链转为价值链，将银行的 API 嵌入到合作伙伴的应用中，将合作伙伴的渠道变为银行的渠道，为合作伙伴的客户建立嵌入式的场景服务，从而建立金融合作生态。

在这种弹性边界、无缝连接的要求下，需要在产品、渠道、运营都建立一体化的业务适应能力，实现非标资产标准化、标准资产数字化、数字资产智能化的重构。运营中台实现产品运营流程的标准化、自动化，就可以将流程更容易的与产品平台的产品工厂结合起来，更便利地提供简化的端到端服务流程。其次，B4B 生态的建设，是合作双方通过业务流程交换信息并创造价值，生态建设与赋能紧密结合起来，而金融机构为合作伙伴赋能金融能力，合作伙伴向金融机构提供知识，增加整合能力，了解市场诉求。这种赋能是基于业务流程建立在数据模型基础上的，而这些知识需要在金融机构沉淀下来，传统金融企业的系统并没有对这种模式进行支持，需要运营中台固化下来。最后，金融企业尤其是银行的主要客户群体是企业客户，我国制造业发达，常常有"一城一品"的说法，各地都有自己的支柱产业，为这些产业服务尤其是中小金融机构建立 B4B 生态的重要选择，而这些产业普遍科技研发能力比较薄弱，金融机构借助自身的科技研发能力，可以为 B4B 生态合作伙伴定制业务解决方案，达到生态赋能的目的，运营中台也需要为这些合作伙伴提供运营能力。

传统金融企业 IT 支撑的运营，是为自身企业建立的，并不能帮助生态合作伙伴进行运营，例如银行 ECIF 的客户是银行自身的客户，并没有能力支持生态合作伙伴的进行客户管理，也无法支持从合作伙伴倒流的客户；传统的银行账户管理是一类户的管理，对二、三类账户需要额外的能力；传统的支付是对银行支付渠道的整合，支付、清算、结算的过程，包括大小额支付、第二代支付、微信/支付宝等渠道，而在银行生态环境下，支付方式需要从合作伙伴的客户视角出发，为客户选择合理的支付方式，例如根据客户的权益选择优惠条件，根据积分提醒兑换，根据交易行为提醒优惠活动，选择合适的支付渠道等，这些都不是传统支付平台的功能。目前，有些银行在建立互联网核心、互联网金融平台，有些银行在为合作伙伴建设运营系统例如房屋租赁、电子采购、教育、公积金等，都需要建立帮助合作伙伴自身运营的能力。

生态合作伙伴的业务差距很大，"一城一品"意味着我们难以有一个通用的系统支持各类业务。但我们可以从金融企业所能提供的核心能力基础上，衍生出一个基本的业务运营模型，基于这个模型再衍生各种不同的业务。一个企业基本的业务模型是以客户、账户、用户为核心的"三户模型"（见图 3-3-10），表示这个企业的客户是谁，客户可以是人也可以是企业；每个客户的资金账户、积分账户、关联账户等账户关系；用户表示这个企业的组织、人员等等。基于三户模型，以订单为中心，将产品（商品）、计费与凭证、支付、权益等关联起来，形成一个基本的运营活动能力，在第 4 章我们以订单为例，描述一个订单中心的解决方案、业务流程与基础能力设计，同时支持 2B、2C 类型业务。

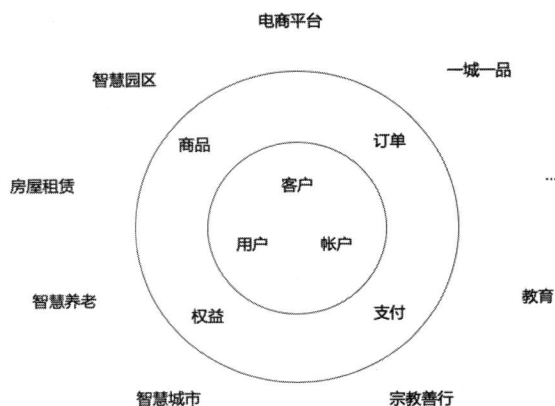

图 3-3-10　三户模型

3. 引进新技术，提升运营效率，为一线减负

流程的优化包括简化/再造、标准化、集中化、转移、自动化等手段。运营中台将运营流程集中管理，更便于对流程进行优化，而优化就可以通过新的技术手段完成。通过运营中台引入新技术，避免了各自为政的多头管理，可以为新技术的尝试、试点、评估、推广建立了有效机制。这些新技术包括：①RPA（Robotic Process Automation）技术的核心能力是通过模拟和替代人工劳动。替代的是员工的重复性劳动，诸如敲击键盘、点击鼠标、切换页面等系统操作动作。由于企业中的员工以及人们在日常生活都需要依赖于计算机的使用，员工在工作中经常需要登录不同的系统进行业务处理，系统处理过程中就必然存在着大量的数据录入、数据核对以及数据报告等工作，而 RPA 通过模拟人工操作的方式很好地解决了这类问题。②物联网与区块链。通过物联网技术，将现实时空的实体与虚拟时空的数字联系起来，实现虚实结合，利用区块链技术，实现实体交易与变更的记录与链路溯源，把从前人工调查、录入、回访等工作通过技术手段完成，在供应链金融与智能财产服务中，都有很大的使用空间。

3.3.8　营销中台建设原则

金融企业早期的营销是面向产品的，以 CRM 系统为支撑，利用网点渠道通过客户经理进行交叉销售、关系销售。随着多渠道营销的出现，逐渐丰富为通过移动营销（客户经理/大堂经理）、电子渠道、私人银行、智慧厅堂等手段，进行事件营销、精准营销。当前的数字化营销则要求面向生态的开放营销，通过金融企业自有渠道、合作伙伴渠道、社交媒体渠道联系起来，通过场景化、社交化、位置化方式，实现精确定位、营销联动与运营闭环。所谓场景化营销，是一个弱化金融产品，强化金融服务的过程，用户的消费行为都是在具体场景下进行的，用户也是通过场景认知产品，让产品卖点通过场景与用户痛点结合起来，激发购买欲望，建立良好互动，形成黏性和忠诚度。所谓社交营销，就是通过社交化媒体，利用良好的交互技巧，让企业与用户间能通过交互保持紧密，促进产品营销；所谓位置营销，就是利用 LBS 技术拓展客户信息范围，增强对客户的理解，产生更精准的客户信息进行主动推送。这些营销方式，通过传统的线下渠道移动化、通过第三方合作伙伴的渠道、通过各种社交媒体，触达到传统营销无法触达的群体，以推进普惠金融。金融企业营销发展历程如图 3-3-11 所示。

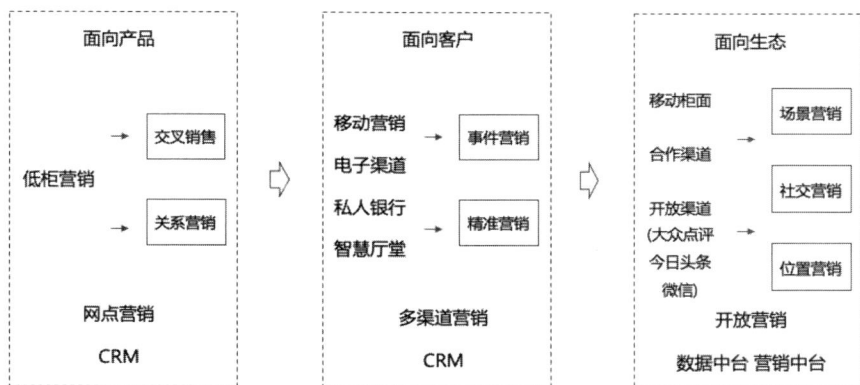

图 3-3-11　金融企业营销发展历程

数字化经济时代，营销的形式、手段都有了很多变化，营销活动也越来越频繁，例如内蒙古银行于 2019 年 1 季度通过开展"开门红"旺季营销系列活动，组织系列创意活动来提升员工专业技能及营销意识，统一全行厅堂氛围营造。通过各类宣传载体及现场营销活动，回馈新老客户，增加客户黏性。围绕手机和出行场景，线上推送腾讯视频用户闪屏广告、微信朋友圈广告，线上总曝光量达三百万次，线下同步实现交通、商圈、社区等领域的全覆盖、立体化传播。一季度末，电子银行渠道客户新增近十万户。在这一过程中，科技部门开发了"微信社交营销平台"，进行了多个系统的胚胎改造。这种频繁变化的情况，非常适合建立相应的中台支撑能力。广义的营销平台包括客户全渠道的接触与投放、营销方案制定与营销事件推送、营销策略管理与绩效、大数据平台的建设等内容，覆盖了营销相关的方方面面。在我们的中台架构方法论中，进行了分类与解构，营销中台与渠道中台、数据中台配合完成营销相关的工作，客户触达由渠道中台完成；营销中台负责营销的策划、管理，整合数据能力，通过可重用能力快速完成营销相关的科技支撑能力；数据中台为营销中台提供数据服务，如果没有建设数据中台，也可以整合 CRM 等现有系统。

从这个案例可以看出，营销中台包括以下部分：

（1）营销中台为前端应用、渠道中台提供开放 API 与 H5 SDK，可以嵌入到前端应用中，让前端应用可以通过定制开发，在短时间内完成营销产品的上线，通常是"二八原则"，即 80% 的营销活动可以通过配置完成，20% 的情况需要前端自定义开发。

（2）渠道中台与营销中台之间进行营销协同，渠道中台将营销中台制定的营销策划发布到指定渠道；监听营销中台产生的营销事件，推送到相应的渠道，完成线索的触发与转介；同时接收客户的返回，传递给营销中台。

（3）营销中台提供场景营销、社交营销、位置营销的解决方案，这些营销解决方案由营销活动组成，针对特定人群、特定场景、特定渠道，采用特定推广模式。

（4）营销中台固化了智慧营销相关的企业级流程，这些流程包括目标推动的计划营销流程、事件推动的实时营销流程、日常营销活动/营销监控/客户画像/网点画像/客户服务等营销运营与服务流程、绩效考核流程。

（5）营销基础服务的核心是营销引擎，通过客户数据、交易数据、用户行为数据，对用户、行为、场景、时间等多个维度进行综合考量后，判断用户是否满足规则，以决定执行后续的营销动作，对相关产品进行解读，制定后续渠道策略，并修正产品画像、渠道画像、客户画像，为营销运营提供可视化的依据。

（6）营销中台利用数据中台提供的数据服务，从营销视角整合了客户数据、产品数据与渠道数据，扩展了数据标签与模型，以便于客户分群、精准营销、交叉销售。营销中台如图3-3-12 所示。

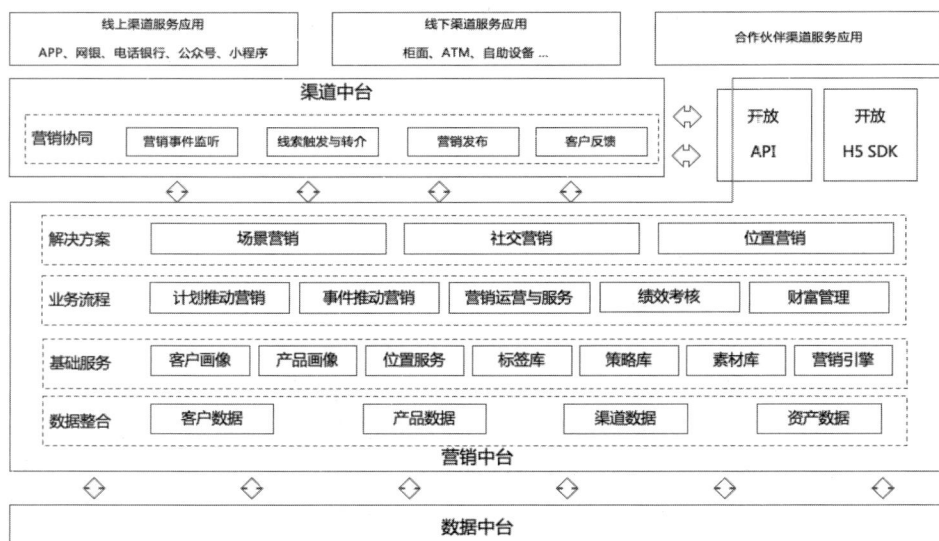

图 3-3-12 营销中台

营销中台为企业营销过程中不同的营销策略提供了相应的解决方案定义与使用，固化相关的企业级流程来支撑智慧营销，提供营销所需的基础服务，支撑企业营销。与渠道中台提供的开放 API 与 SDK，快速定制营销活动页面，以较短的时间完成营销活动推出，并且通过渠道中台将营销活动按照营销策略、营销事件处理等要求，发布到相应的渠道，同时接收各渠道的反馈信息。基于数据中台提供的数据服务，一方面对客户数据、产品数据以及渠道数据进行整合，为智慧营销提供分析来源；另一方面对数据中台提供的数据标签进行扩展，按营销要求扩展标签，为客户分群提供更全面的标签体系，以便于实现精准人群营销、交叉销售等。

因此，通过营销中台的建设实现以下重点目标：①建立营销运行框架，支撑营销活动从推出到运营过程；②支撑营销活动快速推出，帮助金融企业快速发布营销活动和广告；③提供事件机制，支撑事件推动的实时营销流程；④建立数据标签管理体系，实现数据标签通用性与可变性支撑，利用数据标签技术促进精准营销。

3.3.9　业务中台与低代码平台

低代码开发平台是无须编码或通过少量代码就可以快速完成应用程序的开发平台。2014年，著名的研究机构 Forrester 提出低代码开发概念（Low-Code Development Platform，LCDP），希望可以让更多人进入到应用开发中，而不仅是精通代码编写的专业人员。必须说，这一理想很丰满，现实很骨感，我们在工作发现，类似的快速开发工具以界面可视化、业务拖拉拽方式的工具很多，往往效果不佳，产生的代码也难以维护。究其原因，很多低代码平台没有对采用低代码平台的业务目标、使用者群体做精确的定义，也没有能够对低代码平台进行精确的规划，而是简单的工具化思维。我们看到低代码平台成功的原因有以下几个方面：①不要用程序代码的功能要求低代码平台，而是充分理解业务需求，在低代码平台上配置业务；②低代码平台上需要有一定的业务积累，同时有持续的扩展能力，基于业务组件而不是技术组件进行配置；③低代码平台需要面向不同的业务领域，不可能有一个通用的低代码平台；④低代码平台需要持续演进，逐渐增加业务的积累和沉淀，最好有专门的团队维护、升级，停滞不前是使用的主要阻碍之一。

金融企业尤其是银行，具备应用低代码平台的条件。首先由于金融企业 IT 建设时间久，形成了标准化的业务模式，已经有了很多能力的沉淀，一些领域已经使用，例如柜面、中间业务，可以考虑推广到其他领域；其次，金融企业能够有人力资源投入到平台建设，例如很多银行成立架构部门、平台部门；最后，低代码平台需要具备良好的二次开发能力，与业务中台建设结合起来，业务中台积累的业务组件能够在低代码平台中快速体现出来。低代码平台一般会包括后端交易和前端展现的配置，下面我们举两个例子，分别说明后端与前端的配置方式。对于后端交易，一般分为业务流程、交易流程、审批流程几种情况，可以根据抽象出流程的共性（例如流水记录方式、认证条件、业务补偿方式、审批模式等），分别提供配置的工具。这里的例子是一个审批模式的配置，请假的业务流程如图 3-3-13 所示，可以看出流程分为三个步骤：提交申请、审批、归档，类似的流程在企业中很多，针对这种情况，我们可以利用 RACI 的原理做一个抽象，R 是申请人，A 审批人，I 是知会人，配置一个表格就完成了流程开发，如图 3-3-13 右边所示，根据这个表格，可以生成可运行的代码。这种方式，流程梳理非常符合业务习惯，很容易与相关业务人员进行讨论、确认；比起左图的流程图方式，也容易维护，一般变化都发生在审批这个环节，审批条件和层级不同而已，发生变化后调整表格即可。这里可以看出，低代码平台不是简单的拖拉方式开发，需要进行总结抽象。

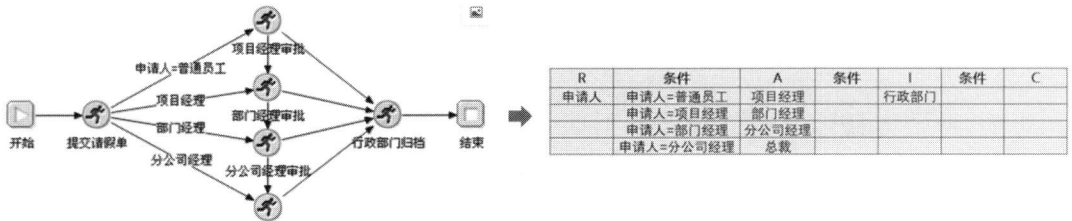

图 3-3-13　请假流程示例

再举一个前端展现的例子。录入复核是柜面业务常用的模式，包括录入界面、复核界面，录入界面提交后数据暂存，复核界面提交后与录入数据比对，如果相同则进行业务处理，如果不同则重新录入。不是录入界面的每一个要素都需要复核，而是复核关键要素。这里，就可以抽象出一个框架，通过配置自动生成复核界面，自动保存录入数据，自动比对数据，图 3-3-14 所示就是低代码平台中对需要复核要素的配置，复核要素是支付账号与支付金额，同时这些要素的其他属性，例如是否记录流水、是否需要数字签名等也定义了出来。需要指出的是，这里定义的一些属性，并不是支付账号、支付金额的基本属性，例如长度、精度这些，而是这些要素额外的控制属性，这些基本属性应该梳理成数据标准，保证配置每一个同样的业务要素时，都具备同样的基本属性。

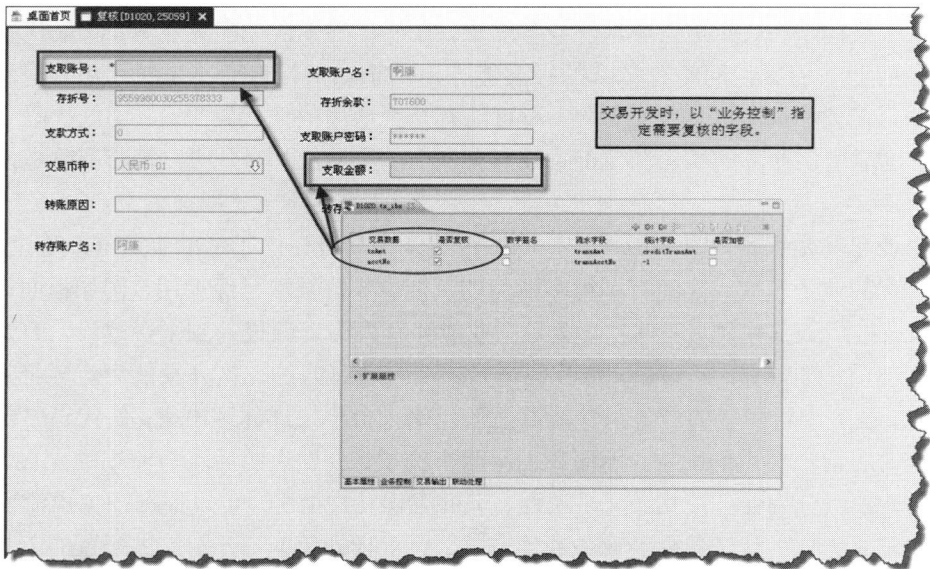

图 3-3-14　前端展现示例

低代码平台最重要的是将业务的 IT 表现标准化出来，将业务需求、系统需求、代码开发的一部分工作合为一体，减少环境，提高效率，可以看出这一目标和业务中台建设的目标是高度一致的。这种模式并不意味着不需要程序员或者大量减少程序员，毕竟低代码平台中每一个可重用组件都是需要代码开发的，这就要求从业人员更多地从业务抽象方面考虑问题，不断沉淀业务组件，并将业务组件在低代码开发中呈现出来。沉淀业务必须摒弃代码思维，低代码平台是对业务的抽象与简化，不可能完成代码开发所有的能力，而业界很多低代码平台都是一个基于表单、流程模式的、通用的替代代码开发的可视化开发工具，既没有金融行业的业务积累，也无法对研发过程与能力进行固化，很难满足企业的要求，往往是个玩具而已。低代码平台是业务中台建设的高阶阶段，可以说没有低代码平台的业务中台不是完整的中台。

3.4　数据中台设计原则

我们在数据治理领域耕耘多年，从数据治理到数据中台建设，我们从众多的项目经验中总结出来，不能把数据中台建设作为一个项目或者产品来实施。金融机构在数字化转型的进程中建立数据中台，必须从战略的高度、组织的保障及认知的更高层面来做规划。在战略规划的指导下，搭建一套可持续运行的、自服务的、端到端的数据中台建设体系，从而加速金融机构全面数字化转型的进程。

3.4.1　数据中台建设的价值架构

数据中台的终极使命，我们认为是赋予数据资产价值变现的能力，无论是通过业务赋能的形式隐性变现，还是通过数据服务公开交易的直接变现。它们都需要一个很重要的基础条件"数据资产化"。

数据中台很重要的一个环节就是将"数据资产"作为一个基本要素独立出来，让数据资产在服务于业务的过程中，融入业务创新带来价值创造的过程中，并持续的产生价值，进而间接价值变现。

数据中台作为金融机构各业务系统的数据提供方，通过自身的数据处理能力以及业务对数据的不断供给（业务数据化过程），形成一套持续运行的、不断完善的数据资产体系（数据资产化过程）。当金融机构在面对业务多元化挑战，需要构建新的前台应用时，数据中台可以快速地提供数据服务（资产服务化过程），灵敏地响应金融机构多元化业务创新（服务业务化过程），使金融机构在金融融合创新的时代下，持续保持高竞争力。

上述场景描述了数据和业务之间的一个闭环过程，区别于以往数据治理始于数据终于数据的一个自闭环，导致数据治理困难的局面。数据中台的建设为业务数据治理打开了一扇门。数据中台价值架构如图 3-4-1 所示。

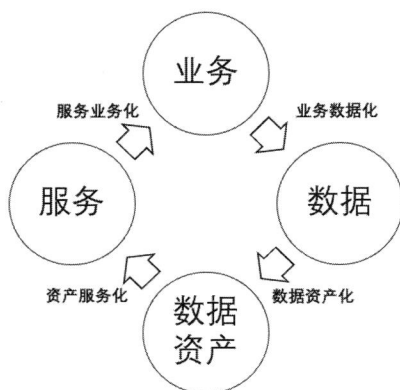

图 3-4-1　数据中台价值架构

由于我们通常与金融机构的科技部门沟通，在技术人员的眼中，往往把数据中台理解为一个技术平台、大数据平台。其实这是不对的，在后续的章节我们会讲述数据中台和数据仓库、大数据平台的区别。这里必须强调，数据中台的核心是数据服务的能力，服务对象是业务，所以必须结合实际的业务场景，比如：精准营销、智能风控通过服务的形式直接赋能业务，数据中台面向的不仅仅是技术人员，更多的是业务部门。无论是由科技部门建设数据中台，还是运营部门建设数据中台，都必须统一数据中台价值观：数据是一种资产。

3.4.2　金融机构数据中台架构

数据中台没有统一的架构，我们从架构演变的过程来看，很多金融机构认为，数据仓库实际上是一种数据中台架构，或者通过数据仓库演变为一个数据中台架构，如图 3-4-2 所示。

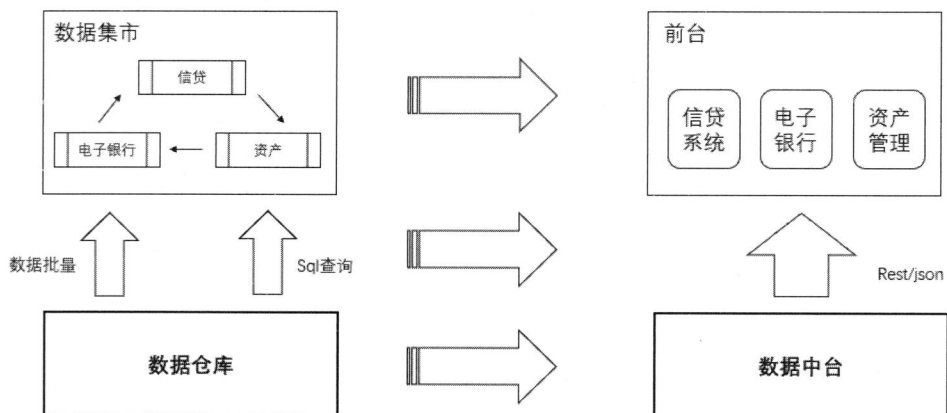

图 3-4-2　数据中台架构演变-二层架构模型（不推荐）

这种两层架构演变，依赖 API 服务打通前台与中台的联系，前台系统之间不再有直接联系，能够保证"大中台、小前台"架构的持续性。但是不难想象，这种架构太过于概念，很难去平衡灵活与稳定的矛盾。所以，这种架构模式不具备柔性能力，是不适合的。

　　金融机构实现灵活支撑的前提是保证业务及系统的稳定。因此，我们认为数据中台需演变为三层架构模型。数据中台架构模型中必须保留数据后台的地位。结合以往丰富的数据治理经验，从"盘、规、整、用"四个方面，以及在保障数据中台灵活性和稳定性的前提下，对数据中台三层架构模型设计如图 3-4-3 所示。

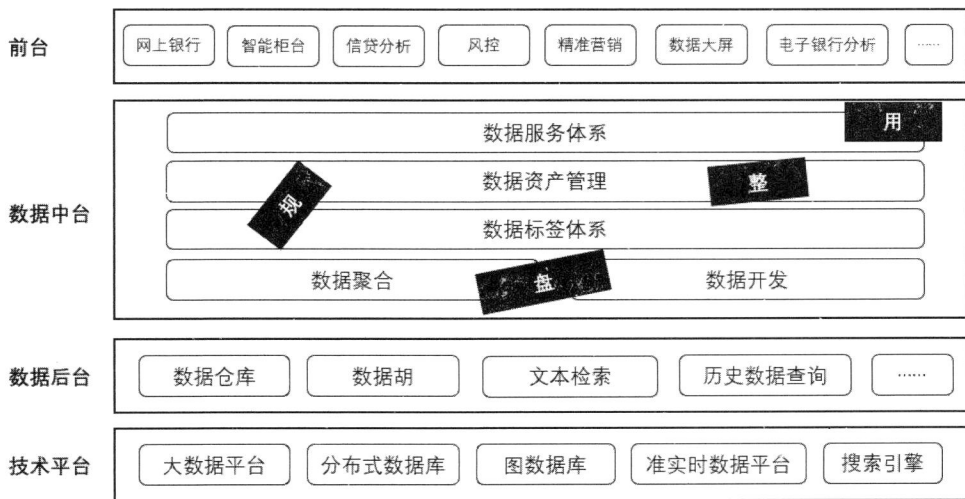

图 3-4-3　数据中台三层架构模型

　　解释一下，技术平台不在我们所说的数据中台三层架构之中。数据后台可直接为前台系统提供满足可用性需求的服务，在中台灵活运营的同时，保障整个体系的稳定性及可用性。

- 数据聚合：数据中台不产生数据。数据聚合作为数据中台数据接入入口，金融机构数据来自不同的业务系统，存储在不同的数据平台，很难利用，难以形成价值，因此数据中台必须提供数据聚合的能力，把各异构数据源及外部数据统一聚合到数据中台，为后续数据建模做准备。
- 数据开发：通过数据聚合到数据中台的数据是没有经过处理的，这样的数据很难被业务使用，因此需要数据开发人员把数据加工成对业务有价值的形式，提供给业务使用。
- 数据标签体系管理：数据标签体系是以业务为中心建设的，数据标签体系的建设必须围绕业务多维度覆盖，以保证数据的可复用性及对数据服务能力的支撑。
- 数据资产管理：结合数据的特有特征，对数据从产生与流转、存储与整合、数据质量管理等方面建立数据资产全生命周期管理体系，以提升企业的数据管理意识，提高数据资产的质量和利用价值。
- 数据服务体系：数据服务体系是数据资产服务化的能力体现，通过数据服务业务化，让数据资产参与到业务价值变现。数据服务体系是数据中台的价值所在，是数据资产价值变现的重要途径。

3.4.3　数据中台必备的 5 大核心能力

由于对数据中台的认知不够全面，导致数据中台的落地困难重重，目前数据中台的建设往往是技术组件的堆积，是传统数据仓库的改版。结合以往我们在数据治理中积累的经验，我们认为，数据中台必须具备"盘""规""整""用"以及"价值变现"五大核心能力。

1. 盘

随着金融机构业务多元化发展，机构内部存在大量系统、应用以及功能的重复性、烟囱式建设，导致巨大的数据资源、计算资源、人力资源的浪费。同时组织壁垒也导致数据孤岛的出现，使得内、外部数据难以全局规划。而数据作为资产，为了合理利用资产，就需要进行数据盘点，体现内部数据分布现状与外部数据收集情况，规划数据资产的构成，打通异构数据，统一外部数据采集，理清家底。

数据中台需要对数据进行整合和完善，在简便有效的基础上实现数据采集、交换等任务配置以及监控管理。数据中台必须具备数据集成和运营的能力，能够接入、转换金融机构内、外部多种来源的数据，协助不同的部门和团队的数据使用者能更好地认识数据和利用数据。数据盘点，是一个将金融机构内外部数据打通、摸清数据资产的必要手段。

2. 规

如果把数据类比为石油，"规"就相当于是石油提纯的一个过程，那么数据中台的"规"就是对数据提纯的一个过程，即"数据资产化"过程。我们知道石油提纯有一系列的标准体系，那么数据资产化也同样需要建立完备的数据资产体系。金融机构数据资产体系建设必须围绕业务价值，从推动业务数据向数据资产转化的角度来构建。

传统的数字化建设往往局限在单个业务单元，忽视了数据多业务关联的属性，缺乏对数据的深度理解。数据中台必须连通全域数据，通过统一的数据标准，构建规范的、紧密结合业务的、可扩展的数据标签体系。

3. 整

"整"指的是：发现数据资产存在的问题，提升机制，保障数据资产的质量。数据中台必须提供数据资产的管理能力，以及面向价值变现的数据资产管理体系，以实现数据资产价值最大化。

4. 用

为了尽快地让数据资产用起来，数据中台必须提供快速、便捷的数据服务能力，让相关人员，包括但不限于技术人员能快速地开发出数据应用，支持数据资产场景化能力的快速输出，以满足业务多元化的市场诉求。很多金融机构期望数据中台能提供数字化运营平台，以快速实现数据资产的可视化分析，提供数据分析、预测、机器学习等高级服务，为金融机构融合创新赋能。

数据中台必须提供可视化的数据分析，数据洞察源于数据分析，数据资产只有服务于业务分析，才能紧密贴合业务场景，以达到价值最大化的目的。

5. 价值变现

大部分金融机构数据资产目前仅仅为内部业务使用，我们称为隐性价值变现，很少能直接提供数据交易产生显性价值变现。因此，我们对价值变现仅仅圈定在隐性价值变现，即数据资产赋能业务所带来的价值变现。

在数据中台的建设中，我们更希望通过数据中台提升跨部门的普适性价值能力，在降本增效的前提下，更好地管理数据应用。通过数据洞察，驱动业务创新通道；跨业务场景数据应用，赋能金融机构融合创新。总之，通过降低管理和使用成本，赋能业务多元化，提高金融机构核心竞争力，通过业务价值变现来体现数据资产变现。

3.5　技术中台架构原则

金融企业期望利用中台建设，实现"研产供销服"各环节的提升，达到数字化转型的目标，而金融企业的"生产"，就是 IT 系统的建设。业务中台为"研供销服"提供可复用组件，技术中台提升 IT 系统的"生产"效率与可用性。技术中台的前台是企业应用，后台是企业基础设施（网络、存储、计算等资源），根据我们对中台的要求，技术中台就是要提供标准化、端到端、柔性（可变化）的软件生产能力。长期以来，软件工程一直是业界关注的热点，如何高效、高质量完成大规模软件设计、开发、维护工作，同时提高 IT 组织的弹性（所谓弹性就是生产系统能够高效利用应对业务需求的变化,组织人员能够高效利用应对业务需求的变化）。由于软件行业是一个较为新兴的行业，缺少其他行业悠久的历史沉淀和积累，这里我们可以借鉴其他行业的做法，梳理一下软件"生产"的关键要素与相应原则。

软件"生产"的关键要素

对于软件"生产"的关键要素，我们同样使用分类法进行研究。每种类型的要素会有不同的目标和使用原则，为了更好地理解，我们借用汽车制造做一个类比进行梳理。大家知道，汽车制造的全生命周期（见图 3-5-1）中可以分为几个部分，首先汽车是由发动机、底盘、控制等部件组成的；其次这些部件可以根据不同的结构集成为不同的汽车；再次汽车的制造分为研发、生产、维护三大流程，形成几个不同的生产线；最后这三大流程需要使用各种工具，部件、结构、流程和工具就是制造业的四个关键要素。对应到软件系统，部件包括几种类型：业务组件、集成组件、技术组件和基础设施组件，这些是软件系统运行的基本部分，其中业务组件主要由业务中台、数据中台提供，基础设施一旦确定变化不大，属于技术中台的后台，技术中台主要关注集成组件、技术组件。汽车的结构对应到软件系统就是软件的技术架构，即软件系统通过何种方式将部件组合起来运行，相同的部件可以通过不同方式的组合，产生不同的运行方式，技术架构可以分为企业集成架构和应用技术架构两种类型，前者是企业中各应用间互联互通的模式，后者是各独立应用的运行模式，不同业务特征的应用可以有不同的运行模式；

流程对应软件的全生命周期过程，同样可以分为产品设计、软件开发、软件维护几个阶段，形成几个软件工程的"流水线"；最后，软件生产也需要很多工具，例如开发工具、监控工具、需求工具等。

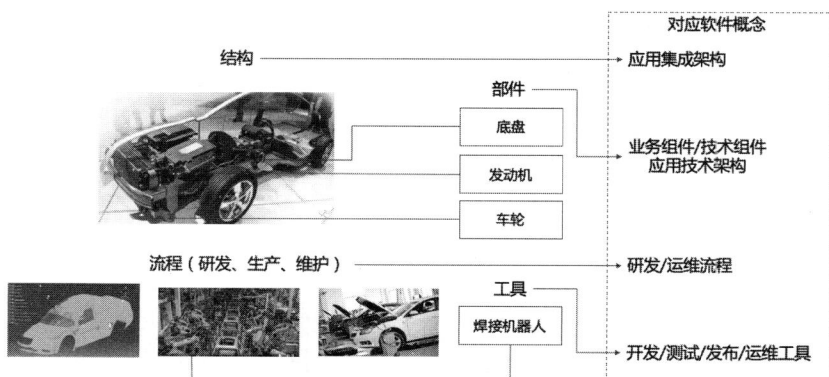

图 3-5-1　汽车制造全生命周期

从这四种分类可以看出，每一个要素的建设目标和思路都是不同的，世界上不存在软件工程的"银弹"，不要试图通过采用某种先进技术或者利用某种工具，就可以一劳永逸地解决问题。

3.5.1　通过"5S 管理"的思路，建立柔性的软件生产线

金融企业软件的生命周期的产品设计阶段，由业务中台的产品中台负责，前面已经提到通过市场数据化、客户数据化的手段定义业务方案。而技术中台负责软件生产和维护过程，业务方案作为生产、维护过程的输入，可以分为业务需求、系统需求（软件需求）、开发与自测、系统测试、验收测试（业务测试）、生产运行各个阶段。金融企业软件的规模非常庞大，例如银行一般系统数量近 300 个，自有人员与合作伙伴人员总数在几百到上千人，每年仅仅新增或者修改的有效代码就在数百万行以上，要知道美军 F35 飞机的代码大约 2400 万，银行系统软件的规模不低于世界上最复杂的战斗机，科技部门生产、维护这么大规模的软件系统，最重要的是保证生产能力的柔性。

所谓软件生产的柔性，包含几个方面：第一，由于金融企业业务需求的变化比较快，这些变化来自商业环境的变化、监管要求的变化，需要软件能够快速响应，例如近期 ETC 业务的实施，就是要相关银行在短时间内调整系统，推出相关应用，需要科技部门的产能能否快速调整，迅速组织有相关能力的团队完成；第二，金融企业软件系统既有高稳定可靠的核心系统，也有需要快速变化的新业态下的场景化应用系统，不同的要求导致生产模式的不同，需要柔性的应对策略；第三，金融企业科技人员既有自有人员，也有多个合作公司人员，这就需要能够灵活地组织生产能力，避免出现风险。实现生产的柔性，可以从多方面入手，前面我们已经提到，基于现有科技的职能部门，通过建立柔性的虚拟组织结构，形成固定结构敏捷小组的方式优化软件生产的组织结构。这里，我们主要探讨如何从软件的生产过程入手，实现生产能力的

柔性。

优化软件的生产过程，业界有很多理论和方法，例如 CMMI 方法通过对软件开发过程不同领域的可度量、可量化、可优化手段，实现组织过程的标准化、固定化；敏捷软件开发方法希望通过组织文化的改变，开发团队与产品所有者之间的密切配合，建立频繁交付的、轻量化的软件开发过程，建立跨职能协作的组织；DevOps 方法强调促进开发、运维和质量保障部门之间的沟通、协作与整合，打通开发与运维的边界，通过自动化"软件交付"和"架构变更"的流程，使构建、测试、发布软件能够更加快捷、频繁和可靠。这几种方法出发点不同，各有侧重点，但从分析问题、解决问题的方法看，我们感觉到都逐步借鉴制造业的生产过程与方法，例如 CMMI 目前有很多六西格玛的思想，用于过程的优化，敏捷开发过程和 DevOps 也都在借鉴制造业的管理理论，很多人读过《凤凰项目》一书，讲述了一位 IT 经理临危受命，在未来董事的帮助和自己"三步工作法"理念的支撑下，最终挽救了一家具有悠久历史的汽车配件制造商，揭示了管理现代 IT 组织与管理传统工厂的共通之处。如果你有兴趣，可以读一下高德拉特的《目标》一书，高德拉特的约束理论（Theory of constraints，TOC）是于精益生产、六西格玛并称的管理理论，该书讲述了一位工厂厂长，利用 TOC 的理论优化生产过程，挽救了濒临关闭的工厂。《凤凰项目》的人物设置、故事情节与《目标》一书，可以说是用 IT 的场景重写了目标一书，揭示了管理现代 IT 组织与管理传统工厂的共通之处。

既然要借鉴传统产业的管理经验，我们认为需要循序渐进，先把基础工作做扎实，然后再优化提高。传统产业在进行精益管理、六西格玛管理或者 TOC 管理之前，都经历了 5S 管理阶段，将工作环境标准化，因此，我们也建议金融企业软件生产的过程也要先做 5S，然后再利用 TOC 管理方法进行优化。何为 5S 管理，其实是日本 50 年代开始的，即整理（SEIRI）、整顿（SEITON）、清扫（SEISO）、清洁（SEIKETSU）、素养（SHITSUKE），这几个词是日语的罗马拼音，所以简称 5S。工厂进行 5S，整理是区分要与不要的物品，现场只保留必需的物品；整顿是必需品依规定定位、定方法，摆放整齐有序，明确标示；清扫是清除现场内的脏污、清除作业区域的物料垃圾；清洁是将整理、整顿、清扫实施的做法制度化、规范化，维持其成果；素养是提高员工的自身修养，使员工养成良好的工作、生活习惯和作风。类似工作，在金融企业中也有涉及，例如在网点优化中，柜员桌面要摆什么东西、摆放在什么位置，都需要一致，任何人到一个新的工作岗位都比较容易上手。

这五件事落实到 IT 工作中，就是建立标准化工作环境，包含五个统一：①软件运行环境的统一，软件在开发、测试、生产运行等各环节中需要不同的运行环境（服务器、数据库、存储、网络等），究竟需要几个环境，需要有明确定义，我们提出了 3 + N 的环境，即每个项目至少需要开发环境、测试环境、发布环境，根据系统重要性的不同，再考虑增加性能测试环境、预发环境、集成/回归测试环境等，每种应用对应的环境是一致的，配置方法是一致的；②模拟器和测试数据管理是统一，具备标准化的获取方法，能够与 3+N 环境配套使用；③工具的统一，软件研发过程中，涉及多种工具，包括开发工具、测试工具、协作工具、发布工具、版本管理工具，这些工具每种类型应用是一致的，避免各自为政；④每个阶段之间的产出物定义是标准化的，例如开发/自测阶段向测试阶段提交，就需要代码、脚本、文档、操作手册之类，每一类的格式固定，同时需要做到版本化；⑤统一各阶段内部的语言，例如软件设计的图形表示、软件需求的结构化描述、测试用例的编写等等。这一点是一个很难的事情，不需要在早期做，但这种统一对协作的帮助很大，我们后面会在工具中讨论。简而言之，希望研发人员能够用类似的工作方式进行工作，调整到其他项目时不会因为这些问题而浪费时间。我们曾经提出过，一个新的开发人员进入项目，1 小时内应该可以工作，可以写一个 Hello World 发布到环境中并看到结果。降低人员对工作环境的依赖度，是建立柔性软件生产的基石。

研发人员都是知识工作者，自然不喜欢将自己当作生产线工人进行管理，再加上早期软件研发充满个人英雄主义的色彩，研发人员更喜欢艺术工作者的天马行空。记得当年我们在统一开发工具的过程中，一位老前辈就说过开发工具是程序员的自由，怎么能要求一样呢？现在，大家都知道软件研发是一个大规模的协作，但协作的基础是标准，离开了这个基石其他都是空中楼阁，5S 管理就是强制要求大家养成一个好的研发习惯。我们并不是扼杀创造力，而是让知识工作者将避免无谓的重复劳动，将精力花费在价值创造上。所以，推进 5S 的管理，一定要为一线员工带来实在的好处，能实在减少他们的重复劳动，例如当年推进单元测试的时候，就自己给一个资深员工做了半个月的单元测试，每次他提交代码就帮他做一次回归，积累了一批测试用例，半个月后他觉得这样很方便，开始自己单元测试了，项目组也在他的带动下养成了习惯。不过，有时候给一线带来的好处未必在每个人工作中体现，可以安排模拟换位工作，体会不同岗位的工作，时间可以利用原本的培训时间。其实知识工作者的经验，很难通过知识库等方式沉淀，换位工作是一个提高团队协作能力的好方法。

5S 管理为持续的优化奠定了基础，我们可以采用前面提到的高德拉特约束理论（Theory of constraints，TOC）进行持续优化，约束理论认为，每个环节的改善之和并不等于整体的改善，大多数环节的改善无助于整体，反而造成需要更多资源，仅仅能实现局部优化。系统的有效产出决定于资源链上的薄弱环节，也就是约束，所以需要找到约束（瓶颈）并解决约束（瓶颈）。一个组织的瓶颈资源数目不会超过 5 个，解决了瓶颈，又有可能出现新的瓶颈。TOC 的关键概念是"五大核心步骤"：①找出系统约束条件（瓶颈），瓶颈可能来自内部，也可能来自外部；②挖掘约束条件的潜能，使瓶颈的产能最大化；③使非约束条件服从约束条件，利用率和效率不应该是非约束资源的考核指标，非约束资源的安排服从于约束资源的需要；④提高约束条件的能力，例如加强自动化能力；⑤约束条件解决后，回到步骤①，寻找新的约束条件。这种方式是优化软件研发比较直观有效的手段。

软件研发与生产制造毕竟还是有区别的，主要是产出不容易衡量，即使有一些度量的手段可以体现优化的最终效果，但是具体到某个环节上并不明显，主要原因是人的工作不容易衡量，更主要的是很多指标是滞后性指标，这些指标是最后结果，出来的时候已经晚了。因此，采用 TOC 方法进行优化的时候，必须确定"引领性指标"。所谓引领性指标，就是教会如何做才能完成任务的指标，比如"考试成绩"就是一个滞后性指标，如果仅仅关注这个指标，往往给家长和孩子带来挫败感，而引领性指标可以设置为"增加阅读量、阅读时间""增加解题个数"，这里可以看出"引领性指标"可以让基于 TOC 方法的优化，目标感更加直观，更容易落地（有关引领性指标的详细讲解，可以参见《高效能人士的执行四原则》一书）。

　　这里讲一个利用引领性指标进行 TOC 实践的案例：我们曾经在某软件产品的研发中，发现产品推出周期太长，适应不了市场的要求，利用 TOC 方法进行了瓶颈分析，发现两个主要的浪费点，一是开发转测试的冒烟测试阶段时间过长，提交版本不稳定，反复修改、验证才得到可测试版本；二是系统测试周期太长，按三轮回归测试计算，每次回归测试后又要 BUG 修复，再冒烟测试等待新版本。分析了瓶颈产生的原因，开发阶段提交的版本质量不高是主要原因，不是增加测试阶段资源投入就可以解决的，真正的瓶颈是开发/自测阶段的质量。为了提高这个阶段的质量，我们在原有滞后性指标的基础上，增加了引领性指标。原有的软件发布指标有两个，一是每千行代码发现的缺陷数达到一定数量，二是严重缺陷修复完成。为提高开发/自测阶段的质量，我们增加了几个指标，①进入系统测试前必须发现目标缺陷数的 70%，其中架构设计、需求阶段需要发现 15% 的缺陷；②单元测试的代码覆盖率达到一定数量（根据不同模块确定具体要求）；③每日构建必须通过；④代码走查需要发现 5% 的缺陷，以提高代码质量。这些引领性指标是我们思考后整理出来，利用研发骨干的头脑风暴会议确定下来的，提高了研发同事的参与感。利用这些指标，我们优化了研发过程与工具，利用一些自动化的手段减少重复劳动，同时让这些指标每天呈现出来，把这些指标变成每天看得见、摸得着的"量化成绩"。例如有一个 Word 的宏统计需求、设计发现的缺陷数，评审人员只要写批注意见即可，再如每日构建后发邮件，第二天早上代码如果没通过，相关责任人会在大家的哄笑中捐个硬币，积累下来买可乐（要是现在可以发红包）。每次提交版本前，如果缺陷数不够，就会有一个竞赛，开发、测试、系统同学一起上，看谁找的 BUG 多，娱乐中完成任务。通过这种方式，我们将研发周期缩短了三分之一，研发效率提高了近一倍。

　　利用 TOC 和引领性指标的方法，需要根据各企业的实际情况确定瓶颈、确定优化方法。但考虑度量指标的几个维度，金融企业是比较类似的。一般银行的科技部门会分为信息技术部、软件开发中心、运维中心三个板块，股份制银行及以上还会把产品创新也就是业务需求独立纳入科技部门。在软件开发中心，一般按业务条线划分职能部门，或者按核心与渠道进行划分。软件开发项目一般有大型需求、中小需求、零星需求、紧急需求以及应急补丁。运维会按照系统的等级地不同对应有不同的运维流程。从这种组织模式看，指标可以分为全行级（质量、体验、效率、进度）、部门级（所属业务领域项目的质量与体验、项目尤其是牵头项目的进度、各项目人员的工作强度）、项目群与项目、个人四个维度进行梳理，尽可能自动化采集，并呈现在相关人面前，为决策和改进提供依据。5S 管理如图 3-5-2 所示。

约束理论 + 引领性指标

5S 管理统一工作环境

图 3-5-2　5S 管理

3.5.2 建立标准化的企业集成架构与应用技术架构

汽车由发动机、控制、底盘、轮胎等组件，通过特定结构组合起来，对应到 IT 系统，结构就是架构，IT 架构可以分解为业务架构、数据架构、应用架构、技术架构、安全架构。和技术中台对应的是技术架构，技术架构又可以分解为应用集成架构、应用技术架构和基础设施架构。这里我们只讨论技术中台建设中前两个架构的设计原则。

首先，IT 系统是由众多组件/系统组成的，例如银行的系统一般都有 300 个左右，天生的是一个分布式的系统，这样规模的分布式系统就需要架构将它们整合起来，所以架构就是解决分布与聚合的关系。什么是分布的，渠道、数据、服务、感觉（在 IT 系统中是业务监控、应用监控等事件）都是分布的，也就是需要分布式运行；什么是聚合的，体验是聚合的，用户体验、业务流程、业务信息、知觉（在 IT 系统中是对事件的响应）是聚合的。架构就是解决分布与聚合这一矛盾的。

还是使用分类的方法，从企业系统集成的角度看，企业系统可以分为渠道、服务、数据、感知这四个层次。①渠道层接收不同渠道的业务请求，直接负责与各种类型客户的接触，需要提供实现客户体验聚合的基础设施。传统的企业信息化系统，往往仅支持单渠道业务。所谓单渠道业务，并不是说企业只有单一的客户接触渠道（例如银行就具备网银、ATM、柜面、电话银行、手机银行等多个渠道），而是说以往更强调业务可以在单一渠道上完成。而数字化转型过程中，客户与企业的互动过程产生了线上线下更多的触点（例如银行就新增了微信银行、智能终端、O2O 等渠道），良好的体验表现为客户不需要关注具体的接触渠道，而是可以通过多渠道的协作，无缝地完成业务，我们经常形象地称为在电脑上拷贝（Ctrl+C）、在手机上粘贴（Ctrl+V）模式办理业务。而 IT 系统需要能够在特定时间、特定地点通过合适的渠道、用合适的方式与用户进行交互。渠道集成的集成组件包括 PC 门户、移动门户、统一认证、统一任务、统一身份、知识库等；②服务层也可以细分为产品服务与组合服务两层，但从技术架构的角度，服务分为实时交易服务、准实时交易服务、非实时交易服务、准实时决策服务和非实时的决策服务，服务的集成需要建立这几种服务之间的互联互通，服务集成组件包括业务流程集成、企业服务总线、数据集成组件等；③数据层从渠道、服务中收集各类数据，整合为一致的数据视图，提供给业务使用，包括元数据（描述数据的数据）、引用数据（也就是元数据的取值范围）、主数据（企业经营中不易随时间发生变化的数据实体，例如产品、客户等）、交易活动数据（企业经营活动产生的数据，例如合约、支付等）、流程轨迹数据（对数据变更通过进行记录，例如审批、复核，包含了交易审计数据）、行为轨迹数据（这是近年来为优化用户体验、提高对业务感知记录的数据，例如用户的操作行为等）、分析数据（根据不同维度对数据进行统计产生的数据），这些数据可以通过数据中台进行采集、清洗、加工后，通过服务化方式提供给数据使用者；④感知是由感觉和知觉两个词组成，在 IT 系统运行的过程中，可以产生各种状态事件，例如客户的行为、流程的流转、交易的执行、系统自身的状态变更，这些就是我们说的感觉，也可以理解为事件。感觉必须转化为知觉才有价值，所谓知觉就是在 IT 系统中根据事件做出的反应。把感觉（事件）采集收集起来，也需要集成组件的支持，例如事件中心、消息集成、日志采集等，也涉及流式计算等技术。企业系统分层如图 3-5-3 所示。

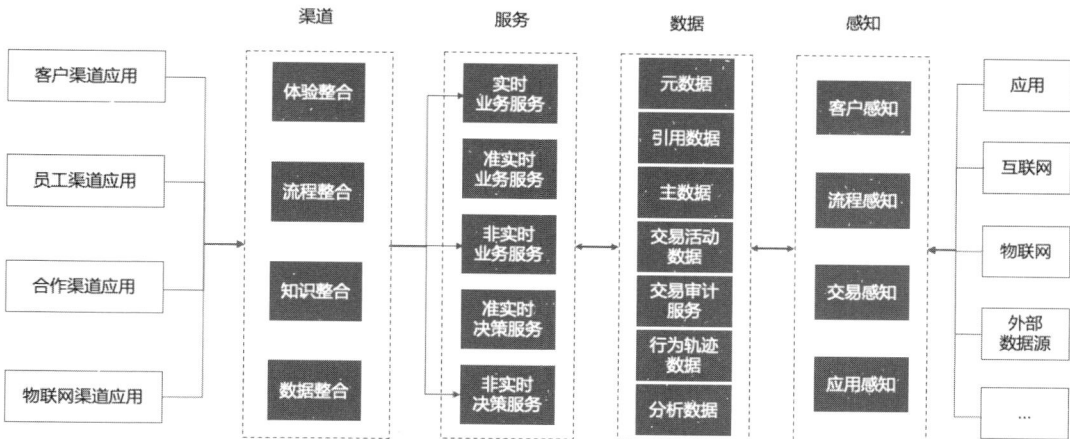

图 3-5-3　企业系统分层

上面探讨的是企业集成架构的设计原则，下面讨论一下应用技术架构。独立应用的架构可以从业务场景、逻辑结构、数据模型、部署架构、开发架构、运行架构这几个方面进行描述，而应用技术架构主要包括部署架构、运行架构。技术中台建设中，需要逐步对应用技术架构进行标准化，通过标准化过程，提高开发、运维、发布的一致性，这和前文谈到的 5S 管理是一个理念。

应用的种类很多，又有外购和自研的分别，所以我们不能试图形成一个一致的应用技术架构，应该通过分级、分类的方法，将应用归并为不同的几种类型，每种类型推荐一种典型架构，指导应用建设。金融企业 IT 系统的分类可以通过几个维度，首先是业务分类，例如分为交易系统（总账、卡、存款、国结等）、渠道系统（柜面、个人网银、企业网银）等、管理系统（信贷流程、财务管理、风险管理等）、数据系统（ODS、监管报送等）、支撑系统（统一用户、短信平台等），基于这些种类根据重要性（例如是否面客、是否账务处理）、安全等级（例如自主保护级、指导保护级、监督保护级、强制保护级、专控保护级）、服务时效（例如 7×24、7×15 等）、应用范围（例如全行、分行、部门），建立一个分级体系。基于这个分级体系，除了可以明确应用技术架构之外，应用的容灾方式、备份策略、研发流程、资源投入、治理水平等情况，都可以确定下来，应用分级是技术架构管控的一个有效手段。

近年来出现了微服务架构，尤其是互联网企业都在推崇这一模式，一时间仿佛这是未来的发展方向，但金融企业如何引进微服务架构，其实一直比较模糊。这里，我们需要明确微服务架构的概念，再确定应用的范围与原则。首先微服务架构是分布式架构的一种，金融企业的IT 架构天生是分布式的，我们也不是从无到有地建设新系统，因此微服务架构在金融企业属于应用技术架构的一部分，不要把它上升到企业技术架构的级别来看，当然微服务涉及的一些组件可以作为企业级技术组件，这也是我们分为企业集成架构、应用技术架构、技术组件、集成组件的原因；其次介绍微服务架构都是与单体架构对应的，什么情况下使用单体架构、什么时候使用微服务架构就成了一个问题。我们认为这是一个伪问题，因为所谓单体架构，就是微服务的一个特殊的部署形式，一种单进程部署的形式，所以我们需要从前文分级分类的基础上考虑应用的标准部署架构，而不是用是否微服务的角度考虑问题；再次，微服务的目的是把大系统拆成相对小的模块，独立部署，这个才是微服务的本质，我们需要考虑什么情况下要进行拆分，确定下原则后，可以将这些原则逐步完善。

微服务的拆分原则并不复杂，首先从业务维度拆解，例如大信贷最好拆分为对公信贷、个人信贷，因为它们的对口部门不同，耦合在一起容易发生业务冲突，科技部门无法做这个仲裁。不过，金融行业和其他行业不一样，由于在科技上相对领先与成熟，金融企业往往在企业应用架构上已经做了分离，不需要通过微服务的引进进行系统拆分，而很多其他行业都是几个大系统搞定，这也是很多从业者最开始困惑的地方。其次，如果系统的规模过大，集成、回归、部署、发布比较困难的情况下应该拆分，一般一个 100 万行代码的系统，如果是单体应用，这个问题就很明显了，我们看到通常超过 300 万行的系统，一定会被拆分，因为这个规模就无法忍受了。再次，系统的可靠性是拆分的一个动力，尤其是面客的系统，面对动态、大规模的压力，需要将部分服务独立出去。这里，拆分的原则是尽可能保证数据的一致性，也就是要求数据强一致的地方就不要拆开了；最后，业务频繁变化的地方可以考虑拆开独立部署，以免频繁变更影响其他业务。拆分的粒度不是越小越好，切记从单纯技术角度闭门造车的想象，实际上，单体应用开发、部署、管理都很简单，大多管理类应用还是单体架构好。

3.5.3 利用"端到端"的思路，沉淀业务组件与技术组件

前面的例子中汽车由发动机、控制、底盘、轮胎等组件，通过特定结构组合起来，对应到 IT 系统也是由基本的组件组合完成的。但到底什么是组件，在软件行业却一直众说纷纭，没有一个明确的定义，都在做组件化开发，但就是不一样。究其原因有两点，第一组件这个词来自英文 Component，这个语境中文中没有，翻译成组件、构件的都有；第二是组件化的目标是复用，但是手段不是很清晰，于是难以界定。我们曾经为某大型国有商业银行进行过组件化标准制定，深知这个问题必须抛开概念之争（毕竟每个人眼中都有自己的哈姆雷特），把目标聚焦到组件化的目标与手段上，还是用分类法这个老办法，给组件或者说从复用角度给组件做一个分类，至于分类后所用的名词，就不要纠结了。

组件是用来重用的，从功能的角度可以分为业务组件和技术组件。业务中台中提供的主要是业务组件。技术组件是从技术角度看的复用，我们可以分为基础设施（服务器、存储、网络等）、基础软件（数据库、操作系统等）、集成组件（门户、企业服务总线、文件传输等完成应用间集成功能的软件）、其他技术组件（这种也是最多的），技术中台主要涉及后两种，基础设施和基础软件属于技术中台的后台。从使用角度可以分为本地调用和远程调用两种情况，例如联网核查是一个业务组件，是需要远程调用的，而录入复核也可以做成一个业务组件，就是需要嵌入式使用，是一个本地调用的。企业服务总线是一个远程调用方式使用的服务集成的技术组件，字符串转换就是一个本地调用方式使用的技术组件。

面向过程的编程重用函数（Function），利用参数适应变化，面向对象编程重用类（Class），

利用封装和多态实现行为的变化。这两种方式仍然是组件可重用的基础，在此基础上组件更加强调端到端能力与柔性（可变化）。可重用的组件应该是一个相对独立且功能完整的组件，不是仅仅提供一些 API 由使用者自行组合，而是应该具备面向使用场景的完整的流程，这个流程是根据使用场景抽象出来，具备通用性，对于可变的部分，需要以插件化的形式，支持使用者自行配置，动态替换。这里举一个例子，在金融行业的交易经常分为：联机、批量和联机小批量，所谓"联机小批量"，就是请求发起方提交一个文件，文件包含多条记录，系统接收到文件后，将文件内容拆分为单条记录，每条记录在独立处理，最后将处理结果整理成文件，发送给请求方，如果处理中有失败，请求方可能发起重做，根据不同情况支持重做（见图 3-5-4），例如网银的代发工资就是这种情况。为了提供"联机小批量"的组件，我们需要抽象联机小批量的处理流程和流程各环节的可变点，并提供流程运行的框架以及可变性的默认实现，使用者配置可变点的具体实现，通过组件的对外接口调用，就可以在默认的处理流程上体现出差异化的运行结果。联机小批量具有这些特点：①对外接口包括监听文件目录变化和 API 调用两种情况；②这个案例里面忽略了重做的情况，它的分析方法是类似的；③得到文件后需要根据格式解析这个文件，变成一个多行的结构，为提高可靠性，需要做异步、并行处理，所以需要将多行结构记录到业务流水中，并产生任务，通知后续处理。这里面有两个可变点，一是文件格式的解析一般需要配置报文格式、分隔符等信息，如果无法满足要求，可以支持自定义解析类。二是流水的记录方式，可以有固定流水表的方式，也有可能是制定流水表，还要留出空间，给使用者自行定义；④任务调度会将整个批次作为一个任务，将每一条记录也作为一个独立的任务，以便并行处理；⑤单个任务的处理逻辑，是一个需要配置的可变点；⑥产生结果的方式，是一个可变点，因为每个不同的业务、渠道结果格式都不一样；⑦返回通知，也是组件的对外接口之一，同样是多种方式。这就是一个完整的技术组件。

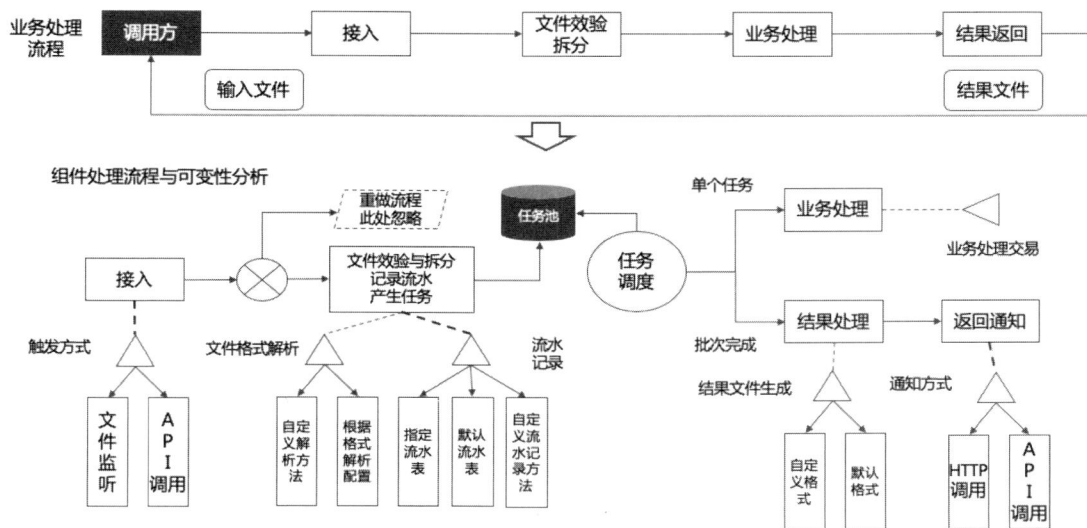

图 3-5-4　软件产品线工程进行组件分析

上面的示例就是采用"软件产品线工程"理论进行组件分析的结果，可以看出通过对处理流程的抽象保证了每个业务的共性，同时也提供了可以变化的因素。我们希望通过这个示例能够更加理解组件的设计方法，以往在复用设计上经常有这样的错误：①提供了零散的接口，由使用方编排，造成本应一致的处理逻辑在不同业务代码中编排不一致，一旦发生变化，难以修改；②缺少变化能力，功能耦合在一起，一个可复用单元只能按默认情况运行，一旦变化就需要修改；③变化不透明，往往通过参数或者内部配置指定变化，使用者不清楚哪些环节可以变化、如何变化，造成以后牵一发而动全身。组件的复用需要有良好的设计，设计的基础是对处理模式的抽象，这是比较复杂的，例如上述例子中，"联机小批量"的重做就没有给出示例，其实真正复杂的是错误处理方式，但容易抽象的可能也是错误处理方式，把正常处理和错误处理总结好，提供端到端的框架（流程），逐渐沉淀可变点与实现，就是组件研发的精髓。

技术中台建设的路径，需要循序渐进，不可能一蹴而就，而建设的路径，往往要从架构管控的要求入手进行安排。架构管控有两条主线，即上面提到的软件生产线与工具、架构（集成架构、应用技术架构）与组件。根据应用的分级、分类，需要采用不同的管控策略，从而根据优先级建设对应的技术中台能力。软件生产线往往首先解决代码版本管理、持续集成、单元测试、自动化冒烟测试，保证版本的准确性；其次解决开发测试环境的标准化、测试数据准备标准化、模拟器/模拟环境标准化问题，形成一个一致的工作环境；再次向两侧延伸项目管理/任务分解的标准化、测试回归的自动化。这里需要指出的是，自动化测试不是完成当期项目的自动化测试，而是解决当期项目的冒烟测试为主的自动化测试，同时主要补充前期比较稳定功能的自动化测试，以免新功能变更比较频繁导致用例变动较大，得不偿失；最后通过需求结构化手段解决需求的标准化问题。每个步骤包括建立标准化、选择相关工具提高自动化水平、建立数字化度量与优化这几个方面。

架构与组件的选择与使用也同样要根据应用的分级、分类进行。由于金融企业应用有外购的，也有由合作伙伴研发的，也有自研的，在架构与组件层面不可能事事统一，往往要采用"集中管理、分布运行"的方式。一般各应用首先要遵从集成架构的要求，因为集成架构是保证分布式应用能有一致的用户体验，保证分布式应用能够整合起来的手段，需要应用能够嵌入到门户中，能通过企业服务总线等服务集成组件、数据交换等数据集成组件与其他应用信息互通；其次积累技术组件（主要是分布式调用的技术组件），例如消息中心、作业调度、配置中心等等，供应用使用；再次是应用技术架构与嵌入式的技术组件，外购或者由合作伙伴主导研发的应用，在应用技术架构层面进行统一是做不到的，这种统一往往在自主研发类应用中使用，面向一些经常变化而业界没有相关产品对应的情况，在金融企业中类似情况还是很多的；最后面向领域建立低代码平台，这就需要配合业务中台的建设开展了。这个路径是从架构管控的视角推进的，考虑了金融企业应用的实际情况，目标更加准确清晰，也更容易落地实施。

3.6　中台建设的组织保障

通常情况下，金融企业的科技建设以自主研发为主。大型金融企业可以利用完备的自有科技人员和较大的科技投入进行信息系统的自主研发；中小型金融企业通常科技队伍规模不足且科技投入有限，多以自有科技人员和外部伙伴共同建设为主，例如城商行的科技建设行方人员和外部伙伴的比例可能高达 1:5。虽然与国有行、股份行相比，城商行科技积累偏弱、人才资源相对不足，但麻雀虽小却五脏俱全，系统数量并不比大型金融机构少。在内外人员高比例和系统数量多的双重压力下，逐渐催生了"恶性循环"：行方人员同时负责多个系统，每天忙于日常事务，缺少时间深入了解系统和业务，更没时间学习成长；外包人员由于归属感差、流动性强，进取动力普遍不足。时间久了，研发对业务的响应周期变长，业务部门对科技的满意度下降，距离"科技赋能业务"的大方向越来越远。

中台作为一种有业务属性的共性能力，其建设工作需要由懂业务、承担业务职责的专职组织来负责。要不要建中台，首先要看银行科技部门有没有魄力去整合建立一个中台组织。因为原来的科技部门中对业务、架构熟悉的人员本就不多，又各自分散在不同部门，导致难以把他们的能力变成组织级的能力，所以建立中台组织往往涉及人员、组织架构和部门职责的调整，其目的就是要集中力量形成组织级的积累，建立可重用的文化。能力与组织架构支撑是业务中台建设的保障，它对产品、业务、架构、开发等干系人的专业性提出了相应的要求，并需要匹配相应的组织架构来保障，确保业务中台的建设、运营的顺畅。目前，各大金融机构开始引入敏捷的科技管理理念、扩充行方科技人才并着力加强平台建设、优化制度流程，为中台架构成功落地奠定了坚实基础。

3.6.1　中台组织架构模式：科技双模

自 Gartner 提出的"双模 IT"概念后，越来越多多传统企业开始建立一个维稳、一个图新的双轨 IT 研发模式。金融企业在数字化转型的道路上，IT 架构也逐步形成传统架构和微服务架构并存的双模 IT 架构。但双模 IT 推出至今也存在一些争议，很多倡导敏捷思想人士认为这种分类的思维观念阻碍了敏捷思想的全面落地，为本该全面改革的 IT 系统团队提供了"借口"；从组织创新的视角，双模 IT 也可能会妨碍组织建立数字化产品持续设计和持续运营的能力。

对于金融企业的科技组织，普遍面临着业务和科技融合的矛盾，这种矛盾并不是科技部门响应业务速度和效率问题，更多是因为战略层面的不对齐。金融企业数字化战略会被业务和科技两个部门分别解读，从各自的专业立场制定执行策略。市场情况的快速变化在这样的部门设置下很容易形成专业之间解读的不一致，从而造成持续增强的摩擦。

金融企业中台组织架构建设需要跳出传统业务和科技划分的局限，建立全局视角的"科技双模"甚至"三模"，让整个中台组织采用科技思维思考业务。中台建设中面向客户的前台需要数字化渠道，未来银行需要持续探索通过不同渠道为客户提供一致性创新服务；不直接面对客户的后台需要稳定可靠，前台需要通过中台、后台才能完成业务服务，大部分业务逻辑可能仍在后台系统中，这些后台系统往往存在时间长，在持续变化中缝缝补补，已经是很多技术人员口中的"遗留系统"，很多系统存在大量说不清道不明的业务逻辑和混乱的集成关系。

中台架构下前台和中台的科技管理模式和后台的科技管理模式将出现较大的区别，不同的科技管理模式各自解决的问题和价值定位不同，因此，用"科技双模"（见图 3-6-1）来明确金融企业的科技思维，将"科技"置于"双模"之前，让科技成为业务的核心组成部分。科技在银行组织里通过科技双模模式管理，兼顾两种模式让科技进入到银行的文化基因里。这样的"科技双模"在银行的数字化发展过程中将带来巨大的潜力，通过稳定的后台团队支撑银行核心、后台系统的运营，通过开放敏捷的前台和中台团队支撑中台及场景化应用建设。前台团队、中台团队和后台团队也需要按照研发过程划分为需求团队、开发团队、测试团队等负责应用的需求、设计、开发和测试工作。

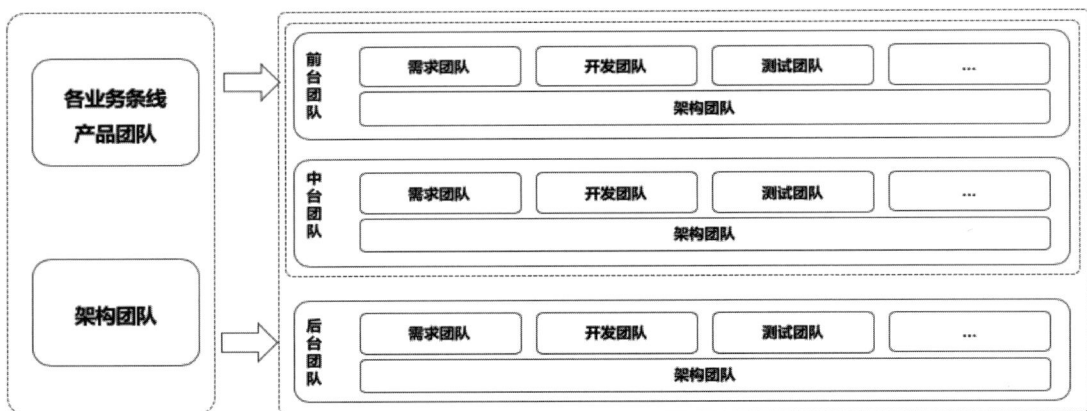

图 3-6-1　科技双模

站在中台的角度来看，其实前台和中台的敏捷研发是以重用为指导思想，依托可变性建模分析方法，借鉴软件产品线工程将领域工程和应用工程分离，为保证组织架构与研发过程的对齐，团队建设上也是将领域工程团队与应用工程团队分离，形成前台团队和中台团队。中台团队负责中台的建设，聚焦可复用的业务流程，抽象可复用的业务能力。从中台的分类上金融企业需要分为业务中台团队（产品中台团队、渠道中台团队、营销中台团队、运营中台团队）、数据中台团队和技术中台团队。

3.6.2　产品/需求/架构角色分离

中台建设过程中业务方案、业务需求和软件设计是项目成败的关键，在团队建设时需要有明确的产品经理、需求分析师和架构师来协同完成这些关键的工作。产品经理负责业务方案的提出，架构师根据需求确定是在领域工程完成还是在应用工程完成。产品/需求/架构角色分离示意图如图 3-6-2 所示。

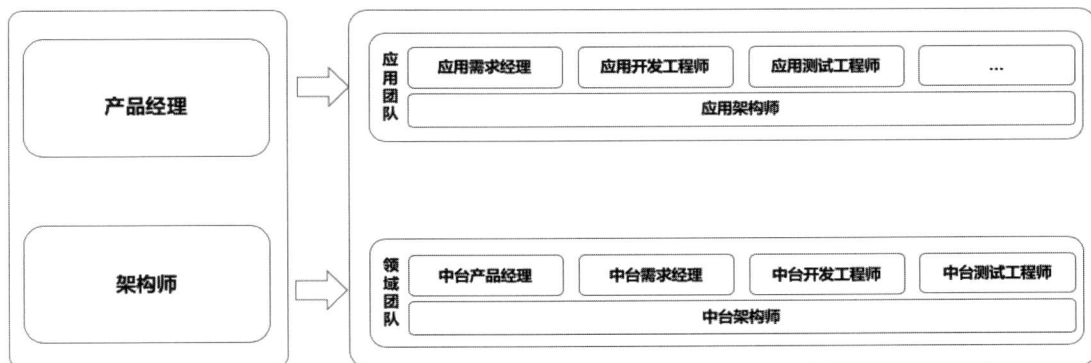

图 3-6-2　产品/需求/架构角色分离示意图

产品团队主要是产品经理的角色，负责业务方案的定义和管理；架构团队主要是架构师的角色，负责整体的架构设计、领域与应用需求划分和组件设计等；领域团队根据研发过程可划分为中台架构师、中台需求经理、中台开发工程师、中台工程师等角色；应用团队根据应用研发过程分为应用架构师、应用产品经理（通常是项目经理）、应用需求经理、应用开发工程师、应用测试工程师等角色，角色划分及职责如表 3-1 所示。

表 3-1　角色划分及职责

团队	角色	职能描述
产品团队	产品经理	业务方案定义、下发 业务方案管理
架构团队	架构师	整体架构设计 领域与应用需求划分、组件设计
应用团队	应用需求经理	系统需求分析 已有业务流程复用分析
	应用架构师	业务身份定义 业务租户管理 业务空间管理、应用划分 业务问题排查
	应用开发工程师	应用功能设计 应用程序编码 单元测试
	应用测试工程师	应用功能测试 应用集成测试
领域团队	中台产品经理	中台业务需求定义、下发 中台业务全景分析管理
	中台架构师	商业能力定义 域组件定义 能力需求下发 能力运营监控领域问题排查 开发任务下发

（续表）

团队	角色	职能描述
领域团队	中台需求经理	商业能力和解决方案设计 梳理可复用的流程
	中台开发工程师	重用功能设计 重用组件编码 单元测试
	中台测试工程师	组件功能测试 组件集成测试

3.6.3　敏捷团队转型，从小团队模式开始

　　传统金融企业科技部门划分了不同的科室，科室分工的不同会造成先天的壁垒，大的科技团队很难整体解决千人千面的问题。在数字时代，银行科技需要向敏捷团队转型，但团队已经适应了"慢节奏"，习惯了阶段式的开发方式，敏捷转型无疑是一场变革，很难一蹴而就。大规模的灌入标准化敏捷实践，结果多是有形无实，办公室中贴满五颜六色便签纸的白板，可能几周也不更新，最终沦为摆设。

　　敏捷转型可以从小团队模式开始，小团队规模按照"两个披萨原则"以 7 人比较合适，团队比例 R:D:T=1:4:2 或 1:5:1，小团队中可以不设科室架构以去行政化。团队成员从科技部门各个科室抽调人员，组成项目专属团队，配备产品经理、需求经理、开发、测试等角色。敏捷的小团队是围绕客户需求组成项目型小团队，小团队不是永久的且对每个人不具备强制管理，一旦项目结束，小团队便可解散，投入到下个项目中去。敏捷小团队示意图如图 3-6-3 所示。

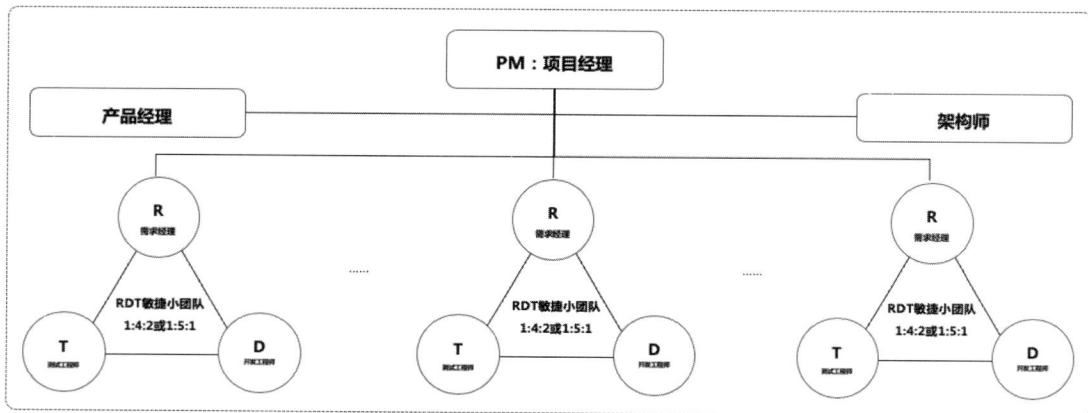

图 3-6-3　敏捷小团队示意图

　　小团队并不意味着更容易成功，但小团队试错成本低、风险小。十几年前，我们做什么事情还有国外的行业实践可借鉴，但今天，前方已经没有太多可参考的，尤其是新业态上的场景化应用，比的就是谁肯试错、谁敢试错。通过模式可以快速试错，小团队成功后，中台的作用就是在最短时间内提供最大的资源，帮助小分队迅速向市场推广，即中台就是提升整个企业

组织中的重用能力，以数字化的方式沉淀，支持小团队快速探索，将业务试错成本降到最低，让金融企业在数字化时代真正具备差异化核心竞争力。

3.6.4　建立对齐业务的科技部落

金融行业一直希望业务与科技更加融合，但通常情况下，业务部门认为"科技人员+外部伙伴"那么多人，需求却总是做得很慢，这造成了管理者和业务的错觉：科技总说人手不足，但增加人力后仍然效果不佳。而科技部门面对的情况却是每个需求到自己手里时都十万火急，工作堆积成山，不断加班加点工作也很难做完。

其核心原因是业务与科技之间层层沟通的成本过高，业务和科技部门职责独立在前期为业务发展和经营管理提供了强有力的支撑保障，但也逐步形成了业务和科技之间的"部门墙"，业务和科技相互配合的工作界面、行为规则通常不够明晰，业务部门向科技部门输出原始需求，科技部门受理需求后负责需求分析，科技人员对业务规则不清晰时需要反复找业务人员解读以提升对需求的理解，在设计阶段业务部门通常参与较少，用户需求多以科技人员的视角进行解读，以科技人员的理解进行设计，但科技人员的着眼点离市场和用户较远，随着用户需求越来越复杂化、多样化、个性化，依靠科技人员难以把控并快速响应需求，更难以保障用户体验。

科技敏捷转型首先从建立对齐业务的科技部落制开始。部落制是一种柔性网状的敏捷组织结构，是一个偏向于交付的矩阵型组织。部落是一种虚拟机制，原有的科技职能部门依然存在，主要成员被分配进入部落，部落是在原有实体部门之上的虚拟组织。建立部落制后，每个业务部门都有唯一对接的需求受理部落，负责方清晰，沟通线路变短，优先级排序流程简化，大幅缩短了过往占比最高的需求澄清时效。由于交付能力提升，业务价值可以更快验证，可以加强科技团队的归属感和责任感。业务和科技之间的协作，可以更高效顺畅。

部落制确定后，把科技人员划分进部落是个非常挑战的过程。划分时主要考虑以下两点：该成员主要负责哪个系统，该系统主要支持哪个业务领域。由于很多科技人员同时负责不同业务领域的系统，而不少系统同时支持多个业务领域，这些历史问题不可能在短期内解决，需要采用逐步过渡的方式。在划分部落时，人员一定要专属，尽量不要跨部落，这样才可以顺畅推行量化考核机制。针对提到的过渡状态，部落间要逐步进行系统剥离，最终业务需求基本可以由其对应部落独自完成。

合理的部落规模在 50~100 人之间，具体如何划分，由人数、系统、业务属性和关联关系等实际情况而定。比如，零售、互金、资管、公司、数据中台以及业务中台部落，每个业务部门都有对应的部落，负责衔接需求的输入和输出。

银行科技划分后的每个部落仍然可能有几十人，这样的组织，往往在紧迫性和危机感方面普遍不如小团队。而一个有创新活力的组织，一定是危机感非常强的组织。因此，部落划分后，再将每个部落划分成若干个小团队，小团队为跨职能团队（包括产品、开发、测试），能完成独立的需求交付，响应需求的变化。

第4章

中台之法一：金融企业业务中台建设

前面介绍了企业数字化中台建设的概览、过程方法、建设原则与组织模式，本章重点探讨业务中台建设。我们把软件研发分为领域工程与应用工程，领域工程也就是中台的建设过程，应用工程基于领域工程积累的组件，快速推出前台应用。这里，我们首先介绍业务中台的相关方法，包括如何通过需求结构化方法精确描述需求与可重用能力、如何构建标准的架构指导应用工程的设计、如何定义可重用组件的标准；其次介绍支撑业务中台运行的技术框架；然后通过典型场景方式介绍产品中台、渠道中台、运营中台、营销中台中关键流程的通用性与可变性分析，以便更容易理解可重用设计的相关方法；最后，探讨如何通过低代码平台，利用现有业务组件提高应用开发的效率。

4.1 业务中台建设的相关方法

4.1.1 需求的结构化描述方法

1. 需求结构化的目标

软件研发的输入是业务方案，从业务方案转换为业务需求、系统需求（软件需求），再进行设计、代码开发，类似一层层翻译的过程，翻译就不可避免地产生信息损耗，需求结构化就是希望在业务需求向代码开发转换时，建立一个数字化标准，统一语言，减少损耗。要讲清楚这个问题，我们必须理解传统的业务需求的管理与跟踪方法存在什么样的问题：

- 需求造成理解与沟通的障碍：从业务需求到后期软件需求基本上靠一些文档、邮件、聊天记录、需求讨论会等口口相传。虽然需求人员努力拉上架构、产品、开发、测试、运维、以及业务部门的最终用户，场面宏大，然而沟通效率却不尽人意。

- 需求模棱两可，需要反复确认：业务需求在分析、分解形成系统需求、概要设计等过程，缺少有效的信息载体和表述形式，不能准确地在研发全过程中传递，反复的沟通和需求返工时常发生。
- 从业务需求到技术方案存在的鸿沟：尽管我们努力把需求描述得更加清晰，由于缺少对业务流程的全面管理与透出，无论是产品、架构还是平台技术人员都很难第一时间评估：针对新需求现有平台是否有能力支持？如果需要改动，改动的范围是什么？改动对于运行在平台之上的业务有哪些影响？工作量有多少？一般情况下，不可避免地需要通过翻看代码，做 Code Review 来进行评估，这几乎是不可能完成的工作。
- 同类需求仅仅是微弱的差异也需要重复建设：我们对于业务系统、软件平台的管理维护往往是在时间尺度上的分阶段管理。一个项目上线后，资源就被释放掉了。随着时间的推移，项目的交替推进，人员的进进出出，至此就再也没有人能够清楚地讲解一个多年以前的需求是如何实现的？翻代码带来的时间延迟，以及修改的风险之大，使项目经理不得不采取重复实现的方案，重复造轮子将不可避免。

面对上述问题，传统文档式的需求管理与跟踪已经不能达到系统建设的需要，需要对业务需求进行数字化描述，那么目前业界提到的需求结构化能否解决上述问题呢？我们来看下一般意义上的结构化能做些什么，存在什么问题。传统的需求结构化是针对业务需求这个环节的，虽然对业务需求进行了标准化描述，但是由于存在下面的问题，在实际的软件研发中没有办法得到应用：

- 业务需求与技术实现的关联性不强：传统的需求结构化最大的问题是关联性不强，其主要原因在于，传统的需求结构化是针对业务需求的解构和整理，聚焦于传统业务需求。因此，一方面，传统的需求结构化与系统需求、设计、开发等研发过程是割裂的，不但无法确定需求与技术方案、业务代码、测试案例的关系，而且很容易导致需求与后续阶段对不齐，从而导致需求结构化对研发过程指导意义不大；另一方面，传统需求结构化数据与真实的系统没有映射关系，你根本不知道这份需求实际部署在哪里，运行的质量如何，这就使得传统需求结构化对系统运维指导意义不大，无法形成运营闭环。出问题依然要通过翻代码，这是最低效的做法。
- 没有管理业务的可变性：一切变化找源头，那么可变性在软件研发过程中的源头正是业务需求。然而传统的需求结构化没有进行标准化梳理和可变性描述，相似的需求甚至只是微弱差异的需求仍需要重复梳理。如果设计人员经验不足，或者对现存系统理解不够，则无法设计出柔性可重用的系统，重用也就无从谈起。这样的需求尽管结构化了，仍然无法从源头上解决重复建设的问题。
- 缺乏可视化、全链路的管理手段：传统需求结构化形成的业务需求数据也是可以实现可视化的，之所以说缺乏可视化是因为传统的需求结构化仅仅覆盖了业务需求，没有建立多视角的管理体系。然而，传统的需求结构化受众又包含了产品、架构、需求、设计、开发、测试等角色，作为项目的成员都需要了解需求和沟通工作。仅仅包含业务需求而缺乏关系呈现的传统结构化需求，对多视角的工作帮助不大，前述非结构化需求管理存在的问题这里依然存在。

面对前述问题与困境，为了更好地支撑业务的标准化、端到端、柔性的业务流程建设，通过实践我们总结出一套需求结构化方法，这是一个面向产品、架构、需求、设计、开发、测试等多角色的全链路视角，建立标准化的信息描述语言和可重用标准，打造跨越业务、需求、设计的需求结构化管理与沟通协作方法，如图 4-1-1 所示。

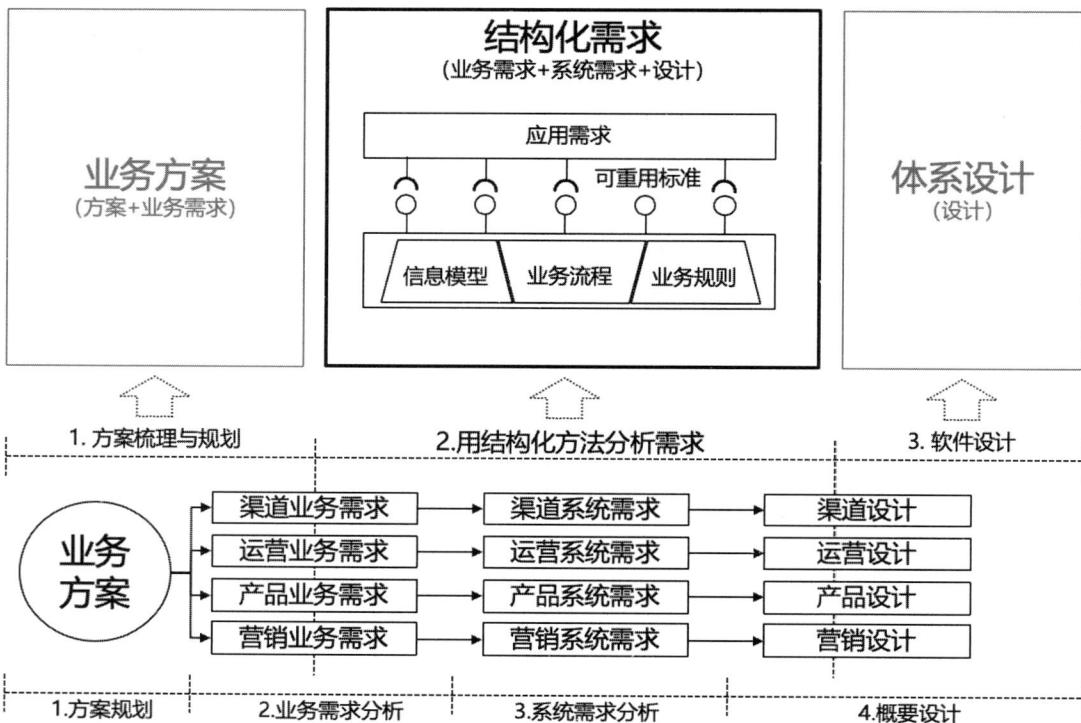

图 4-1-1　需求结构化方法

从上图我们可以看出，需求结构化的目标体现在如下四点：

（1）实现需求的数字化，统一业务与技术的沟通语言：建立在需求结构化方法之上的统一的需求描述语言，沉淀了基于统一元模型的结构化需求数据。需求的管理与描述不再仅仅是文档形式，而是以结构化的形式呈现，同时这种结构化需求需要能够向前承接业务方案，向后能够准确地传递给设计、开发以及测试等角色，形成研发过程全链路的打通。从而基于共同的语言填平了业务需求到系统设计之间的鸿沟。

（2）减少软件研发的环节，提高协作效率：传统的研发过程从业务方案的制定到软件设计过程需要四个步骤：业务方案、业务需求、系统需求、软件设计。引入需求结构化方法之后，业务需求过程中的业务流程梳理，软件设计过程中的操作流程和交易流程梳理被需求结构化整合到一起，从而将原本的四个步骤缩短为三个步骤。看上去只是减少了一步，实际上我们将研发过程中最为重要的流程梳理整合到一起，产品、需求与设计多角色协同工作，原本需要多路沟通和反复确认的需求，将通过统一的语言，汇聚到一起的流程梳理方法，快速达成一致。这种基于多角色认同的需求结构化分析方法，降低了需求确认的周期与频次，有效提升了交付效率。

（3）建立业务可重用标准：重用不是目的而是手段，通过重用我们能够降低整个 IT 建设的复杂度，从而实现低成本、高效率、高质量、快速交付以及易维护的业务系统。以前我们都是在设计阶段考虑重用，这样的重用一般专注于技术上的可扩展性。对于业务上的潜在可变性关注不足，这也是导致需求反复确认以及重复造轮子的原因。我们认为一切的变化源于需求，那么在需求结构化中落地的重用对于 IT 建设将更具价值。通过需求结构化建立领域工程与应用工程之间的可重用标准，领域工程实现能力用以重用，应用工程通过可重用的标准复用已有业务流程实现个性化的业务，基础服务组件与业务实现真正隔离，针对业务的创新将无须考虑对于其他业务的影响，由此可以进一步缩减测试的范围以及周期，加速业务交付。

（4）形成可重用能力的全貌：需求结构化不仅仅是运用结构化的信息数据描述需求和设计，同时管理着层级关系、引用关系和扩展关系。"层级关系"实现对业务流程的解构，从流程的分解，服务的透出，呈现出平台的能力全貌；"引用关系"描述了业务流程作为组件或服务被系统内部或者外部使用的情况，从而获得业务流程的影响分析；"扩展关系"展示了业务流程透出的可变性，以及由什么业务重用了这些可变性，从而形成扩展影响关系。产品在做业务需求的分析时，可以随时查看平台提供的业务能力的三个维度关系的全貌，清楚地知道业务与能力的关系，而不需要委托设计与开发人员翻代码。

2. 需求结构化的要领

我们可以从四个方面发力，推进需求结构化建设，达成前面所述需求结构化的目标。

（1）数字化建模

从"需求结构化"这个名字我们就可以看出，结构化是建模应当具备的基本能力。它要能够把业务需求通过建模的方式，变成结构化的数据。有了结构化数据，推进数字化管理才能够成为可能，这为后续可视化以及面向结构化需求的运营打下基础。从这一点出发，需求结构化描述方法作为工具链的重要环节，必须是结构化、可分析、能展示、可运行的数据。

（2）可视化呈现

结构化的数据通常可以用结构数据表示，例如有向拓扑图、列表、树、以及集合等，这类数据都是比较容易可视化的，也是更加容易理解的。需求结构化的关键要领之一是"可视化"，通过对结构化需求可视化呈现使得我们对于业务的表达更加易于理解；通过呈现"业务能力地图"使得我们能够看到系统业务全貌，通过呈现"业务影响度分析"使得我们了解业务流转之间的依赖关系，等等。

（3）促进融合

融合性体现在两个方面：一方面是组织融合，结构化需求的描述方法需要适合业务人员学习与理解，易于表述业务需求；适合研发人员设计与实现业务；同时适合架构师进行架构管控。通过结构化需求的描述方法，让架构、需求和开发相互之间都走近了一大步；另一方面，在成果方面结构化需求以系统需求为基础，向前融合了部分业务需求，向后融合了部分系统设计，既可以满足业务需求的管理，又可以推动和支撑业务的设计与运行。

（4）实现贯通性

贯通性的最大价值是帮助软件研发过程的管理，结构化需求作为研发过程中的一部分，向前需要与业务方案打通，向后需要与设计、开发、测试、部署以及运维打通，这就是需求结构化的贯通性。通过贯通性，我们可以实现在研发全链路上的可追溯。

3. 需求结构化的模型

通过前述章节我们理解了需求结构化的意义，那么需求结构化具体包含些什么呢？业务的本质是围绕组织、目标、过程、事件、信息展开。"需求结构化"分成两个部分：偏向"业务需求"的概念模型覆盖了业务需求的关键组成；偏向结构化设计的元模型覆盖了结构化需求的重要组成；两类模型通过映射关系顺利打通，实现了前述关键目标：统一沟通术语，缩短研发沟通路径及成本。下面简单介绍结构化需求元模型，如图 4-1-2 所示。

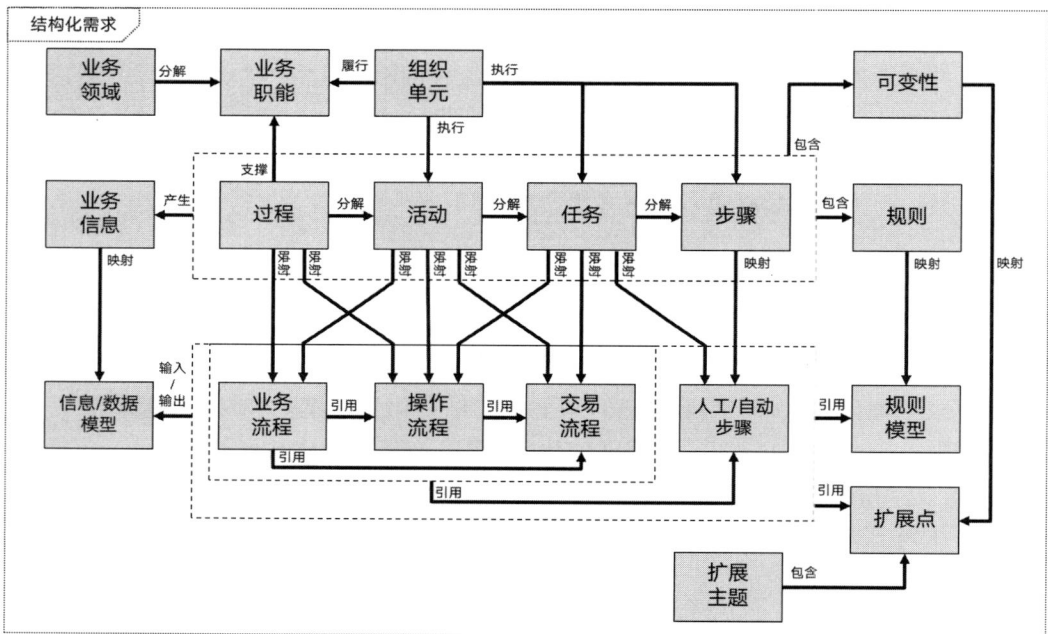

图 4-1-2　结构化需求元模型

（1）业务领域

业务领域是对业务的分类，从业务需求的视角，业务领域用于解决一组相关的目标问题。通过对目标问题的拆解，我们可以分解获得业务领域中的业务职能。例如：运营中台的业务领域包含订单域、支付域、物流域，等等。

（2）业务职能

职能（Competency）是指人、事物、机构所应有的作用。业务职能是一组过程的组合，是用于解决业务领域中业务问题的工作。一组相互关联的过程共同支撑了业务职能的工作。举个例子：小微贷产品经营，运营产品这个职能由相关信贷产品经理负责，包含产品投放流程、信贷申请审批流程、产品下架流程、贷后催收流程等等。业务职能可能包含一个或者多个流程，但是不能简单理解为流程的聚合，而是对业务领域中的业务问题的定性分析。组织中的角色通过履行业务职能解决一个或多个业务领域中的业务问题。

（3）组织单元

组织架构（Organizational Structure）是指一个组织的整体结构。是在企业管理要求、管控定位、管理模式及业务特征等多因素影响下，在企业内部组织资源、搭建流程、开展业务、落实管理的基本要素。组织单元是企业组织架构的一部分，在结构化需求的元模型中，我们可以清楚地看到，组织单元需要履行业务职能，结合前面所述，业务职能是用于解决业务领域中的业务问题的工作，因此组织单元是业务领域中完成业务职能工作以及被业务职能工作影响的个人、部门、角色或者岗位。我们一般从问题域出发，以业务职能工作为基准，通过干系人分析法，分析获取组织单元信息以及组成组织单元的个人、部门、角色或者岗位。

角色是组织架构中特殊能力的扮演者，服务于某些特殊场景，可以简单地理解为角色扮演。岗位是组织要求个体完成的一项或多项责任以及为此赋予个体的权力的总和。角色是随组织结构定下的，而岗位是随事定的，也就是我们常说的因事设岗。举个例子："信贷审批经理"这是一个角色，他只会服务于信贷流程当中，"出纳员"则是一个岗位。角色、岗位与机构、个人一样都是组织单元的一部分，通过参与到业务过程中，执行活动、任务，履行并完成业务职能。角色、岗位都属于组织单元。

（4）业务信息与信息/数据模型

业务信息是从信息流转的角度描述业务领域中的业务问题，信息模型最终将映射到过程、活动、任务、步骤之上，在它们的执行过程中，将产生业务信息，业务信息将贯穿它们的始终。业务信息将映射为"信息/数据模型"。"信息/数据模型"是对业务信息的数字化体现，使用数据字典对信息进行结构化约束。从而形成结构化的信息/数据模型。这些模型广泛应用于业务流程、操作流程、交易流程以及人工/自动的步骤当中，充当上下文数据、输入输出参数。同时也应用到扩展主题当中，用于对外配置的参数定义。

（5）过程/活动/任务/步骤

"过程"是为达成业务领域中特定的业务目标，由业务单元中多个职能单元完成的一系列活动的聚合。"活动"是解决特定业务问题，达成特定业务目标的业务过程中的一个活动，它由一个或者多个任务按照一定的顺序编排而成。"任务"是由个人、小组或者系统完成的工作程序。"步骤"是完成任务的最小原子单元，它可以是由系统自动执行也可以由人工执行。过程、活动、任务、步骤是从业务的颗粒度角度划分的，复杂的业务影响多个业务信息，简单的业务只会操作业务信息的一个属性。因此如果一个过程中只有一个活动，那么过程也可以等同于活动；同样只有一个任务的活动也可以等同于任务；只有一个步骤的任务也等同于步骤。但是通常情况下，我们的业务不可能简单到只要一个步骤就完成，为了更好地呈现复杂业务的层次化结构，我们约定了从"过程"到"步骤"的四层结构。同时为了更好地运用图形化展现复杂业务的全貌，我们将它们映射为三类流程，分别是"业务流程""操作流程""交易流程"，具体如图4-1-3所示。

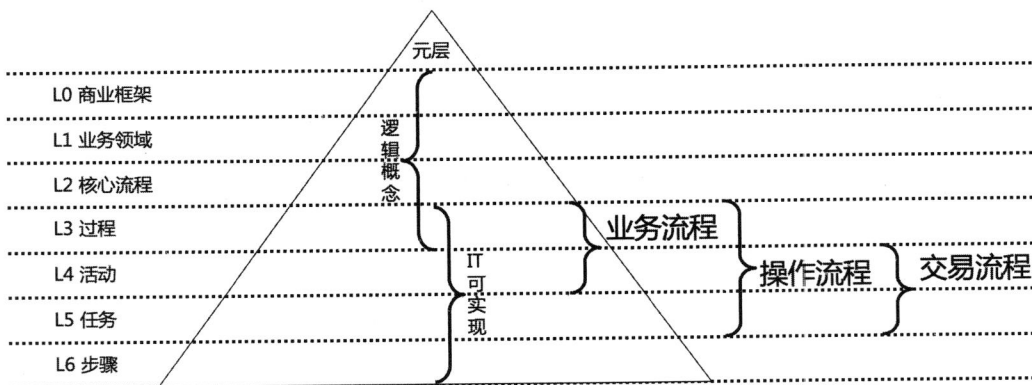

图 4-1-3　层次化需求与图形化流程的映射关系

（6）业务流程

业务流程是为达成业务领域中特定的业务目标，由业务单元中一个或多个职能单元参与的、针对多个"信息/数据模型"的操作过程，业务流程主要用于描述信息交互过程，没有必然的执行先后顺序。在实际场景中，它是层级比较高的流程，是 IT 可实现的最粗粒度流程，通常也是业务职能的最直接表现。在实际分析过程中，"过程"和"活动"都可以映射为业务流程。根据业务的需要选择不同的操作流程、交易流程以及其他业务流程，通过事件、网关以及分支连线串接起来，在此过程中通过共同的流程上下文实现信息的传递和业务的流转，最终达成业务领域中特定的业务目标。

（7）操作流程

操作流程由单人或多人协作共同完成的、对共同的"信息/数据模型"的有序的操作。因此人工"过程"、人工"活动"、人工"任务"都可以用操作流程图表述业务全貌。操作流程中可以引用"人工步骤""自动步骤""交易流程"以及"操作流程"。典型的操作流程有录入/复核流程、审批流程等。

（8）交易流程

交易流程最大的特点是无人工干预，完全在后台进程内部运行，因此交易流程内部只可以有"自动步骤"或者"交易流程"。交易流程通常以服务的方式提供给前台调用。交易流程图可以很好地表述自动"活动"和自动"任务"。

（9）人工/自动步骤

人工步骤与自动步骤是两种截然不同的操作，但都是代表原子的不可分割的业务。它是任务和步骤的表现形式，被前述三种流程所引用，其中交易流程不可以引用人工步骤。

（10）规则与规则模型

规则是对业务领域中业务流转过程中的结构约束和流转控制的一种行为。因此在过程、活动、任务和步骤中都有可能引用业务规则。同时业务规则也出现在扩展主题当中，约束扩展点配置的生效条件。业务规则表现形式多种多样，可以是简单的表达式，也可以是矩阵规则、决策表、决策树，以及不同语言构成的规则脚本；又或者是多个规则组成的规则集。因此，业务化描述的规则，最终体现为结构化的"规则模型"。对规则的建模主要包含四个部分：①规则输入/输出参数；②规则的决策模型，用于构建决策逻辑等；③规则的决策逻辑，体现成多种形式包括决策树、决策表、简单表达式、规则脚本等；④规则模型之间可规则以形成依赖关系，当规则模型 A 的输出成为规则模型 B 的输入时，则表明规则模型 B 依赖规则模型 A。规则模型广泛使用在业务流程、操作流程、交易流程、人工/自动步骤和扩展主题当中。

（11）可变性与扩展点

可变性是业务当中的可以发生变化的地方，可以是一个属性的值，可以是一个动作，也可以是一个事件。这些共同的特点是在不同的场景下可以有不同变化。可变性可以映射为扩展点，但是扩展点不等于可变性。举个例子：用户的登录操作的认证方式有多种方式："用户名+密码"、"手机号+验证码"、"第三方认证登录"、"生物识别登录"等，由此我们可以说登录方式是一个可变性业务。那么在这个可变性下面到底该有多少扩展点呢？首先，我们可以选择单一方式认证，也可以选择两种不同认证方式组合认证。针对同一个认证方式，例如人脸识别认证，人脸识别的方式又分许多种，拍照识别、表情识别等；而密码输入框也可以支持显示密码长度和不显示密码长度。从上面的业务场景中，我们至少可以得出 4 个扩展点：①单一方式认证还是组合认证；②选择哪些认证方式是第二个扩展点；③如果选择密码输入，则又有了是否显示密码长度的扩展点；④如果选择了人脸识别，则有了识别模式的扩展点。由此可以看出一个业务的可变性可以对应一个或多个扩展点。

（12）扩展主题

我们将可变性分解为一个或多个扩展点用于业务配置。重新回到业务本身，我们在思考业务实现，进行可变性构想时，不是孤立来看每一个可变性和扩展点的，往往需要考虑配置过程的易理解。一个友好的扩展点配置分类将会事半功倍。因此从实现层面我们用扩展主题将相互关联的可变性以及与之配套的扩展点聚合起来，共同完成一处可变业务的配置。

4. 需求结构化的可视化方法

明白了需求结构化描述方法的要领后，我们需要一种满足要求的可视化方法。需求结构化是要运用建模方法对业务需求恰当地表达，对待业务需求的可视化我们将从三个方面展开（见图 4-1-4），首先最重要的是"流程"的表述，用于描述业务需求是如何一步一步完成的；其次是"业务信息"，这是业务的过程产物或者最终产物；再次是"业务规则"，这是控制和影响业务流转的行为。我们应当分别寻找针对流程、业务信息以及业务规则的合适的可视化方法，然后融合形

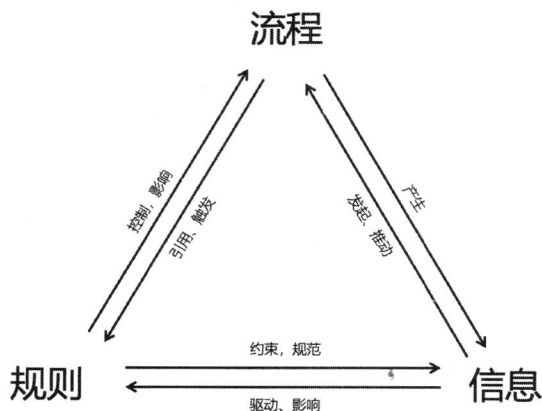

图 4-1-4　业务需求可视化的三个方面

成一套需求结构化的可视化方法。

（1）流程可视化

①从 BPMN 扩展出的三类流程场景

业界针对流程可视化的方法和工具不胜枚举，那么具体需要用什么形式呈现流程呢，业界比较典型的流程表述方式是 BPMN、CMMN 和 DMN，我们可以结合它们的具体使用场景，归纳、融合、精简为流程可视化描述方法。

②业务流程（Business Process Modeling Notation，简称 BPMN）

BPMN 由 BPMI（The Business Process Management Initiative）开发的一套标准的业务流程建模标记语言。BPMI 于 2004 年 5 月对外发布了 BPMN 1.0 规范，于 2011 年推出 BPMN 2.0 标准，这个标准奠定 BPMN 成为经典规范并沿用至今。与 UML 流程图、Visio 流程图等多种流程建模工具相比，因为 BPMN 具有以下特点，将更好地满足需求结构化"语言"的要求：

- BPMN 更加贴近业务：直观上看，BPMN 与 UML 的受众是不同的。BPMN 更适合业务建模/业务分析人员，而 UML 语言更加倾向于软件设计与开发人员。再进一步观察，BPMN 更加专注于流程的表达，而 UML 是软件设计阶段大而全的统一建模语言，虽然针对业务流转设计也有涉及，但这一小部分的设计并不能满足流程表达的需要。

- BPMN 流程是可以执行的：BPMN 与传统业务需求中的活动图也是有区别的。活动图最终只是一张图，设计与开发人员需要根据这张图进行设计与开发。这一特点导致需求与设计是割裂的，需求的变化不能立即在编码中获得响应。而 BPMN 的强大在于 BPMN 已经成为流程引擎事实上的标准，基于 BPMN 流程图我们可以在流程引擎中立即执行。这种既可以满足业务需求的表达，又能够快速展现成果，需求、设计、开发面向同一个成果进行增益工作，有效地减少了沟通成本，拉近彼此距离。

- BPMN 更适合表述跨领域的信息交互：有人说 BPMN 最懂 B2B，因为企业之间的信息交互，企业内部部门之间以及能力中心之间的信息交互最为复杂。BPMN 用泳池、泳道再加上信息流的概念，有效地解决了这一复杂场景：通过泳池隔离了复杂的 B2B 关系；有且仅有信息流作为系统之间的信息传递方式，消息之外皆为黑盒。

③案例流程（Case Management Model and Notation，简称 CMMN）

在我们的业务流转过程中，并不是所有的业务都适合采用 BPMN 式的，按照确定的严格的有向拓扑图结构顺序执行。有些业务在流程定义阶段完全是无序的，需要环节执行人指定后续环节，或者根据当前场景动态地自动装配后续节点，这种业务的自由性被称之为"自由流"或者"案例流"。2014 年 5 月，OMG 发布了案例管理标准，称为案例管理模型和符号（CMMN），其重点是支持这种不可预测，知识密集和结构薄弱的业务。过去我们只是隐性地指出 BPMN 流程中某些环节是自由流入或者自由流出的。而有了 CMMN 案例流标准规范，我们用更加显性的方式呈现不确定的业务过程，与 BPMN 相互结合，从而能够更广泛地覆盖确定的和不确定的业务。

从图 4-1-5 中呈现的理念来看，CMMN 设计期有两种活动，一种是计划任务 A、B；另一种是自由任务即不确定任务 C、D。运行期根据实际的参数以及环境因素，动态加入 C、D 两个任务。由此可见，有向连线对于 CMMN 意义不大，其任务具体流转方式由运行期案例决定。

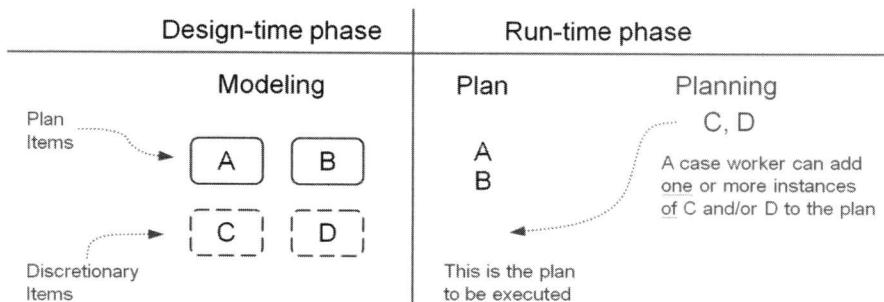

图 4-1-5 CMMN 工作原理

④决策流程（Decision Model and Notation，简称 DMN）

决策流程是 OMG 发布的决策模型与标注规范。BPMN 仅仅简单地定义了规则活动和脚本活动，那么如何组织规则？如何实现规则建模？如何形成友好的业务规则可视化呈现？BPMN没有提，DMN 这一规范补足了 BPMN 对于规则建模，通过决策需求图形（DRG）进行编排并形成完整的决策链路：决策需求图（DRD）。其设计过程如图 4-1-6 所示。

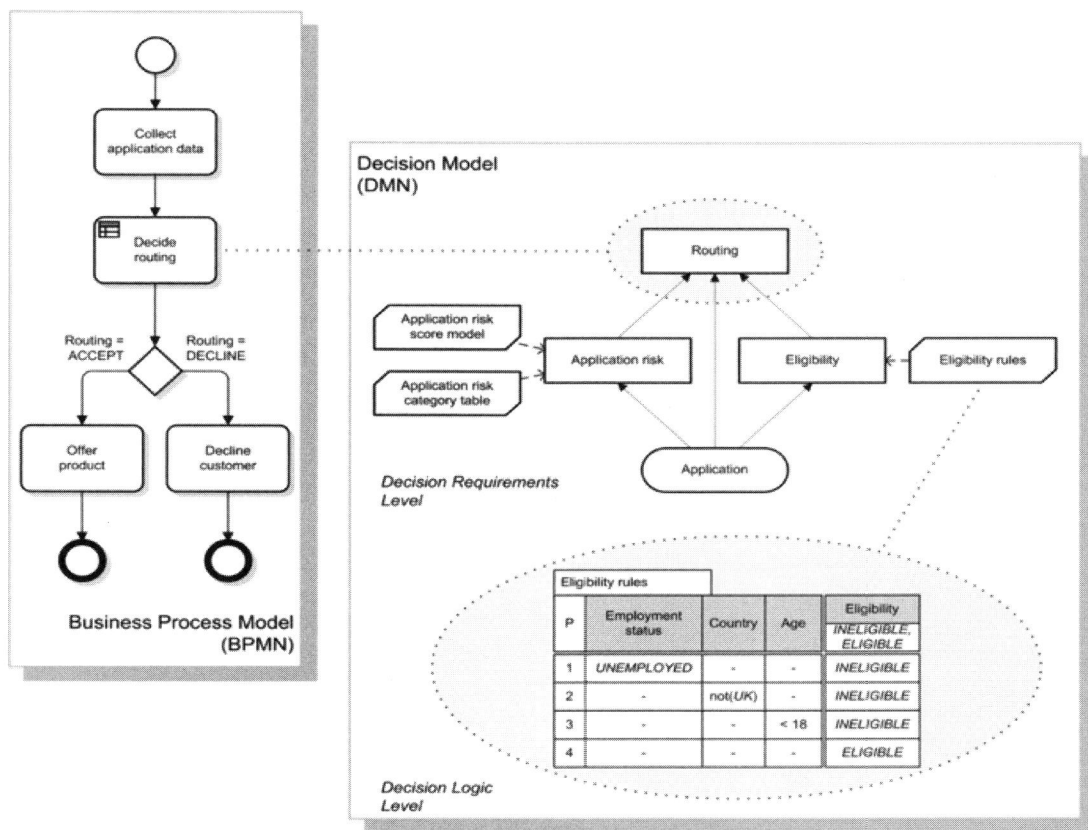

图 4-1-6 DMN 工作原理

上图中我们可以看到，将 DMN 应用到 BPMN 中分成三步：

- 在业务流程中定义规则活动：决策路由活动，这个活动需要输出一个决策结果，用于后续流程的流转。
- 在 DMN 的决策规则中，定义了三种环节：①输入数据：申请单（application）；②决策模型（有 3 个）：合格用户模型（Eligibility）、风险控制模型（Application risk）、路由确认模型（Routing）；③决策规则：合格规则（Eligibility rules）。
- 请求进入 DMN 流程中，通过决策模型时依次执行相应的决策规则，获得最终的路由结果输出。

如此依赖，针对业务规则的可视化就有了相应的建模方式和可视化方法。

（2）流程可视化不能单纯地"拿来主义"

在实施流程可视化的过程中，任何一种可视化方式都不能单纯地"拿来主义"，也存在以下问题：

- "一张图打天下"的做法要不得：以 BPMN 为例，BPMN 的表述能力非常强大，以至于无论是需求、架构还是开发对此都青睐有加。然而 BPMN 仅仅约定流程片段或者子流程的规范，并没有定义流程层级划分的原则。这样的结果就是同一张图会混入不同层级的业务要素，不加约束，随着时间的推移，BPMN 流程图本身变得臃肿而复杂，最终成为业务系统中看不懂、不能动、不敢动的技术债务。
- 图例不是越多越好：许多流程规范是用来适应更广泛的用户，逐步泛化而变得复杂。就如 BPMN 规范演进到 2.0 版本之后，为了适应更广泛的业务需要，图例越来越多，也越来越复杂，尤其是事件图元，一方面，许多图元意义相近、功能相似，为了细微的差别定义成不同的图元；另一方面，为了满足事务、异常等场景的需要，同一个图例也有相当多的表现形式。这是 BPMN 力求精细化表达的结果，但这也给业务人员带来了极大的学习成本，在实际运用过程中加大了沟通难度。
- 不要分心，流程可视化应做最擅长的事情：标准化的业务流程是企业的业务核心，是对企业有序的业务过程精确的表达。因此，流程可视化应当专注于标准业务流程的可视化呈现。许多流程工具把规则的决策流等都放到流程可视化当中，这是不可取的。我们建议与标准化流程可视化展示相背离的内容都应当具有专属的呈现方式，包括业务信息、业务规则、业务扩展，等等。
- 流程重用标示不清晰：流程的可视化是对企业标准化业务的沉淀，是对知识工作的总结，是企业 IT 工作的生产资料。因此，对于标准化流程的重用即是对生产资料的重复利用，可以极大地提升企业 IT 的生产效率。然而，众多的流程可视化标准中对流程重用并没有良好的可视化呈现。

（3）流程可视化基本图例（见表 4-1）

表 4-1　需求结构化的基本图例表

分类	名称	图例	属性
流程要素	业务流程（子业务流程）	业务流程	业务流程上下文 业务流程关联信息/数据模型 业务流程上下文 事件：业务流程执行前（后）事件，异常发生前（后）事件，回退前（后）事件，上下文变更事件等
	操作流程	操作流程	操作流程发起人 活动输入/输出参数 "操作流程"上下文 事件：操作流程执行前（后）事件，异常发生前（后）事件，回退前（后）事件，上下文变更事件等
	交易流程	交易流程	流程输入/输出参数 "交易流程"上下文 事件：交易流程执行前（后）事件，异常发生前（后）事件，回退前（后）事件，上下文变更事件等
	人工步骤	人工步骤	操作执行人 操作关联 UI 页面 事件：操作执行前（后）事件，异常发生前（后）事件，回退前（后）事件，操作参数变更事件等
	自动步骤	自动步骤	本地服务或远程服务 服务输入输出参数 事件：操作执行前（后）事件，异常发生前（后）事件，回退前（后）事件，操作参数变更事件等
控制要素	开始事件	开始	启动事件类型；启动条件规则 启动表单；启动角色
	结束事件	结束	结束事件类型；返回参数；结束事件
	路由	路由	路由类型，单一、全部、条件多路等 关联表达式；关联路由决策规则
分支要素	信息流分支	o------>	描述活动之间的信息转换，可以设计数据映射
	引用分支	......>	可以关联引用业务则、信息模型、扩展主题以及描述等外部信息
	一般分支	——>	这三种连线为有序分支连线，其中条件分支可以关联分时判定规则
	默认分支	⊢—>	
	条件分支	◇—>	

（续表）

分类	名称	图例	属性
容器要素	泳池		泳池与泳池之间数据采用信息流通信，泳池内部采用时序（一般/默认/条件）分支关联，因此泳池更加适合作为能力中心的切分单元
	泳道		泳道用于设计参与者信息，同一个泳道参与者相同

（4）流程示例

①业务流程

从前文中我们知道，业务流程是对活动或者任务的编排，是过程的可视化呈现。业务流程中引用的活动类型有四种类型：

- 业务流程图元：业务流程图元指向另一个可重用的"业务流程"。
- 操作流程图元：这是对可重用的操作流程的引用。
- 交易流程：图元这是对可重用的交易流程的引用。
- 规则活动图元：这是对组件库中的规则模型的引用。通过引用已有业务流程、操作流程、交易流程或业务规则，实现对标准化业务的重用，重用不可以更改业务实现，但可以根据业务的需要对原业务中透出的扩展点进行个性化配置。

可使用流程要素：

- 业务流程
- 操作流程
- 交易流程
- 人工步骤
- 自动步骤

编制业务需求的过程：

- 根据业务流程需求定义流程上下文、流程事件等。
- 重用：从组件库中选择可重用的业务流程、操作流程、交易流程等，引入后分别生成业务流程图元、操作流程图元、交易流程图元。
- 根据需求编排活动并为活动配置事件、规则、扩展等。
- 新建：如果没有合适的组件，则定义全新的活动，并为新的活动编制需求（参考操作流程或者交易流程），编制完成后重复第三步。
- 使用事件、路由或者连线编排流程，最终完成业务流程的需求结构化录入并可视化呈现。

需要指出的是无论直接重用已有流程，还是新建流程，最终的业务体现都是重用了一个活动。尽可能多重用已有业务流程组件、操作流程组件、交易流程组件等业务组件，当发现组件有 85%以上功能契合度，但是扩展性无法支撑配置实现个性化的业务时，则需要下发任务由平台开发实现已有组件的可扩展性。业务流程需要避免直接使用人工步骤和自动步骤。关于结构化需求管理的规范将在后续小节中讲述。业务流程范例如图 4-1-7 所示。

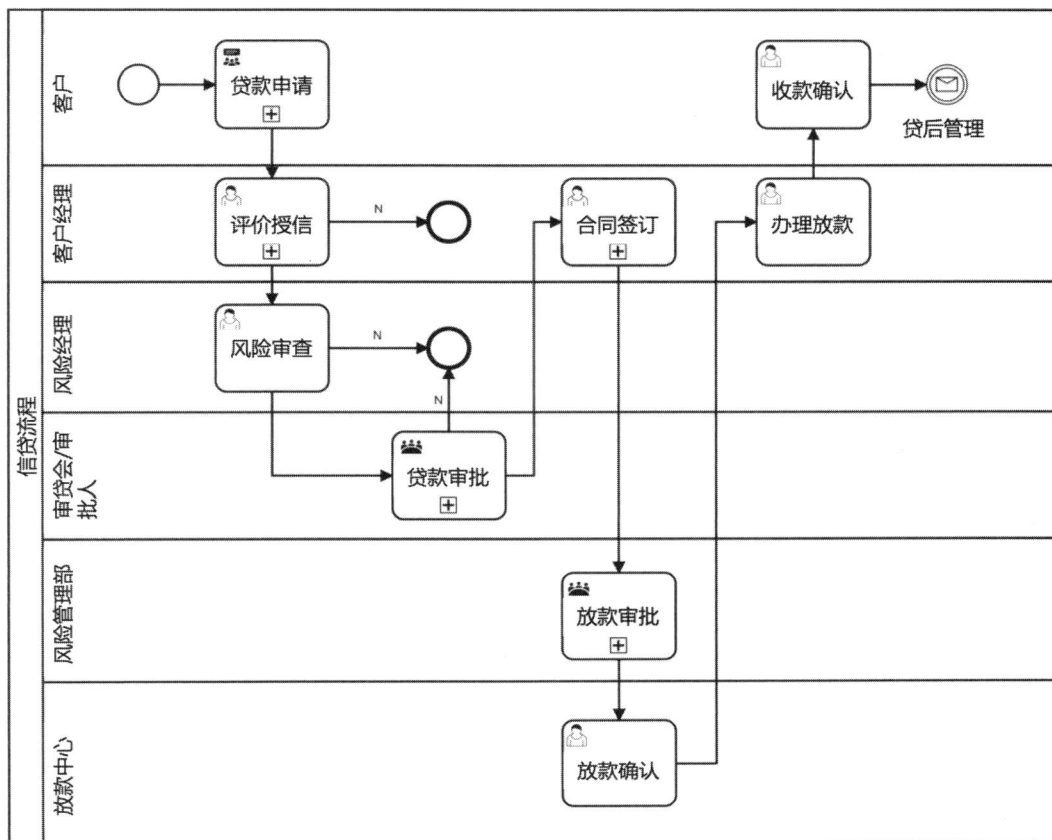

图 4-1-7 业务流程范例

②操作流程

我们知道操作流程是由组织单元中的单人或多人协作完成的过程、活动或者任务，与业务流程不同的地方在于操作流程聚焦于一个主要的"信息/数据模型"。信息模型是业务信息数据的载体，是业务信息分析的基础，包括三个部分的内容：对象、对象属性和对象之间的关系。业务信息有许多种类，由于"操作流程"在时序上有先后顺序之分，因此操作流程的主要"信息/数据模型"也是与时序相关的。在图 4-1-6 中可以看到贷款申请、评价授信、贷款审批、合同签订、放款审批都是人工活动，而风险审查、放款确认、办理放款、收款确认这些都是人工任务。"人工活动"与人工任务的显性区别在图例上，人工活动在底部中央区域有一个"+"号，人工任务没有；隐性区别在于，人工活动是一条"操作流程"，而人工任务是一个原子的人工操作。

可使用流程要素：

- 操作流程
- 交易流程
- 人工步骤
- 自动步骤

由于"操作流程"是针对单一表单的操作，无论表单多么复杂，都可以抽象出典型的操作模式，因此我们很容易将其抽象为虚拟流程，从而形成高度可重用的组件或者模板。典型的操作流程有"录入复核"流程，审批流程等。

③示例一：录入复核流程

录入复核流程操作模式一般包含录入、复核、审核等典型操作模式，录入又分为单录、双录等，本质上是为了提升对写入系统数据提高准确性。这些操作模式本质上都是对于数据权限的控制，通常包括读写、只读、不可见三种控制。复杂的录入复核流程可能涉及多级部门分段数据的录入复核操作，但是本质上其实都是典型的操作模式的组合。如图 4-1-8 所示。

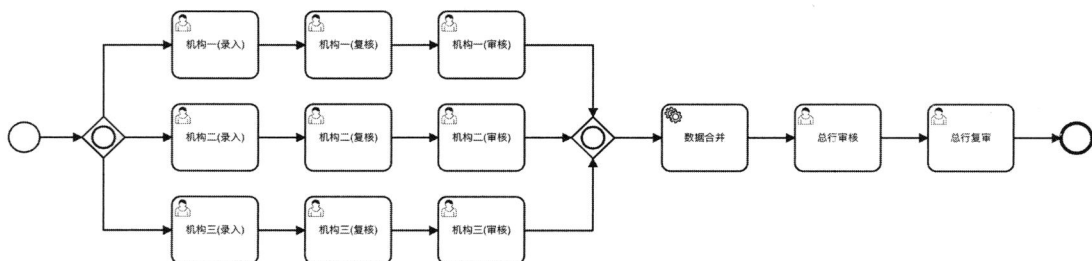

图 4-1-8 录入复核范例

上图中"贷款申请"就是一个典型的录入复核流程，因此扩展 BPMN 图例，用特定的图标与一般流程区别对待。

④示例二：审批流程

审批流程是另一个典型的操作流程，它典型在参与角色的定位方面。为了对审批流程进行标准化，我们一般采用 RACI 模型建立审批权限矩阵，从而快速构建审批流程。RACI 的概念为：

- 由谁负责（R＝Responsible），任务的执行者，直面并解决具体问题和事情。这是通常意义上的执行人。
- 由谁批准（A＝Accountable），这是任务的负责人，对任务的成果负有直接责任，只有经他/她同意后方可完成当前任务。这是通常意义上的审批人。
- 向谁咨询（C＝Consulted），拥有完成项目所需的信息或能力的人员。这些人对待当前流程所关联的业务有相对丰富的经验，可以有效地帮助推进和解决业务难题，但是不负责任务执行和审核。一般为架构师、业务专家等。
- 向谁通知（I＝Informed），在整个流程过程中有些干系人拥有特权、应及时被通知结果的人员，却不必向他/她咨询、征求意见，这些人有权知悉，但不负责任务，也不参与任务的执行。

通过 RACI 模型，我们可以将组织中的人员准确定位职责权限，从而标准化整个审批过程。审批流程中核心关键是为每个待审批环节配置好 RACI 信息。参考表 4-2 所示。

表 4-2　RACI 示例

环节	角色 A	角色 B	角色 C	角色 D	角色 E
人工任务 1		C		R	A
人工任务 2		A，R		C	I
……	A	C	R	C	C

⑤交易流程

"交易流程"可以出现在业务流程或者操作流程中，在业务流程中呈现为"自动活动"，而在"操作流程"中呈现为"自动任务"，本质上都是自动服务或规则的聚合。它与操作流程的区别在于整条流程无人工干预，完全由后台自动运行实现。自动活动通过编排本地服务、远程服务以及业务规则实现特定的业务，图 4-1-9 为评价授信过程中资料审查的自动执行过程。

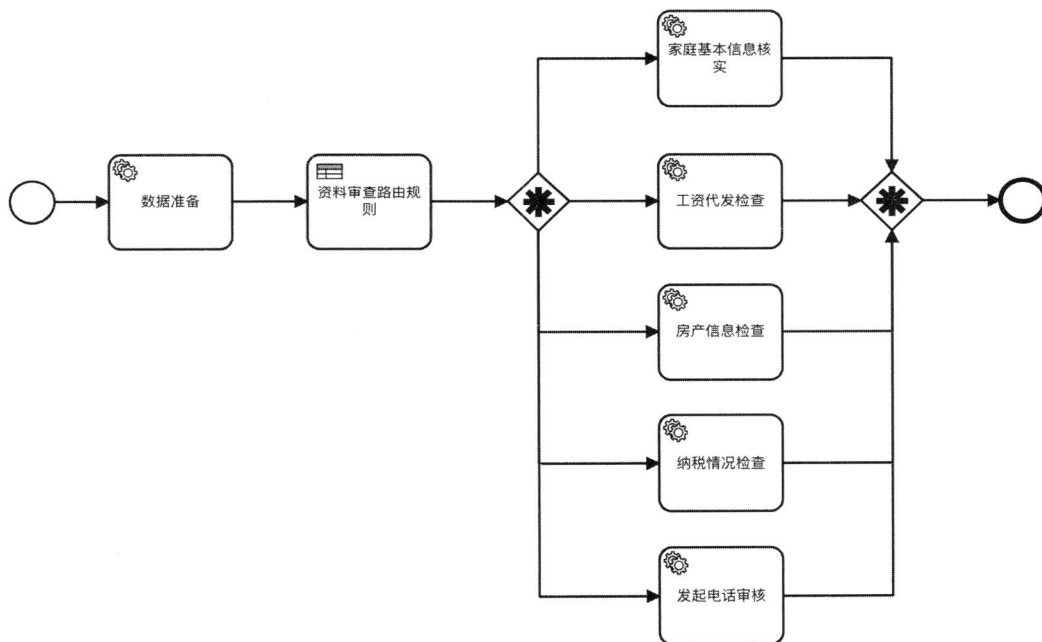

图 4-1-9　交易流程范例

可使用流程要素：

● 交易流程
● 自动步骤

（5）信息可视化

①为什么选择四色原型表述业务信息

既然信息模型是分类的，那么分为几类呢？四色原型法为我们定义了这样的分类。四色原型诞生于 90 年代，是被广泛使用的一种系统分析方法，如 Borland 的 Together 架构师版，准确地说，是由 Peter Coad 和 Mark Mayfield 首先提出[Coad92]，然后由 David North 拓展

[Coad95-97]。四色原型概述如图 4-1-10 所示。

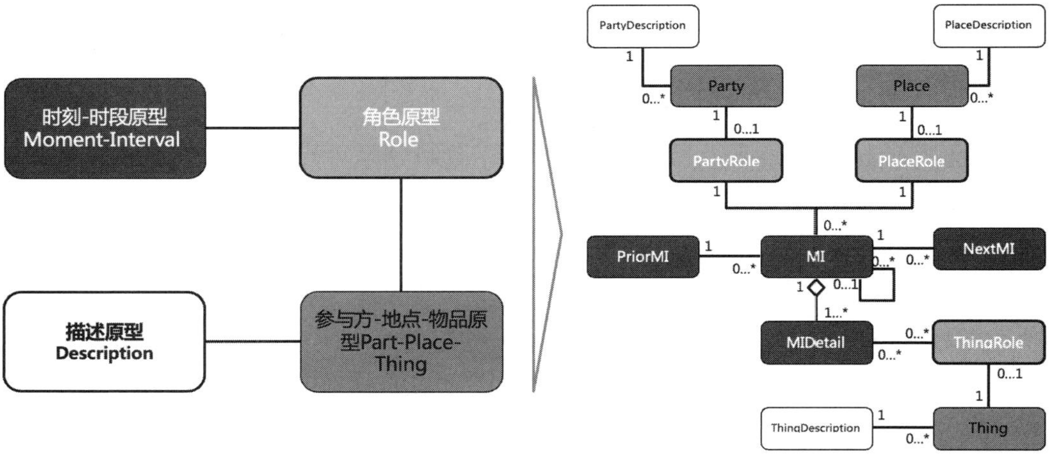

图 4-1-10　四色原型概述

- 时刻-时段原型（Moment-Interval，缩写 MI）：这是一个非常重要的原型，它的重要性在于：某个时刻（Moment）或一段很短时间（Interval）内产生的业务信息数据。这就意味在某个时刻发生的事情因为业务流转、业务控制以及业务合法性的需要必须记录和跟踪；与此同时，这类模型将很容易在一段时间后或一定时间内跟踪它的状态。典型的 MI 场景有：借书过程会产生"借书单据 MI"在整个购书过程中都是有效的；购买商品会产生"订单 MI"。MI 通常与业务流程、操作流程、交易流程紧密结合，业务赋予了它关键的信息与方法。MI 原型如此重要，因此使用粉红色表示，本书中用黑底白字表示。
- 角色原型（Role）：角色是比较好理解的，在任何一次业务发生时（即产生 MI 过程中），都会有人、地点、事物的参与。例如：借书的时候，用户是一个借阅者角色，同时还有借阅管理员角色，在整个借书过程中，图书拥有楼层、分类、书架、存量等信息，因此此时的图书被称作"可借阅图书角色"。由此可以看出，在"MI 原型"发生、修改以及消亡过程中，介入的组织、事物、地点都可以称之为角色原型，这一点与我们组织机构中的角色分类有所不同。角色原型拥有更加准确的场景概念，角色原型是从执行层面分析，Role 原型使用黄色，本书中用灰底白字黑边表示。
- 参与方-地点-事物原型（Party-Place-Thing，缩写 PPT）：PPT 表示一个可标识、可定位的单元，这个单元有自己正常的状态并且能够自主控制自己的一些行为。通常情况下，人或组织是一种 Party，交易地点"商店"也是一种 Place，交易过程中的商品就是 Thing。Role 角色是 PPT 扮演的（a role that a PPT plays），PPT 是角色 Role 的扮演者（role-player），PPT 只有在扮演特定角色时才具有行为，才会真正产生业务价值。例如：面包在购买过程中表示"可售商品（角色）"，我们更加关注价格、数量等商品信息；购买过程结束后我们打开包装吃面包，此时面包就是"食物（角色）"，此时我们更加关注能量、口味、保质期等等。PPT 的重要性要次于角色，而又相对稳定，因此采用绿色表示，本书中使用灰底黑字表示。
- 描述原型（Description，简称 Desc）：描述原型是用于分类描述的原型，通常用于 PPT

原型的分组。例如面包属于食品分组，用户按照年龄段可以分为幼年、少年、青年、中年以及老年分组。Desc 原型重要性最低，因此采用蓝色表示，本书中采用白底黑字表示。

➢ 四色原型最适合业务信息梳理。四种颜色的原型不追求详细的分析，抛开了技术细节、集成细节，充分体现了业务领域中业务本来的面貌，因此最适合在业务分析中作为业务信息梳理的可视化工具。

➢ MI 原型与流程流转紧密相连。业务流转过程产生的数据如请假单、订单、物流单、放款单等都与时间有着密切的联系，最适合与 MI 原型一起分析。我们可以有两个结论：①通过对业务系统中的 MI 原型以及 MI 原型之间的关系，可以帮助我们快速识别业务领域中的业务流程，并且不会遗漏。②分析流程的过程也能够帮助业务信息建模进行查缺补漏。

➢ 四色原型对数据存储设计的指导。四色原型中四类模型约束了数据实体以及物理实体所必须具备的结构。比如："时刻-时段"原型要求该模型具有时间敏感性，因此，对应的数据实体则必须设计成时序表，有时还需要带上版本信息；再例如角色原型是产生时刻时段原型时人或者物扮演的角色，这就需要按照快照表来设计等。

②业务信息与业务流程关系

前面我们提到业务信息与业务流程紧密相连。业务信息发起和推动业务流程的流转，同时业务流程流转也产生业务信息。因此我们梳理业务流程就可以找到业务信息。

下面我们针对上述的信贷流程，利用四色原型法进行业务信息的分析与可视化描述，如图 4-1-11 所示。

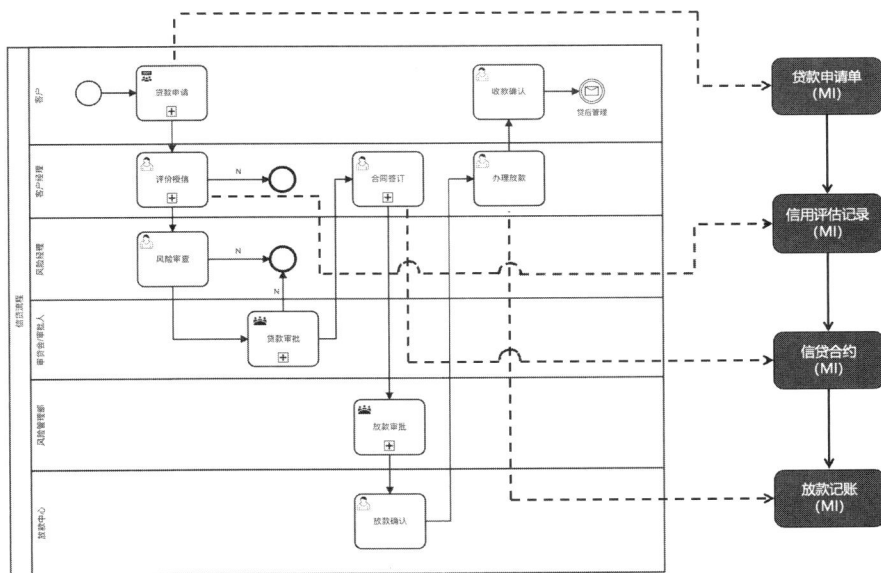

图 4-1-11　流程与 MI 原型

如上图所示，在业务流程流转过程中，不同的环节将会产生不同的 MI 模型：贷款申请活动产生"贷款申请单 MI"，评价授信活动产生"信用评估记录 MI"，签订合同活动产生"信贷合同 MI"，办理放款活动产生"放款记录 MI"……以此类推，我们便在时序轴上分析出了所必须的 MI 模型。这就是时刻-时段模型的实质,当我们把这些数据的足迹按照时间顺序排列起来,我们几乎可以清晰地推测出这个在过往的一段时间内到底发生了哪些事情。

当我们完成 MI 原型推断以后,每个场景中的 Role 以及 PPT 就显而易见了,例如"贷款申请用户(Role)""签约用户(Role)",虽然可以是同一个用户,但是在不同的场景下,体现为不同的角色原型。提供征信信息的是"个人征信(Role)"等。进一步分析,我们就清晰地获得了 PPT 原型,征信中心(Place)、业务员(Party)、信贷账户(Thing)、用户(Party)等,如图 4-1-12 所示。

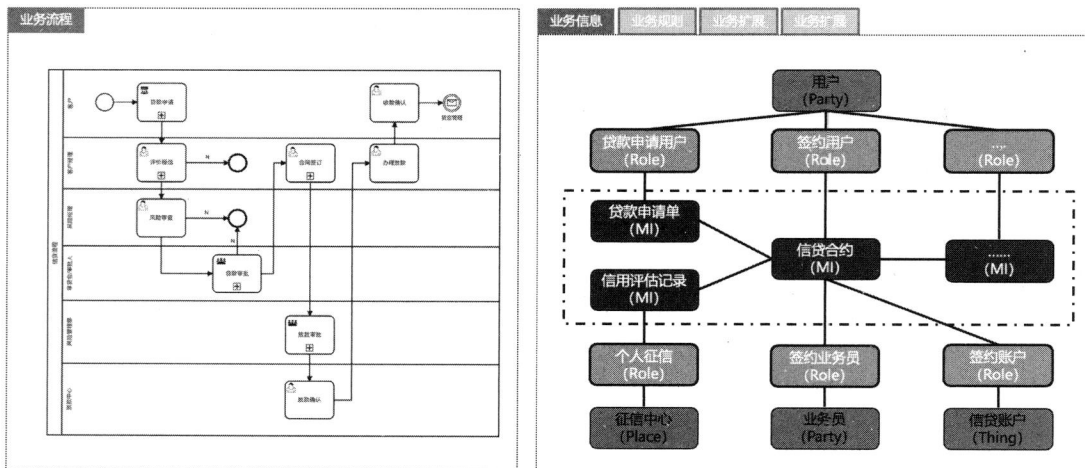

图 4-1-12 四色原型示例

③业务字典

我们都知道数据标准化是指研究、制定和推广应用统一的数据分类分级、记录格式及转换、编码等技术标准的过程。那么我们在信息/数据模型建模的过程也需要一套统一的业务含义、取值范围、数据分类与类型、记录格式、校验规则等用以实现业务信息的标准,我们称这套标准规范为"业务字典"。信息/数据模型的定义与设计需要遵循业务字典的约束规范。

(6)业务规则可视化

①业务规则定义与范围

广义概念:与业务领域相关的操作规范、管理章程、规章制度、行业标准、执行过程、操作步骤等,都可以称为业务规则(Business Rules,简称 BR)。这种说法把过程、活动、任务、步骤以及规则逻辑全部包含进去了,这不利于我们进行需求结构化分析,因此这不是我们对业务规则的定义。

传统概念:在传统的需求规格说明书中,整理提炼业务规则或称业务逻辑是其中核心的分析产物。这里把微观中所有的处理步骤都定义成业务规则,范围依然偏大。

需求结构化中的概念:业务规则实质上是一组条件和在此条件下的操作,是一组准确凝练的语句,用于描述、约束及控制业务领域的结构、运转和演进,是运行在系统中的一段业务逻辑的可视化和配置化呈现。这时的业务规则是由业务人员、需求人员、技术人员共同开发和配置调整的。业务规则的具体范围如下：

- 控制和影响业务流程、操作流程以及交易流程的流转。（判断规则、分支规则）
- 约束和规范对业务信息的加工处理。（取值规则、取值范围规则、验证规则）
- 影响业务事件的执行。（触发规则）
- 影响信息模型属性取值的规则逻辑。（运算规则）

②业务规则分类
- 按照表现形式划分（见图 4-1-13）

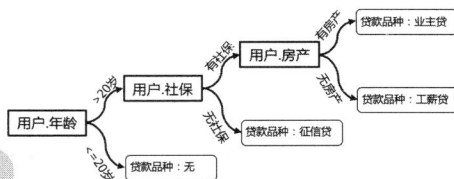

图 4-1-13 业务规则可视化

表达式规则。表达式规则分为逻辑表达式规则和计算表达式规则两种情况：①逻辑表达式规则由变量、算术运算符、逻辑运算符、括号、常量或者运算表达式组合而成，以求得两个关键结果：True（真）和 False（假），并据此返回两种不同期望的结果，类似"if...else..."，一般用在判断规则和分支规则当中。②计算表达式规则由变量、常量、运算符组合而成，用于通过运算获得期望的结果。

决策树。决策树是一种树形结构的规则表达，包含树枝节点、分支、叶子结点；树枝节点表示一个判定属性，分支表示判定条件，叶子节点表示决策链路的结果。由此可以得出，决策树可以看作多个逻辑表达式的组合，并且有更好的可读性和易理解性。

决策表。决策表是使用表格形式描述业务规则的一种可视化工具。一般决策表的 1 至 n-1 列描述决策条件，通常列名为决策属性。包含第 n 列之后的各列列名为决策结果属性，列内容为决策结果。交叉决策表的横纵表头为决策条件，内容区域为决策结果。决策表非常适合处理判断条件结果，各种条件相互组合有多种决策方案的情况，决策表精炼的表达形式与决策树都被广泛用在业务规则的编写当中。

脚本规则。这是业务规则的一种技术表述形式，业界的规则脚本语言非常多 Python、Groovy、Feel 等都适合作为脚本编辑器，通常需要配合相应的执行引擎。脚本规则以其复杂性和灵活性解决了逻辑表达式、决策树和决策表无法体现的规则，一般为技术上的备选方案，不会用在业务需求当中。

③建立业务知识规则库

业务规则是直观的、高效的，并且运行时可修改的。一条业务规则就是对一个业务知识的描述。通过积累业务规则，抽象通用规则，透出规则扩展点，实现业务规则层面的知识积累与重用。

5. 应用工程中的业务重用

业务需求结构化帮助我们从流程、规则和信息的角度实现了可视化并沉淀为可重用的业务组件，纳入到组件管理当中。为了更好地实现结构化需求在应用工程中的运用，实现更好的业务重用。我们需要从以下两个层面支撑应用工程建设。

（1）多维度可视化支撑应用工程建设

我们已经将离散的非结构化需求变成了数字化结构化的需求，其本身就有丰富的属性和关系信息，当前要做的就是如何用好这些数据，以提升我们整体的工作效率。数据的呈现方式有许多，能够帮助我们的大脑梳理和分析问题的有下面四个呈现方式：

- 映射关系图：业务方案是什么样的？它和系统需求、系统设计、业务组件之间有什么关系？我们的映射关系图正是将业务方案解构，与系统需求、系统设计、业务组件相关联，让应用工程可以更好地追本溯源，获取可重用组件最原生的信息。同时，映射关系还呈现了应用工程与业务组件之间的重用依赖关系，应用工程中如何重用和如何创新一目了然，提供了可借鉴的成功案例。
- 能力地图：能力地图是用来展示能力中心所具备的业务能力的全貌，从业务流程对外的服务接入能力到信息模型业务能力、规则模型的控制能力以及扩展模型配置能力。从多个角度呈现能力中心业务能力的全貌，使我们在讨论流程流转、信息数据、业务控制、扩展变化时都有迹可循。
- 影响度分析：建立在需求结构化之上的组件有很多，颗粒度有大有小，在做组件优化时如何明确我的改动会影响谁，以及谁的改动影响到了我，这个就是两个维度的影响度分析，引用了当前组件的组件，改动时需要通知相关组件负责人；被当前组件引用的组件，定期查看相关组件是否有重大版本变更。
- 链路分析：链路分析是影响度分析的一个延伸，在业务调用的全过程上进行系统地分析，比如，一个人工步骤被操作流程调用了几次，此次调用前经过了哪些环节。对于流程，链路分析更加重要，链路分析将实时反馈流程运行的状况。结合流水日志还可以追踪流程的历史流转过程。

（2）应用工程中实践业务重用的过程

通过需求结构化的可视化方法，我们形成了围绕流程、规则、信息的统一的可视化语言和分析工具，经过积累和沉淀形成了面向业务领域的组件资产库，组件库包含流程库、规则库和信息库三个部分。在应用工程中的业务重用过程分为 3 个步骤，以消费贷业务流程中的一段业务为例，我们看一下这部分的领域工程的重用过程，如图 4-1-14 所示。

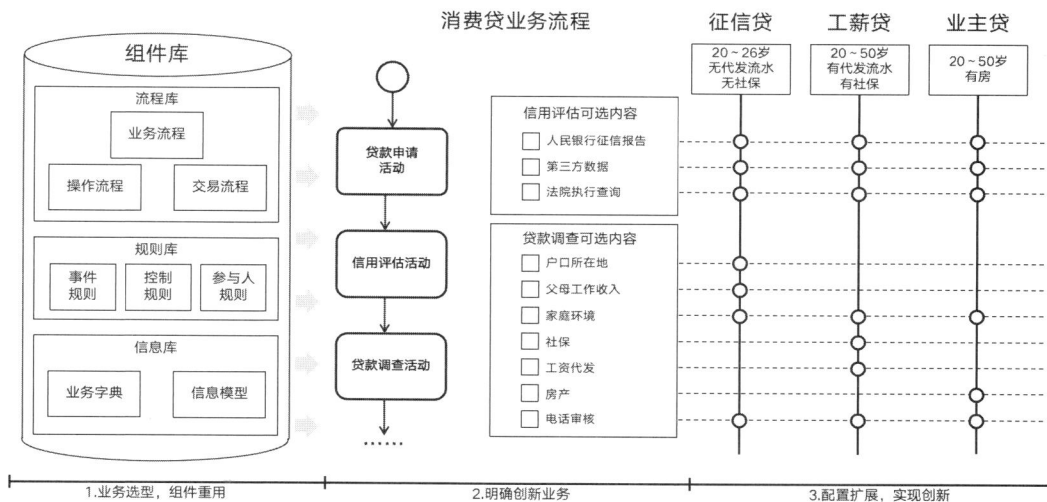

图 4-1-14　消费贷产品创新过程

- 业务选型，组件重用：业务选型的过程是根据实际业务需要从业务组件库中选择必要的可重用组件的过程。例如：在建设消费贷业务流程时，我们从组件库中找到了线下的贷款的基础业务流程，这个流程与消费贷业务契合度最高，同时获得了贷款基础流程所用到的规则和业务信息。
- 明确业务创新：业务选型用来选择最合适的基础业务流程，透过基础业务流程，我们看到了基础业务的方方面面，哪些适合新业务，哪些不适合新业务，在此过程中不断地调整已经引用的组件，从而获得与新业务场景的最佳匹配。我们称这个过程为明确业务创新，这个过程不是一蹴而就的，是参考业务分解过程：由上到下、由粗到细、由整体到部分逐步展开的。在这个过程之后，我们便有了针对消费贷业务的创新基础业务流程，并透出适合新业务的扩展主题和扩展点。如图 4-1-14 所示，我们发现消费贷以线上审批为主，我们把信用评估和贷款调查中的所有可选项都做成了线上审批服务。
- 配置扩展，实现新业务：消费贷基础业务流程建设完成后，就应当根据业务的需要进一步实现业务创新。在这个过程中我们将用到扩展点以及围绕扩展的配置过程（图中 1）。在上图中我们可以看到贷款评估阶段有一个"信用评估内容"的选择扩展点，该扩展点可以选择一个或多个评估行为；同时贷款调查活动包含一个"贷款调查内容"的可选扩展点，该扩展点可以选择一个或多个调查内容。在上图中我们看到，根据业务的需要，征信贷、工薪贷、业务贷选取了不同的调查内容，并且使用不同的业务身份规则（图中 2）将三种消费贷区分开来。

另外，关于如何分析、抽取和透出扩展点将在 4.1.3 小节当中详细阐述。业务身份是用于业务隔离的唯一标示，关于业务身份定义将在 4.2 节当中阐述。

4.1.2　可重用体系架构的设计方法

可重用的体系架构是希望在金融企业的众多系统中，利用分类方法找到架构的共性与可变性，提供标准化的架构供不同类型应用选择。通过这种方式，将应用技术架构设计的能力标准化，将分散在个人的设计经验进行总结，形成可重用的体系架构能力。这种能力建设包括选择适合的架构设计方法，定义应用分级分类的标准，根据分级分类提供标准化、柔性的架构三个方面。通过这种可重用架构能力的建设，可以逐步提高应用的标准化水平，提高架构管控的能力。

1. 架构的设计方法

在做架构设计的时候，业界较为常用的架构设计方法包括"4+1"视图模型与 RM-ODP 模型两种，而对于企业来讲，按照自身的实际情况选择。

（1）RUP"4+1"视图模型

"4+1"视图模型，它主要是对架构进行描述，最早由 Philippe Kruchten 提出，他在 1995 年的 *IEEE Software* 上发表了题为 *The 4+1 View Model of Architecture* 的论文，引起了业界的极大关注，并最终被 RUP 采纳，现在已经成为架构设计的结构标准。

"4+1"视图模型设计方法采用用例驱动，在软件生命周期的各个阶段对软件进行建模，从不同视角对系统进行解读，从而形成统一软件过程架构描述，也就是通过这种模式来探究系统内部的逻辑关系是什么、开发结构是什么、运行时的进程调用关系是什么、物理的部署是什么。需要指出的是，"4+1"视图的方式，就是从不同的视角看架构，聚焦某个视角，过滤掉不属于这个视角的其他内容，例如机械制图中描述一个物体是三视图：主视图、俯视图、侧视图，用三张图就可以把一个物体的外观描述清楚，"4+1"视图就是用这种方式来说明系统的。"4"包括逻辑视图、开发视图、运行视图、物理视图，"1"指的是场景视图，各视图间的关系如图 4-1-15 所示。

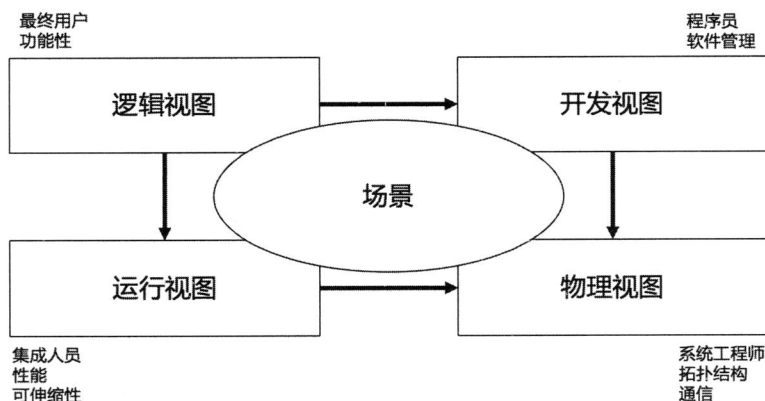

图 4-1-15 各视图之间的关系

- 逻辑视图：主要是整个系统的抽象结构表述，关注系统提供最终用户的功能，不涉及具体的编译、输出和部署。
- 开发视图：描述软件在开发环境下的静态组织，从程序实现人员的角度透视系统，也叫作实现视图。开发视图关注程序包，不仅包括要编写的源程序，还包括可以直接使用的第三方 SDK 和现成框架、类库，以及开发的系统将运行于其上的系统软件或中间件。

- 物理视图：通常也叫作部署视图，是从系统工程师的视角解读系统，关注软件的物流拓扑结构，以及如何部署机器和网络来配合软件系统的可靠性、可伸缩性等要求。
- 运行视图：关注系统动态运行时，主要是进程以及相关的并发、同步、通信等问题。
- 场景视图：又叫作用例视图，关注最终用户需求，为整个技术架构的上线环境。

关于"4+1"视图的视图模式，我们找到过很多种大同小异的说法，但是这不重要，不必太纠结"4+1"的模式是否准确使用，重要的是我们必须掌握一个架构设计的模式，按照我们的思考，采用"4+1"模式展现出来的。

（2）RM-ODP 模型

架构的设计方法除了大家比较熟悉的"4+1"视图模型外，还有 RM-ODP 模型，其全称为 Reference Model of Open Distributed Processing，即开放分布式处理的参考模型，该方法主要是对应于分布式系统的。曾经有过分布式系统建设经验的软件开发人员应该都知道，开发分布式系统是一个非常复杂和困难的任务，需要从多个方面和试点对系统进行设计分析，而 RM-ODP 模型的目的就是为软件架构师在针对分布式系统设计时提供一个参考模型，以此应对日益复杂的分布式应用。

RM-ODP 是基于面向对象技术的，它定义了信息系统架构的含义，作为一种使我们了解软件架构的方法，也代表了软件架构的时间，其中 RM-ODP 定义了 5 个基本视图并将它们用于系统建模，如图 4-1-16 所示。

图 4-1-16 RM-ODP 的 5 个基本视图

- 企业视图：涉及一个分布式系统在组织中的有关规则和应用，其强调和关注的是该系统要做什么、谁来用、有什么用以及在什么条件下使用等问题。
- 信息视图：在该视图中关注的是分布式系统所需要处理的信息，集中在信息元素、结构、相关关系、逻辑划分和质量属性。该视图下呈现信息来源、信息流转去向以及信息修改与存储位置。
- 计算视图：与软件元素结构及其相关作用有关，它将应用系统划分成目的对象及相应接口、封装、交互和可计算的语义，并展示出来。它将反映出系统的功能需求，其结果是一个逻辑模型，而不依赖于任何处理元件的物理环境。
- 工程视图：该视图针对一些支持计算模型所需的设施机制进行研究，这些工程机制按照特定应用需求逻辑地将计算对象从基础技术中分离出来，使得分布式处理成为可能。它显示如何将这些计算对象与基础设施功能结合在一起、以什么样的方式进行交互。

- 技术视图：该视图关系到建立分布式处理系统的技术、实现结构以及软硬件的选择，主要用来表示支持分布式系统技术上的适应性，为系统选择合适的实现、维护以及测试技术，例如软硬件、I/O 设备、存储器等描述系统。

（3）可重用体系架构设计

RUP 的"4+1"视图模型与 RM-ODP 模型都是我们在架构设计中场中的设计方法，通过分析以上两种架构设计方法，一方面发现两者之间的所关注的视图维度存在一定的对应关系，例如工程视图对应开发视图，技术视图对应运行视图。另一方面，两者在架构设计中各有优缺点。在"4+1"中的"1"，即场景视图在可重用的体系架构设计中用处不大。在 RM-ODP 中的信息视图中关注系统信息数据以及信息流转，而"4+1"视图模型中并未包含，但是在我们的实际实施过程中发现，对于企业系统架构来讲，数据是其相当重要的一部分，在企业可重用体系架构中是必须考虑的维度之一。因此，我们参考"4+1"视图模型与 RM-ODP 模型进行可重用体系架构的设计，其主要包含逻辑视图、数据视图、运行视图、开发视图以及部署视图。如图 4-1-17 所示。

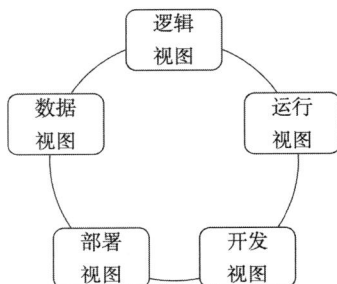

图 4-1-17　可重用体系架构设计

- 逻辑视图关注模块分解方式、模块内部的层次关系、模块之间的依赖关系。
- 数据视图关注数据资源的访问方案，包括数据模型定义、数据持久化存储、数据传递、数据复制、数据备份以及数据同步等策略。
- 运行视图关注应用系统间运行期交互模型，着重考虑运行期的质量属性。
- 开发视图关注软件开发环境以及代码版本管理策略，包含开发人员所看到的软件模块实际组织方式，具体设计、源程序文件、配置文件、源程序包、编译后的目标文件和第三方库文件。
- 部署视图关注物理机器的安装和部署，如何和网络配置满足软件系统的可靠性、可伸缩性、可管理性的要求。

通过对逻辑视图、数据视图、运行视图、开发视图、部署视图中的通用性与可变性进行分析，基于标准架构的通用性，实现架构的快速重用，而通过对不同视图中的可变性根据分级分类实现不同系统的架构决策，在标准架构的基础上实现系统架构差异化支撑，从而实现体系架构可重用。

2. 可重用体系架构通用性与可变性分析

上一部分讲到，在架构管控上，我们基于架构的通用性（即标准架构）与可变性（按照分级分类进行选择）实现不同系统的架构决策，支撑架构差异化，实现体系架构可重用，接下来我们就分析一下在可重用体系架构中不同视图的通用性与可变性。

（1）逻辑视图

通常情况下系统的概念模型和逻辑关系，如图 4-1-18 所示。

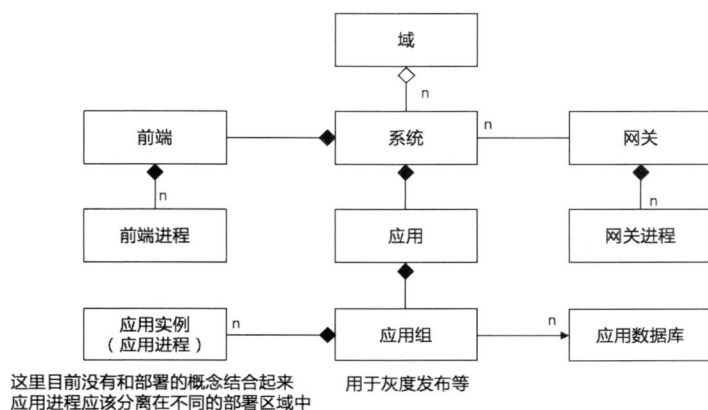

图 4-1-18　系统概念模型

需要指出的是，上图并不区分所谓的微服务架构和单体架构，因为在我们看来单体架构只是微服务架构的一种特殊部署形式。也不指定具体的实现技术，实现技术本身就是一种可变性。上图描述的是统一的系统架构组成部分，其可变性在于如何对系统组成部分进行选择，完成满足系统建设要求的架构设计。

应用：每一个系统都是由若干个应用组成的，每一个应用都有一组独立的进程，按照系统对于应用模块的划分，组成系统运行所需的运行环境。

应用组：如果需要支持灰度发布、数据分割之类的需求，每个应用又会分为多个应用组，应用组有自己的应用实例，对应自己数据库。应用组包括若干个应用实例，或者说是应用进程，在运行的可靠性支持上可以通过以下几种模式实现：①对等，即各应用进程的权重是相同的，有相同的被访问概率，同时各应用进程间需要进行数据同步；②主备，主进程与备用进程提供相同的功能，应用功能由主进程提供，备用进程不直接提供服务，当主进程出现问题或宕机后，备用进程替代主进程提供服务；③主从，主进程负责对外提供读写服务，从进程一方面负责与主进程进行数据同步，另一方面还需要对外提供读服务，当主进程出现问题后，仍能通过从进程完成读功能。

网关：为微服务提供唯一入口，能够对内部和外部进行隔离，通过对每个请求进行鉴权校验，保障后台服务的安全性，同时能够通过动态路由支持流量控制，并且降低客户端与服务的耦合度。网关可以通过若干个网关进程来满足系统流量的要求。

前端：作为系统与用户交互的工具，系统前端通过若干个前端进程支撑，按照系统的前端性能要求，通过运行与之对应数量的前端进程，支撑前端高频次、高并发的访问。

数据库：作为系统数据的存储工具，我们可以按照实际的系统存储与读取需要，选择不同类型的数据库。关系型数据库，例如 Oracle、MySQL、SQL Server 等，是把复杂的数据结构规则为简单的二元关系，通过对关联的表格分类、合并、连接或者选择等运算实现数据库的管理。非关系数据库有不同的存储方式：①分为键值存储数据库（key-value），例如 Memcached、Redis、MemchacheDB 等，是通过 key 来管理数据库；②列存储（Column-oriented）数据库，例如 Cassandra、HBase 等，要用来应对分布式存储海量数据；③面向文档（Document-Oriented）数据库，例如 MongoDB、CouchDB，以文档的形式存储，可以是简单的数据类型，如字符串、数字、日期，也可以是复杂的类型，如 XML、JSON 等；④图形数据库，如 Neo4J、InfoGrid，将数据以图的方式存储，更加清晰地描述数据之间的关系。

（2）部署视图

部署视图中，架构关注的是系统、网络、服务器等基础设施，就是上面这些概念在物理上是如何部署的，描述系统内外部的关系。有了标准的部署架构，做一个系统之前，就只要按照这个要求申请相应的资源即可，不需要再重新考虑架构问题，整个企业中系统的应用也是一致的，提高了架构管控能力的能力。如图 4-1-19 所示。

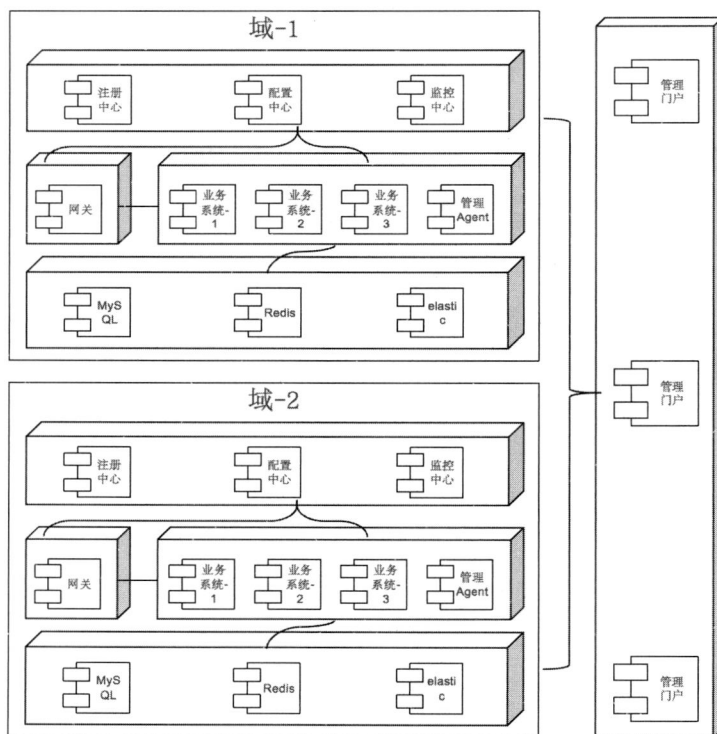

图 4-1-19　部署视图

（3）数据视图

在数据方面，其按照系统建设的实际需求，可以对数据模型或数据实体进行定义。在数据模型定义时，重点关注关键业务数据实体，对关键字段进行说明，只需要列出实体名称、主键、外键、重要索引对应的属性即可。尽量使用现有的数据表，整合或者共用已有的数据表，提高效率。上述是数据模型定义的基本要素，但是对数据的处理存在很多可变性，在设计中必须体现出来，总结如下：

①主辅数据源分布可变

在数据存储上，为了提高数据库性能以及数据库的可靠性，采用主辅数据源的数据源策略进行。根据不同的分级分类要求，其可变性包括是否需要包含辅数据源、主数据源与辅数据源的应用分布。

①数据备份管理策略可变

在数据备份的管理策略上，主要按照备份内容、备份频率、数据保留时间进行决策，并且按照系统级以及用户级两种级别进一步区分。不同的备份内容对应的备份策略存在可变，以下是不同级别下各备份内容的备份策略参考。

- 系统级备份管理策略：

备份内容	备份频率	数据保留时间	注意事项
应用系统文件、数据库	每日	30 天	全量备份
程序、作业	每日	90 天	
操作系统、存储系统	每日	30~100 天	包括系统参数

- 用户级备份管理策略：

备份内容	备份频率	数据保留时间	注意事项
系统日志	每日	15 年	全量备份
清理下载数据	每日	15 年	以磁带快照进行数据清理，并且进行归档
应用系统文件、数据库	月末/计息日	5 年	
	年末	15 年	

③数据清理方式可变

在数据备份上，需要进行数据清理，而数据清理的方式按照分级分类可以选择以下方式：

- 数据更新：系统实时或按照应用版本对数据进行更新，此方式下数据表随时或者不定期通过覆盖历史数据（非 Delete）的方式保持最新数据。
- 联机清理：通过联机交易进行数据清理，包括客户、用户在交互界面执行手工删除，该方式对历史数据直接清理，并且不执行数据归档。
- 批量简单清理：利用单张数据表的时间戳状态标志对数据清理条件进行匹配判断，如果匹配成功，则执行批量清理。
- 批量复杂清理：通过关联一张或多张表的时间戳状态标志去进行清理条件的匹配判断，并且需要单独编写对应的清理程序，才能执行数据清理。

④数据清理工具可变

在进行数据清理上，按照数据清理的策略，可以按照统一与特定两种清理工具进行：

- 统一清理工具：主要适用于简单的批量清理，该工具中提供数据保留时间、数据归档处理等信息的定义，满足不同数据管理策略。
- 特定清理工具：特定的清理工具需要单独开发程序，按照实际的数据清理要求进行定制开发，例如对于批量复杂清理方式，则需要使用此种工具。

⑤数据归档方式可变

数据清理完成后，需要进行数据归档的，在归档的原则上，例如我们分为：

- 访问频度 5000 笔/月以上：清理后使用应用归档，对于结构化数据纳入历史数据管理应用进行统一管理，对于非结构化数据纳入电子影像及文档服务平台进行统一管理，提供数据查询服务。
- 访问频度 5000 笔/月及以下：清理后使用备份归档，采用磁带、光盘、磁盘等介质进行数据保存。

⑥数据销毁方式可变

对于数据销毁也有多种方式，例如：

- 介质销毁：主要针对采用磁带、光盘、磁盘等存储介质进行数据备份的数据，通过物理介质的销毁实现数据销毁。
- 介质消磁：对于磁性的存储介质进行消磁，实现数据销毁，该方式可以重复利用存储介质。
- 数据删除：该方式对备份数据进行直接删除，对存储介质未产生实际物理处理。

（4）运行视图

运行视图关注的是应用程序运行中可能出现的一些问题。例如并发带来的问题，比较常见的"线程同步"问题、死锁问题、对象创建和销毁（生命周期管理）问题，等等。运行视图描述系统运行时的调用关系，逻辑视图和物理视图都是静态的，而运行视图是动态的。

一般来说，运行视图在一类系统中，都是类似的，不存在太多的可变性，如图 4-1-20 所示。

（5）开发视图

开发视图描述开发中代码的组织管理方式，包括与逻辑视图的对应关系，与部署视图的对应关系开发，以便易于维护。例如通常把应用分为展现层、控制层、服务层、数据访问层，实际上就可以指导开发视图的定义，应用遵循这个分层原则，映射到具体的代码管理中，包括可以不同层的代码建立命名规范，指定开发工程的项目结构，这里就不做介绍了。

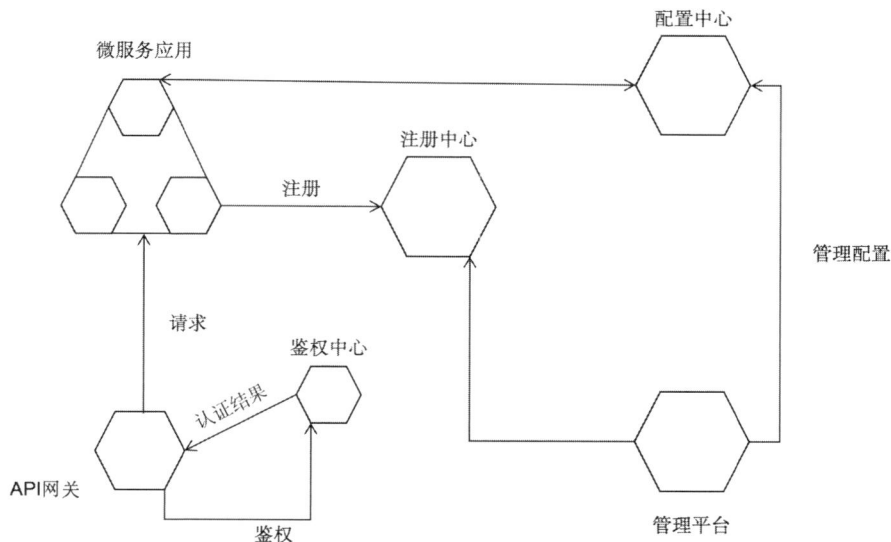

图 4-1-20　运行视图

这里介绍在代码版本管理上的两种可变性，根据不同情况选择代码版本管理的方式，以便于更好地管理代码版本，便于应用的发布与维护，如图 4-1-21 所示。

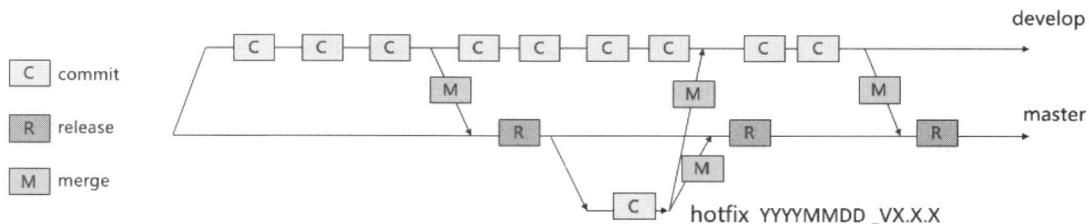

图 4-1-21　开发视图

（6）分支开发+主干发布

这种模式适合快速迭代的系统或者新建设的系统，其特点是主干用于发布、分支用于开发，主干（master）一直是可发布的版本，并且开发分支（develop）也将一直存在。在初始化代码库后，默认需要基于主干（开发人员具有只读权限、项目级配置管理员（SCM）有读写权限）创建一个开发分支（开发人员具有读写权限），所有开发人员都往开发分支提交代码。开发分支进行每日构建，保证代码随时可以编译通过，提测、投产都是在主干上进行。提测、投产之前需要将开发分支的代码 merge 到主干分支，开发分支的合并请求发送给开发经理（或技术经理），开发经理（或技术经理）需要对其进行审查后，确认代码质量后，方可合并。提测、投产都通过在主干上打 tag 的方式进行，测试和投产部署的版本依据各类 tag 来确定，如遇缺陷修复，在主干上拉缺陷修复分支（hotfix），当缺陷修复后，合并到主干和开发分支上。

（7）多特性分支并行开发

这种模式适合多团队多版本并行的场景，其特点是主干（master）是稳定的，通过分支合并（merge）进行代码审查，可多特性分支并行开发。基于主干创建各特性（版本）分支，在各特性分支（日期年月日_版本号）上创建各自的特性开发分支（develop_日期年月日_版本号），开发人员只在开发分支上提交代码。特性开发分支进行每日构建，保证代码随时可以编译通过，特性开发分支定期，一般建议至少每周，向特性分支合并代码，合并请求发送给开发经理（或技术经理），开发经理（或技术经理）需要对其进行审查，确认代码质量后，方可同意合并。

测试以及投产在特性分支上执行，投产后特性分支上的代码合并到主干，其余未发布的特性分支则自行合并差异。特性开发分支在该特性版本发布之后，可以考虑在之后一段时间后删除，例如代码又迭代两个特性版本之后或2个月之后。在该分支特性开发完成上线之后，根据自身要求对于特性分支是一直保留该分支，还是在一段时间后删除。对于该特性分支上产生的BUG，直接在特性开发分支上拉出修复（hotfix）分支或直接在特性开发分支上修复，修复后直接合并到特性开发分支上，再合并到特性分支和主干上。多特性分支并行开发示意如图4-1-22所示。

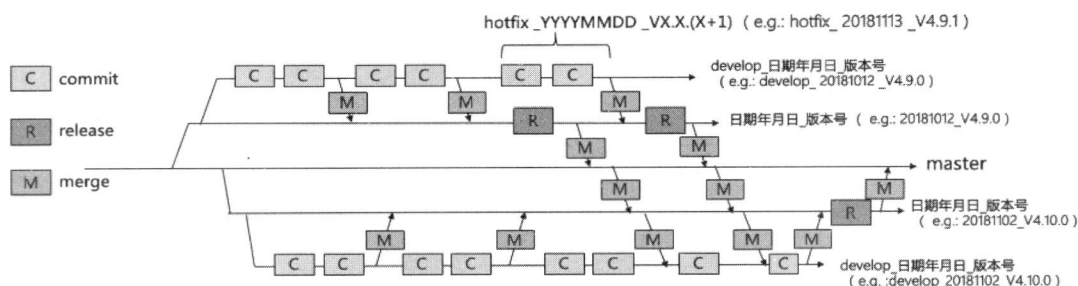

图 4-1-22 多特性分支并行开发

3. 通过金融企业应用系统分级分类原则，实现架构管控

在架构抉择上，首先确定架构的通用性，制定标准的架构体系，然后根据系统的分级分类这样的方式来满足不同情况的架构要求。分级分类的方式通过系统的各个要素的分析，按照要素的匹配度解析系统的分级分类。架构的分级分类上，按照应用分类、重要性等级、安全等级进行。不同金融企业可以有不同方式的分类，下面是一个分类的示例：

（1）应用分类

- 业务系统：是指支撑银行业务运营的关键业务系统，包括核心业务系统（总账、卡系统、贷款、存款、资金等）、国际结算系统、网银系统、信用卡系统、基金托管、债券交易、外汇交易等。
- 渠道系统：渠道系统主要为银行客户提供使用服务，包括柜面系统、综合前置系统、电话银行、个人网银、企业网银等。
- 管理系统：管理信息系统主要为银行综合管理部门和内部监管部门及业务部门提供决策分析，包括信贷管理、财务管理、客户关系管理、人力资源管理、风险管理、稽核、绩效考核、管理会计等几大类。
- 支撑系统：是指支撑其他系统使用的工具、决策分析类系统，包括报表平台、统一用户系统、指纹认证系统、短信平台等。

（2）重要性等级

- A：主要是指关键业务应用系统，具体包括面向客户，涉及账务处理且时效性要求极高（7×24）的应用类产品；或者与其他多个应用有密切相关的应用类产品。
- B：主要是指重要业务应用系统，具体包括面向客户，涉及账务处理且时效性要求较高（7×15、7×13、7×8）的业务处理类或业务管理类系统。
- C：主要是指一般业务系统，具体包括经营分析类系统，不涉及账务处理的业务系统或非直接面向客户的业务系统。
- D：主要是指面向内部管理、时效性要求较低的业务系统。

在部署上，根据重要性等级不同，其部署模式也有所不同，以下是部署方式的一个示例。

D 级：对于系统要求不高，模式部署方式较为简单，其部署示意图如图 4-1-23 所示。

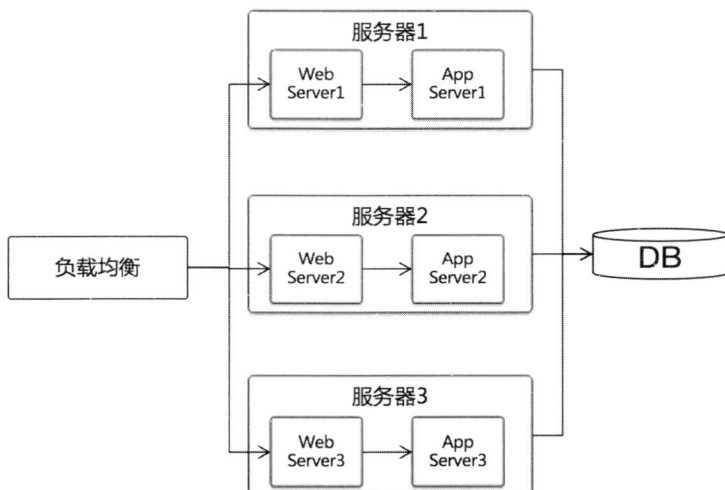

图 4-1-23　部署示意图

C 级：该物理部署模式将接入层与控制层一同部署，但是业务层进行独立部署，实现业务层与接入控制层的解耦，能够更好地根据实际情况处理性能要求，对接入控制层、业务层进行扩容以及缩容，其物理部署示意图如图 4-1-24 所示。

接入层　　　　控制层　　　　　　　　　　业务层

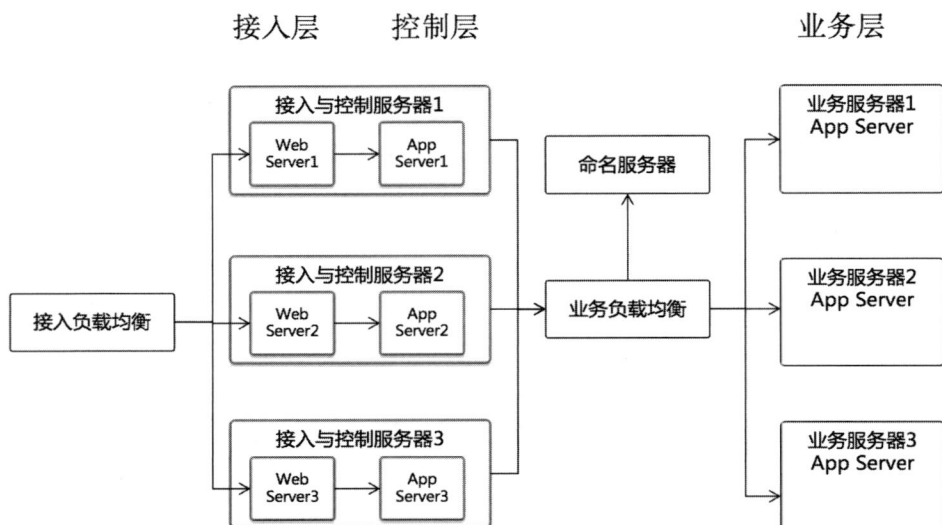

图 4-1-24　物理部署示意图

A、B 级：该模式对比前面两个物理部署模式，增加了一层集成层，集成层主要负责提供外部第三方系统的接入访问。同时，接入服务器、业务服务器、集成服务器都需要有异步消息队列，保证接入与接出的可靠性和性能，可以支持多种协议，如 MQ、HTTP、TCP。该模式的物理部署示意图如图 4-1-25 所示。

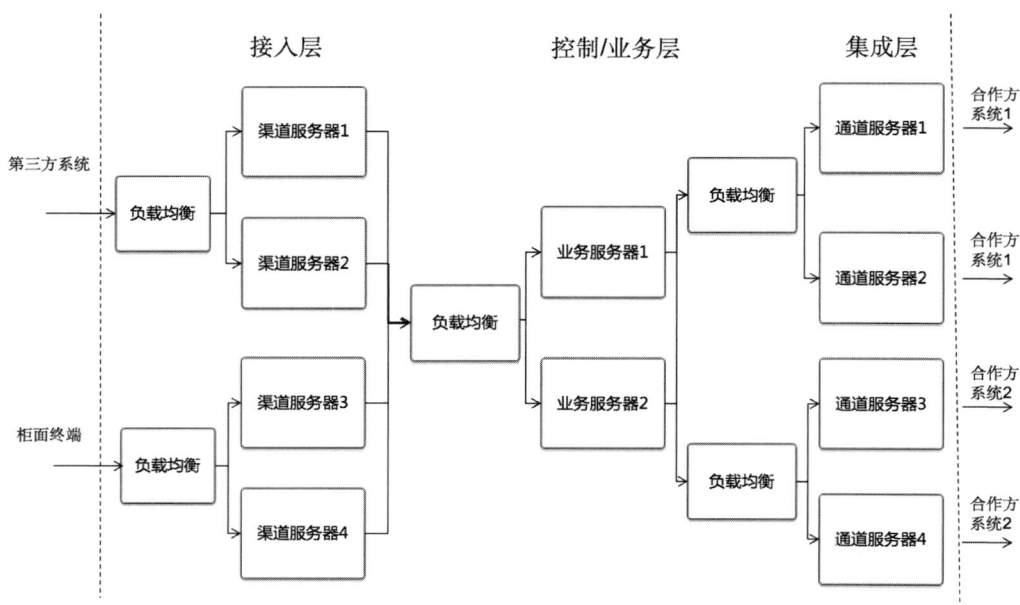

图 4-1-25　物理部署示意图

（3）安全等级

- P1：自主保护级，适用于一般的信息和信息系统，其受到破坏后，会对银行内部个别部门有一定的影响，但不影响全行管理和业务运营。
- P2：指导保护级，适用于一定程度上涉及银行公共利益的一般信息和信息系统，其受到破坏后，会对银行公共利益造成一定损害。
- P3：监督保护级，适用于涉及经济建设、公共利益的信息和信息系统，其受到破坏后，会对经济建设、公共利益造成较大损害。
- P4：强制保护级，适用于涉及社会秩序、经济建设和公共利益的重要信息和信息系统，其受到破坏后，会对社会秩序、经济建设和公共利益造成严重损害。
- P5：专控保护级，适用于涉及国家安全、社会秩序、经济建设和公共利益的重要信息和信息系统的核心子系统，其受到破坏后，会对国家安全、社会秩序、经济建设和公共利益造成特别严重的损害。

基于架构通用性制定的标准架构，结合按照系统分级分类的方式来对架构的可变性进行定制，为不同级别、不同类别的架构提供对应的可变性，一方面能够基于架构通用性形成可重用的体系架构；另一方面通过分级分类对架构可变性进行定制，从而满足企业内不同系统的特定化要求，快速完成系统架构设计工作。

4.1.3 业务可变性设计方法

软件产品线工程理论给出了业务分析的一个重要方法，可变性分析方法。所谓的可变性是与通用性相对的。首先，通用性也叫作共性，是客观存在的物质规律，也是认为制定的规章制度、操作流程、管理章程、行业标准等；其次，可变性是通用性的规律、制度、流程等运转过程中影响最终结果的变量，如速度、质量、利率、颜色、位置等。当然，离开了时间、空间、干系人讲通用性和可变性是没有意义的，我们希望通过业务标准化建设过程，沉淀企业的共性业务资产，以更小的成本、更短的周期、更高的质量支撑灵活变化的前端业务。企业 IT 建设的标准化之路，就是"通用性与可变性"这一对立统一的矛盾体。这个分析过程不是一蹴而就的，也不是一成不变的，而是将通用性与可变性分析融入 IT 建设的全过程当中。我们在实践过程中将可变性分析方法总结为四个阶段（见图 4-1-26）：

- 第一阶段（Where）发现业务中的可变性。
- 第二阶段（How）如何进行可变性建模。
- 第三阶段（Which）我们的扩展点有哪些。
- 第四阶段（What）应用中如何配置个性化业务。

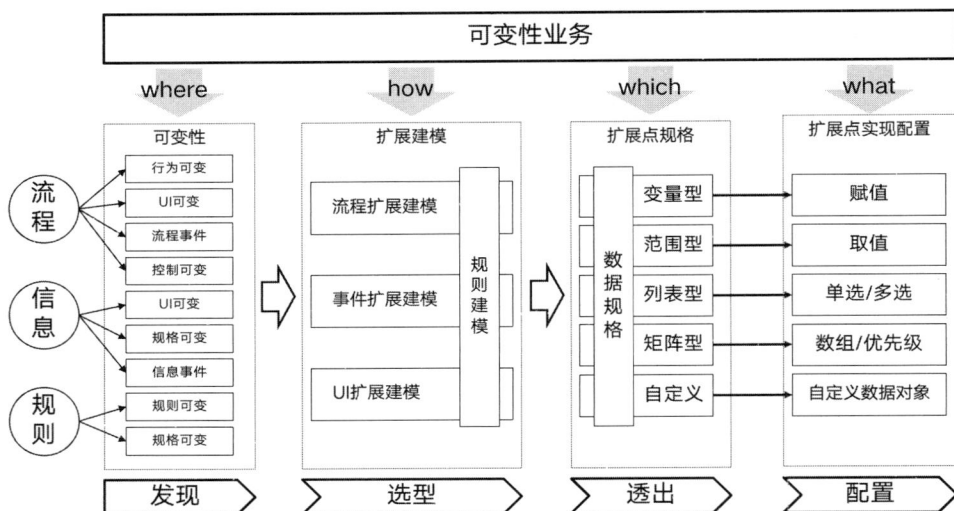

图 4-1-26　可变性业务设计过程

4.1.3.1　第一阶段：发现业务中的可变性

1. 可变性的基本类型

流程、信息、规则是需求结构化的三个主要部分，可变性分析也正是源于这三个部分。

（1）流程中的可变性

结构化需求当中有三类流程：业务流程、操作流程和交易流程，同时还有组成流程的最小单元：人工步骤和自动步骤。流程中的可变性主要分成三类：

- 行为可变：不同的流程可以使用不同的流程要素，理论上这些流程要素都是可以发生变化的。比如，在"业务流程"中，引用的"操作流程"和交易流程都是可以变化的；在"操作流程"中引用的"操作流程""交易流程""人工步骤"和"自动步骤"也都是可变的。以此类推，用于编排的流程要素都是可以发生变化的，是潜在的可变性。

- UI 可变：业务流程中的 UI 可变主要体现在流程表单和流转要素上面，例如表单数据的操作权限：可编辑、只读、隐藏。进一步延伸可以演进为特殊场景流程，例如录入复核流程。

- 流程事件：流程流转过程中会发生许多事件：活动执行前（后）事件、事务开始前（后）、提交前（后）、回滚前（后）事件、异常抛出前（后）事件。这些事件都是可变性的来源。

- 控制可变：控制流程流转的分支与路由规则，活动参与人规则。这是控制类的两种可变来源。

（2）信息中的可变性

信息/数据模型修改和使用过程中存在多种可变性，主要体现在以下三点：

- UI 可变：业务信息的 UI 可变主要体现在布局、样式、权限以及交互模式等变化点。

- 规格可变：数据规格可变也被称为取值可变，一般包含三种取值来源：①来自"码表"

的列表式取值；②来自取值范围的值域型取值；③来自数据处理的取值可变。

- 扩展可变：有些信息/数据模型在设计时需要定义扩展类型或者扩展属性，扩展类型通过泛化实现，扩展属性通过扩展列或者属性表实现。信息/数据模型的这些扩展在业务执行过程中都存在潜在的可变性。
- 信息事件：数据在新增、修改、删除时可以抛出变更事件，这些变更事件也是可变性的来源。

（3）规则中的可变性

规则用于控制和影响流程，约束和规范信息。这一特点决定了规则本身就是存在着可变性，其可变性主要体现在两个方面：

- 规则可变：从规则的可视化、配置化的特点来看，将易于变化的程序逻辑用可视化的规则呈现本身就体现了业务的可变性，规则的表述形式多种多样，有决策表、决策树、表达式、脚本规则等。
- 规格/参数可变：规格与参数主要体现在规则执行过程中所用到的数据对象的属性的数据规格和取值的可变。

2. 如何分析有价值的可变性

在业务标准化过程中，通用性与可变性分析具有非常重要的价值。通用性帮我们更好地确定标准化的业务流程，然而业务流转过程中潜在的可变性非常之多，如何从中分析出有价值的可变性以促进业务标准化过程呢？下面总结出五个方面：

（1）从业务场景特性分析

根据行业标准、操作流程、业务章程等我们很容易总结出典型的业务场景，比如：远程验印、登录认证、信用评估、资料审查、录入/复核流程等。这些业务场景是我们业务标准化过程的目标产物，结合其中的业务特性我们可以区分出有价值的可变性。

个人消费贷：个人消费贷放款页面有贷款用途、贷款周期、还款方式、每月还款时间、年化利率等。分析如下：

- "贷款用途"：根据人民银行对于消费贷的管理要求，贷款用途是"码表"中的一个固定枚举值，具有可变性，但是这个数据规格不会随业务需求变化，因此不是一个有价值的可变性。
- "还款周期"：也是"码表"中的固定枚举列表值，一般为3~36个月不等的可选范围。看上去也是一个不会随需求变化的值，实际却不然，用户信用评级不同，贷款产品不同，"还款周期"的可选范围就不尽相同，这是一个与具体业务相关的参数。因此，这是一个有价值的可变性。一个可变性是否有价值，取决于能否帮助业务场景满足多样化需求。

（2）从行业技术演进分析

随着技术的更迭，许多新的技术取代了旧的技术实现形式，这些技术实现就是有价值的可变性。例如：过去我们登录采用"用户名+密码"，后来我们有了短信认证，再后来我们又增加了人脸识别和指纹认证。技术推动革新，与技术匹配的"登录方式"就是一个有效的可变性。

（3）从时间维度分析

企业制度的变更、行业标准的变化、国家法规的修订等都会带来业务的变化，业务当中的这些点从时间尺度上存在不同。例如：LPR 利率是新的一种贷款基础利率，取代以前的固定利率，它是一种浮动的利率，可以上升也可以下降。这是 2020 年 1 月 1 日开始实施的新的利率规则。与之相关的利率计算、每月还款额等，这些都是我们可以识别的有效可变性。

（4）从空间维度分析

空间的维度包含地域差异、渠道差异、内外网差异等。例如：网点不同推出不同的营销活动；线上线下渠道不同推出不同的产品；出于安全的考虑，内外网访问同一个系统，安全认证级别不同，等等。我们在分析潜在与空间敏感的业务时，这些可变性将成为有效的可变性。

（5）从参与角色分析

根据不同的业务特点、生效阶段、生效范围等，不同的角色拥有不同的数据权限。也就是说，一种情况是某个"业务信息"对于某些角色隐藏，对于另一个角色只读，而对于另外的角色又是读写权限；另一种情况：有些可变资源仅仅在上线前可随时配置，在上线后就是只读或者隐藏模式。这种与参与角色相关的可变性带来的是角色可变性。与角色相关的可变性通常伴随着扩展定义的优先级，例如：用户自定义配置→租户管理员配置→平台管理员配置→平台发布默认配置。

3. 避免"过度抽取"可变性

"通用性与可变性"分析带来最大的价值就是将共性与变化实现了有效"分离"，让更多的相似业务可以抽象成为共同的标准化流程，把可变性抽取出来用于个性化配置。能够让自己的工作成果得到更广泛的运营，这是一件多么让人兴奋的事情。因此，面对相似业务，尤其是同一领域下的相似业务流程，很容易让人产生抽取可变性，整合为基础流程的冲动。然而可变性既不是越多越好，也是不越少越好。共性业务中可变性抽取得太少，业务灵活性就不够，应用范围受到限制，很难支撑灵活的业务变更需求；共性业务中可变性抽取的太多，看似共性业务被广泛使用，实际上是放大了业务差异性，不但加重了业务配置的负担，同时增加了业务维护的难度，牵一发而动全身，业务也更难以演进。只有适度合理的抽取可变性，才能更好地支撑业务的重用。

4.1.3.2 第二阶段：如何进行扩展性建模

扩展性建模如图 4-1-27 所示。

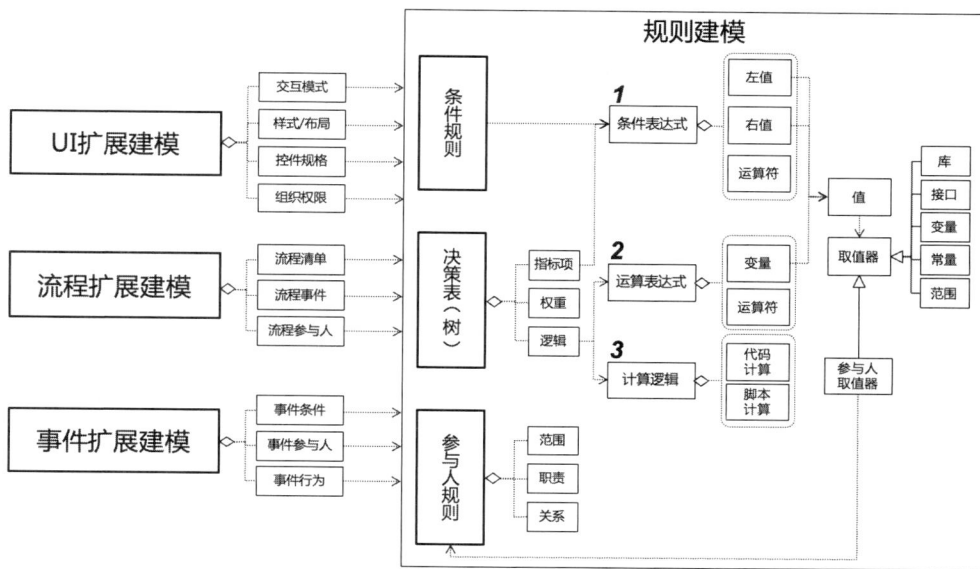

图 4-1-27　扩展性建模

1. UI 扩展建模

"千人千面"的个性化要求首当其冲是在 UI 方面，不同的业务场景、不同的组织单元、不同的终端用户对于 UI 有不同的要求。即便是同一个系统，同一个用户，以不同的角色登录系统也会有不同的交互模式。围绕着 UI 扩展建模我们主要从四个方面考虑。

（1）交互模式

交互体验在产品设计流程中扮演越来越重要的角色。不同的业务对于交互模式的要求越发地专业，许多场景下的交互模式是趋同的。例如：主体/细节模式更适合文件管理；分栏模式比较适合邮件客户端的分组检索；画布模式比较适合图形化的工作，比如工业绘图、流程编辑、图像处理等；向导模式更加适合有步骤的任务处理；驾驶舱更加适合大屏互动的信息呈现。根据不同的场景我们将使用不同的业务交互模式提供业务，如图 4-1-28 所示。

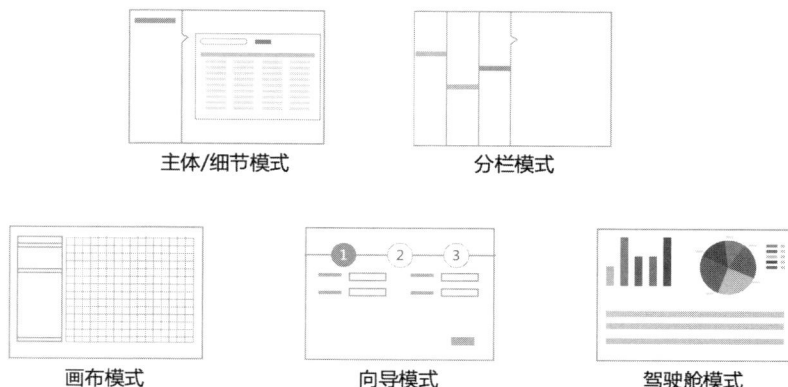

图 4-1-28　交互模式

（2）样式/布局

样式与布局是在交互模式的基础上带来的视觉与操作体验的变革，例如电商多采用红色为主色调代表热情，而科技网站往往采用蓝色为主色调表示稳重。良好的布局模式对于业务执行也有良好的促进作用。而这些变革根据业务渠道、营销策略等不同时期也会适时地发生变化。因此在 UI 扩展建模中，样式/布局是非常重要的一部分。

（3）控件规格

控件上的变化是更加细粒度的扩展性变化，这往往与业务信息/数据模型关联：

- 取值范围的扩展，例如：还款方式可以只提供等额本息一种模式可选，也可以是等额本息、等额本金、先息后本等多种模式的可选列表。
- 数据长度与精度的扩展，例如电话号码、护照号、身份证号等。
- 操作权限的扩展：这个主要体现在业务信息的读写权限、只读权限、不可视权限。操作权限的扩展往往与组织权限相结合使用。
- 校验规则的扩展：如唯一性校验、邮箱规则校验以及结合不同业务场景下的校验规则的组合。

（4）组织权限

在 UI 的扩展建模中，组织的权限主要用于控制与业务信息/数据模型相关的操作权限，包括新增、修改、删除权限，列表中的列读写权限、行读写权限，表单中的控件读写权限等。组织权限在实际建模中总是与规则建模的参与人规则相结合使用。

2. 流程扩展建模

无论是业务流程、操作流程抑或交易流程，为了应对多样的业务可变性，流程将主要从三个方式考虑扩展性建模：

（1）流程清单模式

业务流程是随着业务的发展而变化的，运用 BPMN 描述的流程只能体现一时一隅的业务特点，频繁的变化很难稳定流程过程；而完全自由流程流转又缺乏业务控制的约束力。因此，我们引入动态流程单概念。实时的流程业务将由固定业务环节和可选环节组成。固定业务环节是业务必须按照一定顺序执行的过程，可选环节是根据业务的需要出现在可插入的扩展位置。如图 4-1-29 所示，第一幅图向我们呈现了在固定流程中插入可选环节；第二幅图可选环节根据业务需要可以调整环节执行顺序，能否调整顺序取决于扩展环节的顺序规则；第三幅图呈现了可选环节的关联选择约束，当选择了环节 B 时，在 B 的后续环节中必须出现环节 D；第四幅图呈现了互斥的约束，当选择了环节 C1 时，不可以选择环节 E。

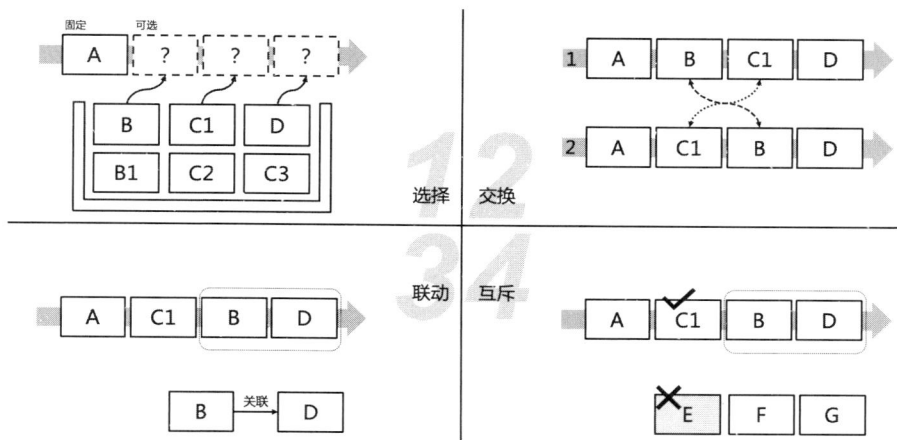

图 4-1-29　流程清单

（2）流程事件

业务流转过程中有许多预制的事件扩展点，例如：流程发起前（后）、流程提交前（后）、环节领取前（后）、任务执行前（后）、事务提交前（后）等；也异常发生时的预制事件扩展点，例如：环节回退前（后），异常抛出前（后），事务回滚前（后）。这些事件切入点提供了业务流程灵活的事件处理扩展建模，具体事件的扩展参考事件扩展建模。

（3）流程参与人

在业务流程与操作流程当中，符合人工干预的业务则需要选择参与人，参与人可以在编排时设定固定参与人，也可以通过参与人规则制定，还可以交由运行期上一环节指定交办人。

3. 事件扩展建模

事件扩展建模不止于事件本身，它包含三个组成部分：

- Event: 事件（Event）是用来描述已经发生的事或者未来可能发生的事。例如：①每天 9 点 30 分沪市、深市开市；②久眠户发生转账交易；③前面提到的流程事件等。
- Party: 事件参与人（Party）是事件发生时参与的组织或个人，这个要素不是必须的，但是在许多场景下事件参与人是不可或缺的，例如："久眠户发生转账交易"时，需要业务主管授权。这里的业务主管就是事件的直接参与人。
- Action: 最后发生事件是我们做哪些响应动作：行为动作（Action）；还是前面的例子，"久眠户发生转账交易"时，不但要主管授权，还需要进行告警通知。告警通知就是一个 Action。在事件建模中，Action 是一个事件的响应，同时也可以产生事件，成为后续事件扩展的开始，如此往复便构成了"事件流"。

4. 规则建模

虽然前面没有提到规则建模，但是我们隐隐约约感到，无论是 UI 扩展建模、流程扩展建模还是事件扩展建模，它们都离不开规则建模（见图 4-1-30），UI 的呈现、操作需要用规则来约束，流程的流转和指派需要用规则来控制，事件的产生以及事件的执行都离不开规则。

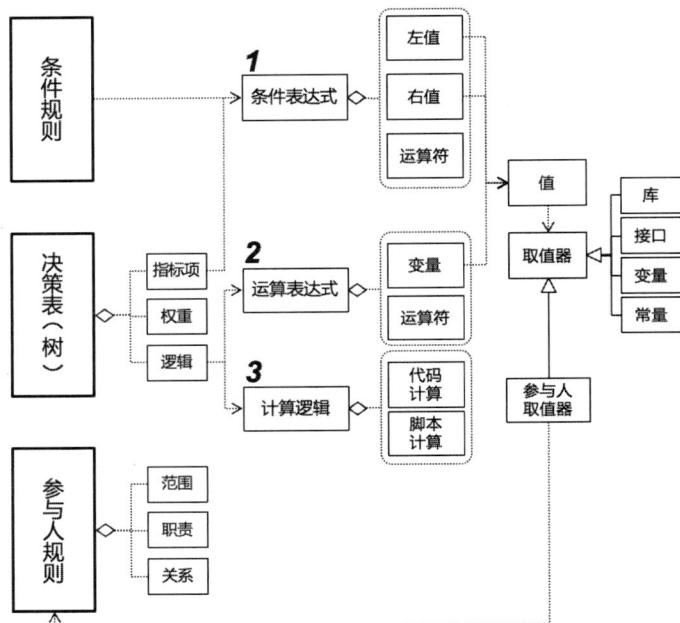

图 4-1-30 规则建模

（1）表现形式

按照表现形式划分业务规则可以分为条件规则、决策表（树）和参与人规则，这是由于应用场景不同导致的。"条件规则"主要用于业务流转控制；"决策表（树）"主要用于事件处理。条件规则、决策表（树）和参与人规则说明如下：

- 条件规则：条件规则通过条件表达式对外提供布尔型条件判断的规则。条件规则一般用于简单的判断场景，例如流程的分支流转等。
- 决策表（树）：决策表是矩阵型的决策规则，包含指标项、权重和处理逻辑。决策表包含多行记录，其中每一行记录都包含用条件表达式描述的指标项，满足条件后的处理逻辑，以及当多行记录满足时本行记录的权重。默认的优先级按照行号先后次序，也可以指定当前规则行的权重。对于结果可以通过首次满足条件的排他选择，也可以是累加的递进模式。决策树是决策表的一种图形化表现形式。图 4-1-31 即为信用合规检查的决策表形式。

P	社保状态	国籍	年龄	结果 合格/不合格
1	未缴纳	-	-	不合格
2	有社保	not (中国)	-	不合格
3	有社保	中国	<30	不合格
4	有社保	中国	>=30	合格

图 4-1-31 决策表示例

- 参与人规则：参人规则是比较独立的一种规则表现形式，通过范围、职责和组织关系明确当前业务所需的参与人。例如："当前操作的交易柜员"、"与交易柜员同网点，并且拥有 XX 级别的授权主管"。

（2）基本组成

将规则进一步拆分，将获得规则的基本组成：条件表达式、运算表达式和计算逻辑。条件表达式是用左值、右值和运算符连接而成的布尔型条件判断，返回值为 true 或者 false，例如：贷款金额>50 万。运算表达式是运用运算符与常量变量连接而成的运算过程，其结果是数值或者字符串。例如：利息=利率×计息周期×计息金额（利息计算基数）。计算逻辑是比较复杂的业务处理过程，无法用表达式体现，因此通过定义扩展接口，然后通过脚本或者程序实现。

（3）取值器

所有的规则最终将通过取值器获得所需的"值"，取值器的表现形式有许多，可以从数据库或缓存中读取值，业务一通过接口或者服务获取值，系统的业务字典、全局变量也是取值的来源。有了取值器之后，对于明确的、不变化的"值"我们可以在定义规则时将其固化在业务规则当中。对于变化的可扩展的值配置我们将留透出为扩展点并在实际业务场景中灵活配置。

4.1.3.3　第三、四阶段：我们有哪些扩展点，需要配什么

扩展是多种多样的，然而我们不能无节制地发散业务，这会使得业务扩展泛滥，使业务人员迷茫且工作繁重。因此，在发散的扩展中，我们要寻求收敛的、聚焦的、可配置的项，这便是我们对扩展点的要求。我们需要尽可能地减少可配置参数的表现形式，通过一致的数据规格或者业务字典进行约束，以便容易理解。下面就来看一下我们有哪些扩展点配置形式。

1. 变量型与赋值

变量型多为字符串类型，在 UI 配置中可以体现为一个标题，或者标签，或者提示信息。变量型也可以作为自定义扩展逻辑的配置方式。

2. 范围型与取值

范围型不仅伴随着范围定义，同时还有数据的长度与精度的约束，对于数值的范围型扩展点，还需要有数据单位的定义。例如：贷款授信额度：最小值= 1，最大值=99,999，货币单位为"万元人民币"。

3. 列表型与"单选/多选"

列表型扩展点选择范围通常是固定的枚举值，其中还款方式包含：

01　自然周期还款

02　指定固定日期还款

03　月底还款

04　实际周期还款

05 到期还款

06 无规律还款

我们可以用业务字典来定义列表型扩展点的枚举值。这些枚举值可以是一些数值产量或者枚举符号，例如上面例子中的01～06就是枚举常量；还可以是对扩展服务命名为业务化枚举组合，例如本地同步授权、易地同步授权、异步授权（非实时授权）。

4. 矩阵型与"数组/优先级"

矩阵型的扩展点配置一般是将决策表整体作为可以配置的扩展点，对待这种扩展配置，我们会形成多种配置组合。对于这些配置组合，我们需要通过业务优先级来进行排序处理，优先使用优先级较高的数据组合。

5. 自定义组合配置

自定义组合用于特定的业务计算规则当中，例如：利息结构条件参数提供了对银行资金来源及资金运用的定价支持。利率条件参数支持固定利率（固定取值）和可变利率（参考利率+利差）。利息=利率×计息周期×计息金额（利息计算基数）。在这个组合的配置下，我们需要把多个参数作为扩展配置项。还可以根据业务场景需要形成扩展配置项。例如：1.正常利息；2.罚息；3.超期复利；4.定期利息；5.转存利息；6.透支罚息。

这里的业务可变性设计是以业务视角为主的信息、流程、规则的设计，更进一步的业务可变性技术的设计将在4.2节业务可变性技术框架中详细阐述。

4.2 业务可变性技术框架

业务的通用性与可变性，需要有技术框架支撑，以便端到端服务能力能够通过配置指定可变化的业务逻辑，能够根据当前场景查找具体实现，保证正确运行。类似传统面向对象多态的概念，但是多态本身比较简单。下面我们介绍这个框架的基本原理。

4.2.1 技术框架解决可变性问题

我们在软件开发中，经常遇到这样的故事：项目中接到一个营销活动的需求：在用户付款完成后，如果用户是首次购物，那么送用户一张5元优惠券。开发同学看到这个需求后，什么都没想，就开始在订单支付结果确认的接口里面，开始使用if条件编写实现这个需求的代码，if用户是第一次购物，那么调用发放5元优惠券的接口，然后提交代码、部署上线。很快，另一个营销活动的需求也提过来了，活动需求是针对会员促销活动，如果用户是会员，用户付款完成后就赠送10元优惠券；如果不是会员，那么只送1元优惠券。这位开发同学继续使用if-else逻辑编写代码，if用户是会员，那么送他10元的优惠券，else，送他1元优惠券。随着营销活动的不断增加，各种优惠券赠送的业务规则越来越多。这位开发同学只能继续增加

if-else 条件判断处理，完成的对应的功能开发任务。

类似情况会有很多，产生的代码对于后续维护来讲，简直是灾难。很多情况下后续的功能升级经常另起一个分支，以免修改代码后对原有的功能产生影响。这也是为什么代码重构中，往往从 if - else 入手的原因。

通过这个故事我们不难看出，在当前面对业务变化进行的处理，很容易就会采用 if-else 这种处理方式实现。使用 if-else 的处理方式，有着一定的作用，即在业务规则简单、业务变化频率不高的情况下，它确实能够快速支撑可变性及对代码的重用，但是对于讲究柔性的可重用业务来讲，if-else 这种方式难以支撑可变性。

如果我们在业务中台建设上，仍然靠 if-else 这种方式满足可变性和重用，那么可能业务中台的建设过程会变得尤其漫长并且成效甚微。一方面由于 if-else 这种方式不够灵活，在应对复杂业务规则上，只能采用多层嵌套，业务规则变化后，在代码维护上牵一发而动全身，往往需要大量的改动；另一方面，if-else 方式对外不透明，用什么数据对象、用哪个字段、判断条件是什么等用于规则判断的要素仅仅停留在代码层面，不仔细看代码并跟着代码逻辑思考，无法知道到底都存在哪些业务规则。

我们需要一个技术框架，让可重用组件既能够满足通用性需求，又能够透明地定义可变性，同时还能像 if-else 这样灵活适应各种场景。

1. 技术框架需要满足可重用能力的柔性要求

在业务中台的建设上，如同软件生产要求可重用一样，需要实现其柔性，所以业务中台的技术框架很重要的一点就是如何满足柔性的要求。技术框架要满足业务中台的柔性，一方面需要适应变化，另一方面需要基于柔性的基础上满足个性化。

在适应变化这一点上，首先很重要的一点是要做到透明化。透明化是指我们能够将可重用的、标准化的组件以及各组件所关联的可变性做到自动透出，以便于业务进行个性化定义。如同前面提到的用户付款业务，由于实际的业务要求，增加了赠送优惠券的功能，并且在不同的场景下，赠送优惠券的规则以及赠送优惠券的额度是完全不同的。以前在用户付款存在优惠券赠送的功能，这些功能在哪些地方实现，只有开发人员才知道，产品经理是不知道具体实现方式及逻辑，更别说有什么优惠券的规则和可配置的地方，这样显然没法做到是适应变化。

透明化就是要让这些一直隐藏在代码中的组件及其可变性能够被发现、被知道，作为一个可重用的组件透出使用。如果大家都知道在用户付款后存在赠送优惠券的功能逻辑，并且赠送优惠券的规则以及赠送的额度都是可变的，那么只要后续有用户付款后赠送优惠券的各种需求，都知道在哪里进行定义及改动了。而个性化即是在透出的可重用组件基础上，能够根据自身实际需要，按照技术框架在重用上提供的标准重用与可变点使用模式下，实现组件重用及可变点定制。如前面优惠券发放的例子中，当前已经提供了一个用户付款组件，并且里面包含了赠送优惠券的功能，赠送优惠券可变性包括优惠券赠送的规则以及优惠券额度。

当一个新的营销活动开展后，如满 300 返 100 活动，产品经理就能够知道需要重用用户付款这个组件，并且按照满 300 返 100 的营销策略，定制这个满 300 返 100 的营销活动赠送优惠券的规则是：当订单金额大于或等于 300 元后，赠送 100 元优惠券。如果另一个营销活动需求发起后，可以根据实际业务需求，对用户付款组件再次自行定制使用即可。

所以，结合以上的关于中台技术框架的说明，为中台定制的技术框架通过对透明化与个性化的支撑，满足中台软件柔性的要求。

2. 技术框架需要满足技术平台无关性

在众多的金融企业的 IT 建设上，我们不难发现会有多套技术平台的存在，而这些不同的技术平台分别支撑着金融企业的各个关键系统建设及运行。在金融企业向中台架构转型的过程中，很难将所有的系统以某一个技术平台为基础进行重构，所以这就要求我们的业务中台技术框架必须能够兼容不同的技术平台，做好技术平台无关性。虽然是技术平台无关性，但并不意味着在各技术平台的使用上，不需要进行任何的改变，技术框架的通用性是要建立在统一的技术规范上，因此也要求技术平台需要配合进行一定的改造，以适应中台技术框架的运用。

4.2.2 从技术框架角度看可变性

在业务中台的建设上，可变性是我们关注的重点，要实现对可变性的支撑，首先我们需要从技术框架的角度去分析，在业务中都存在哪些可变性，如何应对这些可变性。

1. 分层架构演进带来可变性变化

采用业务中台建设的系统，在架构设计上对应用架构分层是我们优先考虑的问题。架构分层的目的是通过关注点分离来降低系统的复杂度，同时满足单一职责、高内聚、低耦合、提高可重用性和降低维护成本。而随着我们的应用架构从单体的垂直应用，到面向服务的 SOA架构，再到当前业务中台的应用架构，随着每一次分层架构的演进，都会带来了新的可变性。分层架构的演进如图 4-2-1 所示。

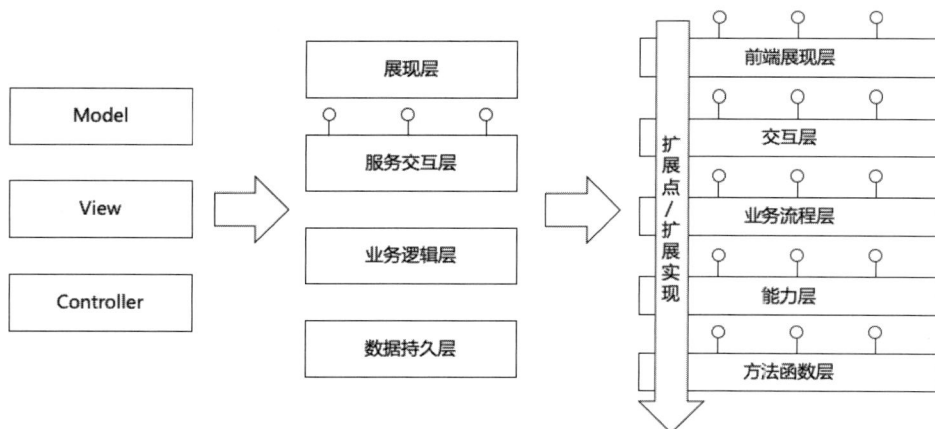

图 4-2-1　分层架构演进

- 在单体应用的建设上，采用 MVC（Model-View-Controller）的三层架构，虽然 MVC 分层架构能够实现功能模块和显示模块分离，但是却增加了系统结构和实现的复杂性，并且层级之间连接过于紧密，各层之间耦合度过高，几乎没有什么可变性而言。

- 为了实现各层之间的松耦合，慢慢更多地应用架构从原来的 MVC 三层架构转向以展现层、服务交互层、业务逻辑层、数据持久层为主的四层架构。在四层应用架构中，以服务交互作为其核心，所以可变性主要集中在服务交互层。
- 而在业务中台中，我们从四层架构的设计思路上，加入了对中台的思考，从前台与中台支撑两个维度出发，按照前端展现层、交互层、业务流程层、能力层、方法函数层进行划分，对于从中台软件柔性的角度来分析，分析其可变性。

2. 扩展点的设计

前面讲到在中台应用的分层中，每一层都应该具备其可变性，那么由各模块可变性中的可变点，提供出来可以实现可变扩展地方，称之为扩展点。而针对扩展点的具体实现内容，称之为扩展实现。例如前面的用户付款上，是否发送优惠券这个可变性上，发送优惠券即是其扩展点，具体发送优惠券的操作，如新用户就发送 5 元优惠券，即是扩展实现。一个扩展点存在一个或多个扩展实现，并且在执行过程中可以按具体业务要求装配多个扩展实现，执行多个扩展实现逻辑。

另外，经过对多种业务场景下可变点的分析，我们发现，在实际的业务场景中，一个可变点往往会产生多个扩展点来满足可变性要求，并且在扩展点之间存在互斥与关联的关系。互斥意味着扩展点之间存在排斥，扩展点 A 的使用选择，会导致扩展点 B 无法使用。关联意味着扩展点之间有强依赖关系，扩展点 B 是否可用取决于扩展点 A 的使用选择。这里我们以用户认证为例进行说明（见图 4-2-2）。

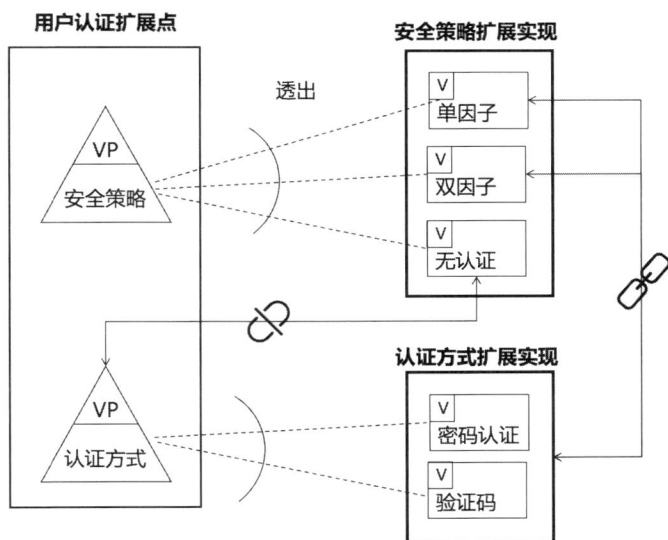

图 4-2-2　用户认证扩展点示例

在用户认证上，可以透出两个扩展点，一个是对用户认证安全策略，到底本次交易中用户认证是不需要安全验证，或者是单因子验证还是双因子验证，另外一个扩展点则是用户验证方式。所谓单因子验证，即只需要一种用户验证方式通过即可完成用户认证，而双因子验证则需要两种用户验证方式通过后才能完成用户认证。但是我们会发现在用户认证这个可变点上，如果在用户认证安全策略这个扩展点上，选择不需要安全验证的话，则认证方式这个扩展点没有过多的定制意义。而如果使用双因子或者单因子的安全策略，那么必须对认证方式进行扩展实现的选择。

3. 页面展现可变

页面展现是作为系统业务功能对外的直接展示方式，对于在页面展现上的可变性，其实就是要满足针对各前端 UI 页面在不同业务场景下，能够呈现不同的页面渲染效果的要求。我们以普通商品与海淘商品购买场景为例：

- 原本在普通商品订单下单页中包括收货信息、购买的商品信息、订单信息等基本信息。
- 但是如果该商品是海淘商品的话，则在下单页面中还需要增加身份证信息与服务协议。
- 海淘商品下单页面金额显示区域增加显示税费。

从订单下单页面的例子来看，在页面的展现上包括组合方式扩展、展现信息扩展、数据扩展的可变扩展。页面展现是通过对各个控件渲染的方式及内容进行定制，包括控件的位置、控件字体样式、控件颜色、甚至包括控件所展示的内容等。在展现信息扩展上，由各展现组件提供相应的扩展，例如菜单按钮组件的图标、字体颜色、字体内容等，可以根据个人信息及个人偏好进行展现。在数据扩展上，当从服务接口中获取数据后，能够根据实际的数据权限上下文，控制数据的呈现，如税费显示。

在技术实现上，以目前较为主流的组件化方式来支撑页面展现可变实现，如 Vue.js、React.js 等支持组件化的技术。组件提供了一种抽象，让我们可以使用独立可重用的小组件来构建大型应用，通过组件的嵌套或组合来渲染。页面展现可变示例如图 4-2-3 所示。

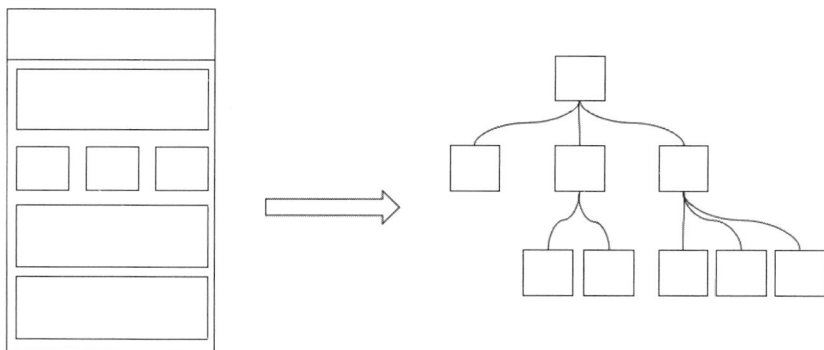

图 4-2-3　页面展现可变示例

组件大致上可以分为三类，页面级别的组件、可重用的基础组件以及与业务无关的独立组件。以 Vue 为例，组件化是 Vue 的精髓，Vue 的开发就是由一个一个的组件构成的。在 Vue 中组件是最强大的功能之一，它可以是可扩展的 html 元素，可以是封装可重用的代码，可以是 Vue 页面中的实例，也可以是接受相同的选项对象并提供相同的声明周期钩子。

我们采用组件化的设计思路，组件以独立的定义文件进行组件实现以及扩展定义，并且在实际的交互页面中，通过组件引入的方式将组件作为页面可使用的元素，在页面中进行使用以及个性化定制。

4. 客户交互可变

客户交互可变包含页面流转可变以及用户操作可变，我们能够根据用户交互过程的上下文计算交互的流程以及相关操作。例如针对不同的贷款的页面流程：①秒贷只需要申请贷款页、签约页以及确认页即可完成贷款。②而税易贷需要申请贷款页、个税证明页、签约页以及确认页才能够完成相应贷款流程。在秒贷和税易贷的页面流程流转上的区别是在申请贷款页是否需要操作个税证明，所以在页面流转上，我们通过对一个完整页面流转的全过程页面定制，形成一套前端技术框架解析的页面流转配置，在前端触发开发指定业务时，获取该业务的页面流转上下文信息，在交互过程中按照上下文执行页面流转。

而用户操作这一方面，往往是我们针对用户交互的可变性上会经常忽略的，例如同样是申请表填写，不同的业务上下文中，表单所需要填写的字段存在差异，表单输入的完整性校验方式标准会有所差异，并且提交表单成功的提示信息也需要根据业务场景不同而显示不同的成功信息。

5. 业务流程可变

在业务流程的可变性分析上，我们需要围绕两个关注点：流程参与者与流程活动。

（1）流程参与者可变

先从银行水电费缴费业务场景分析：银行的水电缴费业务原本只针对本行的储蓄卡用户提供，但是为了能够扩大业务的用户量，水电缴费业务面向的客户群体可以灵活地调整为实现对接他行储蓄卡的用户，甚至可以是在柜台或前台的无卡缴费用户。对于流程参与者，需要根据实际的业务需要适应可变。同样的业务流程，对于参与者需要能够根据业务需求的变化进行快速变化调整。

（2）流程活动可变

流程活动可变。分析业务流程活动可变性前，首先回顾一下 ATM 机转账机制的转变：原来在银行 ATM 机转账到他人银行卡的业务流程上，当用户转账操作完成以后，会即时执行他人银行卡转账的动作。但是为了防范各种诈骗行为的转账操作，根据新的银监会要求，对于 ATM 机向他人银行卡转账的，需要 24 小时以后才能到账，24 小时以内是可以撤回转账操作的。从这个 ATM 机转账到账的机制变更来看，其实是我们在业务流程中的活动行为也是可变的。

（3）规则扩展实现

通过规则扩展实现支撑流程参与者与流程活动可变，通过规则的定义指定获取流程的参与者以及流程活动的具体执行行为。在规则扩展实现上，通过四个维度的要素来组成，包括规则匹配要素、匹配规则、规则行为以及规则事件。匹配要素是用作规则匹配的信息元素，如缴费的用户来源与转账渠道。匹配规则是基于匹配要素进行匹配的规则，如用户是本行或非本行客户、转账渠道为 ATM 机。规则行为是具体的操作行为，如获取具体的流程参与者计算、转账执行行为（即时到账或 24 小时后到账）。规则事件则是基于业务规则转化的，通过匹配规则与规则行为组合产生。

在规则扩展上，匹配要素的数据来源可以根据实际的使用场景而定义，数据来源可以是中台系统定义的业务字典，可以是各应用系统处理所定义的常量，可以是某个数据库表中的指定字段，或者从请求处理的上下文中获取。规则扩展总体设计如图 4-2-4 所示。

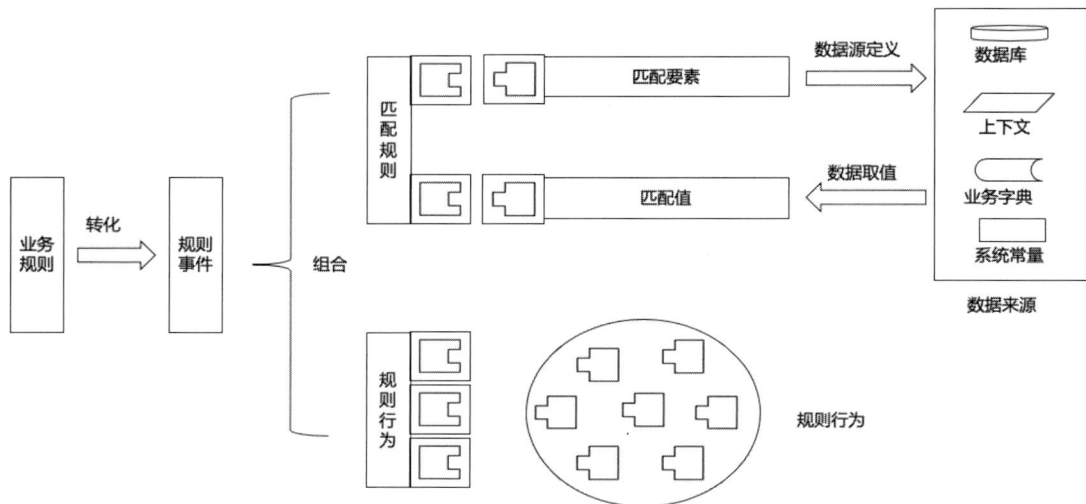

图 4-2-4　规则扩展实现

6. 数据模型可变

在数据处理上，其可变性主要体现在两个方面，数据持久化可变与数据查询结果可变。

（1）数据持久化可变

当我们在做数据库表设计的情况下，如果所存储的业务数据模型是固定的，我们比较容易按照实际业务的所有字段信息进行表设计，但是随着业务的不断增加，往往会遇到一些当前的数据库表无法完整存储所有信息的情况，所以在数据持久化上，必然存在其可变性。针对数据持久化的可变，主要是通过数据存储模型可定制化来实现。我们以订单表的存储为例，订单可以分为商品订单与缴费订单，根据业务的不同，订单的存储模型分为了商品订单模型与缴费订单模型，通过对订单模型定制并且使用，能够按照指定的存储模型进行数据持久化。

较为常用的是横表模式，即在一张数据库表中会预留很多扩展字段，作为后期字段扩展使用。扩展字段在使用上大概会分为两种，一种是扩展字段的含义是固定的，比如说 ext1 字段代表优惠信息、ext2 字段缴费类型等，另一种是根据当前行数据的类型而改变，例如如果本行数据是商品订单类型，ext1 字段代表优惠信息，但如果本行数据是缴费订单，那么 ext1 字段代表缴费类型。与横表对应的还有纵表，即通过额外的表记录扩展的数据，通过主表中的唯一 ID 在扩展表中记录扩展信息，扩展表中的字段主要包括 ID-Key-Value 三个，通过唯一 ID 存储扩展的数据。除了宽表与纵表，数据存储扩展上还可以使用拉链表等其他数据存储扩展方式，这里就不一一展开描述了。

（2）数据查询结果可变

数据信息存储后，另一个重点即是数据呈现，如前面提及的订单信息，根据业务场景的不同，能够获取指定的查询结果，所以在查询结果上需要可定制化。查询结果定制化实现需要实现查询条件定义以及结果集定义。

尽管商品订单与缴费订单所提供的查询条件必然存在差异，但是由于两者都属于订单模型，所以在存储上不会存在太大的差异。因此实现查询条件定义与结果集定义，一方面需要对查询条件中的参数与数据库表中相关的字段映射进行定义；另一方面需要对实际所需的结果集中的参数与数据库表中相关字段映射进行定义。后续在查询 SQL 执行以及查询结果集转换上，能够根据相关的定义信息进行组装。

7. 可变性的标识：业务身份

从技术框架的角度分析，我们存在以上所说的可变性，但是在运行的过程中，我们还需要根据上下文计算执行对应的可变。针对不同的业务，我们需要有对应的可变性定制，所以在技术框架中需要一个区分业务的唯一标识。这个用来区分业务的唯一标识像我们的身份证编号一样，一个身份证编号仅仅可以用来识别这个身份证编号所指的是那个人，不可以同时存在两个人拥有同样的身份证编号，所以我们参考身份证编号的设计，定义这个用来识别业务的唯一标识，叫作业务身份。

一个业务所使用的业务身份在所有业务标识中必须是唯一的，它们分别代表着两个不同的业务。例如前面提到的商品交易与费用缴纳，就是两个不同的业务，那么就应该使用两个业务身份进行识别。在具体的实现中，我们用 BizCode 来作为业务身份的存储字段，使用字符串作为其类型，并且区分大小写，例如商品交易的业务身份是 Goods-transaction，费用缴纳的业务身份是 Fee-payment。

8. 垂直业务与水平业务

前面提到我们使用业务身份来作为可变性使用的标识，而对于可变性使用的定制，我们以垂直业务来进行划分，如商品交易、费用缴纳等均是垂直业务。而在业务场景中，我们发现时常会有红包的奖励，并且红包能够在不同的业务中用于金额抵扣。再如，由于监管要求的提升，在用户进行银行业务时，如果是久眠户的话，需要增加操作审核的活动。对于红包与久眠户审核这类对于所有业务都适用的业务，我们称之为水平业务。垂直业务与水平业务的关系如图 4-2-5 所示，垂直业务之间是相互隔离的，但是水平业务可以被水平业务所使用，这里的使用我们称之为叠加，因为更像是在完整垂直业务上，叠加水平业务对垂直业务进行改变。同一个垂直业务可以使用多个水平业务，例如既可以使用红包，也可以同时使用久眠户审核。

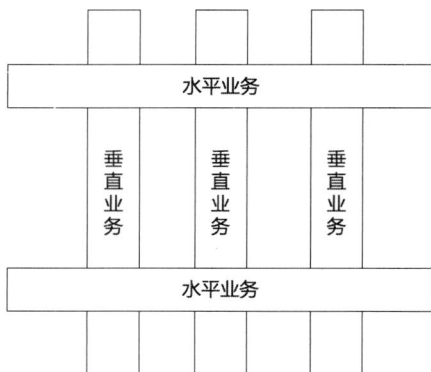

图 4-2-5 垂直业务与水平业务

（1）垂直业务

垂直业务是不同的业务领域，领域与领域之间的业务规则、业务要求往往存在很大的差异，甚至是相互矛盾的。例如在银行个人贷款业务上，经营性贷款与消费性贷款这两种个人贷款业务存在比较大的差异，在业务流程上各环节的业务处理也会大大不同。所以，每个垂直业务根据业务需求以及业务规则，形成对应的一套组件重用以及可变性定制的组合配置，并且在执行过程中实现隔离。对于垂直业务而言，使用业务身份对垂直业务进行定义与标识，每个垂直业务都拥有其唯一的业务身份标识。

在垂直业务的定制中，为了更好地对垂直业务中的业务流程进行规划及定制，我们以场景来区分不同业务流程活动。例如在商品交易业务流程，分为购物车、下单、支付、确认收货等场景，各场景可以按照实际的功能需要再进行针对性的定制。通过场景对垂直业务流程进行细化，一方面能够清晰明确该垂直业务中所包含的各个场景是哪些，另一方面能够在个性化业务定制上更加聚焦以及能够进行场景隔离。

（2）水平业务

有这样的需求，订单中包含部分电子虚拟商品的交易，如电影票兑换码、视频网站会员兑换码等的电子凭证，需要用户在下单的时候，必须设置通过手机验证码的方式验证用于接收定电子凭证的手机号是否可用，用户后续的兑换码发送以及使用后的核销；还需要将订单拆成多个子订单，方便后续子订单的核销。通过对这个需求的研究分析，我们发现电子凭证并不是一个垂直业务，因为在不同的垂直业务上都有可能需要使用到电子凭证，并且如果使用了电子凭证，部分业务的业务规则，如拆单规则需要按照电子凭证进行，所以这种对垂直业务中一些既定的业务规则产生变更影响，并且可以同时被多个垂直业务所使用的业务，即是前面所说的水平业务。

（3）冲突产生及冲突调解

垂直业务叠加水平业务后，会产生重叠之处，如果垂直业务与水平业务针对同一规则或者同一扩展点都存在自己的定制，那么这个重叠处就会产生冲突，例如同样是订单拆单的逻辑，原有的垂直业务是不需要进行拆单的，但是电子凭证这个水平业务是必须要求拆单的，垂直业务叠加后，在业务执行过程中到底是要拆单还是不拆单，如果没有特别指定，代码是不会知道怎么执行的。因为在真正的业务执行过程中，在计算过程中垂直业务与水平业务两套规则都是能够作为计算的条件，到底是按照垂直业务配置执行，还是按照水平业务配置执行，我们的程序是没有办法知道的（当然也可以强制按照水平业务或者垂直业务优先来处理），所以针对这样的冲突，我们就需要进行冲突调解。

冲突调解的意思需要为业务执行过程中针对叠加产生的冲突指定其具体的执行目标。在上面提及的例子中，叠加电子凭证后，针对订单拆单逻辑，要指定在这个垂直业务执行上，使用水平业务提供的订单拆单处理。订单拆单的冲突调解完成后，在业务执行上，就会按照电子凭证提供的订单拆单逻辑进行处理。整体的概念模型如图 4-2-6 所示。

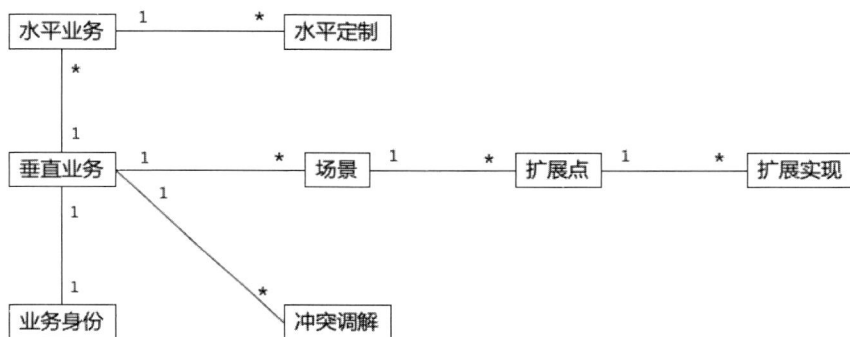

图 4-2-6　拆单概念模型

4.2.3　技术框架的运行机理

1. 以插件模式实现运行上的热插拔

可变性加载有三种基本方式，我们参考软件产品线方法理论，支撑可变性实现的技术主要包括如图 4-2-7 所示的三种基本方式。

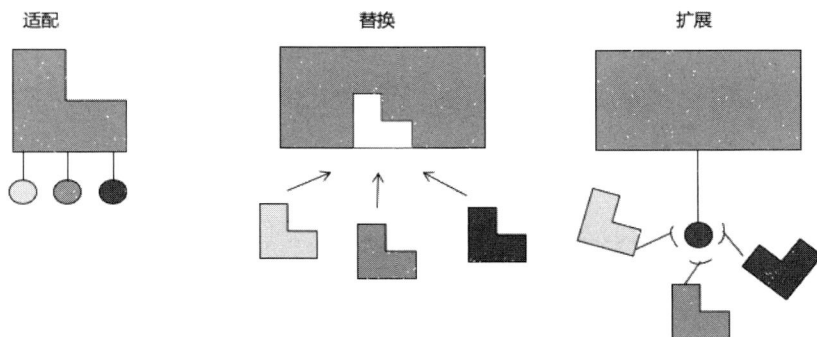

图 4-2-7　可变性实现技术

- 适配（Adaptation）：该方式实际上是通过我们在开发中常用的设计模式——适配器模式来实现的。适配器模式目的在于实现将一个接口转换成目标使用所需的另一个接口，使接口中原本不兼容的相关类可以共同执行。其原理是通过增加一个新的适配器来解决接口不兼容的问题，通过适配器的转换，使得原本没有任何关系的类可以协同工作。在程序执行可变点的过程中，通过可变点适配器将可变实现进行转换，再执行转换后的可变实现，以此来支撑可变性。

- 替换（Replacement）：如上图中所示，可变点如同一个缺口，必须填充并且只能选择其中一个可变实现进行填充，才能让整个功能逻辑变得完整。即在可变点执行上，必须执行某一个可变实现，并且通过替换不同的可变实现，影响可变点执行结果，从而来满足可变性要求。该可变性实现方式可以参考单例模式，在执行过程中，某个类只能生成一个实例，该类提供了一个全局访问点，以便外部获取该实例。

- 扩展（Extension）：顾名思义，扩展实际上就是对原有功能的额外延伸，能够在满足原有功能需要下，根据不同使用场景，额外通过扩展装配方式，来丰富原有的功能。例如，在交易过程中，我们必须对用户进行认证，根据安全性要求，在不同安全性要求场景需要不同级别的用户认证方式，那么用户认证方式包含了可变性。在正常的交易场景下，使用手机验证码验证即可完成用户认证；在大额交易场景下，除了手机验证码认证外，还需要使用身份证识别完成用户认证。

以上三种方式都可以用于可变性的技术实现，但第三种扩展的方式使支撑可变性实现更加灵活。一方面，通过扩展的方式，可以解决替换方式下单一的选择模式，丰富原有的功能，并且可以实现多种的扩展功能组合使用形式；另一方面，通过扩展制定统一的规范，指导可变实现的落地，解决需要进一步适配转换过程。

2. 插件模式实现扩展可插拔

我们采用插件（plugin-in）模式来管理扩展，插件模式扩展方式和普通对象扩展方式有所不同，插件式扩展可以发生在软件外部。插件模式的好处是能够让我们动态地对功能进行增加或删除，任何人都可以对应用进行功能上的扩展，而不用改变应用本身的代码以及运行流程。如我们熟知的 Eclipse、Chrome 等软件，都是插件模式使用的优秀代表。插件模式在具有反射机制的语言（如 Java）中可以充分发挥其优势，因为工厂可以动态构造实现对象，而无需在编译时就与实现类存在依赖关系。通过插件式扩展，可以将新扩展以一个单独的组件包作为独立的单元加入到应用软件本身，而软件本身不需要重新编译、打包，甚至可以通过在运行过程对组件包中的文件进行装载读取与卸载移除，实现热装载与热卸载，做到即插即用、即拔即停的效果。

3. 服务端可插拔

以 Java 应用为例，在使用插件模式情形下，扩展在功能主程序中以接口的形式提供，在组件包中进行接口实现，组件包中必须包含接口实现类以及接口实现说明的配置文件，配置文件找那个必须包含接口名到实现类的映射，用于后续接口实例反射。在应用处理上，设置指定某一个文件目录作为应用的组件包存放目录，对其进行监控。当有新的组件 jar 包增加时，应用对 jar 包中的接口实现说明配置文件以及接口实现类进行装载读取，在缓存中存储，完成热装载。在不重启应用的前提下，当功能主程序中需要实例化组件包的接口实例时，根据配置文件中的接口，实现类映射信息进行实例反射实例化，提供给主程序使用。当该组件包停用时，将组件包从目录中移除，组件包移除后，应用从缓存中删除该组件包的相关内容，完成热卸载。

4. 部署模式

在应用部署模式前，首先需要先对部署单元进行说明。通过前面对可变性技术实现以及技术框架运行机理分析，在业务中台中的部署组成单元包含主应用、业务扩展包、能力扩展包。主应用即能力中心提供的可部署运行的应用，主应用中包含该能力中心提供的各项基础服务。能力扩展包是针对能力中心的扩展点提供对应的扩展实现，一个能力中心实际的建设需要可以具备多个能力扩展包。业务扩展包是由业务方根据业务需要提供特有的扩展实现以及对业务的定制文件，不同的业务需要提供对应的业务扩展包。

为满足能力中心服务的横向扩展要求，在部署上通过多个部署实例对能力中心应用进行部署，部署实例可以是多台服务或者是多个 docker 容器，能够满足后续弹性伸缩的要求。多个部署实例以共享服务的方式使用一个共享配置中心。而业务扩展包以及能力扩展包作为单独的部署单元，部署在共享配置中心中，通过对业务扩展包或能力扩展包进行添加或删除，实现部署与卸载；通过在共享配置中心上对相应的业务扩展包或能力扩展包变动，实现业务或能力的热插拔。因此，中台服务端的部署模式如图 4-2-8 所示。

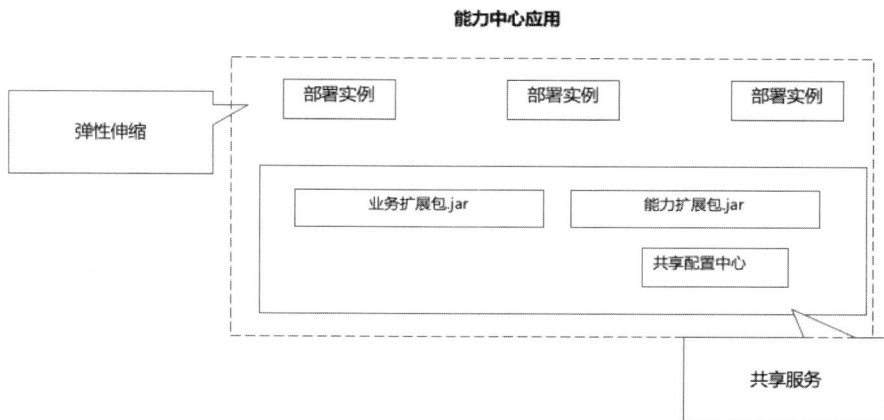

图 4-2-8　中台服务端部署模式

5. 小结

本节介绍了支撑业务中台可变性的技术框架，这个技术框架不依赖于具体实现模式，能够兼容多种流行的编码框架。从技术框架的角度，以扩展点以及扩展实现作为对可变性的定义与使用，并且针对页面展现、客户交互、业务流程、数据呈现可变性以及实现方式进行分析，以业务身份作为可变性的使用标识。技术框架通过对垂直业务与水平业务两个维度对扩展点的使用进行定制，各垂直业务间实现隔离，互不干扰，而垂直业务可以叠加多个水平业务来满足对垂直业务的业务规则变更。如在垂直业务叠加水平业务中产生冲突，需要冲突调解来为产生冲突的扩展点指定使用方式。在运行上，通过插件模式实现可变性加载的扩展方式，并且在部署上以共享配置中心部署业务扩展包与组件扩展包来实现热插拔。

4.3 业务中台关键设计

4.3.1 产品中台，产品工厂在业务中台的实现

产品中台负责金融产品研发全生命周期的流程，核心是如何灵活定义产品，同时提高软件实现的可维护性。这里我们探讨一下如何用业务中台框架实现传统产品工厂，在提供灵活产品定义能力的同时，提高应用的可维护性，解决传统工厂面临的这个老大难问题。

首先，重复一下产品的基本概念：单项基础产品（传统产品工厂称之为部件），表示一个具体业务特征的组件（也就是一个功能），这个功能有自身特定的属性（传统产品工厂称之为元件）；基础产品，是单项基础产品的组合，基础产品进行实例化（也就是确定了相关的参数）就形成了可售产品；可售产品，就是通过渠道可以销售给客户的产品；可售产品根据基础产品的定义，由多个单项可售产品组成，每个单项可售产品就是对单项基础产品（部件）的属性配置了具体参数。多个可售产品可以组成套餐。对于基础产品来说，单项基础产品可以分为必选和可选两种类型。这里可以看出，可售产品分为单项可售产品、可售产品套餐和客户定制可售产品这三种类型。为了方便管理，可以把产品归集到产品线、产品组中。产品概念模型如图 4-3-1 所示。

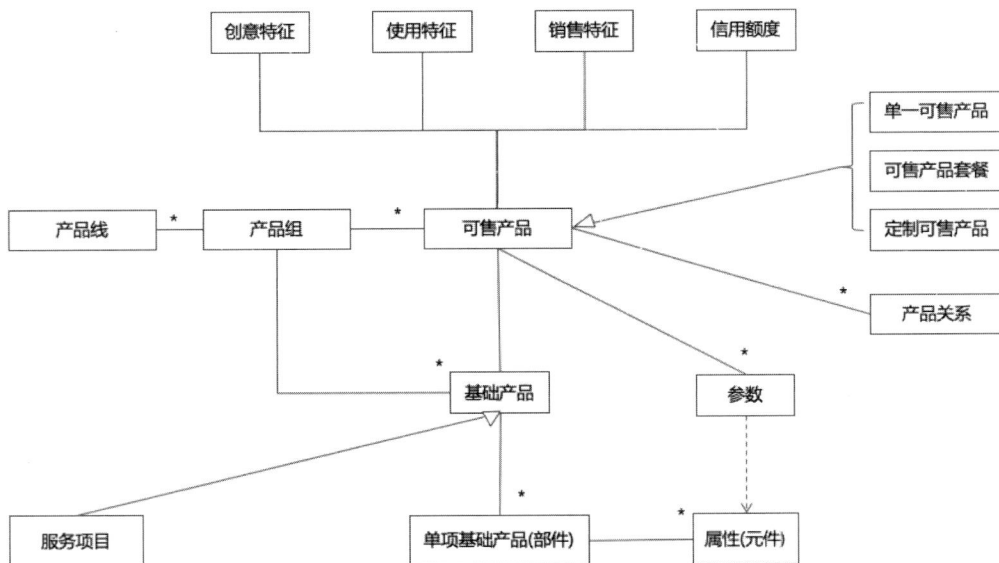

图 4-3-1　产品概念模型

例如我们可以设计一个贫困地区个人助学贷款产品，这是一个可售产品，它基于一个贷款的基础产品，这个基础产品包括通用贷款、借方结算、正常还款、提前还款、助学贷款几个单项基础产品，对贷款产品中每个单项基础产品的参数进行实例化，就形成了可售产品，包括

通用贷款（贷款本金 0~20 万，手续费 0.01%）、借方结算（央行基准利率，下浮 40%）、正常还款（还款方式等额本息、利随本清）、提前还款（违约金：按贷款总月数、已还款月数、提前还款金额基数三项计算缴纳）、助学贷款（时长最多 2 年）。产品工厂中属性（元件）是产品定义中比较复杂的，考虑属性（元件）需要从种类、用途、计算方式、风险控制等几个方面进行考虑。从种类看，有字典结构（例如还款方式，01 自然周期还款……）、范围结构（例如分配比例，0~100）、表格结构（例如 20 万以下，手续费 0.2%，20~100 万，0.15%……）；从用途看，有计算类、规则类、效验类；从计算方式看，有利息参数（例如正常利息、罚息、定期利息……）、佣金参数（例如工本费、认购手续费……）。

1. 产品工厂基本概念与业务中台技术框架的关系

分析产品工厂的使用场景中，我们来确定产品工厂与业务中台技术框架之间的关系：从软件实现角度看，实现一个金融产品可以分成产品流程、交易流程（能力）、方法/函数、扩展点、扩展实现这五个层次。①产品流程表示产品在运营过程中信息流转的过程，它是一个抽象的业务流程，并不是一个可执行的流程，而是表示信息在产品流程中各个活动之间流转的关系；②产品流程中的每一个活动对外提供一个或者多个交易，每个交易由一个交易流程（能力）完成，例如放款与计息对外提供的是分别是放款交易流程与计息交易流程。之所以有多个交易的情况，是因为同一个活动可能有几个关联的交易组成，例如同一个业务正常处理和异常处理不同，有两个交易流程，从实际使用看来是两个交易。这种模式是设计中经常出现的，不影响我们对实现原理的说明；③交易流程是由若干个方法/函数所组成的，完成一个运算逻辑；④每一个方法/函数对外透出若干个扩展点，这些扩展点类型包括行为扩展、规则扩展等方式；⑤每个扩展点可以有对应的实现，这些实现可能是一个自定义的函数，实现行为扩展，也可能是规则的默认值；⑥扩展点需要由使用者进行配置，形成实际使用的可售产品。但是，由于扩展点很多，管理起来不方便，因此需要为一组功能相关的扩展点建立一个分类，就是扩展主题，例如超期还款就包括是否部分自动收取、现金超期还款、超期还款留存限额等扩展点。

把产品工厂的概念与业务中台技术框架的概念进行关联，就可以建立业务与技术实现之间的映射关系，便于代码提高具体技术实现的可维护性：

（1）可售产品就是一个树状结构，子节点是一个单项可售产品，每个节点都具备特定属性，而基础产品、单项基础产品是这些节点的元模型。

（2）每一个产品都会存在若干个交易步骤，因此基础产品实际上对应的是一个产品流程，例如在个人贷款产品中的产品流程为开发、放款、计息、还款。而产品的具体操作流程是由各个渠道负责实现，各渠道根据对产品的使用情况，提供相应的渠道流程进行产品执行。

（3）基础产品由若干个单项基础产品（部件）所组成，部件实际上是一组元件的集合，因此部件对应的是扩展主题，其目的是通过将部件中一堆元件组成起来更加方便使用。例如放款部件对应的是放款扩展主题，在账户处理的方法/函数中透出了放款方式的扩展点，其扩展实现包括自主放款、受托放款、间接放款、放款方式以及其扩展实现。

（4）单项基础产品（部件）的属性，或者元件，就是部件的可变性。因此元件实际上对应的就是扩展点，元件所配置的实际参数或具体值对应的是扩展实现。元件扩展点一方面可以是行为扩展，例如放款处理行为；另一方面，这些扩展点可以是规则扩展，例如结息部件中的利息计算方法与计算规则。规则扩展参数往往通过规则扩展体现出来，规则扩展有简单规则（例如字典结构属性、范围结构属性），有决策表类型规则（例如矩阵结构属性、表格结构属性）和数据来源型规则。

因此，我们就把产品工厂的定义与软件的实现关联了起来。如图 4-3-2 所示。

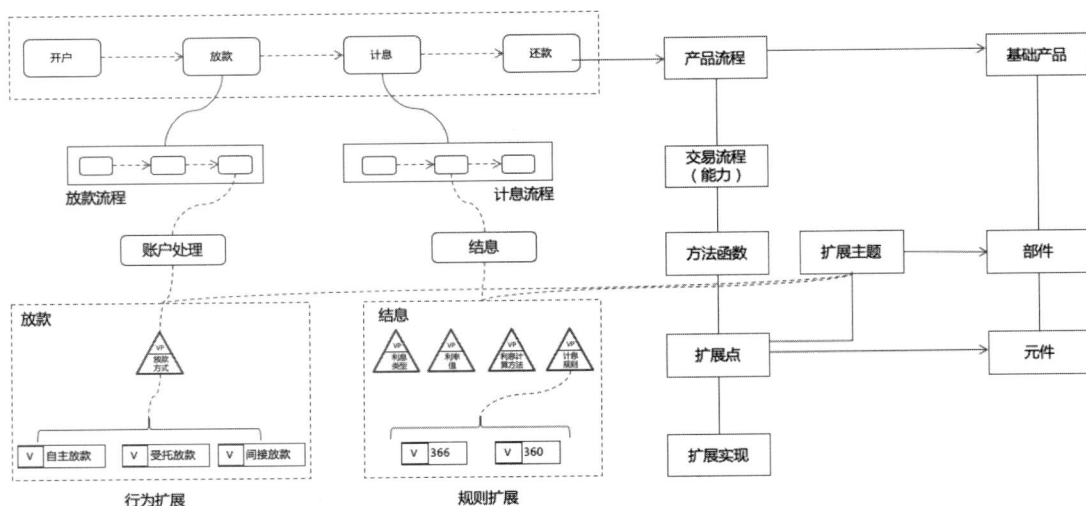

图 4-3-2　产品工厂

通过产品工厂进行产品定义（见图 4-3-3），主要是对基础产品中所涉及的各个部件进行选择，并且根据可售产品的实际业务需要，对部件所需要元件的参数进行配置，从而完成可售产品的生产。这里可能大家心中会产生一个疑问，定义了产品之后，相关产品的业务流程在哪里定义以及运行流转呢？其实对于产品工厂来讲，并不关心产品对应的业务流程是谁发起，交易是谁调用的，因为只要是使用了产品工厂生产的产品，总会有交易使用方进行调用，而产品工厂只负责对外提供交易的服务接口，在交易被调用后，能够按照可售产品的元件参数的配置正确执行部件逻辑即可，产品工厂并不会关注产品的实际业务流程。通常，产品的业务流程由各个渠道负责，各渠道按照实际产品销售及运营提供相应的渠道流程。

传统产品工厂设计中，往往分为四层：产品层、账户层、协议层以及应用层。产品层负责产品管理，主要作用是快速应对市场变化与满足客户差异性需求，包括产品创建、维护删除等；账户层负责账户管理，主要作用满足集团总部对子公司的账户差异化管理，集团总部与子公司对于同一个产品可以存在产品参数的差异化；协议层负责协议管理，主要作用是与客户协定产品属性以及产品参数，向客户交付产品，包括签约、变更、解约等；产品层负责产品应用，负责在协议执行期间向产品提供相应的产品服务。从业务中台架构看，产品层、账户层、协议层都属于产品中台的范畴，由产品中台提供相关的服务，而应用层可以拆解为产品自身提供的基础服务、营销流程、渠道流程，等等。

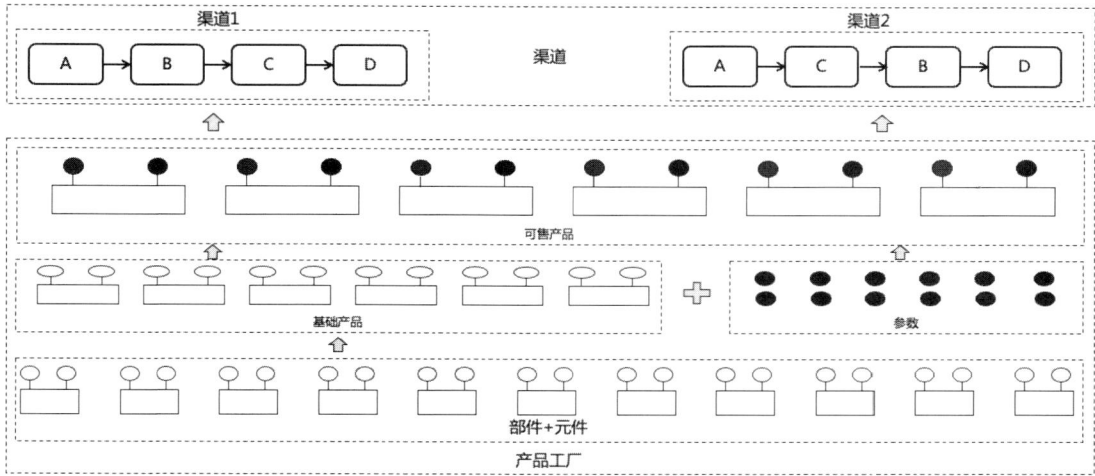

图 4-3-3　产品定义

　　当完成基础产品的产品流程以及产品流程中的交易流程定制后，可以基于基础产品进行可售产品的定制。可售产品定制在产品中台中是对基础产品中使用到的所有部件进行配置，即是对部件扩展主题中包含的所有扩展点进行扩展实现的配置；并且可以针对多个可售产品的组合形成套餐，套餐的组合生产为该套餐中的可售产品的元件进行二次配置。可售产品定制与套餐组合的关系如图 4-3-4 所示。

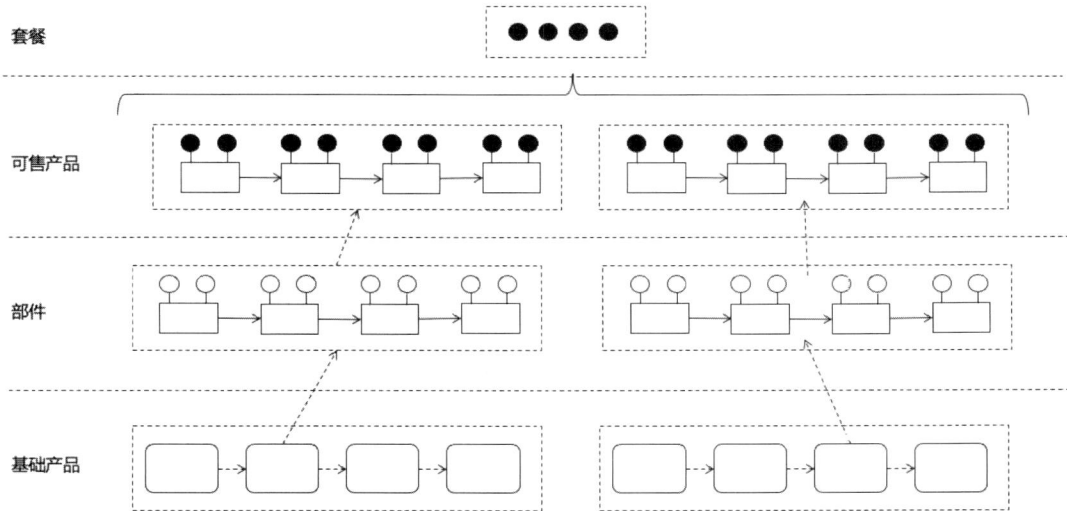

图 4-3-4　可售产品定制与套餐组合

　　可售产品主要是对基础产品中各部件所包含的扩展点，进行扩展实现的使用配置。当部件对应的扩展主题所透出的扩展点均完成扩展实现配置后，该部件即可形成一个简单可售产品，我们可以按照产品工厂的角度理解，可售产品实际上由多个简单可售产品组成。当按照可售产品的实际需要对基础产品中提供的必要部件以及可选组件扩展实现配置，如果基础产品存在事件可变，对事件定制对应的监听器后，即可实现可售产品的生产。所以，每一个可售产品如同垂直业务一样，包含这个产品所有的扩展实现定制信息，为后续可售产品运行过程中获取对应的配置提供信息来源。

套餐是按照套餐的营销需要，将多个可售产品组合纳入到套餐的范围，并且根据套餐的营销策略，如同水平业务定制一样，对套餐内可售产品中的部件扩展点按需二次配置参数实现。既然套餐的配置如同水平业务，在前面描述的水平业务与垂直业务叠加会有机会产生相应的冲突，那么在可售产品与套餐之间也会出现类似的"冲突"，水平业务与垂直业务产生的冲突需要进行调解，而可售产品与套餐之间的"冲突"，我们不需要调解，而是以套餐的配置优先。

通过产品中台可视化的产品流程与交易流程，让产品经理能够清晰地定义基础产品的产品流程，提高使用可重用组件的能力。同时让研发人员能够清晰了解在哪一个交易活动中对部件定义，提高对产品生产过程的透明度，提高代码的可维护性。

2. 运行原理

在产品中台中我们以产品流程对基础产品进行定义，产品流程中的活动是一个由部件组成的交易流程，所以在流程执行的过程中会产生对应的交易流程相关数据，该流程相关数据存储对应可售产品的关键业务数据。例如对于贫困地区个人助学贷款产品，其相关数据为毕业日、毕业宽限期最长期限、贷款本金、借款手续费、正常利息等数据。在可售产品的业务交易过程中，各个部件处理是对产品交易流程的相关数据进行修改。通过不同的元件影响部件的执行结果，按照部件中所对应的数据要素对相关数据与之关联的字段进行修改，为其他部件执行提供数据基础。在产品中台中，基于可售产品的运行过程如图 4-3-5 所示。

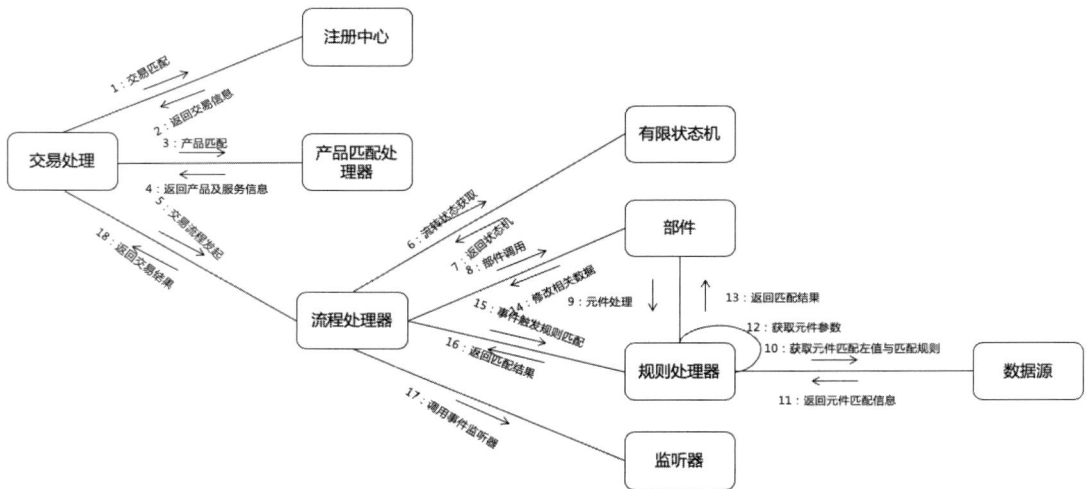

图 4-3-5 基于可售产品的运行过程

在交易发起后，通过注册中心对本次交易所携带的交易码或交易标识进行解析，完成交易匹配。然后通过产品匹配处理器解析识别该交易所对应的可售产品，获取所属可售产品与本次交易对应部件逻辑流程信息，并且获取该交易流程所提供的服务调用接口，按照其所需要的数据要素进行参数补充，然后调用交易流程的服务接口，回填到流程的相关数据中。对于各部件的处理上，通过规则处理器实现元件的数据处理，一方面从数据源中获取各元件参数匹配处理中的左值与匹配逻辑；另一方面从流程的相关数据中获取右值，然后进行规则匹配处理，得出规则判断结果。

由于在交易活动的部件逻辑流程包含必要与可选两类单项基础产品，在对应固定的处理逻辑流程来讲，其必要的部件会按照流程的数据流转来执行，而对于其所包含的可选的部件，在运行过程中，则是通过相关数据以及数据状态机两种方式去判断是否需要执行。

（1）对于步骤只包含一个可选步骤的情况，主要判断该可选部件是否需要被调用执行，可以通过相关数据进行判断。由于各部件均有明确的数据要素，在可选部件处理前，根据可选部件中所定义的数据要求从相关数据中获取数据，如果未能从相关数据中获取对应的数据要素，那么该可选部件将不会被调用执行；如果能够获取数据要素结果，那么该可选部件可以被调用执行。

（2）而对于同一步骤的可选部件存在多个的情况下，如处理还款可选正常还款或提前还款，可以通过数据状态机的方式进行选择判断。不同的可选部件定义其被调用执行的数据状态，如果相关数据中的对应数据符合，那么将执行与之匹配的可选部件。当相关数据中的还款方式类型是正常还款，则调用正常还款部件；如果是提前还款，则调用提前还款部件。通过数据状态机的处理方式，能够提高可选部件的使用可变性。

产品定制是解决商业环境下复杂业务模式的方法，通过产品流程+可变性的方法，我们重新定义了产品工厂的实现方式，用于实现标准化、端到端、柔性（可变化）的可重用能力，在保证系统灵活性的同时，提高了系统的可维护性。

4.3.2　渠道中台，线上线下一体化服务流程的通用性与可变性分析

在线上线下一体化服务之下，最重要的有两点：一是通用的业务流程；二是如何认证客户的身份。因为线上线下融合后，一个业务的完成需要线上线下协同，渠道之间来回切换，那该如何认证？现在新技术的出现又带来了新的机会和问题，我们需要在这些地方做分析。通过公共流程分析，给大家做一个实例，讲解如何通过业务中台方法论建设渠道中台。

1. 背景：线上线下一体化的服务流程

以前业务流程散落在各个渠道之间，缺乏一个流程的共性设计。其原因有三点：一是各个渠道管理各自业务；二是各个渠道之间各自建设；三是各个渠道之间缺乏沟通，除非跨渠道业务。

融合之后，很多流程是针对某个业务来编写的，不是针对公共的内容来写的，我们在编写业务方案时跟科技部门讨论随心所欲，科技部门在实现的时候也是针对业务需求对应的每个业务开发一个流程。这样形成的现象是：每个流程都很像，但是有一点差异，技术实现方面没法复用，最后只好每个流程用硬代码完成。这样带来的弊端是：代码很混乱，逻辑散落在各处的代码之中。新推出一个流程，耗时比较久等。针对这些核心问题，我们希望：

● 能够利用中台建设方法论，把共性业务进行抽象处理，设计一个共性流程，打通线上线

下服务一体化。

- 能够通过对业务进行共性和可变性分析，实现业务和科技对齐。
- 共性流程可以实现复用，支撑业务快速创新。

2. 线上线下融合后业务流程的通用性与可变性分析

线上线下融合后，业务流程是具有通用性的。我们希望这样的业务流程可以为科技人员带来几点好处。首先，带来一种新的研发模式，即在通用性流程的基础上去分析业务可变性，通过复用通用性流程+实现独特部分来实现业务，大大缩短项目周期。其次，统一语言，提高沟通效率，科技人员带着通用性流程去跟业务人员沟通，双方只需要对新业务里面的变化环节进行确认即可。因此我们认为线上线下一体化管理的有效方案是在渠道中台提供通用性流程，在运营中台提供独特的实现。接下来我们会以个人综合开户为例，讲述如何对业务流程进行通用性分析和可变性分析。

在进行分析之前我们需要先了解一些背景知识。首先，我们了解一下个人综合开户业务：个人综合开户业务涉及借记卡、信用卡开卡、活/定期一本通开户、定期存单开立和无介质账户（电子账户，虚拟账户等）开户等。其次，我们需要对业务流程的管理有所认知：业务流程是一个业务领域中所有的业务处理过程，是由一组逻辑相连、连续发展的业务活动构成，每个业务活动都可能会有不同的角色共同参与，具体会涉及哪些角色跟企业的组织结构有关；每个角色在活动中承担的职责称之为任务；每个任务会有一系列操作步骤完成。我们要分析业务流程就是要弄清楚该业务流程由哪些活动组成，一个活动有哪些任务组成。如果一个业务存在可变性，可能是流程环节有可变性，也可能是工作任务有可变性，再可能是实现方式存在可变性。因此，我们分析业务流程的通用性和可变性时，需要明确流程之间的共性体现在哪些角度，可变性体现在哪些层面。

我们对线上线下融合后的业务处理过程进行公共流程抽象的思路是分析线上线下的处理流程，把它们之间的共性部分抽象处理，形成新的公共流程，如图4-3-6所示。

传统的网点流程是这样的：第一步是大堂经理与客户沟通，询问客户需求，明确办理业务类型和所需要的材料；第二步是客户带着资料去操作柜台沟通；第三步是操作柜员再次验证客户身份，验密和业务处理；第四步是系统处理，中间可能会涉及授权柜员复核/授权；第五步是操作柜员把处理业务后的信息或者凭证交给客户。

过去的线上流程是这样的：第一步按照语音或者文字导航寻找业务办理入口；第二步录入身份信息，交易信息提交给系统；第三步系统处理，中间需要客户进行密码认证等操作；第四步系统处理完后返回处理结果，提供电子回单，电子邮件或者短信等方式供客户进行确认。

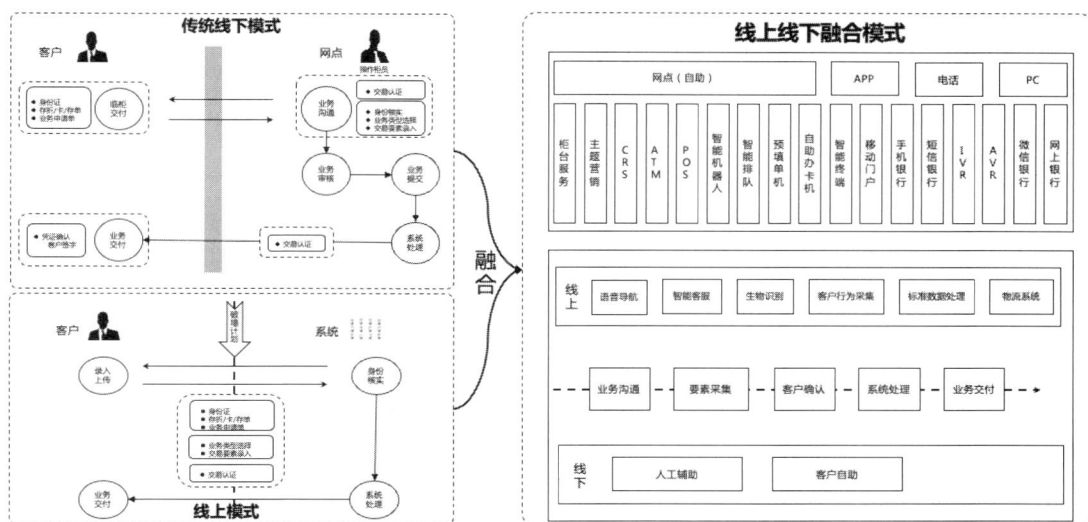

图 4-3-6　公共流程抽象过程

经过分析抽象，发现这些业务处理过程都会包含客户意愿沟通、业务所需材料提交、客户确认、业务处理和返回给客户信息或者凭证等内容。所以抽象出公共的流程是：业务沟通→业务要素采集→客户确认→系统处理→业务交付。该流程的相关的工作任务及可变点如图4-3-7 所示，图中存在可变点处用三角符号注明。

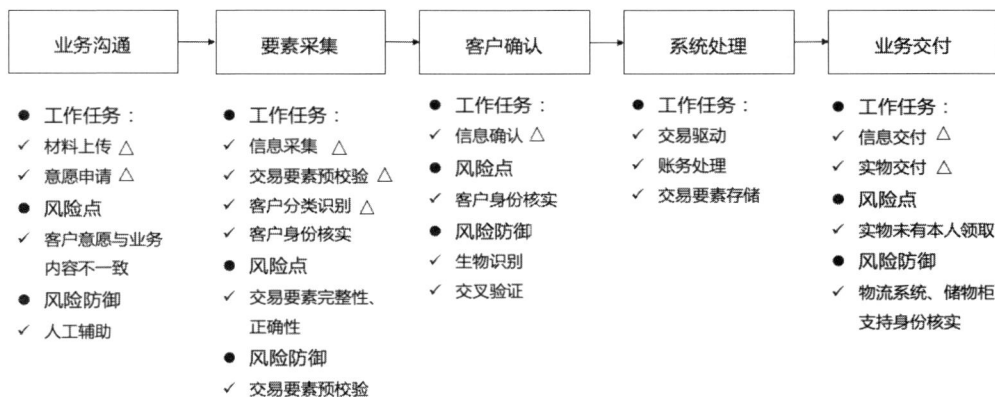

图 4-3-7　流程工作任务及可变点

接下来我们对该公共流程的通用性和可变性进行详细分析。

（1）通用性分析

● 业务沟通：主要是与客户互动沟通，弄清楚客户要办理的业务，将业务所需要的客户资料进行上传。为了解决风险点，采用客户自助+人工辅助的模式。该环节的工作任务可以抽象为明确业务类型、上传客户资料。例如，个人综合开户这个环节里就是要弄清楚客户究竟先想办理什么业务，是开卡？存折/存单开立？还是无介质账户开户？无论哪种开户都需要身份证和开户申请信息。

- 业务要素采集：主要是从客户意愿和上传的客户资料中提取业务要素，用来识别客户分类、匹配可办理的业务范围，然后将业务办理所需信息回显到交易界面上以备客户确认。该部分的工作任务可以抽象为业务要素采集、交易要素正确性校验、客户身份与分类识别。例如，个人综合开户，采集的业务要素包含办理的开户类型、个人身份信息、联系信息、账户功能、账户套餐等。
- 客户确认：主要是客户对交易界面上的业务信息确认，交易信息的正确性检查。由于业务要素采集环节会从图像、声音中识别提取交易要素回显在交易界面上，难免会有错误信息出现，该过程必须客户亲自核查。该部分的工作任务可以抽象为确认信息展示、客户执行确认。在个人综合开户中，如果是在柜面，操作柜员会给客户一个纸质，上面有交易信息，确认无误后进行签字。
- 系统处理：我们会使用远程授权、远程见证、集中验印服务来进行授权、验印的处理，必要时人工辅助完成。交易完成后要进行凭证处理和数据存储，如果不需要纸质凭证可以调用电子印章，完成电子凭证处理。该部分的工作任务可以抽象为验印、授权、账务处理、数据处理、凭证处理。例如，个人综合开户就可以使用该过程，这样可以打破客户必须去柜面开立账户的约束，账户先在线开立使用，卡折介质可以后续补充。这样一来办理渠道的选择也多了。
- 业务交付有两种形式：一是回单类信息交付；二是实物交付。电子回单之类的信息交付后业务就办理结束了。实物交付需要物流系统派送，需要用 RFID 跟踪交付物的流转状态以及凭取件码到储物柜去取货。对于个人综合开户来说，业务交付该环节主要是完成账户介质的定制、交付以及与账户进行关联，这样设计的好处是账户与介质分离，账户介质可提前申请定制。

（2）可变性

- 明确客户意愿的实现方式存在可变性。可以采用文字客服、语音客服和人工交互等。科技人员可以根据不同的渠道选择灵活的方式进行配置。
- 材料上传存在可变性。不同的业务类型需要的材料不同、上传的格式不同。比如对于影像材料、证件材料在不同的业务场景下对于上传文件的大小、格式、分辨率都有不同的要求。为了实现方便，科技人员需要对这些存储资料的格式能够自定义。
- 一般客户上传的材料有文字有图片还有声音，所以信息采集的方式存在可变性。科技人员可以根据业务选择图像采集、OCR 影像识别技术，外呼核实处理对图片和声音进行提取和整理交易所需的要素。
- 交易要素预校验跟业务规则有关。比如个人综合开户可能需要检查客户是否属于电信诈骗黑名单、客户名下是否存在全功能的银行卡、客户有没有存在账户限制等，这些检查是可选的。科技人员需要这些校验有不同的实现，以便根据业务场景选择相关的校验实现来满足业务需求。
- 客户身份核实存在可变性。身份核实的方式不同，核实的内容也就不同。比如刷脸、用户名+验证码快捷登录、关联第三方账户登录。科技人员需要不同身份认证方式来跟渠道进行灵活适配。
- 提供给客户确认的形式存在可变性。不同的客户确认方式、信息展现不同，不同的地方在于有不同的展现方式。业务人员在提业务需求时要包含展现要素、展现方式，有利于科技人员选择相应的实现，这也带动了开发模式的改变。

● 客户确认方式存在可变性。可以是电子签名、电子表格、验证码，也可以是生物识别。科技人员可以根据客户偏好来设定。

● 数据存储方面存在可变性。科技人员要考虑多种数据的存储与读取。比如个人综合开户，科技人员不仅要考虑客户信息、账户信息的存储，还要考虑客户对客户、账户维护历史的登记。

● 业务交付存在可变性。电子交付的形式可以是电子回单，可以是短信形式。实物交付可以是物流派送，也可以是客户自己获取。科技人员可以根据客户偏好来设定。

3. 线上线下融合后统一认证方式的通用性与可变性分析

线上线下融合后，要做身份确认和交易认证。身份确认主要体现在渠道登录认证上。有单一密码认证形式，也有密码+验证码认证组合形式。验证码有图形验证码、短信验证码和微信验证码之分。交易认证有交易密码、支付密码、查询密码等形式。总体来说，认证方式有密码认证、验证码认证、认证工具和特性认证，这几种认证方式可以单独出现，也可以混合使用。众多的认证类型和认证组合出现在各个渠道上，维护着金融交易的安全，同时也给用户带来困扰。主要表现在三个层面：①认证相关设置跟渠道绑定，与渠道应用交织在一起，导致认证方式设置多次，容易出现混乱和遗忘。②渠道之间切换时还要再次登录验证，不能直接跳转。③操作烦琐，体验差。线上线下渠道融合后，为实现客户在不同渠道间的无缝切换和一致体验，需要配套相应的认证策略。

我们认为多渠道融合后，不管是从交易安全角度还是用户操作角度，都应该把认证相关的能力与渠道应用解耦，放在渠道中台统一管理，建立适合于所有电子渠道的统一认证能力，统一处理用户的身份认证，交易认证，规避交易风险。渠道中台的认证能力对于渠道身份认证和交易认证的能力支撑如图 4-3-8 所示。

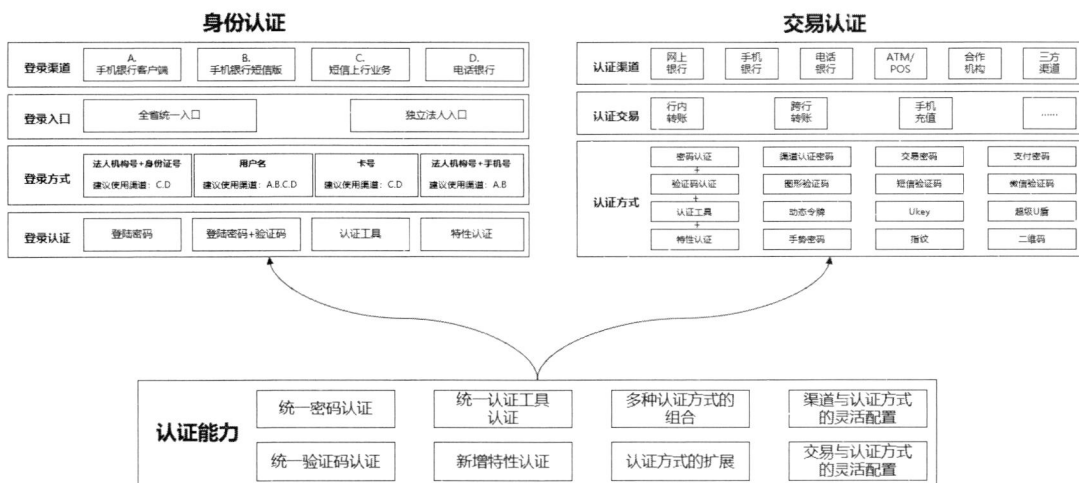

图 4-3-8　渠道中台认证能力

这样设计对科技的好处有四点：一是统一管理认证相关能力，就可以整合认证相关流程，集中管理认证数据，从而提升业务效率；二是支持登录方式、登录认证的组合，满足身份认证与渠道的适配，满足科技快速适应业务，提升客户体验；三是支持交易与认证方式的灵活配置，可以支持科技快速创新；四是创新添加特性认证方式，简化用户交易操作，可以针对不同类型的情况可以以灵活的方式体现出来。

4.3.3　运营中台，产品服务流程的标准化与柔性

运营中台提供产品运营相关的可重用能力。那什么是运营呢？传统金融企业架构中，产品层的应用往往分为产品、产品服务支持、主数据三种类型，例如银行产品包括存款、贷款、信用卡、投资理财、代收代付、国际结算、贸易融资等；主数据是指系统间共享的、与时间关联性不强的数据，例如客户信息、账户信息、机构信息等。相比产品产生的交易数据，主数据变化比较缓慢。产品通常需要一些支持服务的活动，例如信贷审批、贷后检查与监控、结算、报价、重控凭证管理、资金交易管控与支持、反洗钱/反欺诈管理等都是产品服务支持活动。运营就是把产品服务支持部分剥离出来，提高对客服务流程的标准化与效率化。

在金融企业对外提供普惠金融服务的过程中，传统金融企业后台的产品与传统的运营服务范围发生了很大的变化。我们经常碰到这样的问题：支付是应该放到中台还是放到后台？客户信息是放在中台还是后台 ECIF 管理？积分扣减在账户层面怎么体现？针对这些问题，首先要明确是我们在支持一个新的业态，不是传统的银行业务。传统金融服务是围绕着银行自身业务来进行的，并不帮助合作伙伴进行运营管理。比如支付，传统银行中的支付是指跟大小额等支付系统有关的交易；而普惠金融场景中的支付蕴含了各种支付方式、支付平台、红包、积分、优惠券这样的内容在里面；支付的过程包含支付路由，支付方式选择等功能，这些不属于传统金融支付的业务范畴。又比如客户，在 ECIF 中，是指办理过银行服务或购买过金融产品的那部分人；而在普惠金融业务场景中，客户有三部分含义：购买过购买商品/金融产品的人、没有购买商品/金融产品的人，以及合作伙伴平台上未来有可能购买我们产品的人，显然客户范畴更广。另外在账户方面也存在差异，生态环境下虚拟账户相关的交易更加多些。为了更好地支持合作伙伴的运营，需要重新构建一些能力，这部分能力我们称为普惠金融服务能力。

运营中台包含两个部分，一部分是支持新业态的普惠金融服务；另一部分是传统的金融产品服务支持流程。传统金融服务运营包含三部分，新业态运营也是同样的分工。在新业态中，基础产品跟商品有关，是合作伙伴的运营平台规划的，所以我们不提供产品服务，更多的是提供运营支持，比如订单管理、支付管理、物流管理等。新业态下的主数据包含用户、商户、商品和账户等。运营中台的规划如图 4-3-9 所示。

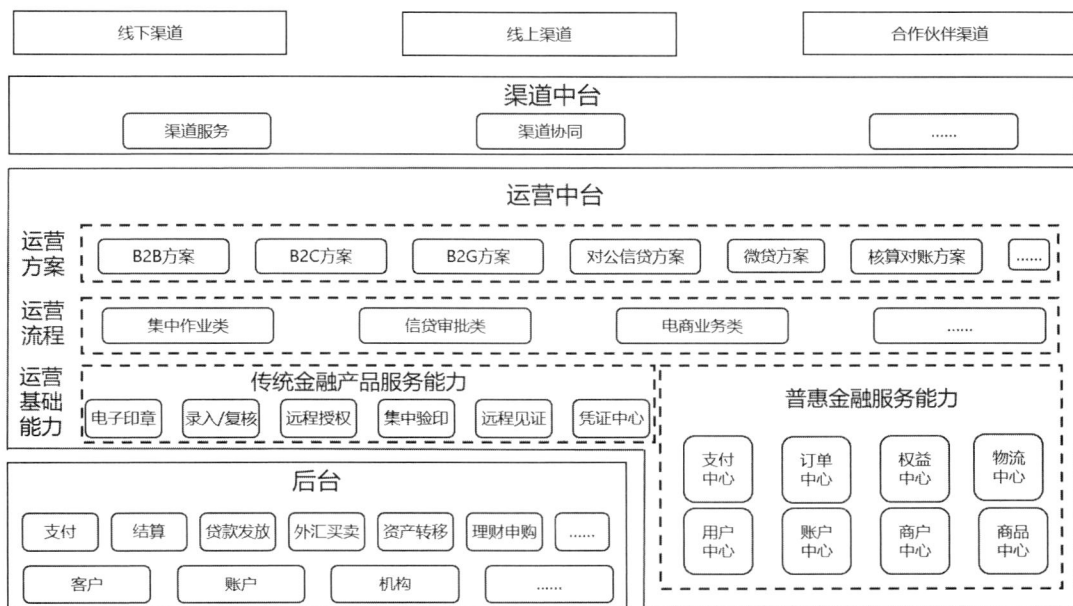

图 4-3-9　运营中台规划

对于运营中台，我们重点关注两点：一是运营流程如何能够更加标准化、自动化地执行，以提高运营效率；二是互联网金融下如何支撑提供普惠金融服务能力。本节将以案例的形式去讲述这两种类型服务的关键流程设计。

1. 以信贷产品服务流程看传统金融产品服务标准化流程与可变性分析

运营中台提供的产品支持流程，是将服务流程通过标准化流程建模，将公共流程抽象出来，进行组件化设计，明确流程可变性，在中台形成公共流程框架。前端应用针对具体业务场景，通过清单化方式配置实现个性化业务，满足业务快速创新的要求。这里，我们以消费贷为例，分析流程的通用性与可变性。

就消费贷来说，目前可以通过三种场景进行申请：

场景一：在手机银行上申请消费贷款。比如我们登录工资卡所在的手机银行，进入"借钱"菜单，可以看到很多贷款产品类型，尤其是消费贷产品，直接在产品名称下面可以看到"可借额度"和年利率，点击"立即借钱"，输入借款金额、借款期限和确认贷款合同后就可以提交了，经过短时间等待后，贷款就发放到你的储蓄卡了。

场景二：通过第三方平台申请。比如在培训机构，想用消费贷来购买课程。通常培训机构都会跟几家银行以及互联网金融平台合作。如果你选定了一家，他们会从微信给你展示二维码，扫码后录入个人信息、联系信息、借款信息，上传身份证照片，绑定银行卡后就可以提交了，等待不久，贷款就可以发放到绑定的银行卡了。

场景三：银行人员上门办理。通常这种情况是批量办理。比如几个银行工作人员在学校为新生集体办理贷款来支付学费。他们会给出一些表格让申请人填写，其中可能有银行卡的申请，有承诺书等，这是业务受理。他们会现场录像，让你拿着身份证说一段话，这属于身份核实。后续会有银行员工打电话询问贷款办理目的以及获取申请人的同意来查征信。接下来会通过快递来签发合同，经过一段时间的审核后，你会收到贷款发放通知。

以上三种场景，贷款流程看似有差异，但其实都有受理、电核、面签、审核、放款等环节，只是业务场景不同，需要的处理流程环节不同。为了应对这种流程可变性，我们需要把贷款业务流程清单化，通过配置流程环节，来适应各种场景。我们从银行角度出发，把贷款业务的处理流程抽象成如图4-3-10所示的清单模式。

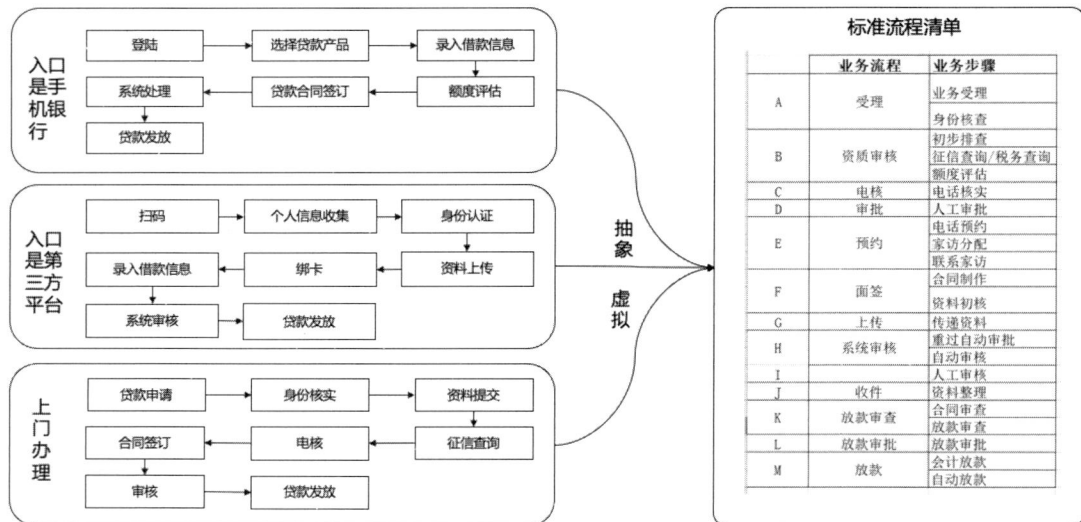

图 4-3-10 贷款业务的处理流程抽象

其中业务流程环节是根据处理事项来划分，用字母来表示。业务步骤是根据处理人归属的部门不同而划分。根据以上的贷款业务清单，我们根据场景进行流程组合：

- 手机银行入口模式：B.资质审核、F.面签 、H.系统审核、M.放款。
- 第三方平台入口模式：A.业务受理、G.资料上传、H.系统审核、M.放款。
- 上门办理模式：A.业务受理、B.资质审核、C.电核、F.面签、I.人工审核、L.放款审核、M.放款。

运营流程标准化后，业务可变性就凸显出来，其可变性表现在三个方面。一是流程存在可变性。上述三个场景的贷款申请案例已经说明了流程存在可变性；二是流程每个环节的具体操作方式存在可变性。例如对公信贷人工审批环节，如图4-3-11所示。

审批活动环节	R（负责）	条件	A（批准）	条件	I（通知）	条件	C（咨询）	条件
支行审批	客户	申请人=客户	支行行长	客户经理初审通过				
分行审批	支行行长		分行分管行长		派驻审批官	拥有派驻审批		
总行审批	分行分管行长		总行授信审批部零售业务审批负责人		授信审批部分管零食业务总经理室	拥有否决权		
零售业务委员会审批	授信审批部分管零食业务总经理室		零售业务委员会	拥有否决权				
授信审批分管行领导审批	零售业务委员会		授信审批分管行领导	拥有否决权				
总行行长审批	授信审批分管行领导		总行行长	拥有否决权				

图 4-3-11 对公贷款人工审批环节

通常情况下如果贷款金额比较大，会经过支行审批、分行审批、总行审批、零售委员会审批、授信审批管理行领导审批，最后是总行行长审批。但如果在每个审批层级，有人行使否决权时，审批流程不再往上走而是进入终审环节；三是流程环节内部处理规则存在可变性。应用工程的需求分析，可以利用运营中台提供的标准流程作为模板，与业务部门、产品经理确认，同时设计开发人员也是针对可变性部分进行开发，实现快速产品迭代。

标准化的运营流程，也为作业处理的集中化和自动化提供了基础，从而降低运营成本，提升服务效率和质量。作业的集中化处理包括录入/复核、远程授权、集中验印、远程见证、电子印章、凭证处理等作业流程。例如录入/复核，银行对于安全要求较高的交易，如汇兑录入、银行汇票签发等采取录入+复核的业务模式：一般是 A 柜员录入，然后 B 柜员对敏感栏位再次录入，录入不一致返回 A 修改，录入一致主管授权后提交，最后在 A 柜员处打印凭证。该过程流程烦琐，流程优化时，该部分会逐渐转移给客户。再如集中验印，印鉴审核主要是电子验印，分为自动审核和人工审核，自动审核失败时，转交人工审核。将网点验印的压力转移到了集中作业中心，由集中作业中心提高效率。而远程授权（集中授权）是解决了四个问题：一是释放了网点主管的生产力，将网点主管的精力集中化；二是简化复核类交易，缩短录入时间，提高客户体验；三是释放了复核柜员，减少了网点人员；四是网点主管权力的上收。通过远程授权，提高了网点运营的效率。

运营能力的集中化不仅仅是物理集中，作业资源的共享和调配可以通过"逻辑集中"的方式实现。通过搭建共享的运营管理中心，使不同地域、不同层级机构的运营资源相互支援，提高资源调度弹性。借助于人工智能技术的发展进一步替代人为判断，比如影像采集、语音识别等等，实现流程的自动化处理。

2. 普惠金融共享服务能力分析

要支持新业态的发展，首先需要知道新业态业务需要什么通用能力。我们可以通过一个实际场景案例来引入思考。比如，某银行依托自己的 IT 建设能力，打造"特色农产品""本地生活""金融服务"为一体的互联网综合服务平台，本地商户和农户都可以低成本进驻，平台免费推广。有位商户想在线经营实现水果仓储配送，需要做这几件事情：①下载 APP，注册账号，支付 APP 使用费用；②采购产品或材料，将店内农产品在线上架，供线上顾客浏览；③对员工进行考勤和职责分配，线上接单人员、产品打包人员、配送人员要密切合作；④安排支付方式：顾客在线下单，可以在线支付也可以享受会员服务，使用预付款扣款；⑤给员工结算工资。具体流程如图 4-3-12 所示。

我们来分析一下这个过程中需要哪些能力。商户入驻，需要对自家店铺信息进行维护，需要对员工进行信息注册，对外证明自己店铺经营的资质，需要商户管理相关的能力。商户需要对自己的产品进行上架和下架处理，公布产品优惠活动，需要产品管理相关的能力。为了拓展新顾客，增加老顾客黏性，需要会员管理相关的能力。此外，店铺经营离不开订单管理和物流配送管理。这些能力在 APP 端是可以通用的，可以共享的，商户经营果蔬类店铺需要这些能力，美容美发行业店铺也需要。既然是共享服务能力，那就要好好规划设计。我们认为支撑新业态的共享服务能力规划设计如下：

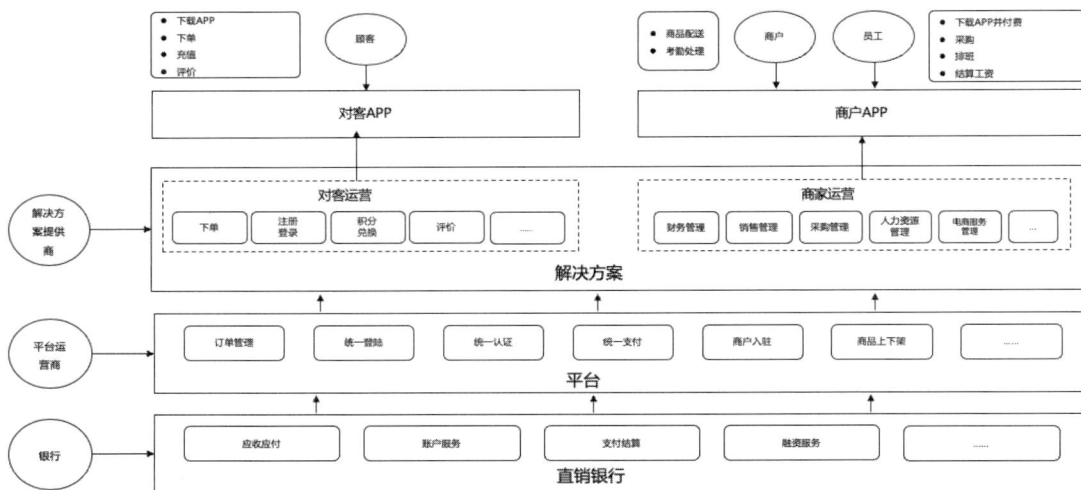

图 4-3-12　互联网综合服务平台示例

用户中心致力于构建用户体系，对用户交互数据进行全面采集，并形成统一用户视图。用户统一视图与全行的统一客户视图通过用户号和客户号进行关联，可以实现全行不同业务系统的账户互通和权益互通。在此基础上用户中心可以提供统一的用户信息维护和用户管理能力，包含用户注册、用户登录、用户营销、用户权益、会员管理以及多个系统间的账户互通能力等。

支付中心一般与业务系统、银行核心、第三方支付以及其他支撑系统进行交互，实时处理完成资金的收付款、记录参与交易的账户间资金流转情况，并按照预定规则对账户所属资金进行拆分与合并。因此，支付中心对外提供的能力包含支付计划管理、智能支付路由、支付流程、统一对账、清算等。

商品中心以电商模式管理所有商品，包含电商产品、O2O 商品及金融商品，提供商品信息维护和商品生命周期管理的能力。商品信息维护包含商品类目管理、商品属性管理（规格、价格、库存、SKU 信息）、商品详情描述、物流信息等。商品生命周期管理包含商品发布、商品上下架管理、库存管理和价格管理等。

商户中心主要支撑对所有入驻商户进行统一管理。提供的能力包含商户信息管理、商家业务范围管理、商户角色权限管理以及商户入驻流程管理等。

权益中心主要支撑针对普通用户或者会员完成权益优惠策略的设置。这些权益可以是积分、红包、礼品卡，也可以是使用信用借款买单的各种优惠。因此提供的能力不仅包含优惠券、积分、红包的发放、使用、管理、结算和查询，还包含快速借款、急速取现、闪付这样的服务。

物流中心主要支撑整个商品配送过程的信息跟踪。提供的能力包含收货地址管理、自定义物流模板、物流单的管理、第三方物流快递公司的基础信息管理和配置，以及自提点和提货码的管理等。可以满足第三方物流公司差异化定价，也可以支持商户自定义计重方式。

订单中心实现 B2B、B2C 的订单进行统一管理，包含购物车/进货单、下单、支付、发货（核销）、退款等环节。为商品交易提供标准的流程及服务，依赖业务中台的用户中心、商户中心、商品中心、支付中心、物流中心、权益中心和营销中台等的能力，完成交易逻辑的组装实现。

3. B2C 订单服务流程通用性与可变性分析

在普惠金融服务能力中，订单服务无疑是最核心的，也是最复杂的，主要表现为：业务模式多、关联方多、业务处理多变、业务流程复杂，传统的设计灵活性差，代码难以维护，推出新业务周期长。设计订单中心的可重用能力，需要重订单流程的通用性与可变性、订单数据模型两个方面考虑，之所以选择了订单中心进行分析，就是希望能够通过一个复杂的例子，完整体现出可重用设计的精髓。

订单中心的需要支持 B2B 和 B2C 两大类解决方案。对于 B2C 业务来说，典型的代表例子有淘宝、京东、美团等电商平台，他们的服务对象是终端消费者，提供的产品服务有实体商品、虚拟商品业务和生活服务类。B2C 业务重视消费者的体验，营销活动也很频繁，会不时推出各种优惠活动，比如"双十一购物节""限时秒杀""团购"等活动，这些业务模式是订单中心需要支持的。对于 B2B 业务来说，典型代表是阿里巴巴、海尔企业购之类的平台，他们的服务对象通常是上下游的供应商、经销商，订单中心要满足他们采购的需求，为他们提供一套采购方案，包含现货销售、预售、竞价等业务模式，支持采购商根据产品特征发布的求购方案等流程。无论是 B2C 业务还是 B2B 业务，需要的基础服务是一样的，都离不开订单管理、订单调整、拆单之类的服务。

订单处理流程的复杂性体现在：一是订单处理流程涉及用户、商户和商品，任何一方都可以导致订单的状态发生改变。订单状态会影响后续的流程走向，决定着用户、商家的每一个操作；二是在订单生命周期任意的一处理节点上，用户都可能发起取消订单，避免在取消了订单的情况下发货很重要；三是下单过程中，营销活动、权益活动夹杂其中，引起的价格调整因素很多。发生退款退货活动时，在订单中发生的一切价格变更都要恢复到原来的状态。四是由于仓储原因、店铺原因、跨境商品原因或者物流原因等会引起订单拆分，而订单拆分的时机是在下单之后付款之前、还是支付之后，拆分后是否存在父订单，都会因为业务场景不同而有异。

订单处理流程分析如图 4-3-13 所示。

图 4-3-13　订单处理流程分析

（1）B2C 业务订单流程通用性设计

B2C 业务中，商品分为实体商品、虚拟商品和生活服务类，这三种商品下单流程也不同。关于实体商品，比如衣物、食品类，为了交易安全，会有第三方担保支付。下单流程我们可以抽象为购物车、下单、支付、发货、收货确认。关于虚拟商品，比如游戏点卡、金融产品类，不需要发货操作，然而涉及交易安全，需要客户确认后，才能打款给商户，同样需要担保支付。因此要虚拟一个发货操作。关于生活服务类，比如话费充值，下单后直接付款交易就结束了。基于这三种下单流程，我们去分析其共性，发现实体商品下单流程是可以通用的。在此标准流程之下，我们可以认为生活服务类的发货和收货确认环节是默认缺省的。此标准流程因为有第三方的担保支付环节，我们称之为"担保支付交易流程"，如图 4-3-14 所示。

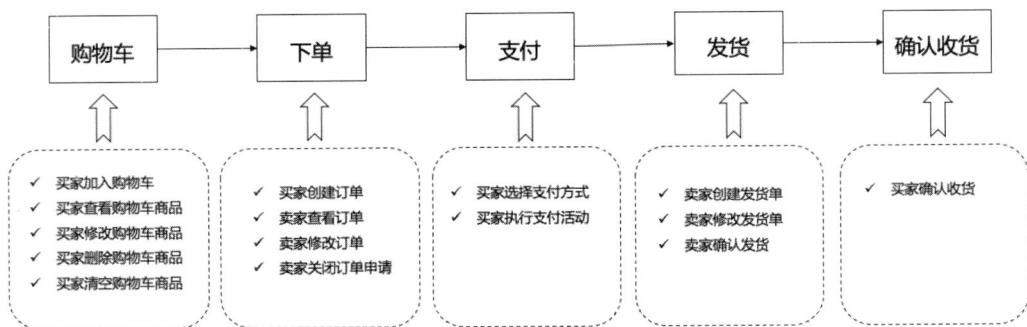

图 4-3-14　担保支付交易流程

该标准流程中每个环节包含的活动如下：

- 购物车管理：进货单相当于 2C 中的购物车，是买家的采购清单。买家可将现货购买的产品临时加入购物车暂时存放，可随时查看购物车内的产品，并可调整所要购买的数量或删除产品。所以买家对于购物车会有一系列管理活动，包含买家加入购物车、买家查看购物车商品、买家修改购物车商品、买家删除购物车商品、买家清空购物车商品等。

- 订单管理：此环节是围绕着订单展开的一系列活动，包含买家创建订单、卖家查看订单、卖家修改订单、卖家关闭订单申请等内容。创建订单时需要进行买家检查、商品检查、商户检查、库存扣减、拆单、运费试算、订单总价试算、建档、创建支付计划和清空进货单等操作。

- 支付管理：支付是指买家依据协议中约定的支付模式和支付计划执行付款的活动。此流程环节包含买家选择支付方式和执行支付活动。在支付之前需要查询支付计划、支付方式查询与选择，支付之后还有返回支付结果通知。

- 发货：此环节涉及的活动主要是围绕着发货单进行，包含卖家创建、修改发货单和确认发货单活动。需要注意的是创建发货单之前先要核查订单状态，而在修改和确认发货单时要检查发货单的状态。

- 确认收货：订单处理的最后一个环节，买家根据收货规则验货，最后确认收货。

（2）B2C 业务订单流程可变性分析

前面讲述了订单标准流程——担保交易支付流程的形成。在这一节中，我们将详述如何基于担保支付交易流程完成预售和众筹业务的组装适配。

现在，我们需要了解业务维度的概念。业务分水平和垂直两个维度。垂直业务可以理解成"行业"，行业与行业间的业务规则是不同的，所以垂直业务间的业务规则是相互隔离的，比如电商平台服装的业务规则跟汽车的业务规则不同，两者之间不会发生规则复用。而水平业务则可以被所有的垂直业务叠加使用，是对垂直业务的规则变更，而且多个水平业务可以叠加到一个垂直业务上。比如电子凭证就是水平业务，可以叠加到下单流程上。我们认为担保交易支付流程就是个垂直业务。而预售和众筹就是水平业务，它们的核心流程是担保交易支付流程，它们分别改变了担保交易支付流程某个环节上的业务规则。至于具体改变了哪些业务规则，我们需要进一步分析。

①预售

我们先来了解下预售下单过程有何特点。首先，商品符合预售的特性，也就是说商品可以参加预售这个活动。其次，预售是不需要进行库存检查的，定制产品除外。第三，预售下单的支付是定金+尾款形式。购买预售商品需要支付定金，支付后生成预售单，等待预售期满方可支付尾款。定金支付后，商品在购物车中显示，但是不可修改商品数量或删除。在待支付订单列表中可以查看到已支付定金的预售商品，预售期满前不可支付尾款。预售期满后，用户可以选择支付尾款或者放弃购买。如果放弃购买，三分钟内可以申请退定金。回顾整个流程可以发现，预售在支付定金后，才算进入下单环节，接下来是支付尾款、发货和确认收货。我们将预售下单流程抽象为预售下单、定金支付、下单、付尾款、发货、收货确认。担保交易支付流程与预售下单流程之间的关系如图 4-3-15 所示。

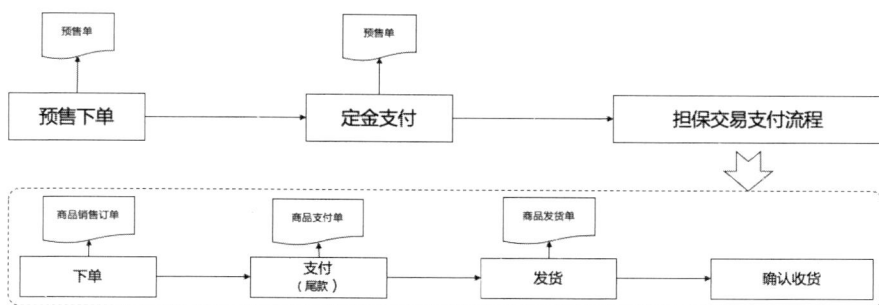

图 4-3-15　担保交易支付流程与预售下单流程的关系

担保交易支付流程与预售叠加，改变了下单环节和支付环节的业务规则。对于下单环节有以下改变：（a）不再进行库存检查活动；（b）在商品检查活动中需要新增两项行为扩展，即商品属于预售活动商品、商品活动处于付定金阶段；（c）预售商品订单金额计算。对于支付环节，需要新增两项行为扩展，即订单处于定金已支付状态、支付金额为预售价格－定金。

②众筹

我们了解一下众筹的业务过程。当众筹项目被审核通过正式启动后，用户选择众筹回报项下单、支付。众筹成功后看是否需要开奖设置，如果没有，用户获得回报项、商户发货、用户进行收货确认；如果有开奖，中奖后，用户获得回报项、商户发货、用户进行收货确认。这个过程细看下来就会发现，从用户获得回报项开始才算进入下单阶段，众筹下单与担保交易支付流程之间的关系如图 4-3-16 所示。

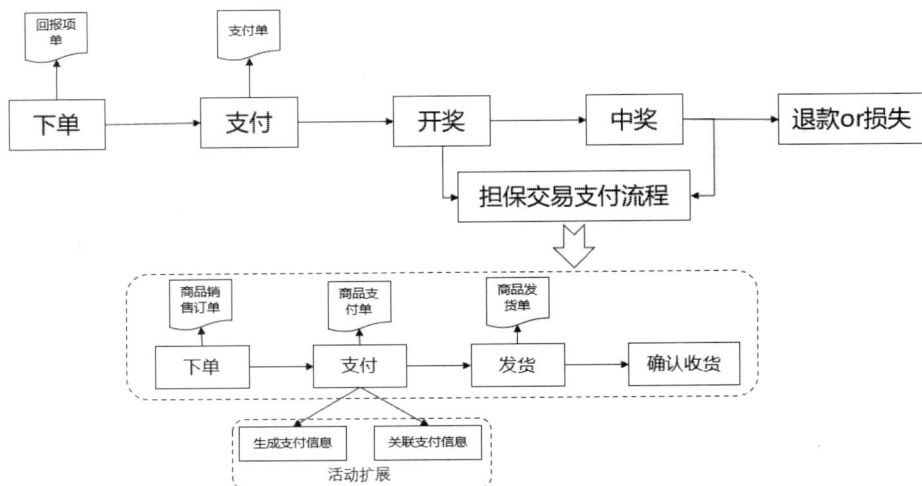

图 4-3-16   众筹下单与担保交易支付流程的关系

担保交易支付流程与众筹叠加，改变了下单环节和支付环节的业务规则。对于下单环节来说，根据回报项形成商品销售订单数据；对于支付环节来说，直接关联回报项的支付信息即可。

4. 订单数据模型设计

上述是 B2C 流程分析，对于 B2B 业务来说，产品订购的过程问题会更加复杂，例如涉及报价、协议、多次付款多次发货的情况，有预售、竞价和求购等业务活动。订单中心的基础能力不仅要支持 B2C 业务还要支持 B2B 业务。综合考虑 B2B 业务与 B2C 业务，订单中心提供的基础能力可以分为下列几大类：进货单服务、购物车服务、下单服务和协议服务。进货单服务包含买家加入进货单、买家查看进货单商品、买家修改进货单商品、买家删除进货单商品、买家清空进货单商品等。下单服务包含买家创建订单、卖家查看订单、卖家修改订单、卖家关闭订单申请等。协议服务包含卖家创建协议、卖家审核、卖家加印、买家查看协议和双方签订协议等。这些基础能力是以服务形式提供的，服务的基础是数据模型。图 4-3-17 所示是订单中心的总体模型。

订单中心信息/数据模型分析，采用四色原型法进行，四色原型法将实体分为 MI、PPT、Role、Description 四种类型，这里订单、协议是时效性对象 MI，订单条目和订单调整是订单的 MI-Detail，协议条目是协议的 MI-Detail，当事人角色和产品是实体对象 PPT，订单角色和协议角色是当事人角色在操作订单和协议时的角色 Role，当事人和产品特征是描述对象 Description。

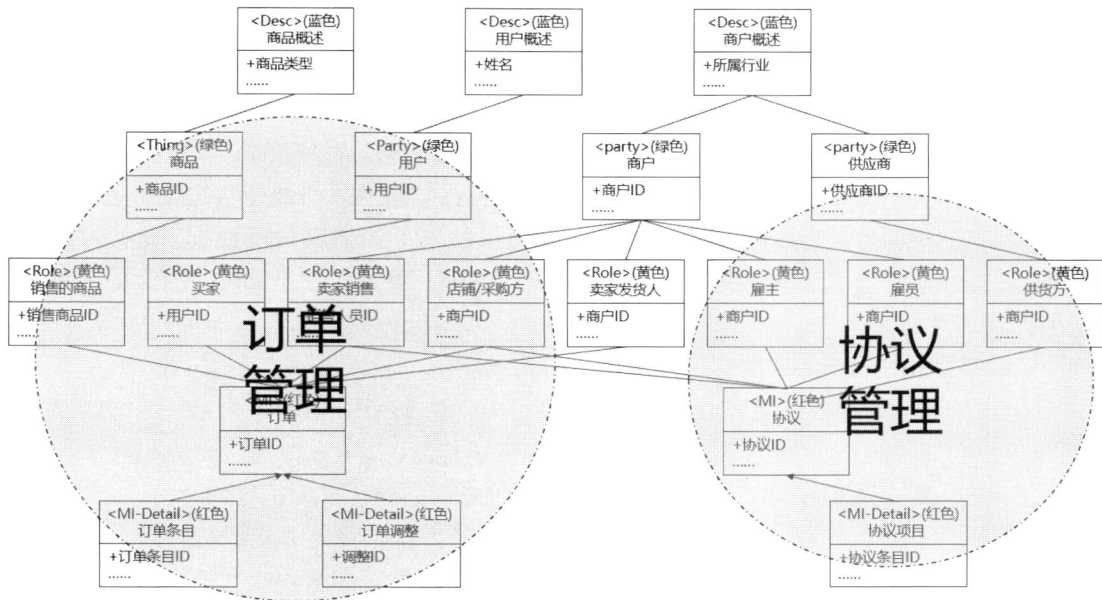

图 4-3-17　订单中心总体模型

（1）下单

订单反映的是产品/服务订购的过程，要管理订单类型、订单状态，收集关于商品、优惠、用户、收货信息、支付信息等一系列的实时数据，以便进行库存更新、支付和售后等一系列动作。订单是有生命周期的，其来源和操作的多样导致了订单的多样性特点，所以设计订单模型时我们要考虑其稳定性和可持续性。接下来我们按照四色模型的思路来讲解订单管理的模型。

① 订单 MI——产品订购活动留下的痕迹

订单实体分为销售订单和购买订单，其区别在于观察角度不同。二者大部分信息相同，不同的地方在于买家和卖家需要不同的信息。例如销售订单上需要登记卖家客服名字，这与卖家的员工绩效考核有关，买家自然不关心。

关于订单实体中要记录的内容，其作用主要用于沟通其他系统，为下游流程提供信息依据。我们把订单中的信息分为订单信息、用户信息、商品信息、金额信息和时间信息 5 个部分。其中订单信息包含订单号码、订单类型、订单状态。用户信息主要是下单人信息和收件人信息。时间信息主要是记录订单每个状态节点的触发时间，比如订单创建时间、订单关闭时间等。关于商品信息和金额信息比较特殊，需要单独拿出来说。

② 订单条目 MIDetail——描述对特定产品/服务的订购

我们在下单的时候可能会遇到这种情况，比如购买一批白板笔，一共 30 支，其中黑色 10 支、蓝色 10 支、红色 10 支。要如何在订单中体现呢？显然这种详细商品信息不适合在订单实体中存储。白板笔是产品名称，黑色、白色和红色是产品特征，这 30 支白板笔是一起下单的，订单号码自然归属同一个，但是不同的产品特征下数量不同。如果考虑商品定制或预售，一个订单中多个商品的预计交付日期也不尽相同，需要详细记录。针对上述情况，我们采用订单条目来描述对特定产品/服务的描述。这种描述方式对于一次下单只购买一种产品特征或者对产品特征没要求也是适用的，比如购买白板笔 30 支，颜色随机。所以，订单条目的设计具有普适性。

订单分为销售订单和购买订单，订单条目自然也分为销售订单条目和购买订单条目。关于订单条目中要记录内容除了产品特征外还需要记录商品规格，商品数量，单价和预计交付日期这样的属性。关于数量这里要说明的是，针对实体商品，它描述的是订购的商品数量。对于虚拟类商品，比如服务，它描述的是应该付款的小时数、天数或者其他度量数。比如购买美术培训课程，2000 元十节课。这里购买的服务是美术培训课，商品规格是课时，单价是 2000 元，数量则是 10。

③订单调整 MIDetail——所有价格变更的历史记录

订单中的商品的金额信息，除了要记录最终的金额，过程金额也需要记录。比如商品分摊的优惠金额、支付金额、应付金额等。在后续的订单结算、退换货、财务结算等环节都需要使用。针对这种情况我们设计"订单调整"模型来记录商品的价格调整过程。

产品订购过程中营销活动多，权益分配复杂，众多折扣、费用等交织在一起会引起价格调整。折扣调整、额外费调整、销售税、装运和处理费、手续费和杂项收费等等都可以是调整的类别。折扣调整和额外费用调整可以是对整个订单调整，也可以是对每个订单条目的价格进行调整，调整的形式可以是金额形式，也可以是百分比形式。在售后处理中，如果要退款，各方利益要原路退回，不能出差错。因此每当一个因素引起价格调整时，都要详细记录调整类别、调整金额、调整百分比、调整后的价格，以及关联的订单及订单条目。有了订单调整记录，我们可以追溯到因为什么原因调整了价格、调整前是怎么的、调整后是怎样的、调整的幅度是多少。如果订单生命周期里出现价格偏差，我们可以很快地定位到问题的所在。

④订单当事人 PPT 与角色 Role

订单是有生命周期的活动，在每个时间段的参与人可能会不同，比如下单人、付款人、发货人等。为了更好地描述人或物或者组织如何参与到订单活动中去，我们使用当事人和角色的概念。在电商活动中，毫无疑问，用户、商户和商品是订单当事人，那这些当事人是以哪些角色参与到订单活动中去的呢？关于用户，是作为买家去下单的。关于商品，则是以销售中的商品的角色去参与订单活动的。销售中的商品会受到营销活动、库存状态的影响，因此我们需要记录下单时刻的商品快照，留存下单时刻商品的详细信息。关于商户则是以商铺、卖家销售客服和发货人的角色参与订单活动的。首先商户以店铺的身份来参与或者组织营销活动，设置商品详细信息供买家浏览商品。在下单前，买家会与卖家销售客服互动沟通。下单后，卖家销售客服会给买家发送订单确认信息。后续卖家发货人会安排发货。我们把订单当事人和角色记录下来，如果订单有问题，可以追溯到相关的负责人并及时处理。

（2）协议

协议出现在 B2B 业务中，一般下单后需要买卖双方签订协议，针对如何完成订单进行一系列法律约束。协议管理的内容有协议建档、协议归档、协议审核、协议签订、协议查询等，为了更好地完成这些活动，我们按照四色模型的原理来设计协议相关数据模型。

①协议 MI 与协议项目 MIDetail——当事人如何从事商业行为的法律约束

协议可以分为产品协议、雇佣协议和合伙协议。产品协议用于实体商品买卖，包含销售协议和购买协议两种。雇佣协议用于雇主和雇员之间，合伙协议用于三方当事人之间的。在支撑银行新业态方面，产品协议多被应用在电商业务中。雇佣协议管理和合伙协议管理常出现在银行能力开放业务中。

关于协议中要记录的内容，我们认为要包含协议起止日期、协议类型、协议当事人和协议内容。其中协议内容涉及明细，包含条款和条件，不适合在协议实体中详细描述。我们认为这部分在协议项目中进行描述。协议项目包含子协议、协议章节、协议定价程序和协议解释，支撑纸质合同电子化。

大多数情况下协议与订单没有直接关系，因为协议是为了处理订单而制定的条件或者规则。下单之后再签订协议就意味着协议会对订单中的价格、支付方式、支付计划等有所管理。

②协议当事人 PPT 与角色 Role

协议的当事人因协议类型而不同。产品协议的当事人就是客户和供应商，协议角色通常是"卖方""卖方"，如果涉及买卖方的员工参与，还可以有"获得许可的人"和"发许可的人"。雇佣协议里的当事人自然是"雇主"与"雇员"或者"企业"与"员工"。而合伙协议中涉及第三方，协议当事人关系比较复杂，可能会有"录入人""保证人""法律顾问"之类的当事人角色。

订单中心提供了标准的下单流程和订单数据模型，将普惠金融服务各个中心的基础能力串接在一起，实现 B2C 业务和 B2B 业务中订单的统一管理，支持新业态中各种场景下的商品交易服务。

5. 运营中台与渠道中台职责划分

客户服务支持流程，是由渠道和运营两部分配合完成的，需要理解渠道中台与运营中台的职责划分（见图 4-3-18）。渠道直接面向客户，完成客户交互流程，提升体验、整合流程、营销互动、知识共享是渠道中台合适的切入点。渠道中台提供各自渠道服务特有的公共服务能力，例如为线下渠道提供智能设备接入、柜面终端接入、授权能力、集中监控能力、网点运营能力，为线上渠道提供身份核实、体验、服务组合、门户管理、信息发布能力，为合作伙伴渠道提供身份认证、安全管理、接入管理、服务组合与管理能力，保证各个渠道的客户体验一致。渠道中台还肩负着渠道协同的责任，要求将渠道控制、渠道互动、营销协同、身份认证、内容发布集中进行考虑，保证渠道间流程的打通，营销的一致，不再割裂到不同的渠道。运营中台完成产品服务支持流程，主要是业务处理和业务交付的工作，实现后台作业处理的标准化、集约化、自动化，提高业务运营的效率，让传统人工服务逐步转变高端服务与专业交付。

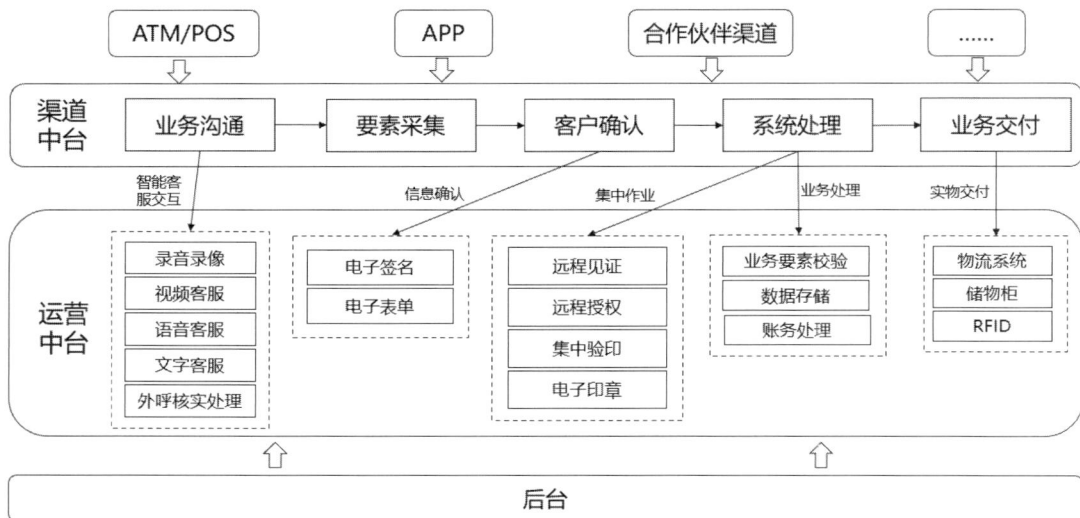

图 4-3-18　运营中台和渠道中台职责划分

6. 面向能力开放的场景化服务解决方案

（1）能力开放的背景与示例

互联网时代，金融机构产生场景焦虑，担心自己的客户被其他应用场景抢走或者隔离，虽然有些银行耗费巨资自建场景，但更加经济的和现实的做法是与各类场景进行整合，通过嵌入或者输出场景的模式，将自己的金融产品和服务隐身于场景之中。这就是能力开放。银行能力开放是一种新的商业模式，银行通过与商业生态系统共享数据、算法、交易、流程和其他业务功能，为商业生态系统的客户、员工、第三方开发者、金融科技公司、供应商和其他合作伙伴提供服务，使银行创造出新的价值，构造新的核心能力。

那么，银行应该提供哪些能力来支撑能力开放呢？我们回顾前面水果仓储配送店铺的运营案例，来分析一下 APP 端需要实现哪些功能。很明显，APP 端需要一套解决方案，然后根据解决方案去调用相关的能力来实现场景需求。

首先，我们先分析一下解决方案。商户在线运营需要解决店铺入驻、水果采购、发票管理、员工管理、工资结算支付、下单支付、会员预付款支付等方面的问题。这些涉及采购管理、销售管理、库存管理、财务管理、人力资源管理和电商服务管理等经营管理的方方面面。水果店经营遇到的问题在其他行业也是会碰到的，比如美容美发行业、餐饮行业等。各行各业差距较大，没有一套普适性的解决方案。但是针对某些价值链环节，客户的痛点存在共性，倒是可以给出很多解决方案。比如销售管理，我们通过提供销售报价管理、销售订单处理、销售发货、退货、销售发票处理、客户管理、价格管理等功能来满足销售过程中各个场景的要求，对销售全过程进行有效的控制和跟踪。可以帮助企业的销售人员完成客户档案管理、销售报价管理、销售订单管理、客户订金管理、客户信用检查、提货单及销售提货处理、销售发票及客户退货、货款拒付处理等一系列销售管理事务。再比如，财务管理方案则是解决一切与金融有关的财务事项，比如员工工资核算、差旅及费用的报销及支付相关的内容。

其次，我们需要分析一下支撑解决方案的能力。商户经营需要以下能力：商品上下架服务、下单服务、排班管理、会员账户管理和支付缴费等一系列金融服务。APP 端要支持这些能力的实现，有两种选择，一是把所有功能全都开发实现，这种方式工作量大，耗时久。一旦业务量大，有需求变更，不能及时响应。另一种选择是与开放银行合作，直接调用已经封装好的能力，拼装服务完成场景需求。这种方式可以及时响应大量业务要求，是明智的选择。然而调用已经封装好的能力需要解决以下问题：①支撑解决方案的能力如何开放出来？采用 API 模式还是 SDK 模式？②APP 端如何接入？③如何保证交易数据安全？④不同的场景，流程处理存在差异。这些能力如何支撑业务流程可变性？ 我们认为以上四个问题就是银行能力开放的未来目标。

（2）能力开放门的关键要素分析

为了支撑 APP 端实现这些解决方案，我们认为可以做以下几件事，如图 4-3-19 所示。

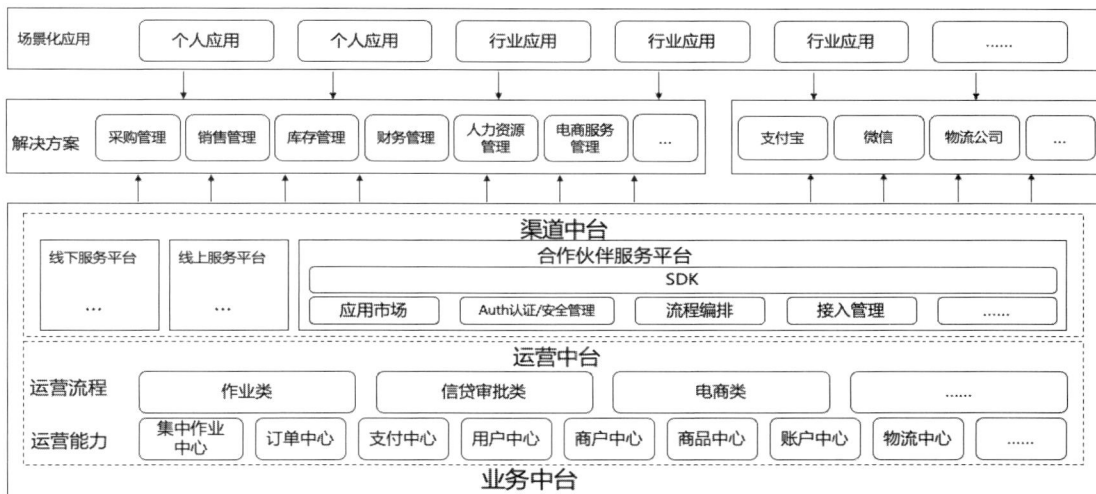

图 4-3-19　运营中台对 APP 端解决方案的支撑

（1）关于能力开放，我们有很多业务组件可以提供。

我们运营中台积累了大量的产品服务运营相关的业务组件，这些业务组件可以被开放出去帮助合作伙伴完成端到端的服务处理，比如下单组件、统一认证组件、统一支付组件等。下单过程是整个电商业务的核心流程，覆盖下单、支付、发货和确认收货四个环节，该流程串起订单中心、支付中心、物流中心、用户中心、商户中心、商品中心、营销中心、权益中心等的基础能力。我们分析了电商平台实体物品、虚拟物品和生活服务类的交易过程，形成了担保交易这个虚拟流程。在此基础上进行可变性分析，支持预售、众筹等业务场景的实现。我们的统一认证组件可以支持多渠道统一密码认证、统一验证码认证、统一工具认证，还支持多种认证方式的组合和扩展，渠道与认证方式、交易与认证方式的灵活配置，不仅可以提升客户体验，还能加强交易风险防控。我们的统一支付组件涵盖智能路由、支付要素识别和支付流程，可以实现行内外支付、收单、汇款等支付。

（2）关于能力透出，我们可以提供标准的 SDK 来封装服务。

SDK 是 Software Development Kit 的缩写，中文含义为"软件开发工具包"，是软件工程师为辅助开发某类软件的相关文档、范例和工具的集合。也就是说 SDK 是一系列程序接口、文档、开发工具的集合。一个完整的 SDK 应该包括以下内容：接口文件和库文件、帮助文档、开发示例和实用工具。SDK 可以是一系列专业服务的集合，比如提供安卓开发工具或者基于硬件开发的服务等。也可以是针对某项软件功能的技术，如推送技术、图像识别技术、移动支付技术、语音识别分析技术等。使用 SDK 可以提高开发效率，更简单地接入某个功能。比如一个产品想实现某个功能，可以找到相关的 SDK，工程师直接接入 SDK，就不用再重新开发了。

在服务封装方面，使用 SDK 优于 API，主要表现在以下四个方面。首先，SDK 对接后功能比较稳定。SDK 相当于集成开发工具环境，不仅包含 API 定义的能力，还包含了接口的规范。使得 SDK 更容易被多个 APP 调用，每个 APP 被多个用户使用而不会发生宕机。其次，SDK 响应速度快。互联网业务，通常业务量大，需要快速响应，使用 SDK 比 API 要效率高，而且稳定。比如电子签约，此过程包含合同签署、在线查看、下载和验签这四个过程，如果使用 API，相当于建立一个文件柜，文件柜实现包括合同签署、查看、下载、验签等功能。而使用 SDK 就相当于把这四个功能打包，直接在对接平台放了一个电子签章，对接后的功能比较稳定，响应速度快。第三，SDK 易用性强。在与前端主流技术 H5 的融合方面，SDK 要比 API 更加简单。SDK 是提供一套端到端的解决方案，包含前端界面和后台实现，而调用 API 还需进行界面开发。比如水果店收银台结账，如果使用了支付宝提供的支付能力，在确认订单信息后直接转向支付宝的支付界面，完成支付。而 API 仅仅是提供了支付这个后台接口服务而已。最后，SDK 安全性好。API 会经过对接平台，厂商可以获取对接平台相关数据信息。而使用 SDK，对接平台相关数据不会被获取。

（3）关于接入管理，我们提供通用报文转换机制和标准金融服务数据模型。

接入管理涉及数据传输和数据存储。关于数据传输，我们提供通用的报文转换机制来提高便捷性；关于数据存储，我们使用标准的金融服务数据模型来应对数据可变性。

互联网环境下，应用之间的通信都采用 TCP/IP 协议，传输数据的是报文。为了处理业务逻辑，通常都是把接收到的报文先进行结构化拆解，存储起来再做处理。处理完后的信息也会先结构化再转换成报文发送出去。这个过程就是报文转换。我们提供通用的报文转换实现方法，其灵活性表现在以下四个方面：①自适应报文结构：报文由报文头和报文体组成。其中报文头是固定的，包含报文信息类型、交易码等，使用固定长度的字节表示。报文体由报元组成，每个报元由报元编号、报文实际长度及报元内容三部分组成；②报文信息参数化：报元和报文的定义信息都是系统的标准数据，标准数据的参数化有利于系统的扩展和维护。我们采用报元定义文件和报文定义文件来实现，每个文件有自己的格式；③报文格式转换文件的生成。我们确定好报文中所包含的每个报元应该转换成哪种数据类型并存储到结构中哪个相应位置，那么业务程序在执行时就可以直接根据此转换信息顺利地实现报文转换，而不需要一个一个地根据报元定义来完成转换。由于自定义结构是按照报文定义文件和报员定义文件来定义的，因此根据这两个文件就可以生成自定义结构和报文格式转换文件；④报文格式转换函数。有了报元定义文件、报文定义文件和报文格式转换文件，在业务处理过程中就很容易实现报文和自定义结构之间的相互转换了。我们提供将报文转换成结构的函数和将结构转换成报文的函数来完成转换的功能。此种报文格式转换方法具有很好的灵活性、可扩展性和通用性，对着业务拓展而不断增加的报元和报文系统效果尤其明显。

数据模型构建分为两步，一是选择合适的数据模型主题，二是数据模型设计。

数据模型主题，又称为业务概念，是从业务角度对企业信息进行的分类，它具有通用性和概括性的特点。针对金融业，业界也有多种主题模型分类方法，如 IBM 的 FSDM 主题模型、Teradata 的 FS-LDM 主题模型。我们采用 TeraData 金融数据模型里关于银行十大主题划分的思想。十大主题划分如下：当事人，银行所服务的任意对象和感兴趣进行分析的各种个人或团体；财务与风险，记录银行内部财务管理与风险管理信息；事件，银行与客户之间资金或非资金活动的信息；地理区域，用于观察和分析任何区域，如国家、地区、邮件等；市场营销，拓展市场用于促销活动、客户投诉信息等；协议，银行因提供产品或服务而与客户建立的契约关系，如账户、合同、借据等；银行，银行的分支机构、部门和职员的信息；产品与服务，银行提供产品和服务，以其期限和定价等信息；渠道，银行与客户交易或接触的渠道信息等；资产，银行、当事人的有形资产和无形资产信息。

数据模型设计方面，我们要考虑数据存储和数据获取。对于那些数据量比较大，要查看某一个时间点或者时间段的历史快照信息，比如，查看某一个订单在历史某一个时间点的状态；又比如，查看某一个用户在过去某一段时间内更新过几次这样的信息，我们采用拉链表设计，增量更新，既可以实现查看历史记录，又可以减少存储消耗。对于字段不会频繁增加又需实时查看最新的信息，比如需要实时查看某类账户当下的账户余额这种需求，可以将各个维度、指标、属性放在一起，采用宽表的设计，全量更新数据，满足取数的高效要求。

构建标准金融服务数据模型可以带来以下价值。首先，可以建立起一套企业级基础数据定义；其次，建立一套可视化、涵盖全行基础核心业务数据的数据结构；第三，指导并规范不同组件间同类业务对象的定义；最后，有利于提高数据一致性，提升数据质量。

（4）关于服务安全性，我们可以提供认证和加密方案。

为了防范交易风险，我们提供认证方案和安全保障方案。关于身份认证和交易认证服务，我们支持密码认证、验证码认证、工具认证和特征认证，支持交易渠道与认证方式的灵活配置，加强交易风险防控。在安全保障方面，我们重视安全接入和数据脱敏。对于能力接入使用OAuth2.0 认证处理流程、通信安全方面，合作伙伴持有我们提供的私钥来生成签名密钥，加密私钥，通过对原有接口进行数据填充和数据裁剪实现数据脱敏。

（5）针对业务流程可变性，我们支持便利的流程编排。

在运营中台，我们有三类标准化流程：作业类、贷款审批类和电商类。其中作业类流程服务于传统的集中作业业务，抽象流程为影像扫描、录入复核、验印、授权和业务提交。电商类业务流程支持新业务模式的运营，抽象流程为下单、支付、交付、确认交付。贷款审批类流程服务于贷款类业务，抽象流程是申请受理、材料审核、电话沟通、额度审批和面签。基于这些标准流程，针对具体业务场景可以通过清单化方式配置虚拟流程，基于虚拟流程，我们对中台沉淀的能力进行流程编排来实现业务快速创新。

流程编排是指使用各种"能力"进行编排来完成某一业务，各个"能力"被有序的编织起来，聚合成一条特定的执行链。流程编排的过程是这样的：①能力列举：对需求进行结构化分析，明了业务流转所需要的能力。②能力复用或能力实现：查看这些能力在别的流程中是否已经沉淀下来，如果有对应的能力实现则复用，没有则需要重新开发。③能力配置：根据业务规则配置能力实现。

流程编排的优势是显而易见的：①实现流程配置化。②能力复用。在更多的业务身份产生的同时，更多的业务能力也被我们沉淀下来，能力会被编排进更多的业务规则中，在各个规则中复用。③业务细节聚合。在传统模式中，随着需求的不断迭代以及开发人员不同的编码习惯，越来越多的业务逻辑被分散在各个代码模块，给后续业务的理解和迭代造成很大的困难，而通过流程编排，不同的能力被分组聚合，各个能力职责单一，校验只做校验，装配只做装配。④统一开发思维，流程编排"约束"了编码方式，让开发者将注意力集中在业务线的设计和实现点的编码，按照"一切业务皆可编排"原则，所有的业务先按照相对固定的思维去设计"线"，再扣"点"，当开发者结合产品需求对"线"的设计完备以后，完全可以沉浸于"点"的实现，并且可以按照"点"的特性安排不同的开发人员进行完成。⑤缩短项目周期。流程编排提倡能力复用，通过编排大部分已经实现的能力和少量新编码的能力来完成业务流程，并不断沉淀新能力以面对更多需求迭代。

4.3.4 营销中台，精准营销的标准化与柔性

1. 营销运营的基本框架

企业在营销过程中，需要对营销活动的运营进行统一的管理。在过去，营销活动的运营过程各个阶段可能由不同应用系统进行支撑，客户经理、产品经理等营销管理人员需要到对应的系统中进行营销活动需求定义、营销活动发布、营销数据的查看等，难以对营销活动从推出到运营的全过程实现有效管理和运营。快速完成营销活动的策划、发布、运营是营销中台的主要目标，因此营销中台需要建立营销活动运营的框架，实现营销活动从活动快速推出、营销活动送达、支撑事件营销与交叉销售到营销活动数据运营全运行过程能力支撑，实现管理闭环、推荐闭环以及服务闭环。营销活动运营框架如图 4-3-20 所示。

营销中台需要能够在较短时间内完成营销活动的上线，甚至连活动前端页面都不需要开发，完全通过活动的在线配置方式完成。这就需要对活动推出通用性以及可变性进行分析，将通用性部分进行抽取，形成重用的模块，并且对于可变性部分实现扩展支撑。在后续的内容中我们将会进一步分析营销活动，快速推出的通用性与可变性。

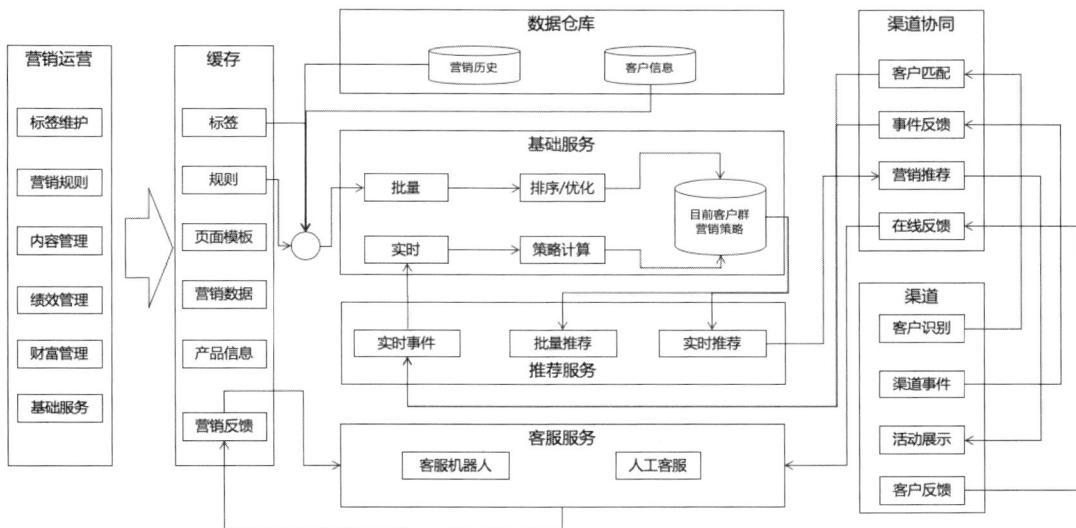

图 4-3-20 营销活动运营框架

当营销活动上线后，接下来很重要的一个环节，就是能够将营销活动送达到客户，让客户参与营销。而为了提高营销活动的效率以及效益，需要按照营销活动的特性精准地送达到针对性更高的客户，而不是全局送达。所以，当有新的营销活动创建后，能够通过已经在数据集市中采集到的营销历史与客户信息，并且通过批量计算、排序优化等数据挖掘手段，或者通过数据标签等手段，获取该营销活动所需要推荐的客户群，通过渠道协同组件将营销活动通过短信、推送通知等方式批量推送到目标客户群，从而实现精准人群营销。

除了批量的精准人群营销外，在营销活动的运营上，还需要事件营销，例如当客户登录手机银行，能够实时对客户进行识别，将对应匹配的营销活动进行推荐，或者当客户完成某个交易后，触发交易事件，通过实时的事件监听处理，完成实时计算与策略匹配，进行营销活动的推荐。通过事件营销，并且结合数据标签手段，能够更好地支撑交叉销售，当客户购买 A 产品后，能够将与 A 产品关联 B 产品、C 产品推荐给客户，提高营销的效益。

营销活动推出后，除了关注营销活动送达外，更重要一点是要能够通过营销数据分析营销活动的效果，并且以此为依据进行相应的绩效考核等后续事宜。一方面通过从营销活动页面中埋点所搜集到的客户业务数据、客户行为、渠道信息等数据；另一方面通过客户参与营销活动的反馈信息，两方面对营销活动进行数据运营。对于每一次营销活动，都需要实时监控营销效果，进行可视化分析，监控的数据包括 PV、UV、提交量、分享数等，并且根据这些数据优化模型，调整投放策略，为后续的营销活动在精准人群营销、事件营销、交叉销售等方面上提供参考。

2. 营销活动快速推出的通用性与可变性分析

营销社交化营销、场景化营销、位置化营销都是由广告和活动两大类，广告类的形式比较简单，营销活动形式却有很多种。例如经典的抽奖营销，对用户有着最直白的吸引力，如果希望活动传播广泛、宣传力度大，就一定用到抽奖手段，抽奖的形式包括九宫格、大转盘、摇一摇、水果机、刮刮乐、砸金蛋、翻牌子、红包雨等等。红包营销也是一种经典、火爆的活动形式，形式有微信红包、裂变红包、流量红包、分时红包、语音红包等等玩法。秒杀、砍价、拼团、助力、分销等电商营销玩法，可以使产品宣传快速产生裂变。增强客户黏度的签到营销，包括签到抽奖、7 天打卡、日历签到等。还有答题营销、投票营销、游戏营销等形式。

一个营销活动的推出的流程（见图 4-3-21），分别为产品定义、客户目标定义、营销策略定义、营销活动定义、营销活动触达、营销活动执行六个关键活动。在营销活动推出的流程上，在营销活动定义以及营销活动触达上是存在其对应的可变性的。

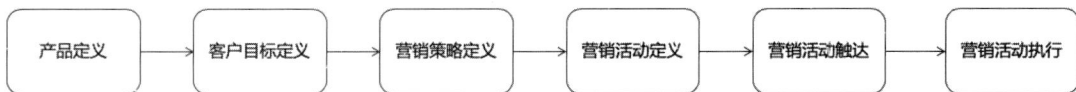

```
产品定义 → 客户目标定义 → 营销策略定义 → 营销活动定义 → 营销活动触达 → 营销活动执行
```

图 4-3-21 营销活动的推出流程

营销活动的定义，其主要关键是如何快速实现营销活动页面能够快速推出，并展现给客户，所以营销活动页面就不能再依靠开发人员每次根据活动要求进行页面开发，再发布上线，这种方式将会大大降低营销活动的及时性，并难以及时响应不同营销活动上的可变性。其实，每种营销活动形式的处理方式是类似的，可以将通用的模块抽象为可重用的组件，让营销活动尽可能通过配置化完成。例如抽奖活动，它的前端页面是由一个九宫格组成的，九宫格的内容可以从基础服务的素材库中挑选，主要动作包括规则显示（右上角）、查看中奖记录（右下角）。

分析可变性之前，首先分析其通用性。营销活动页面通用性上，不同类型的营销活动页面（如抽奖类、签到类、游戏类等）都有其所特有的通用性内容。一方面的通用性包括页面的组成元素以及页面的布局，在页面组成的元素以及页面布局上，即页面模板每一类营销活动页面的组成元素是既定的。例如对于抽奖类页面，如图 4-3-22 所示，其组成要素包括规则按钮、规则描述、背景、抽奖组件、中奖名单、中奖纪录按钮、中奖纪录信息、分享按钮、分享信息，然后通过页面 CSS 定义完成各个组成元素显示的位置以及显示方式的定义；另一方面的通用性是各个通用营销组件，例如九宫格、转盘、红包雨等，都是可以提供给不同营销活动复用。

而营销活动定义可变性，包含由页面展现可变、组件数据整合可变以及投放渠道可变上。页面展现可变上，基于页面模板上透出的可变性，例如背景图片、规则内容、活动名称等，不同的营销活动可以根据实际营销活动要求进行自定义。对于营销组件来讲，可变性是其组件数据上的可变，例如抽奖的九宫格、转盘，可变性为可中奖内容数据上的可变，不同营销活动设置九宫格抽奖内容，通过数据整合组成相应的抽奖组件。营销活动页面定制后，可以按照营销要求，选择投放到不同的渠道，如微信公众号、手机银行、PC 网站等。在营销活动页面的展现的配置中，实现营销页面的可视化编辑，通过在配置环节引入页面模板的渲染，实时将动态内容在模板中展现，做到所见即所得，如图 4-3-23 所示。

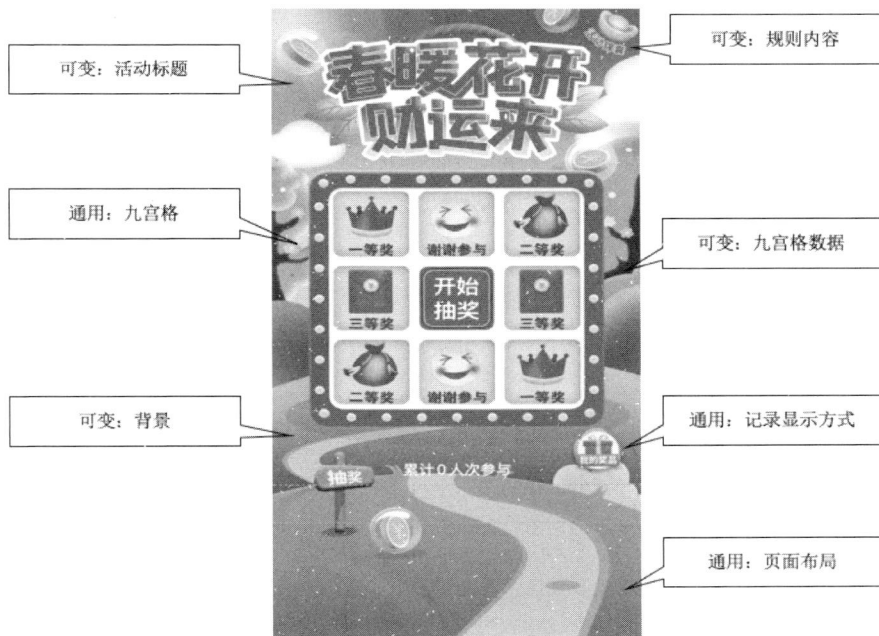

图 4-3-22 抽奖活动示例

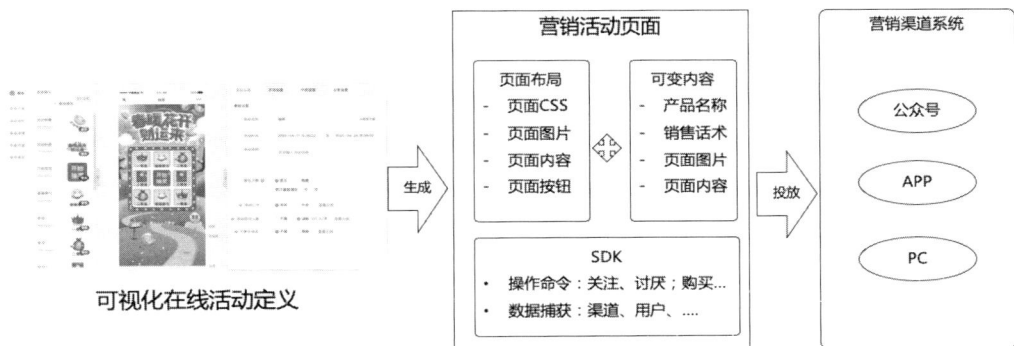

图 4-3-23 营销活动页面展现配置

营销活动快速推出的可变性还包含营销活动触达方面。营销活动触达主要用来记录客户参与营销活动过程中记录用户实际交互的信息，一方面是记录用户参与营销的信息，可以分为主动和被动这两种，可以是用户主动点击某个按钮或执行了某个动作参加了营销，也可以是被动通过短信或者推送参与营销。另一方面记录用户参与营销活动过程的交互信息，由于不同类型营销活动所需搜集的信息有所差异，所以在触达这方面存在可变性。可以引入对应的 SDK 提供操作命令、数据捕获等埋点入口，通过按照营销的实际要求，对营销活动页面埋点设置，记录用户的操作（如操作点击、页面跳出）、数据（渠道、产品）等，作为后续营销活动运营监控以及营销考核的信息来源。

营销活动快速推出依赖具备通用性的可复用组件对活动页面进行配置，并且通过其透出的可变性按照营销活动的实际要求定性个性化定制，可以按照页面模板及配置信息生成对应的

H5 页面，根据营销活动所需投放的渠道进行推送，由各渠道对 H5 页面进行自适配显示，从而实现营销活动的快速推出及送达。

3. 事件营销的实现方式

实时营销（Real Time Marketing）是指根据特定消费者当前的个性需要，为其提供产品或服务，在被消费过程中可自动收集顾客信息，分析、了解消费者的偏好和习惯，自动调整产品或服务功能，实时地适应消费者变化着的需要。实时营销对消费者"需要"概念进行了新的定义：既包括当前需要，又包括未来发展变化的需要。实时营销往往是事件驱动的，事件会包括几种类型，趋势变化相关，例如"客户上个月交易量下降了 20%"；简单事件，例如"客户昨天完成了一次大额转账，目标账户是他行"；也可能是比较复杂的事件，例如几种事件组合发生；甚至没有事件本身也是事件，例如客户在过去一个月内没有交易活动。

营销中台通过场景事件触发计算，根据客户情况产生营销策略，通过相应的渠道执行策略，利用埋点技术、人工反馈等手段接收反馈信息，更新营销引擎与相关数据。例如客户利用手机银行转账时，通过短信渠道发送动账通知："活动期间使用手机转账，有机会赠送周杰伦演唱会门票，同时可以参加抽奖"，短信附带微信公众号的链接。在技术实现上，场景事件即包括交易实时产生的事件，也会包括客户行为产生的事件，也可以是通过流式计算技术产生的经过筛选的实时事件，还可能是由后台批量产生的事件。营销中台把事件处理的公共流程抽象出来，通过实现事件与处理规则等具体变量，快速完成处理逻辑，避免了规则写入代码、成本高昂、维护困难、新业务响应周期长等问题。

位置营销是实时事件营销的一种特殊情况，可以更好地为场景化营销服务。位置服务 LBS 可以获取用户定位数据，获取位置事件数据，根据地理围栏可以与客户的数据关联起来。地理围栏与位置打标，可以确定地理位置的范围，产生事件数据，监控人流的流入、流出，进行实时的客户分群，根据位置推送广告、营销活动。位置服务提供位置分群（基于常驻位置分群、基于最新位置分群）的能力，为客户分群和精准营销提供支持。事件处理的公共流程抽象如图 4-3-24 所示。

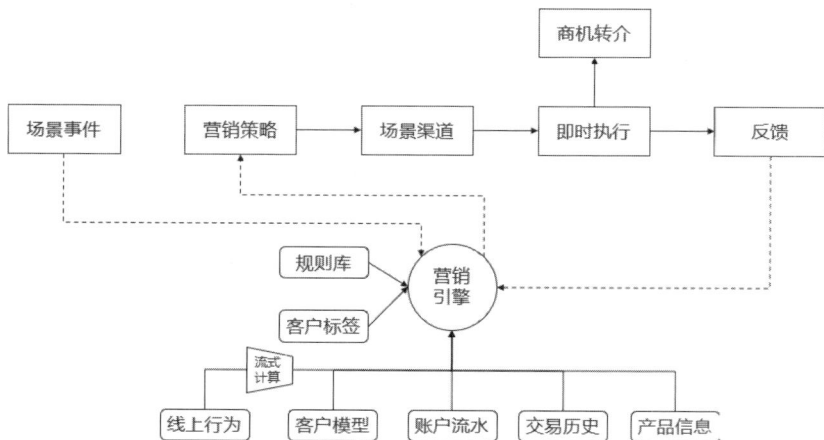

图 4-3-24 事件处理的公共流程抽象

4. 数据标签管理的通用性与可变性分析

标签是一种用来描述业务实体特征的数据形式。通过标签对业务实体进行刻画，从多角度反映业务实体的特征。数据标签技术在营销中台中具有重要的作用，相关技术我们将在数据中台中介绍。客户标签包括基本属性（人口信息、生活信息、位置信息、其他）、关联关系（生活关联、金融关联、社交网络关联）、兴趣偏好（支出偏好、非金融产品偏好、行内渠道偏好、行外渠道偏好）、营销信息（近期需求、营销活动）、资产信息、风险信息等大类。常用标签主要是性别、年龄、学历、星座、忠诚度、卡等级、生命周期、收入水平、身份特征、情绪爱好等。客户分群是精细化客户经营的基础，而标签是客户分群的基础，每个客户分群都有共同的特点，根据这些特点来制定营销方案，可以大大提高营销效果。同时，数据标签也可以作为客户分析的手段，从不同角度查看客群的分布，找到客群的特征，使用新的标签或者客群分类管理起来，作为新客户分群的依据。例如在分析存留客户和非存留客户的时候，可以将两个客群进行比较，对比两者在数据标签分布上的相似程度，找出共同特征，这也是决策引擎能够提供的常用能力。客户分群还可以帮助客户经理、大堂经理完成交叉销售提供依据。

标签在营销中台中的另一个作用就是提供画像。通过客户画像，不仅可以统一企业内部关于客户画像的认识，领导、客户经理还可以通过图表的方式更直观地了解客户情况，加深对于存量客户的理解。通过客户画像了解客户需求偏好、行为偏好、渠道偏好，提供差异化产品及服务，提升客户体验，更可以发挥客户经理、大堂经理的主动性与积极性，有效地开展个性化的营销活动。客户画像可以从另一个维度组织标签，包括个人信息、基本情况、支出偏好、资产属性、风险属性、兴趣偏好等。除了客户画像，还包括网点画像、产品画像，为营销与绩效考核提供依据。

传统金融企业营销能力分散在 CRM、精准营销、财富管理、绩效、渠道等系统中，营销人员使用不变，数据库营销手段比较单一，渠道/系统协作不足。营销中台打造了企业级营销运营流程与开放的业务体系，支持营销能力，为生态创新与场景营销服务。大数据/智能营销引擎的使用替代了数据库营销与传统手工作业的闭环、LBS 等技术的使用提高了对客户的认知，为线下渠道营造厅堂氛围、深挖存量客户、拓展社区/商圈/电话/沙龙等销售手段，以支撑层出不穷的营销前端与营销场景。

数据标签本身是存在可变性，实际上可以理解为是数据可变性。之所以需要定义标签，就是将数据通过不同的方式整合出来提供使用。在营销中，数据标签主要分为四种类型：①客户标签（客群总览、客户画像）；②产品标签（产品分类、业务概念）；③交易标签（热力分布、行为分析）；④网点标签（营销业绩、业务预测）。而营销中台中的数据标签来源于数据中台，但是数据中台所提供的数据标签并不是完备的，不能完全满足营销的使用需求，因此营销中的数据标签，需要营销中台根据数据中台提供的数据标签进行扩展，以此满足营销的使用要求。

营销中台实际上可以说是数据中台的应用，数据中台提供数据服务，该数据服务是一个标签化的功能。当然并不是说没有数据中台，就不能建设营销中台，即使没有数据中台，营销中台也可以独立实现标签的全生命周期管理。在数据中台中存在很多的数据标签，但是在营销中我们使用到的数据标签主要是用来做客户分群的。在数据中台中对客户分群的数据标签不会像营销所需的那样分得非常细，有些按照粗粒度划分，有些按照细粒度划分，而在营销中我们都需要以细粒度进行精准划分。因此，需要自定义很多数据标签来管理营销活动，并不能简单地按照数据中台的数据标签进行，因此在营销中台中需要对数据标签提供标签体系的管理流程，如图 4-3-25 所示。

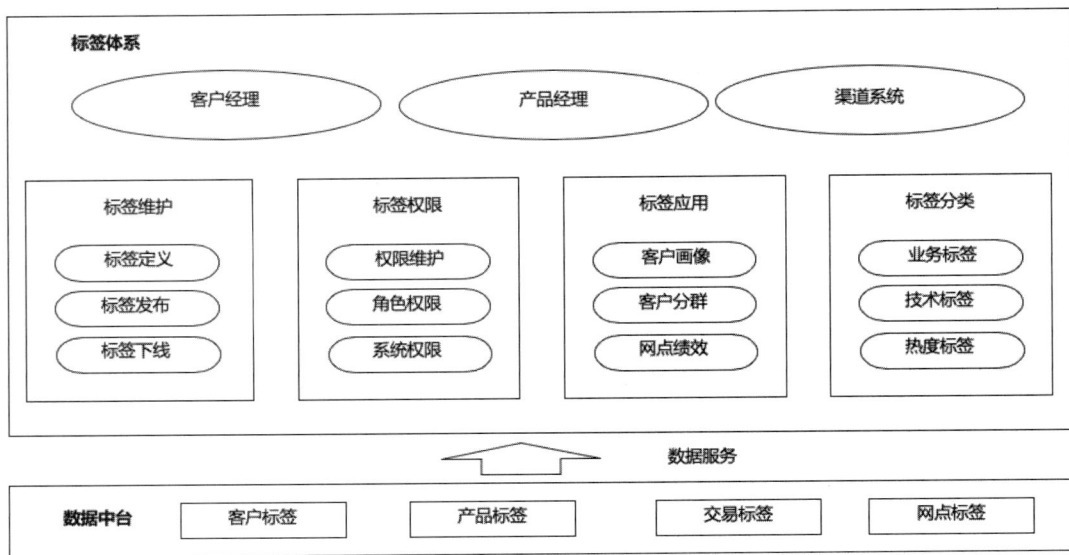

图 4-3-25　标签体系管理

（1）标签获取：数据标签的获取方式可以从通过数据中台的标签服务进行获取，或者通过客户经理、产品经理、运维等管理人员实现手工打标。标签获取后还需要按照实际的运营要求进行更新，标签的更新分为批量更新与实时更新，如果对应标签计算的数据一旦发生变化，那么就需要实时更新该标签信息，例如手机银行用户最后一次登录 APP 的时间的标签，每次用户登录后都需要实时进行更新。对于实时性要求不高的标签，则可以采用批量更新。

（2）标签应用：通过营销中台，为客户经理、客户主管、产品经理、业务主管、分行、渠道系统等应用方提供标签的应用，为营销画像、客户分类、产品推荐、网点绩效地图、数据可视化等提供标签应用场景。

（3）标签维护：从营销的角度对营销所需要的数据标签进行维护，包括标签的查看、标签的定义、标签的预览与发布以及标签的修改。按照营销的数据标签要求，对数据标签进行扩展定义，形成满足营销客户分群要求的数据标签。同时，营销中台对可以对营销活动与标签的依赖关系进行查看。由于营销活动的快速变化，所以我们经常需要对标签进行修改，如果标签没有营销活动在使用，我们能够直接修改；而如果有营销活动已经在用，那么有两种处理方案：一是保持营销活动新旧标签不一致的状况；二是营销活动保持原有标签不变，按照新的逻辑产生新标签，过一段时间再对旧标签进行下线。

（4）标签分类：标签分类的目的是为了方便用户在使用时查找标签，营销中台将数据中台的数据标签按照业务特性、技术特性以及使用情况进行分类。按业务特性分类可以按照业务主体划分，例如人口学信息、资产、交易、渠道偏好等，或者按业务特性来分，标签是通用的还是专用的。从技术特性可以从标签的更新失效、访问方式、产生方式进行分类。而使用情况可以按照热门、普通、冷门等使用热度进行标签分类。

（5）标签权限：标签的使用不能没有限制，所以在营销中台中，需要对标签设置相应的访问权限，防止标签超出其使用范围。使用范围一方面与营销分类相关，对于银行营销活动来说，不同的类别的营销活动之间不能混用标签，所以需要按照营销维度对标签进行访问权限设置。另一方面，需要从便利性的方面考虑，银行的数据标签数量非常巨大，绝大部分配置人员只能熟悉自己所负责的一小部分，所以不能将所有标签开放给所有用户，应该尽可能缩小用户的访问范围，可以从总行、支行的维度设置，或者按照角色与系统进行设置。

（6）标签下线：当标签相关的营销活动已经结束或者标签的确发生变化，有新标签替代原有标签，这个时候我们就可以将标签进行下线，下线后的标签将不再刻意使用。标签下线分为两个步骤，首先是逻辑下线，通过标签权限设置为不可用，这种时候可以进行逻辑回退。逻辑下线一段时间后，如果没有用户有意见，那么就可以进行物理下线。

营销中台通过对数据标签管理体系流程的支撑，能够基于数据中台的数据标签按照营销的要求进行扩展，并且对标签的生命周期进行有效管理，提高数据标签的管控力度，进一步为通过数据标签实现精准人群营销提供有力的支持。

4.4 低代码平台，高效率创建新应用

1. 低代码平台是什么？

低代码平台是指一种能够帮助企业快速交付业务应用需求、最小化代码量的平台。Gartner研究表明专业的 IT 人员只能够满足企业 IT 需求的 6%；另外，随着企业间互动、更多设备接入方式等需求使得企业的 IT 需求将会达到现在的 5 倍，这意味着供需矛盾将加剧。低代码平台的推出让"业务人员"可以进入应用开发领域，而不只是精通代码编写的专业人员。这里提到的"业务人员"并不是指类似"柜员、理财经理、会计"等业务员。即使有了低代码平台，金融企业的应用交付仍是科技部门的职责，低代码平台的使用者是科技部门中对业务理解深入的人员，例如产品经理、需求经理，当然也包括了解业务的开发人员。

专业的编程人员可能会认为低代码应用开发平台不够强大，实际上并非如此。低代码平台并不是让使用者基于技术组件从零开发，而是在提前积累了大量业务组件的基础上进行应用配置。这就要求平台功能组件的覆盖场景不满足要求时，能够方便地通过代码扩展实现。

- 低代码 ≠ 无代码
- 低代码 = 无代码 + 极简代码 ≈ 无限制

低代码平台能够覆盖场景的广度取决于业务组件的丰富程度以及平台本身的柔性程度。

其本质是简化了应用软件生命周期的部分环节，与业务中台、数据中台建设紧密结合，是中台建设的高级阶段。没有可重用能力建设过程中抽象的业务模式、积累的业务组件，低代码平台也无从谈起。低代码平台更像一个生命力强大的有机体，也需要时间的积累，需要不断的进化，借助可重用能力的支撑，必会为企业带来极大的价值。低代码平台是 IT 发展的必然，现在起步并不晚。

2. 什么样的低代码平台适合金融企业？

不存在能够适应全部业务场景的、通用低代码或零代码平台。常见的表单加流程类的低代码平台，适合做管理运营类的业务，但只用这一种方式建设低代码平台一定是错误的。金融企业的业务繁多，一个通用的低代码平台难以解决所有问题，需要面向不同的业务领域建设和积累，从渠道、营销、产品、运营、风险等不同的业务领域，分别进行业务特色化的低代码平台。低代码平台需要可重用组件积累，不断进化以适应新的业务需求。

3. 低代码平台与结构化需求元模型的对应关系

建设适合金融企业的低代码平台，数据、流程、规则、展现是落地的几个重要方面，低代码平台基于上述几个方面提供配置化和可重用组件，以支撑业务需求落地。对于前文提到的结构化的需求元模型，低代码平台均应提供对应的能力和组件支撑。对应关系参见表 4-3 所示。

表 4-3 低代码平台能力和组件对应关系

结构化需求元模型	低代码平台能力
业务领域	业务应用、业务目录
业务职能	应用功能、业务流程
业务流程、业务活动、任务、步骤	业务流程、操作流程、交易流程
业务信息	数据标准、数据字典、数据模型、输入输出规格
扩展主题、扩展点	业务组件、扩展点
业务规则	业务规则
组织单元、岗位、角色	权限、流程与组织单元、岗位、角色数据结合

对于低代码平台各方面能力的建设，还需要着重考虑如下三个关键要素：

- 基于可重用的业务组件支撑业务需求快速落地。
- 整体的可扩展性是平台可持续发展的保障。
- 平台需要对应用的生命周期全面支持。

下面我们从上述三个要素的角度，对低代码平台建设的各个方面的关键点进行分析和说明。

4.4.1 基于可重用的业务组件支撑业务需求快速落地

可重用、大粒度的业务组件是低代码平台支撑业务需求快速落地的核心手段。这句话中有两个关键词："可重用"和"大粒度"。首先，可重用一定是能够提升应用实施效率的，这点毋庸置疑。这里强调"大粒度"是对比小粒度的"技术重用"来说的，如：单行文本框就是一个可重用的技术组件，使用它设计页面时，比自己编写代码会快一些，但仍有巨大的提升空间。而大粒度的业务组件则是通过对业务需求的总结抽象，沉淀出来的具备业务化属性的组件，如：将抵押贷款中不动产抵押物的业务属性进行业务化组件封装，在涉及不动产抵押的应用页面中均可以直接使用，而不是基于小粒度组件一个一个地进行组装配置。我们认为，没有将业务抽象为组件的低代码开发仍然是低效的。有了可重用的业务组件，除了效率提升之外，还可以对业务需求进行标准化的管理，同类业务重用相同的业务组件，就有了一致的业务语言，避免了不同人由于业务认知程度不一致造成的差异。

业务组件沉淀的过程，本质上也是业务需求抽象的过程，是业务能力走向成熟的表现。下面我们将对数据、流程、展现等方面的业务模型、组件进行说明。

1. 业务化数据模型

市面上的常见低代码平台大多不具备灵活的数据模型定义能力，而是采用直接拖拉拽控件生成表单页面，发布应用。基于这种模式建设的应用，看上去方便，实则数据是封闭的，就是信息孤岛。金融企业做低代码平台，绝大多数场景是基于已有数据建设应用，因此数据模型化能力是低代码平台的基础。多数金融企业对于数据应用已经有了一套成熟标准，低代码平台的数据建模能力，需要以金融企业的数据标准为基线，再结合业务特点对已有数据标准进行扩充，形成具备业务特色的数据字典。结合数据标准与数据字典进行数据模型抽象，能够为低代码平台中配置、集成组装过程提供极大的便利。下面我们对数据标准、业务字典、业务模型分别说明：

（1）数据标准：为解决数据来源多头、定义不一致、格式不统一、交换困难等问题，金融企业对数据按主题划分，做了统一的标准化定义，通常基础数据标准会包含数据的一些基本属性，如：属性名、中文名、英文名、类型、长度、效验规则等一系列的基础信息。

（2）数据字典：以数据标准基础，对数据条目基于业务特色进行扩充，可以按业务维度划分，如表单展现维度的数据字典项目会定义展现相关的控件、校验规则、显示格式等；数据集成维度的业务字典项目则会扩充定义数据的加密、脱敏、转换等规则。不同维度的数据字典是各领域低代码平台配置效率提升的关键因素之一。

（3）数据模型：数据模型是对业务数据的模型化定义。定义过程就是按照业务使用的场景，将一个个数据字段组装为带业务化含义的数据模型对象，供服务集成、业务规则、数据交互使用。数据模型通常会按数据的存取方式进行分类，如基于数据表定义的数据模型称为"数据实体"，支持根据该数据实体对数据库表进行增删改查操作；基于数据库查询语句结果集元数据封装的数据模型称作"数据视图"，通常为只读类型的数据模型对象，用作视图查询、报表、图表等功能装配；基于服务调用报文的数据模型称作"消息实体"，通常用于服务集成，具体的操作类型取决于对应的服务操作提供的能力。

（4）输入输出规格：输入输出规格可以理解为给业务信息数据使用者看的说明书。简单来说，如果我想要通过某种形式使用数据（如调用服务），那么我只关心我要给其发送什么数据，然后我能接收什么数据，即服务的输入、输出的规格。对于技术服务的业务化封装，首先要做的就是输入（in）、输出（out）的标准化定义。有了业务化的规格定义，开发配置人员就能够更清楚地理解和使用。

有了数据模型作为基础，就具备了业务的元信息结构，使得低代码平台之上建设的应用能够与业务紧密结合，应用开发、集成的效率也能够显著提升。

2. 标准化流程编排

对于常见的低代码平台，对流程支撑仅限于应用内部工作流即操作流程的场景。这对于大企业来讲显然是不够的。尤其是金融企业，其流程从广义上讲就是后端交易，按照不同的特点一般分为业务流程、交易流程、操作流程几种情况。

- 业务流程：也称长流程，即有人工参与的交易流程，其特点是以端到端的系统集成为主，执行过程中涉及服务集成、人工处理等多种不同的情况。通常是以在渠道整合或业务中台中建设为主。
- 交易流程：也称短流程，即无人工参与的交易流程，其作用是端到端的系统服务集成，流程启动后自动根据配置规则执行流转。通常是以在渠道整合或业务中台中建设为主。
- 操作流程：即日常工作、办公审批等工作流程。其特点是流程审批模式、审批操作多样化，还需要支持自由灵活的人工流程流转。

低代码平台在金融企业落地时，需要能对业务流程、交易流程、操作流程相关场景进行支撑。对于支持这几种场景的流程，整体建设思路首先就是要有工具能够支撑标准化、易用的流程编排，抽取各场景流程的共性特征，沉淀为业务组件让流程编排更方便快捷。通过流程编排工具，将相对稳定的流程进行标准化定义，再将多变的业务进行规则组件封装。整体协同配合，以支撑金融企业的交易运行。下面我们将按不同场景的流程和规则支撑来分别进行说明：

（1）业务操作

金融企业中服务集成是信息互通的核心，低代码平台对于服务集成场景的支撑，仅有代码开发是不行的，而是需要对数据服务进行业务化的组件抽象，然后以配置化的形式提供服务集成能力。这种数据服务封装后的组件我们称为"业务操作"，配置化的方式让应用实施人员能够更容易地理解和使用。

业务操作应根据 IO 规格结合协议规格来定义。IO 规格即前面章节提到的输入输出规格；协议规格则对应服务技术协议相关的说明书，属于服务调用实现的技术细节，对服务调用配置人员不可见。从技术实现角度看，真正封装一个可用的业务操作，除了 IO 规格外，还需要定义服务协议相关的规格。有了 IO 规格和协议规格，才能完整地支撑服务定义和调用的过程。低代码平台的服务调用模块会根据业务操作的 IO 规格与协议规格之间的映射关系，将输入参数进行组装，并根据协议调用实际服务提供者，再将服务输出的数据返回到平台中的服务消费方。

实际企业的服务调用和集成过程中，会有各种各样协议的服务：如本地方法调用、远程RESTful、WebService 服务调用、TCP 报文等，各种类型的服务均可以采用 IO 规格结合协议规格定义成为业务操作。有了抽象的、标准的业务操作定义，再结合低代码平台的工具辅助，才能让业务人员对服务集成更快速地理解和上手使用。有了业务操作模型定义能力，让数据服务能够进行业务化组件封装，打通了流程、交易编排中服务集成的关键一环。

（2）交易流程

本质上就是采用流程编排的方式进行服务集成、组装。金融企业中对于交易大致包含：实时交易、联机小批量交易、批量交易等几种不同特点的交易流程。交易流程示意如图 4-4-1 所示。

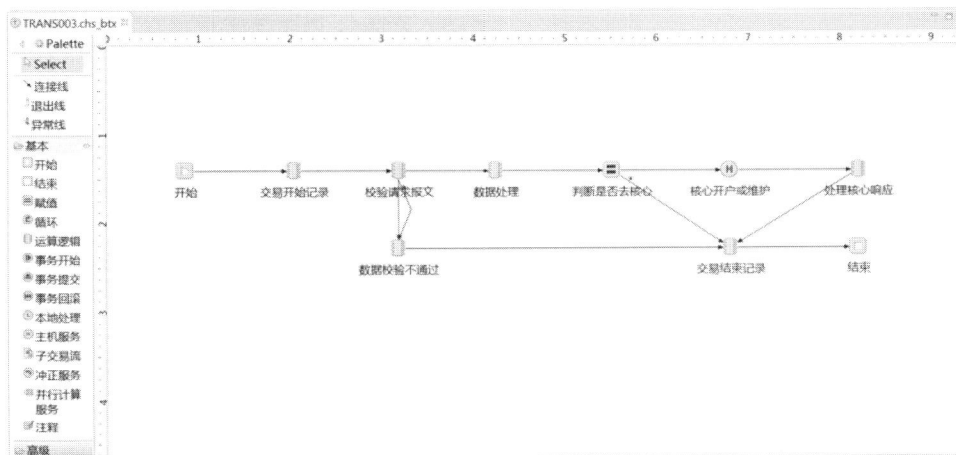

图 4-4-1　交易流程示意

对于不同类型的交易流程，在交易编排过程中会有一些共性的场景可以进行抽象总结，沉淀为可重用的组件，如数据转换、协议转换、事务一致性、异步，等等。下面我们对于这些常见的重用组件进行介绍：

- 数据、协议转换组件：以数据模型化落地过程中的数据模型和业务操作的定义为基础，服务数据转换和协议转换就变得更简单。对于数据转换，则是交易流程中服务组装、参数绑定的最常用的功能，其本质上就是基于交易流程引用的数据模型与业务操作中 IO 规格定义的"消息实体"模型的映射关系配置。数据模型映射的过程中，可以基于数据实体、消息实体模型的元数据结构，优化交易编排工具的能力，支持复杂对象的"解构赋值"的映射方式，这种方式更直观、灵活和方便。数据转换完成后，还可以根据交易维度的业务字典定义，对数据进行脱敏、加解密、转换等设置。兼顾数据的安全使用；对于协议转换，根据 IO 规格和协议规格的定义，低代码平台能够逐渐积累和完善连接各种协议服务的技术组件。对于交易流程对外发布的协议，建议基于企业内部的 ESB 或网关定义的报文规范要求，利用低代码平台的工具，自动发布统一协议规范的服务。
- 数据一致性组件：服务编排过程中，对于事务一致性一致的要求是常见的重要能力之一。在交易流中解决事务一致性问题常见的模式有：可靠事件模式、业务补偿模式、TCC（Try-Confirm-Cancel）模式。如果用代码开发方式实现，则需要高级别的架构师来完成，每次开发后均得进行大量测试以避免编码引入的缺陷风险。而经过抽象和沉淀为技术组件后，编排交易流程时，仅需通过配置化的方式即可以完成，高效率低成本，功能更稳定可靠。

- 异步请求类组件：服务编排规程中，异步的场景也非常多，如消息异步、线程异步，还有利用异步响应技术模拟同步请求的非阻塞服务调用场景等，这些复杂的请求方式，同样技术含量高，抽象沉淀为平台中配置化能力后，对于服务集成实施效率和可靠性会有显著提升。
- 数据核对类组件：金融企业的交易流中，数据核对相关的场景非常常见，如对账与冲正等，平台中可以将这些常用的数据核对业务进行组件化封装重用。例如对对账业务的特点进行分析，对账过程可分为：日切、清分、核对和调账等几个步骤；再对对账业务的可变性进行分析，可划分为"他方对账"和"我方对账"的不同场景。平台结合场景对步骤中的可变点进行灵活配置，即可在不编写任何代码的情况下，通过简单配置，调用对账业务组件来完成对账业务需求。除编排组件外，平台还可以提供基于在线管理控制台进行不一致账目调整的能力。

如上所述除了交易流程所具备的核心能力支持外，再经过业务组件的积累，逐渐将复杂的业务场景由编码模式进行抽象、总结、沉淀，转换为组件化配置方式实现。平台经过不断地积累和进化，逐步进入一个非常高效的运行状态。

（3）业务流程

业务流程本质上是金融企业中的端到端的跨系统整合类流程业务。其特点是人工处理和服务集成兼有。示意如图 4-4-2 所示。

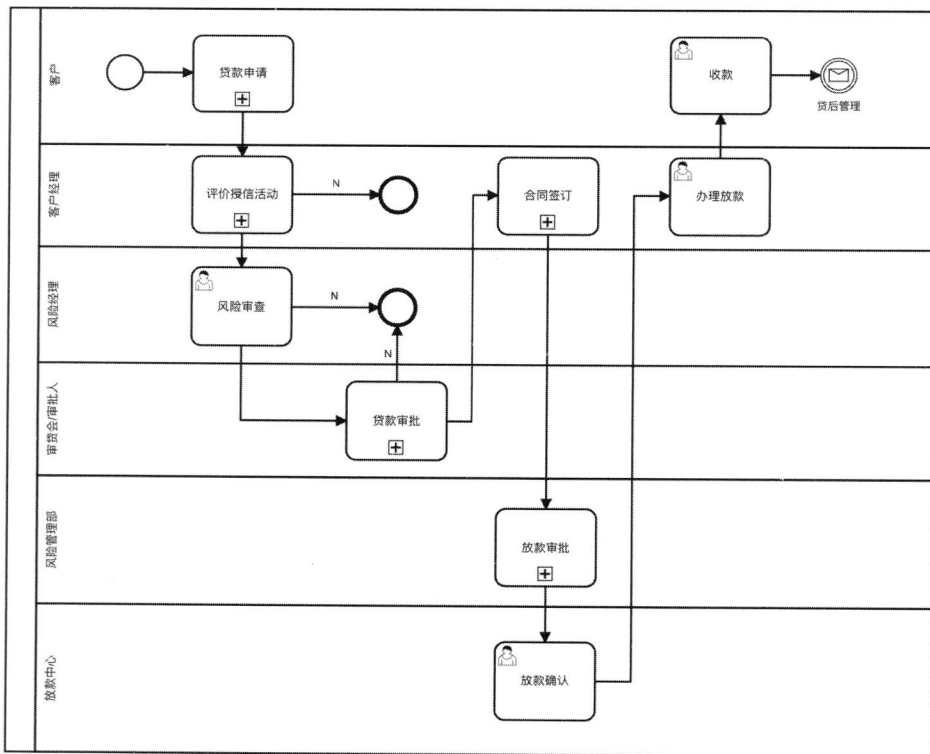

图 4-4-2　业务流程示意图

业务流程也需抽象、总结、沉淀各类技术和业务组件。常见组件如：服务集成类组件、流程服务协同组件、流程异常处理、外部子流程集成组件等等集成场景相关组件。对于服务集成相关的能力，与交易流程的方案一致即可。下面我们对于其他几个组件场景分别进行说明：

流程服务协同组件：在端到端的跨系统业务流程集成场景中，常常有主流程需要等待被调用子系统业务处理完成后再执行后续流转的场景,此时被调子系统可能需要较长时间的人工处理，主流程发起同步调用显然不是一个合适的选择，因此采用请求响应模式进行协同更加适合。这种场景中就是我们所说的流程服务协同场景，其本质就是跨系统服务调用时，请求发送后等待被调方异步回调信号触发主流程流转的场景。此场景的业务过程为：

- 主流程发送服务调用请求到目标系统，目标系统确认收到请求，并返回业务凭据到主流程中。
- 主流程请求发送成功后，自动向后流转，下一步活动为等待信号触发的活动，活动处于待激活状态，等待上一步业务凭据对应的业务消息触发。
- 流程引擎监听并等待信号活动对应的业务凭据相关消息，一旦收到该消息，满足信号触发条件后，触发主流程的信号等待活动，流程继续向后流转。

通过对此类服务调用协同等待的场景进行分析，我们发现对于业务流程需要支持接收消息触发模式。进一步对技术特点进行抽象总结，此场景可以采用流程中提供"接收业务消息后触发"类型的活动组件来实现。通过平台扩展能力进行二次开发定制，添加新的活动类型，以便更完善地支撑跨系统集成业务运行。

业务流程异常处理：在端到端的跨系统业务流程集成场景中，由于涉及多个系统直接的集成和调用，通常来说，被集成系统的可靠性都是不被信任的，因此在业务流程中，除正常的调用、反馈外，对于异常处理也是非常重要的场景之一。对于业务流程的异常处理，需支持的场景总结如下：

- 需要支持技术类异常捕获，支持业务异常的定义与触发捕获。如：返回参数不满足期望，可以定义为业务异常。
- 需要支持定义捕获异常后的流程流转方式。如可以结合交易流程的数据一致性补偿方式进行配置，配置事务区块、环节补偿逻辑等。业务流程中，还需支持人工干预进行异常处理。

外部子流程集成组件：在端到端的跨系统业务流程集成场景中，本质上是一个大的业务流程将不同系统内部的子流程串接起来，当主流程运行到某个子流程环节时，会自动调用该系统子流程的发起流程服务。当外部子流程运行结束时，会回调主流程的服务，通知主流程中的子流程关联活动实例结束，流程再进行后序流转。在此场景中通常会使用服务协同模式实现，然而服务协同模式对于子系统流程执行的过程是无法感知的，如果被调用子系统内部也包含流程引擎，则建议进行进一步的抽象，将外部子流程集成划分为由主流程主动发起动作、子流程反馈的动作和异常控制等三部分动作，平台对于这三类过程进行交互接口定义，被集成系统须配合实现平台定义的接口，以完成跨系统子流程集成。业务流程的配置人员能够以配置化的方式完成复杂的跨系统流程集成业务，并且运行期还可以在主流程中进行全局视角的端到端流程监控以及钻取监控，异构系统的子流程同样可以实现此场景。

（4）操作流程

操作流程区别于业务流程，其特点是以人工流程处理为主，如常见的系统内部进行日常工作、办公审批类流程。操作流程示意图如图 4-4-3 所示。

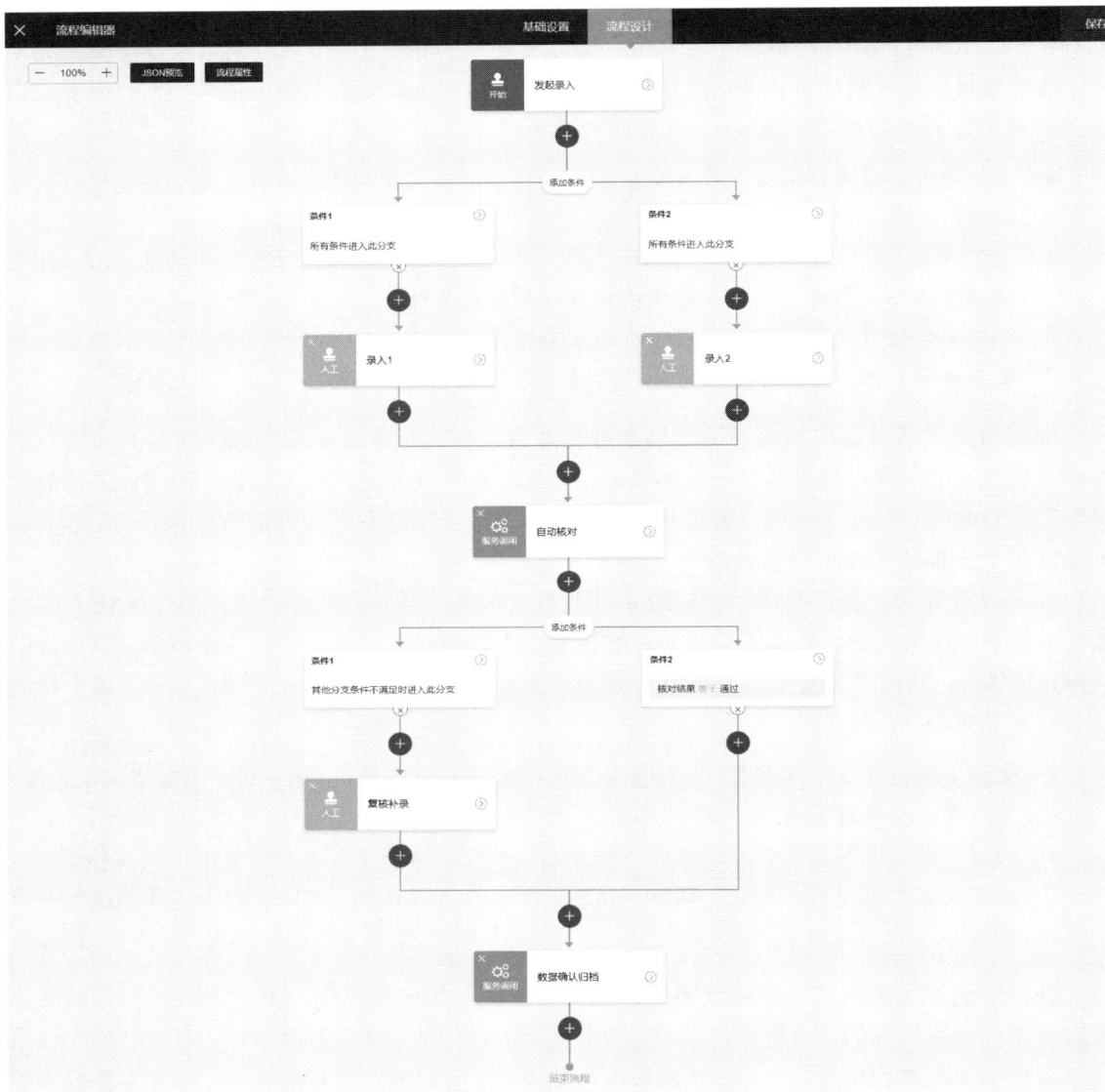

图 4-4-3　操作流程示意图

这里主要以审批类流程为例进行描述，审批类操作流程的业务场景多变，流程流转方式灵活自由。对于这类流程的场景支持，在低代码平台建设过程中，着重考虑抽象如下内容：常见流程模式业务化、常见操作流程模板化、常用动作组件化等方式支撑。下面将对此部分进行说明：

（1）流程模式业务化

- 分支聚合与自由流转：在工作流程发展的过程中，为了满足各类业务场景，也逐渐进行了审批模式、方法论的总结，比如常见的分叉、聚合模式等，各种基于复杂场景的模式与概念非常多，这对于非专业流程梳理人士来说是非常困难的。站在业务人员角度，他不一定懂流程的各种复杂模式，但是他可以根据业务设计出"常用"的流程图。这里多数业务人员的内心诉求是满足常用与易用即可，不求全场景全覆盖。从我们的流程实施经验来看，也确实是这样，比如像分叉聚合流程模式，简化为基于是否满足条件来判定分支是否运行的逻辑是业务人员最直观理解的模式，再结合自由流的动态指定模式，流程流转模式已经足够覆盖中国特色的审批场景了。

- RACI审批模式：技术中台设计原则章节中讲到的RACI审批模式与流程图模式的对比，也可以看到同样的场景，虽然RACI模式不能面面俱到，然而却是业务人员最常用的场景。如果我们将这类场景在平台中固化为业务组件，那么对业务人员来说使用低代码平台能够极大地提高其生产效率，其直观感受就是这个平台懂业务、很好用。

（2）常见操作流程模板化

在各大企业系统内的操作流程中，把共性的、具备同样特点的业务流程或活动采用模板化的形式固化下来，形成公共的满足特定业务场景的流程模板库或者业务活动模板库，供流程实施时选用，也能够极大地提升流程实施的效率。让业务人员可以直接从模板库中重用一个已经配置好的流程或活动，而不是使用流程平台的基础功能，从头开始设计和配置。这类场景在金融企业中也很常见，比如：对于财务核算类流程中，都会有录入复核过程，这类流程就可以将模板固化和重用。同样在类似的财务核算流程中，票据扫描后触发影像上传的动作也可以进行业务化封装，成为特殊的可重用活动。

（3）常用动作组件化

在操作流程中，无论什么样的业务场景，最常用的实际上是一系列灵活多变的审批动作，如：提交任务、驳回任务、加签、撤回、转办、终止流程等等。传统的流程实施模式下，流程开发测试完成后，接下来会有一大部分工作落在任务处理、流程查看相关页面的开发上。业务应用A需要开发一套适合其业务的审批操作页面，业务应用B亦然。这部分不同应用各自开发的流程、任务处理操作页面工作都是大同小异的，完全可以用抽象、配置化的方式替代。然而多数流程平台不管这个事，因为审批页面的开发一般是使用流程平台的业务系统需要做的。而到了低代码平台时代，不论是平台自身应用要高效率配置，还是其他应用要来集成流程功能，为了满足帮助企业快速交付业务应用地需求，低代码平台应该义不容辞地提供此公共组件。审批操作组件的建设思路如下：

- 流程编排过程中，对于人工处理活动配置，需要支持对审批动作的配置。平台提供常用的审批动作供实施人员选择运行时的当前活动需要使用哪几个动作，以及具体动作在当前业务应用中的操作名称。

- 平台提供标准化的流程查看、任务处理页面，其中页面上的操作根据流程活动上的审批动作配置动态生成。审批动作配置需要支持定制参数，以备二次开发时方便扩展。

- PC 端、移动端流程与任务处理均需整体考虑。

3. 业务化规则定义

业务规则就是从相对稳定的业务流程中提取出来的易变化的"业务策略、参数"及其相关"规则逻辑"。我们建议将灵活多变的业务处理规则和策略通过类自然语言或者业务化的配置方式进行规则描述,以结构化的业务逻辑规则、决策表或决策流的方式进行规则定义,由低代码平台的业务规则管理能力进行管理,由规则引擎负责调度和执行。通过低代码平台对规则进行快速设计和调整,沉淀为可重用的业务规则组件,以松耦合的方式与应用功能集成,在实现业务灵活变更的同时,仍然可以保障整体业务流程的稳定性。

业务规则的使用场景按触发方式通常分两类:

- 函数式直接调用,如流程中根据业务条件计算分支条件、参与人时,通过流程中绑定的规则编码,调用规则计算,获取数据。
- 消息事件触发,如风控预警类场景中,规则逻辑被编译到规则引擎中,规则引擎主动监听业务消息,一旦收到消息则匹配规则的触发条件,如果成功匹配则自动执行规则处理。

业务规则需要能够与低代码平台中的数据模型、业务操作集成。说明如下:

- 触发条件:业务规则的触发条件本身也属于一种特定的逻辑判断型业务规则,在业务条件判断过程中,需要支持根据数据模型对象类型的数据进行条件判断,需要支持调用外部服务、业务操作等模式。
- 处理逻辑:业务规则的处理逻辑需要支持调用外部的服务、业务操作等。

业务规则引擎是企业业务规则层面扩展性支撑的一个重要组成部分,与流程编排相结合,在标准化流程的基础上对业务需求提供了更灵活的支持。

4. 组件化展现设计

平台从数据模型化开始,对数据进行标准化的收集和集成,通过交易流程、业务流程、操作流程对业务流转和规则进行控制和审批。而业务人员通过页面展现对数据的高效应用,才是低代码平台支撑业务功能的最直观体现。相比数据模型与流程编排,对于页面展现部分的业务组件抽象主要从数据和权限两个维度考虑,建设过程中需要考虑如下方面:

(1)支持关联数据模型的业务组件进行展现模块设计。在大多数场景中,金融企业的低代码平台是基于已有数据进行展现建模,即使是完全新建的应用,事先做好数据模型设计也是非常必要的。支持关联数据模型的应用开发才是金融企业可落地的方案,无数据模型的动态表单模式仅适合简单场景使用,或者是作为原型验证、需求沟通的演示工具。使用数据模型驱动页面展现功能建模时,还可以结合展现维度的业务字典,模型与字典匹配后,可以根据模型中的字段绑定的业务组件直接生成表单页面,开发人员无须一个一个组件进行拖拽配置,更方便快捷,提高应用实施的效率,提升操作体验。

(2)使用可重用的业务化组件设计页面而不是小粒度技术重用。页面展现模块的配置化开发,我们建议采用业务组件为主的模式进行。基础字段这种小粒度的技术组件仅作为辅助使用。这里的业务组件可以是由技术人员封装好的业务表单套件，直接拖拽重用就能快速构建相对完整的能力；还可以是领域内常用的基于业务字典的组件封装，比如柜面业务的银行卡号字段，在前端展现维度的业务字典中应该对卡号的控件、校验逻辑、前端展示的显示格式等都做了详细的定义，业务人员直接选用带业务数据含义的组件，相比基于基础的文本框控件配置业务功能的效率成倍提升。

（3）展现页面的权限控制。对于表单页面的权限控制，可以抽象为通用的表单权限控制模型，我们称之为"表单显示状态"控制。常用场景如表单页面与操作流程结合使用时，在不同的流程环节中，页面字段的读写权限、可见性等均可能有所不同。表单显示状态控制模型说明：

- 表单 1:N 状态，一个表单页面，可以有多个状态。
- 表单状态 1:N 字段状态，每个表单状态内部都定义了表单内每个字段的状态。

基于上述表单权限模型，就可以通过切换表单状态，灵活地控制表单内部字段的读写权限、可见性等。

（4）一套展现模型，支持多端渲染。丰富的展现模型能够支持数据应用中的各种业务场景，常见的展现模型如：数据表单、数据维护、查询视图、报表、图表、仪表板等。对于数据表单类型的模块，多端展现的支持取决于控件字段、业务字段、业务套件定制开发时的实现情况，如有需要，可以对不同的终端定制展现效果以满足用户体验需求。其他模块则建议根据功能复杂程度，在设计期间考虑是否支持多端展现。如果需要支持多端展现，那么在功能设计的复杂程度、交互体验方面要进行权衡，以期达到多端均衡展现的效果。

4.4.2　整体的可扩展性是平台可持续发展的保障

可扩展性是低代码平台可持续发展的保障。平台建设过程中应该以抽象的思维，将通用的功能以标准化的业务组件形式呈现出来，供应用实施过程中选用。但实际上业务组件封装是个持续积累的过程，并非一蹴而就，在平台功能组件的覆盖场景不满足要求时，就需要通过扩展的方式进行增强和改进。通常平台的扩展过程如图 4-4-4 所示。

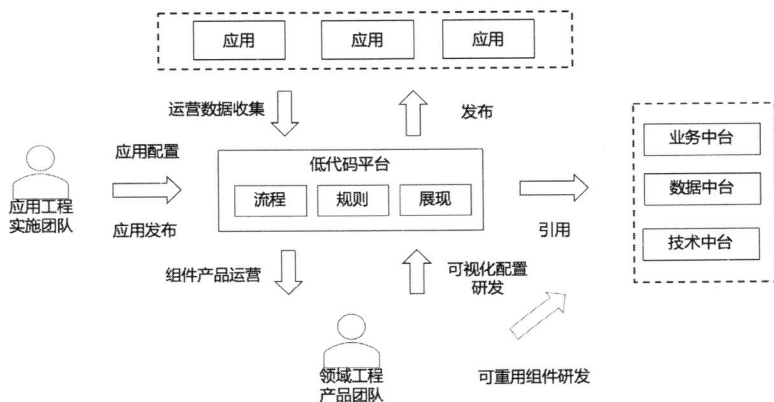

图 4-4-4　平台扩展过程

（1）应用工程实施团队：一般情况下，业务应用的实施人员基于低代码平台中的可重用组件进行应用功能的配置实施、发布应用。在发现平台对于某些业务场景支撑不足时，应用实施人员即成为平台功能需求提出方，为平台提出相关业务场景，这部分业务场景可以作为平台扩展改进的输入。

（2）领域工程产品团队研发可重用组件：针对业务需求场景，在业务中台、数据中台、技术中台研发相关组件，并通过低代码平台的二次开发，实现组件的可配置能力。同时，利用低代码平台采集的应用运行数据，进行组件的产品化运营。

低代码平台自身必须具备良好的二次扩展开发能力，着重考虑基于可变点的设计，尤其是在更贴近业务上层的流程设计、展现设计等方面，扩展性尤其重要。下面我们将对各个方面的扩展性进行阐述。

1. 流程层面的扩展性

（1）服务集成协议的扩展性

在业务流程、交易流程中，服务集成是核心场景之一，对于服务集成的扩展，建议通过业务操作模式进行，将流程的模型相对固化，通过标准化的业务操作规格与外部的不同协议进行集成。因此服务集成方面的扩展能力主要体现在业务操作定义的模块中。这部分能力通常需要采用基于平台能力二次开发扩展的方式实现。如平台提供扩展插件支持各类协议规格RESTful、WebService、SAP 服务、各种金融企业特有报文协议等。

（2）流程节点业务化封装与扩展

- 流程触发事件拦截：流程在运行期与外部系统进行数据状态同步交互的场景中，外部系统需要通过流程的扩展拦截器的机制，在流程在启动前、后，流程完成前、后等流程状态变化的过程中触发通知事件。
- 流程模型插件化扩展：基于流程环节、流程环节属性等业务化配置的需求，需要流程支持扩展二次开发的方式，采用插件化开发的模式，对流程模型、设计器、运行行为等进行扩展实现，为低代码平台的流程编排扩展提供业务化流程编排的能力。
- 流程编排设计工具扩展：抽象通用的基于流程图编排的设计工具，以通过插件化的形式扩展支撑各类流程图的设计，如：交易流程、业务流程、操作流程等不同规格不同图形的流程图设计编排。除编排之外，流程图的展现也需要支持二次扩展，基于流程图展示框架，扩展实现流程实例状态图、流程仿真图等等支持多种模式的流程图使用场景。

2. 展现设计的扩展性

业务组件需要支持扩展定制。在低代码平台中，页面展现模型所用到的组件也是需要不断积累的。这部分业务组件通常包含如下：

- 表单控件、业务字段、业务字段套件扩展：组件封装过程通常有技术人员负责，在定义表单字段扩展组件时需要从表单设计时、运行时等维度对组件进行定义开发。
- 表单设计时定义项：表单控件的属性需要定义控件类型、控件在选用面板上的图表、名称、分组，控件在表单编辑区的显示样式，控件有哪些可配置的参数，以及属性面板的展示方式。

- 在表单运行或预览时定义项：需要定义表单在 PC 浏览器中的展示方式、移动浏览器中的展示方式等。
- 校验规则扩展：表单中的不同类型的字段控件或者是业务字段控件，大部分需要输入的控件都需要做字段值合法性校验，平台需要固化常用的字段值合法性校验方式，如：长度、取值范围、邮箱、电话号码、身份证号等等规则。除了默认固化的规则外，平台还需支持使用自定义 JS 代码或者正则匹配的方式进行校验器的扩展，以便支持更多业务场景的合规校验。
- 表单字段触发事件扩展：表单与字段均需要支持基于事件触发的动作扩展。常见的表单触发动作时机包含：表单加载后、表单提交前；常见的字段触发动作时机包含：字段值初始化、字段值发生变化等。支持触发的动作通常需要内置常用的事件动作，包含：（a）更改表单状态动作，支持隐藏、显示、禁用、启用当前表单页面的其他表单控件；（b）自定义 JS 函数动作，低代码平台也应该保留部分需要编码的场景支持，以供不时之需。

4.4.3　平台需要全面支撑应用的生命周期

1. 低代码平台需要符合企业应用集成架构的要求

低代码平台是金融企业中台建设的高级阶段，要与业务中台建设结合起来，让业务中台积累的业务组件能够在低代码平台中快速体现。无论是外购厂商产品定制还是金融企业自建平台，都要符合中台集成架构的要求，要与企业的组织机构、用户数据、统一认证、服务总线和网关等等集成组件集成打通，避免低代码平台上创建运行的应用成为新的信息孤岛，要使平台及其上的应用能够融入中台的生态，助力中台建设、加速企业数字化转型。

2. 简化需求到开发的过程

低代码平台通过业务组件化配置的形式，将业务需求转化为数据、流程、规则等展现快速建模的过程，业务化组装的过程更贴合业务场景，让业务需求能够所见即所得；通过可重用的业务组件能有效地对业务需求进行标准化和规范化的实现，平台功能和业务组件屏蔽了技术细节，也无须考虑架构设计；应用开发过程依托于平台能力采用配置化的方式进行，无须编码，更稳定可靠。

如上所述，有了低代码平台，需求沟通、架构设计、开发与测试这几个阶段均有了极大的简化，能够显著地提升应用需求到开发过程的效率。对于低代码平台支持不够完善的业务场景，基于低代码平台自身的柔性扩展能力，将可重用的部分下发到业务中台，沉淀为可重用的业务组件，再纳入到低代码平台中来，使得平台能够持续积累，发挥更大的价值。

3. 支持多应用的团队开发与管理

低代码平台是高效构建应用的高级阶段，多应用并行开发是必选项，通常需要支持为每个应用指定开发人员和管理人员。开发人员负责应用的设计与配置；管理员则除了设计、配置、调整之外，还负责应用的运维工作。这种多应用模式类似 SaaS 服务的多租户模式，应用内部的功能模块、流程、数据模型等可以共享，而应用之间则需要数据隔离，但必须支持通过服务集成方式让应用能够互联互通。对于应用开发方式，金融企业相对要求较高，应用的复杂度也比互联网的简单审批类表单、流程应用高得多。通常需要支持对功能模块按业务进行多级分类，即模块按业务特性分类管理和开发，结合低代码平台的高效性，通常一个业务分给单人负责即可。多级业务模块划分，能够更好地解决多人并行实施导致的混乱和冲突问题。

4. 应用发布与运维要继承金融企业规范与严谨的传统

- 多版本：一般企业应用的业务数据模型通常是相对稳定的，如有变化，则需要从上至下进行调整。而越往上层看，其对应的业务需求往往是多变的。金融企业的应用对于功能需求变更灵活性要求高的同时，还有着比一般企业更严格的正确性要求，一旦新的应用功能发布后发现问题，要求能够及时快速地回退到之前的版本。这样的场景就要求低代码平台对于流程模型、规则模型、业务展现模型等等变化频度高的模块支持多版本管理。如：模块变更需要创建新版本，已提交的正式版本不允许修改，已发布的版本可以撤销回滚，不同基线版本的业务化变更比对能力，等等。

- 多环境：低代码平台，能够很大程度上缩短需求与开发的过程，然而金融企业对于线上应用功能的正确性要求是第一位的。绝大多数应用都需要经过严格的测试验收才允许发布，低代码平台也不例外。与其他应用开发类似，低代码平台也是必须要求多环境部署的，也需要部署多套环境，如集成测试 SIT、验收测试 UAT、生产环境 PRD 等。由于要支持基于多环境应用发布上线的场景，另一个非常重要的需求就是在不同环境切换过程中，对于应用功能模块需要能够提供方便快捷的迁移方式，通常的解决方案就是需要支持应用功能的导出、导入能力。将变更的应用功能模块导出为可部署的资源包，切换到另一个环境后导入。

对于这样的多版本、多环境应用导出、导入功能需求来说，市面上的绝大部分低代码或零代码平台都不具备，其看似简单的设计和发布操作过程，实际却并不适合金融企业。这也就是金融企业会选择厂商定制或者合作自建低代码平台的原因之一。

5. 低代码平台要支撑应用及可重用资产的运营能力

低代码平台在提升应用实施效率的同时，对应用运营相关的能力也是必不可少。低代码平台应用实施过程中，其展现、流程、规则、服务、数据等均使用平台提供的组件和能力来支撑，各层面的技术架构由平台自身架构决定，因此平台应该整体上从各应用的不同层面入手，提供丰富和一致的运营管理能力。通常运营指标的分析监控可以从平台和应用的不同视角入手。

应用相关运营指标说明如下：

- 访问量：从应用角度监控用户、服务请求的数量和调用外部服务的数量。根据访问量数据，可以对应用进行流控和资源调配。

- 活跃用户数：可按日、周、月等不同维度监控应用的活跃用户数。根据活跃用户数指标，可以有效地衡量应用的业务价值。

- 业务模块使用频率：分析应用内部不同模块的使用频率。根据模块使用频率可以分析应用内部模块的业务价值，可以作为进一步业务场景优化的依据之一。

平台相关运营指标说明如下：

- 平台接入接出情况：请求数量、最大响应时间、最小响应时间、平均响应时间、错误数、错误率。根据接入接出的指标可以分析平台的负载情况和健康程度。

- 平台资源使用情况：CPU、磁盘、内存、网络。根据这类运行指标监控，可以实施监控平台自身以及相关基础服务的资源使用情况监控。

- 平台组件使用情况：组件分类统计数量、组件引用次数。根据这类指标分析可以了解到组件使用的情况，进而结合业务使用场景分析、优化组件的实施效率。

- 应用的服务等级协议（SLA）：平台中的不同应用，按照重要程度不同，可以分别制定服务等级协议。根据上述运营指标，结合应用的 SLA，平台可以为不同级别的应用合理调度和分配资源，提升可靠性。

根据业务指标数据可以了解应用的业务运行情况和业务价值。根据平台与应用的运营指标数据，可以及时了解平台与应用的运行健康状况、性能以及可靠性。平台运营数据相关分析监控是平台不断优化提升的重要依据之一。

第5章

中台之法二：金融企业数据中台建设

5.1　数据中台之认知篇

5.1.1　金融企业数据中台的挑战

在当前互联网大时代背景下，用户（客户）才是商业战场的中心，金融企业为满足自身的可持续发展，必须不断地快速响应、探索、挖掘以及引领用户的需求。在这种局面下，必然伴随着业务的更多元化，业务的多元化会促进更多的数据产生，也为金融企业实现业务数据化和数据业务化带来了更多的可能性，金融企业的全面数字化转型之路势在必行。

但是，由于时代原因，早期的技术以及数据体系建设认知、思想的局限性，很多金融企业依然采用传统的理念去构建数据体系，导致在一个个烟囱式的业务系统之下是一个个垂直的数据中心。进而造成了目前数据孤岛化、阻塞化、缺失化、困难化四大问题。

- 孤岛化：系统垂直建设，烟囱林立，形成了数据孤岛的局面，导致数据共享非常困难。既有数据的重复、数据平台的重复开发，同时也带来数据重复的存储，造成企业资源和成本的浪费。
- 阻塞化：由于孤岛之间标准不统一，数据生产者和数据消费者对于数据的理解和数据价值认知不统一，导致数据链路阻塞。
- 缺失化：缺数据、缺统一的数据标准、缺体系化的数据治理。
- 困难化：知数据难、懂数据难、用数据更难。

因此，如何解决企业数据体系的"四化"问题，打通这些数据并将其按照一个统一的标准进行建设，以达到"降本""提效""赋能"的整体目标，积极响应和推进金融企业数据化转型的步伐，成为很多企业共同面临的问题。

5.1.2　什么是数据中台

"中台"的概念已经诞生了很久了，关于中台的定义很多，在这里就不赘述了。2019 年被称为"数据中台元年"，在整个数字化转型的大时代背景下，大家对数据中台的讨论越来越多，但是对于"数据中台是什么"似乎很难给出一个相对标准的答案。目前网络上对于数据中台的解释大概分为以下几类：

- 数据中台是一个数据集成平台，是一种数据管理体系（OneData 体系）。
- 数据中台是一个数据服务工厂（DataAPI）。
- 数据中台是一个为满足业务创新而设计的中间件。
- 数据中台是通过数据技术对海量数据进行采集、计算、存储、加工，同时统一标准和口径。

显然，对于数据中台的解释，仁者见仁，智者见智。从某一个方面来看，大家说的都对，但是似乎又有些"模糊"的感觉。但是，至少有一点应该是明确的，"数据中台"同"业务中台"一样，它不是一个成型的产品，它必须结合企业的业务场景及其面临的困境来设计、构建，如果有厂商说他们有成熟的数据中台产品，那肯定是在耍流氓。我们更愿意把数据中台定义为一个方案级的产物。无论是产品还是方案，我们终归是要回答几个问题：

- 我们要解决什么问题？
- 我们是用什么来解决这些问题？
- 我们要怎么去解决这些问题？

我们认为，通过回答这几个问题来表述什么是数据中台，这样可能更具体。

第一个问题：我们要解决什么问题？我们在本章开篇已经阐述，数据中台的诞生是为了解决企业数据体系的"四化"问题：孤岛化、阻塞化、缺失化、困难化，由于没有全局认知、统一的规范，造成"知数据难、懂数据难"，互联互通更难，进而导致"要/用数据难"。

第二个问题：我们是用什么来解决这些问题？显而易见，数据中台当然需要的首先是数据，是干净、有效的数据，其次是一套完整可行的数据体系，再次是智能的数据服务，最后是完备的技术能力支撑。

第三个问题：我们怎么去解决这些问题？首先，整合企业现有的各业务条线烟囱式的系统之下散落在多个平台的数据，让所有的数据融合到统一的大数据平台，同时建立统一的数据采集能力，整合大数据的处理、存储、计算以及数据的服务能力来降低数据开发、资源浪费以及数据使用的成本。其次，各个领域的数据集合后（领域包括外部数据源），利用新的数据模式及合适的技术手段，让数据产生更大的价值，赋能业务多元化发展。最后，实现"稳后台、厚中台、薄前台"的愿景，让前台真正成为一个个敏捷的作战单元，为前台提供安全、可靠的数据服务能力。简而言之，以业务数据化、数据业务化为前提，数据标准入湖为基础，建立统一的数据资产管理中心、统一的数据服务中心以及安全可靠的数据开放共享能力。

回答完这三个问题，我们结合起来看不难得出：数据中台是全域的、可复用的数据资产中心及提供业务化、服务化、端到端的数据服务能力中心，可以提供干净、智慧的数据资产和高效、易用的数据服务能力，进而使业务真正实现数字化运营。

5.1.3 数据中台 vs 数据仓库

金融企业往往会有这样的疑惑：数据仓库是不是也可以称为数据中台？所以，我们认为有必要在本节中讲讲数据中台和数据仓库的那点事。

在上一节"什么是数据中台"中讲到"数据中台是全域的、可复用的数据资产中心及业务化、服务化、端到端的数据服务能力中心，可以提供干净、智慧的数据资产和高效、易用的数据服务能力，进而使业务真正实现数字化运营。"从这句话中，我们抽象出三个关键词"业务化""服务化""端到端"，一个数据中台必须同时满足这三个特征，业务是企业一切的根本，服务是手段，端到端是价值。

从"业务化"这个特征来回答数据中台和数据仓库的关系，答案显而易见：数据仓库不是数据中台，它可以称为数据平台（所以很多人也把数据仓库称为数仓平台）。

何谓"平台化"？我们参与过一些国内著名服装企业信息系统项目建设，就以服装生产为例，讲解一下"平台化"：服装企业运营多个品牌（运动、时装等），无论任何一个品牌的服装，从原材料、打版、裁剪、缝制、五金等要经历过很多环节和流程，一个做运动装的产品线，同样可以用来做时装。那么我们就可以把这几个不同品牌的流水线、各个环节及公共的部分合并，使之更加专业化且能独立运行，这是平台化。

平台化思路的核心是把共性的资源、能力整合在一起，把面向客户的价值独立出来，专业的人做专业的事，不揉在一起，更加清晰。我们回过头来看数仓，通过 E 汇聚各方的数据资源，然后通过 T 统一做转化，再通过 L 统一入库再通过 DW 分层处理建模，最终实现数据的共享，整个过程是不是就是一条数据处理"流水线"，从而满足不断丰富、变化的数据分析、挖掘类需求。所以冥冥之中，很多人叫它"数仓平台"似乎是有一种思想上的契合。

数据仓库也好，传统的数据平台也好，在建设之初的出发点是一个支撑性的技术平台，它避免不了要去考虑：我有什么数据，我能拿这个数据做什么？所以数仓及传统数据平台特别强调的是元数据管理！

然而，数据中台的出发点是"业务化"，它不关注系统里面是否有其需要的数据，只关注业务运作需要哪些数据，只要这个业务或者服务有价值，就需要通过技术或者其他手段去收集这个数据，以提供有效的数据服务。给大家举个大型连锁超市中台建设的例子：开店团队需要对各地区是否适合开店进行评估，就是所谓的门店画像。然而，数据采集团队是 IT 团队，他们不了解门店的画像体系以及评估模型。为此，只能打破组织壁垒，由门店团队充当产品经理，端到端的完成从业务到数据采集的一系列工作，因为只有他们才更清楚自己需要什么样的数据来达到最佳的预测效果。

从这个简单的例子可以看出来用业务来驱动数据建设，这就是业务化，这也正是数据中台要达到的目的。业务化是数据中台和数据仓库及传统数据平台本质的区别。抛开数据中台谈数据治理显然也是很难成功的，缺少"业务化"，数据治理会陷入一个"始于数据、终于数据"的自我循环之中。

5.1.4　数据中台 vs 业务中台

1. 数据中台和业务中台的区别

业务中台更多是偏向业务流程管控，将业务流程中的共性服务抽离，提供可变点插入，形成通用的服务能力，比如我们曾经实施过某金融机构的零售产品中台，零售业务对象包含2C、2B，但是其中用户中心、产品中心、订单中心、交易中心等都是具有共性的，我们将这些组件抽象，在模型中定义可变点，2C、2B 不同场景下主体业务模型不变，在特性上通过模型可变点插入，基于业务中台这些组件的端到端的服务能力，可以快速地搭建前台应用。用户通过这些前台业务触点，使用中台提供的服务能力，这样，业务中台不直接面向终端用户，但是可以极大地提高面向终端用户的前台系统的构建速度和效率。

业务中台是抽象业务流程的共性形成通用业务服务能力，而数据中台则是抽象数据能力的共性形成通用数据服务能力。比如，原始业务数据通过数据资产化、资产服务化，形成客户画像服务，这个服务可用于金融机构的精准营销，还可能用于智能风控等。同一个服务，在应用层面展现的内容可能不一致，但是底层的数据体系是一致的。数据中台也将极大提升数据开发的效率，降低开发成本，同时可以让整个数据场景更为智能化。

2. 数据中台和业务中台的关系

金融机构如果同时拥有数据中台和业务中台，那么数据中台和业务中台的关系是相辅相成的。

在以往与客户交流的过程中，有客户会疑惑：数据中台和业务中台的建设是否有先后顺序？我们认为，这两者的建设没有先后之分，主要依据各金融机构的实际情况进行规划。

从数据层面看，业务中台只是数据中台的数据源之一，除此之外，金融机构还有很多其他的数据来源，如 App、小程序、IoT 等多源数据，可以将这些数据的价值直接赋能于现有业务或某个创新业务。从服务层面来看，数据中台的数据服务也不一定经过业务中台作用于业务，它可能直接被上层应用系统封装，如现在我们提倡的千人千面等等。从业务中台的角度来看，如果没有数据中台，可以做一些简单的数据处理，如分析和统计等，而通过数据中台赋能，则可以使业务系统拥有"全维度""智能化"的能力，譬如精准推荐等，系统将从信息化升级成为一个智能化的业务系统。

5.2　数据中台之方法篇

我们在 3.4.3 小节数据中台必备的五个核心能力中提到：数据中台必须具备 "盘""规""整""用""价值变现"五个核心能力。本章节我们主要讲述如何通过"盘""规""整""用"四个方面来构建可价值变现的数据资产。

5.2.1　数据中台之"盘"，关键是盘活数据

我们提到"盘"，就很容易想到"盘点"一词，没错，这里我们要说的就是"数据盘点"那点事。何为"数据盘点"？我们类比"资产盘点""库存盘点"来讲，所谓数据盘点就是把数据家底拿出来亮一亮，看一看我们企业在经营和管理活动中，积累了哪些数据，对我们的整个数据盘面、数据链路有个整体了解。我们除了"盘"内部数据，实际上我们还需要盘一盘外部数据，即我们在经营活动中，需要收集的外部数据，已经采集了哪些外部数据。

现在我们清楚了"盘"的范围，即金融企业在经营、管理活动中沉淀下来的数据资源以及在经营活动中所需要的外部数据。我们已经知道了需要了解的数据基本面，这是不是意味够了呢？当然不是，前面我们曾经提到，由于一些客观原因，在科技建设的过程中造成数据体系烟囱式的建立，一个个的数据孤岛已然形成，数据中台建设的一大目标就是消除数据孤岛，打通金融企业数据链路。所以，数据盘点不能仅仅停留在常规的"盘点"层面，而是要通过一定的数据手段，整合金融企业内部烟囱林立的数据体系，汇聚内外部数据资源，盘活整个数据盘面，让数据像水、电、气一样流通起来，更好地服务于金融企业经营及管理活动。

因此，"盘"讲的是盘点，但更重要的是盘点完成，对数据基本面有了认知后的数据整合、汇聚，即"盘活"，接下来我们从内外两个方面讲述数据的整合、汇聚。

1. 内部数据整合

关于数据整合、汇聚的技术实现方式的资料很多，这里不做赘述。本节主要讲述金融企业内部数据整合的方法。针对数据整合，无外乎两种方式：基于 ID（身份）的整合以及基于数据主题的整合。基于 ID 的整合方式，这里暂时不考虑，因为我们认为，金融企业内部数据应该基于数据主题来做数据整合比较合适。

那么什么是数据主题？所谓数据主题是我们在进行数据整合、汇聚技术实现前，先要对我们的数据基本面进行设计和规划，而这个规划必须是围绕着金融企业经营中的某个特定活动，比如信贷业务中获取客户的资产信息，对其进行系统性的归纳和描述。数据主题必须满足广义的、功能独立的、唯一的（不可重叠）的特性。只有把数据归纳成广义的、功能独立的、非重叠的数据主题，才能解决各业务场景下的数据互通和共享的问题。从资源整合的角度，数据主题可以理解为，金融企业经营中某特定活动的数据集合，为满足金融企业经营中某个活动（环节）而准备的数据资源。

通过基于主题的数据整合，以及之后基于主题的数据分析，往往可以为金融企业创造新的价值方向。以客户资产为例，我们可以通过客户在银行的存款、贷款、流水以及客户与银行业务往来留存的房产、股票、期权、汽车、公积金等，甚至包括游戏装备、收藏品，构建客户资产主题。在客户贷款过程中，银行很容易获取这一主题数据，并且基于这一主题数据来分析用户的资信情况，支撑风控体系，降低金融企业风险。同时，在金融企业多元业务创新下，这一主题数据又能很好地用来支持产品精准推荐，高端产品精准推送给高净值客户，以提高营销回报率。

互联网颠覆了很多行业的认知，在这个大背景下，对外部弱相关的数据基于主题进行整合，会给我们带来很多新的认知，让我们具备更强的竞争优势。这一点，在金融行业尤其明显。传统金融时代，我们关注的往往是金融数据，例如房产、存款、股票等，但是在这个相对公开、透明、瞬息万变的数字化时代，金融行业对非传统数据的需求是与日俱增的，比如，情绪数据。金融企业可以利用这些数据洞察市场情绪，我国很多商业银行已经开始布局房屋租赁领域，为什么银行会布局租赁市场？显然，他们洞悉了房主、租户、政府的情绪数据，如果运营得好，这些情绪数据将正向扩张到更广泛的群体。市场的特点就是顺势（竞争优势）而为，这么做无疑会给银行带来利润和流量的增长，流量的增长会带来更多的外部弱关联数据，将又会产生下一个利润增长点。越来越多的非传统数据进入金融市场，谁先接触、利用这些数据，谁就能保持市场的竞争优势。

在多元化业务创新的时代下，非传统数据显得尤为重要，这些数据涌入金融行业数据体系，是否会对现有的十大数据主题造成冲击呢？把金融企业数据划分为这十大主题，在当前的时代背景下是否合适？是否可以规划出更丰富、更契合时代的金融企业数据主题？这是金融企业从业者需要考虑的问题。

我们刚刚提到的非传统数据实际上就是外部数据，接下来我们讲述金融企业外部数据整合。

2. 外部数据整合

随着互联网、移动互联网、物联网的出现，金融企业在融合创新的背景下，业务多元化逐步显现，将外部非传统数据纳入金融企业数据体系尤为重要。外部数据主要依赖数据采集，在数据的采集和整合过程中，我们特别要注意的是数据的隐私和安全，这是最容易触碰法律红线的一个环节。因此，在进行外部收据整合前，一定要结合相应的法律法规制定完善的方案，以免侵犯用户的隐私，造成用户信息安全隐患。一旦触碰法律红线，这对用户和金融企业都是得不偿失的。

从数据采集空间划分，主要分为线上数据采集和线下数据采集；从技术实现上分，主要依赖于埋点和爬虫技术。结合金融企业实际业务场景，考虑到线下数据采集的手段并不常用，这里我们主要讲述线上数据采集。

（1）埋点

埋点对应的形态有 PC 系统、网页、App、小程序、H5 等。埋点对应的技术处理方式包括客户端埋点和服务端埋点。

客户端埋点：从数据采集的覆盖面来讲，常见的客户端埋点被划分为三种实现方式：全埋点、可视化埋点以及代码埋点。

- 全埋点：嵌入式埋点，也称为无痕埋点或者无埋点，通过 SDK 的形式植入到终端设备，将终端设备上用户所有的操作、浏览行为等内容完整地记录下来，全埋点是数据采集覆盖面最全面的埋点方式。
- 可视化埋点：通过服务端可视化配置的方式有针对性地收集用户在终端上的行为数据，

根据金融企业对不同数据的需求局部埋点，定向获取数据。

- 代码埋点：代码埋点和可视化埋点一样，都是根据金融企业业务场景针对性地收集用户行为数据，区别在于，代码埋点是纯定制化的，每次调整都需要对终端应用进行升级。

服务端埋点：服务端埋点又称为日志埋点，如果用户的行为数据通过服务端请求就能获取到，或者通过服务端逻辑能够分析处理得到，这个时候服务端埋点的优势就非常明显，可以显著降低前端应用的复杂度，同时可以规避一些信息安全的问题。但是，弊端也同样明显，因为有些场景用户的行为操作并不一定会访问服务端请求，这就会造成部分数据是采集不到的，因此，更多情况下是客户端埋点和服务点埋点相互配合，以完成整个外部数据的采集。

（2）爬虫

爬虫必须建立在遵循一定的协议和法律法规的前提下进行，爬取互联网数据，将外部弱关联数据融入金融企业数据体系进行有机结合，除了完善金融企业数据基本面，还能产生一定的化学反应，促进金融企业业务多元化创新。

爬虫有多种技术实现方式，也有很多的开源框架可以使用，公开的资料很多，这里不做赘述，金融企业可以根据实际的业务场景，构建数据爬取逻辑。当然，切忌对目标网站造成过大的请求压力。

3. 小结

前面我们主要讲述了"盘"的方法，即内部数据整合方法和外部数据采集的方法。实际上有了这些方法支撑后，我们接下来还需要对数据进行开发，也就是我们所说的汇聚，按着数据整合的方法，通过一定的技术手段，比如 ETL 或 ELT（结合金融企业自己的数据场景规模而定）方式，结合目前比较优秀的开源技术工具，如 Canal、Datax 等汇聚工具（关于数据汇聚工具及技术方法，网络上公开资料很多，各有优缺点，需要根据自身的适用场景针对性选择），完成整个数据能力建设。最终通过方法加技术，"盘活"金融企业数据体系，让数据流通起来。

5.2.2 数据中台之"规"，重点在标签体系

"规"，有法度也，是规则、制度和体系。

数据中台建设的核心是数据，数据中台管理的核心也是数据，数据中台应用的核心还是数据。数据对于金融企业如此重要，那么数据中台建设过程中，依靠什么样的数据体系来构建我们的数据中台？本节讲述的是数据中台数据建设体系与数据资产管理规划。

1. 数据建设体系规划

前面提到，数据中台是全域级的，是金融企业所有数据的汇聚中心，是为了更好、更灵活地为业务提供端到端的数据服务。显然，简单、粗暴地将数据堆积到数据中台是毫无意义的，并且会导致整个数据的使用成本更高，可能只有技术部门才能使用这些数据，这样的话，我们上一节讲述的"盘"就毫无意义，金融企业整个数据体系无法流通。这就违背了我们搭建数据中台的初衷，所以我们要对流入数据中台的数据进行标准定义、体系规划，有规可依地建立一

套完整的、规范的、准确的数据体系，敏捷地支撑数据应用。

为了更直观地描述符合金融企业的数据体系，我们将数据体系做了层次结构的划分。我们认为在数据体系建设上可分为四个层次，由下而上依次是：贴源层、主题层、标签层、应用层，如图 5-2-1 所示。

图 5-2-1　数据体系层次结构划分

- 贴源层：顾名思义，最贴近数据源的数据层，和源数据体系保持一致，这是我们上一章讲数据整合、汇聚时涉及的数据层，只做简单的数据整合、汇聚技术实现，对非结构化数据结构化处理，增强相应的数据描述。大家是不是会疑惑，贴源层存在的意义是什么？这里给大家解释一下，一来保证数据中台数据来源的真实性；二来，通俗讲"甩锅"：比如，业务部门说数据错了，数据错了就是科技部门的责任，而金融企业为了安全，科技部门是没有办法查看业务系统数据的。这个时候，你就可以比对贴源层数据，在这里去核对，到底是不是数据错了。另外，我们知道源数据也是可能随时发生变化的，因为业务数据是根据业务活动产生的，一些 update 的方式，是不会被保存下来的，所以贴源层无论从哪个方面来讲，都是非常重要的。
- 主题层：上一章讲了数据整合的方法，讲了金融企业常用的十大数据主题，对应的就是数据体系中这个层面，这里不多赘述，这一层对应的也是数据整合、汇聚的范畴。
- 标签层：即数据对象建模层。上一章讲数据整合方式时，把基于 ID（身份）的整合放到了一边，这里，我们就是基于 ID 把各主题、业务过程的同一对象跨主题、跨业务板块进行打通，形成对象的全域级标签体系，以方便对数据的深度分析、价值挖掘、敏捷应用。
- 应用层：按照金融企业特定的业务场景，从标签层、主题层抽取数据，面向业务加工特定的数据，以为业务提供端到端的数据服务。当然，有些特定的业务场景需要兼顾性能需求、紧急事务需求，也可能直接从贴源层抓取数据直接服务于特定的业务场景。真正做到在对业务端到端数据服务的同时，兼顾数据中台的灵活性、可用性和稳定性。

（1）数据标签体系建设

从贴源层和主题层来看，大家肯定会疑惑，如果仅仅如此，数仓是不是也能达到这个效果呢？是的。所以，数据中台的价值魅力体现始于数据标签层。数据标签层是在基于数据主题整合的基础上，对同一对象分散在不同主题、业务板块不同颗粒度的数据基于 ID 进一步整合。比如，客户信息，客户的基本信息在当事人主题，客户的交易信息分散在事件、渠道、协议等主题，客户的资产数据分散在资产主题……这就导致了金融企业很难全面了解自己的客户，要通过各种关联、计算才能满足业务的需求。数据的使用成本也是极高的，然而，在金融企业获取、分析客户的全面数据是很多业务的共同需求，而这种需求就可以通过标签层，通过基于客户 ID 来进行跨主题、跨业务板块的数据整合，面向客户对象建模，构建客户标签模型，达到对象数据的共享和多元利用，敏捷地支撑金融企业的多元化业务。

数据标签体系建设，一来可以让数据可读，即数据开发者和数据使用者对数据的认知统一，更方便端到端的数据使用；二来通过数据标签目录将标签组织化、结构化，以一种更柔性的方式来适应未来多元化业务场景对数据应用的诉求。不难理解，数据标签归属于数据对象，我们把标签从应用场景划分为：事实标签、挖掘标签和预测标签。

截止到现在，关于"标签"我们脑子里已经有了很多名词，"对象""标签""标签目录""事实标签""挖掘标签""预测标签"，有必要对这些名词来做些解释。

- 对象：是我们对数据目标的抽象，对象的唯一标识是前面提到的 ID，它是一个具备独立特征的个体，可以是现实存在的，也可以是虚拟的，比如：客户、产品、渠道等。
- 标签：是我们利用源数据，经过一定的技术手段进行加工而产生的、使数据提供者和数据使用者能统一认知的、对业务有价值的数据。
- 标签目录：是对标签进行组织化分类、结构化描述，让业务方便管理和查找标签数据，同时满足多元业务场景对数据对象中某特定标签的应用。比如：独立使用对象的资产信息、营销行为信息，等等。
- 事实标签：顾名思义，既定事实，比如：客户姓名、年龄、家庭关系、性别，等等。
- 挖掘标签：没有对应的源数据，需要根据逻辑、规则来计算、挖掘得出的标签实例，比如：用户支付习惯、行为偏好，等等。
- 预测标签：结合既定的数据事实，来预测用户的行为轨迹、未来诉求，比如：用户 a，经常购买的理财产品及周期，预测在未来某个时间周期内会购买相同定位的产品。或者用户 a 的行为轨迹与群体 A 的偏好高度相似，那我们认为群体 A 购买的产品，可以定向推荐给用户 a。

为了更直观地理解金融企业数据标签体系建设过程，我们还是以客户（个人客户）为例，来讲解客户标签的建设方法。

（2）银行客户标签体系建设

前面我们提到，数据中台的价值魅力体现始于标签层。因此，标签层建设尤为关键和重要，我们不能盲目地进行标签建设，标签体系的建设实际上是一个产品化的过程。作为 IT 从业者，特别是产品经理，我们在做一个产品前，永远会问自己几个问题：

- 这是一个什么样的产品？
- 怎么去做这个产品？
- 产品解决什么问题？

我们来尝试着解读以上这三个问题：

- 这是一个什么样的产品？做什么用？——先确定对象，再决定做什么。我们要充分解读企业战略，而不是盲目去做。
- 怎么去做这个产品？——找和产品业务相关联的人、构建团队模型、业务需求结构化分解。
- 产品解决什么问题？——回答应用场景的问题，产品怎么去配合企业战略，解决企业问题。

同样，客户标签体系建设整体阶段上也可以通过这几个问题来映射：

● 做什么？——客户画像

对象：客户
战略目标：提升产品服务质量、优化渠道、精准营销、洞察用户行为趋势等。

● 怎么做？——标签体系设计

模型构建：结合实际的业务需求，从金融企业内部庞大的数据体量以及外部数据获取，通过与客户相关的数据实体，以数据实体为中心规约数据维度类型和关联关系，对客户标签进行建模。

维度拆分：对数据维度分解和列举。根据相关性原则，选取和战略目标相关的数据维度，避免产生过多无用数据干扰分析过程。

● 解决什么问题？——应用

应用：根据不同业务条线的人员、角色来设计各人员对客户标签的功能和权限以及客户标签的场景应用支撑等。

现在，了解了客户标签建设需要经历的 3 个过程：确定对象、构建标签体系、应用标签。接下来，将详细讲解银行客户标签建立的过程。

①确定对象

需要讲述的是客户标签建设，显然，我们的对象是客户，需要对客户有个基本认知。客户标签建设如图 5-2-2 所示。

从图 5-2-2 中，我们发现客户是一堆结构化、非结构化的数据实体，在金融企业中，这个数据实体可能分散在不同的数据主题及业务活动中，但是这些结构化、非结构化的数据实体中间必然存在着唯一或者相关联的身份 ID，可能是身份证号码、账户、手机号码等，可以通过 ID 或者 ID-ID 的映射关系，来整合这些结构化、非结构化的数据，形成基于 ID 的客户数据集合，集合中的每一个数据，称为客户的特征数据。

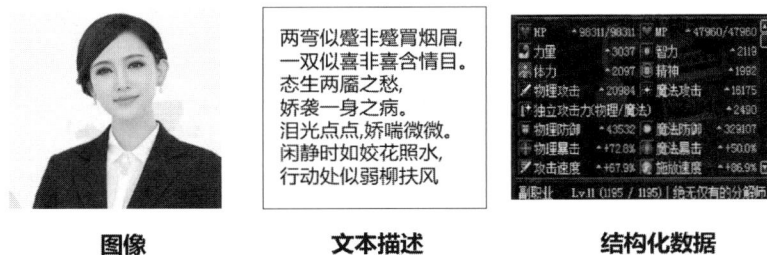

| 图像 | 文本描述 | 结构化数据 |

图 5-2-2　客户标签建设

②标签体系构建

第一：特征数据标签化。标签化实际上是对客户特征数据的业务描述。从图 5-2-3 中可以看出，客户特征数据标签化实际上就是一个标签建模的过程，比如，这个标签的业务描述为"青年"，它的数据模型为"25~30 岁"的客户。

图 5-2-3　特征数据标签化示例

"建模"实际上说的是标签设计。标签设计必须具备两个前提：业务、数据，即设计的指标必须是有源数据可以加工形成的，必须具备数据上的可行性，不能天马行空地随意设计。

第二：标签目录设计。客户的特征数据会非常多，在标签化之后，会形成客户标签数据的堆积，这种无组织的堆积，会降低数据使用的效率。为了方便对标签数据的管理以及在特定的业务场景下需要快速的提取某种维度的标签数据，我们需要对标签数据进行结构化整理，即标签目录化。标签目录的设计首先要确定根目录，这个很容易理解，根目录就是我们前面提到的对象，以下称为"客户"。标签目录设计通常是对标签进行归纳、分类，通常分为一级目录、二级目录、三级目录。当然，根据实际情况，有的只存在两层目录结构。标签分类原则上应该按业务最容易理解的方式进行分类，因为标签目录的核心是让数据使用者能够快速的减速、管理和应用数据。例如，对客户标签进行分类，根目录为：客户；一级目录为：用户关系属性，该一级目录下二级目录为：生活关系、金融关系；（生活二级目录下）三级目录为：父母、子女等。

图 5-2-4 所示为金融企业关于客户标签体系示意图。

图 5-2-4　金融客户标签体系

通过上图可以看出，在构建标签时，我们只需要构建最下层的标签，并且能够映射到上层标签。上层标签都是抽象的标签集合，一般没有实用意义，只有统计意义，比如，可以统计用户有价值属性标签的用户比例，但用户有价值属性标签本身对我们的精准营销没有太大的意义。

③银行客户标签应用

Gartner 预测，"到 2020 年，超过 40%的数据科学任务将实现自动化"。增强分析可识别隐藏模式，同时消除个人偏见。诚然，我们接受各金融企业存在将一些偏好插入到算法中的风险，但是增强分析和自动化洞察将根植于金融行业各业务板块。从而提高数据生产力以及数据的使用率。数据洞察将在整个行业中得到广泛的应用。标签模型精确地提炼出数据资产的价值，灵活分析及运用各种属性和行为之间的关系，从而实现金融企业研、产、销等各环节的商业价值最大化。

结合实际业务场景分析，金融行业客户标签主要用来支撑客户洞察，客户洞察最好的手段是基于客户标签进行客户画像。我们认为，客户画像，是客户标签在不同的业务场景下的有序组合。接下来将介绍基于客户标签的客户画像在金融行业中的集中应用场景。

应用场景一：360 度用户窗口。360 度客户窗口可以帮助运营、营销人员事实掌握客户情况，有针对性地提供产品服务，以及制定更优的营销决策，如图 5-2-5 所示。

图 5-2-5　360 度用户窗口

应用场景二：精准营销。针对不同的客户，提供准确的产品服务，如图 5-2-6 所示。

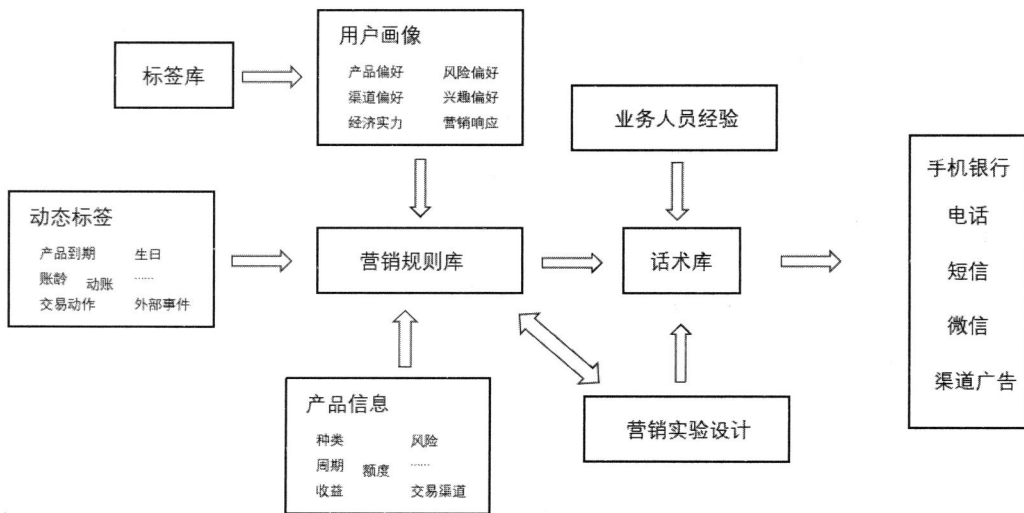

图 5-2-6　精准营销示例

根据上图所示的个性化产品推荐流程，最终我们会通过用户画像得到不同用户的不同营销策略，如图 5-2-7 所示。

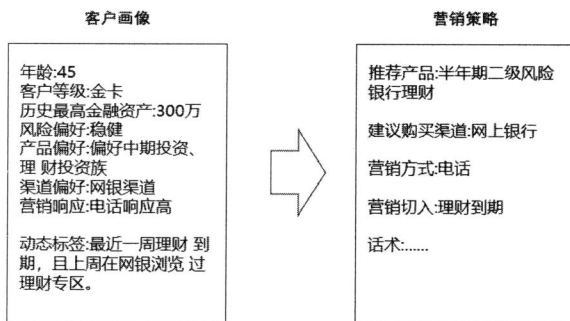

图 5-2-7　营销策略

前面我们整体讲了数据标签的建设，并且以银行客户标签为例讲了标签、标签目录建设以及举例说明了客户标签的应用场景。实际上我们前面提到过，数据中台的数据是不断地被业务滋养，在数据中台的运营过程中，标签数据不是一成不变的，它在被业务滋养的同时，也需要不断地调整（参数、指标、属性、特征等），以更好地反哺业务，让数据中台为业务提供更有价值的数据服务。所以，我们回顾整个标签建设的过程大致分为以下几步：

（1）数据对象认知。全面理清数据关系，确定数据对象（标签根目录）。

（2）制定标签目录结构。根据业务需求，定制标签体系框架，原则上按照三层目录分层（具体情况具体对待），并且逐步填充标签内容。

（3）整合可用数据资源。通过对象 ID 及 ID-ID 的映射关系，整合和对象相关的业务数据资源，如：账户数据、交易数据、行为数据、交易数据、风险数据、社交数据等。

（4）构建标签模型。结合业务需求及业务人员的经验，对数据进行建模，进一步挖掘、完善标签。

（5）标签应用。将标签应用到实际的业务场景，为业务提供高价值的数据服务。

（6）标签优化。通过业务运营检验标签及权重分配的合理性，优化标签体系，同时通过业务的滋养，丰富、完善标签体系，以进一步反哺业务运营。

以上介绍了金融企业数据体系的规划及对数据体系规划中的标签层，结合客户标签，讲解了金融企业标签体系的建设方法，同时列举了客户标签的不同应用场景。整个数据中台的建设中，我们要秉持着以数据价值为导向，尊重数据可行性、业务可行性，约束、规范整个建设过程，体现出数据中台的价值魅力。

2. 数据资产管理体系建设

维克托·迈尔·舍恩伯格在大数据系统研究领域的先河之作《大数据时代》中曾经提到："虽然数据还没有被列入企业的资产负债表，但这只是一个时间问题"。

金融企业和数据有着天然联系，金融企业所有经营都是在处理数字符号，因此在经营过程中会积累海量的数据资源，为了更好地利用这些数据资源，满足金融企业多元化的业务发展，提供端到端的数据服务，我们逐步建立数据中台，数据中台建设的根本是为数据资产提供价值变现的能力，那么什么是数据资产及如何进行数据资产管理？我们先要来搞清楚什么是数据资产。

（1）数据资产定义

原则上来说，目前没有对数据资产做出明确的定义，那么我们可以从对资产的解释，来类比数据资产。"资产"指由企业过去经营交易或各项事项形成的，由企业拥有或控制，预期会给企业带来经济利益的资源。那么我们类比来看数据资产应该是"由企业过去经营交易或各事项形成的，由企业拥有或控制的，预期会给企业带来经济利益的数据资源"。

从这个定义，我们可以看出，数据资产必须具备的三个特征：

- "企业拥有或控制的"：这个特征明确地表达了数字资产是有它的主体的，同时也表明了数据资产的范畴，它可以是金融企业在经营和管理活动中积累、沉淀下来的，也可以是通过外部交换、购买而来的。
- 预期会给企业带来经济利益：这个特征所传达的是并非所有的数据资源都是数据资产，数据资产是指能给金融企业带来价值的数据资源。
- 数据资源：这个特征实际上传达的是一个存在形态，即通过物理或者电子方式记录下来的数据。

那么金融企业在经营过程中会积累哪些数据资产，我们以银行业务为例：在办理贷款过程中，可以对办理贷款的对公客户进行全方位的信息收集，一是企业本身所有的经营管理信息；二是企业供应链上的经营信息等。而对于个人的贷款客户已经不仅仅是贷款客户个人的资信情况，客户的家庭经济情况、生活关系、金融关系、社会关系、金融偏好等等各种维度数据，银行都可以通过一定的渠道来收集完整。再比如客户在本行办理支付、结算过程中，银行可以根据客户信用卡透支、还款情况，对客户的信用情况进行评估。再比如客户在银行办理存款业务，对于客户的存款资产会有一个历史性评价，可以对其家庭相关成员的金融资产进行联想评价，从而评估其负债能力。并且，目前客户与银行发生的信息远远不止这些，客户还有投资理财、买卖股票、外汇等各方面信息。

数据中台通过对这些数据资产进行整合、抽象，对客户进行精确的画像，通过端到端的服务为银行营销目标客户、控制客户风险，使这些数据资产直接转化为银行的收入或降低银行的成本，这就是数据资产为银行带来的经济利益。

我们知道了数据资产的定义及特征，通过例子也知道金融企业的数据资产形成，那么什么是数据资产管理？

2019年6月，中国信通院联合多家企业发布的《数据资产管理白皮书4.0》中对"数据资产管理"定义为："规划、控制和提供数据及信息资产的一组业务职能，包括开发、执行和监督有关数据的政策、计划、方案、项目、流程、方法和程序，从而控制、保护、交付和提高数据资产的价值"。通过这个定义，我们可以看出，数据资产管理是通过组织和技术手段，来达到控制、保护、交付和提高数据资产价值的目的。

（2）金融企业数据资产管理的现状和挑战

由于金融企业与数据天然的密切关系，也使得目前金融企业的数字化程度普遍较高，但数字化程度高并不意味着数据资产的运营及管理水平很高。目前金融企业在数据资产管理中存在的问题大致如下：

- 强调数字化，但是忽略数据资产的管理：我们以银行为例，各家银行目前正在积极进行转型升级，其中将数字化作为转型升级的战略目标来实现，将大数据、人工智能等在业务各个领域中的运用作为战略规划目标，有些行甚至将能否实现数字化、信息化、智慧化提升到银行生死存亡的高度。但是，很少有银行在战略规划或经营策略中，将数据资产的经营与管理作为战略目标来提，只有少数银行提出建设数据中台、加强大数据的风险控制、做好大数据安全等工作，银行数据资产目前仍处于被动衍生状态，因此利用效率仍然十分低下。
- 数据资产的应用处于初级水平、浪费十分严重：对数据资产还没有提升到一定的高度，因此，其数据资产仍处于一种碎片化、零散的状态。数据资产分散在各部门、各分支机构，虽然各家法人银行目前都实行了集中账户管理体制，但是，大量的客户在与银行发生往来过程中很多信息仍散落在分支机构或部门当中，海量的数据资产没有相应的识别与处理系统，经营管理者并不明白到底哪些才是数据资产，对数据资产的关切度不够，数据资产的浪费现象十分严重。
- 难以解决端到端数据质量的问题：在金融业务多元化之前，数据还仅限于某条业务线小范围使用，但是在当前金融融合创新的时代下，低劣的数据质量将危害整个金融企业，而技术团队也并没有被赋予端到端的数据管理职责，也不具备端到端的业务能力，当然也不愿意进行管理。

● 不面向服务和价值：技术导向往往导致数据团队关注的是技术平台的功能和可用性，而不关注数据资产价值，造成当前大量金融企业的数据资产不具备数据服务和价值变现的运营能力，数据资产管理只是停留在技术平台的构建和运维阶段。

我们总结一下上面的这些问题，即无有效组织保障、无统一的数据视图、缺少有效的数据应用、数据基础薄弱、无有效的数据价值评估模型。这种局面之下，数据不仅不能体现它的价值，在经营和管理活动中，数据会越来越多，最终甚至会成为金融企业的负担，这也是为什么数据管理部门往往是一个成本中心，而不能成为一个创新中心或者利润中心。

（3）金融企业数据资产管理的目标

数据资产管理作为数据中台重要的组成部分，我们认为数据资产管理必须达到以下几个目标：

● 数据资产可视化：通过数据盘点，形成金融企业数据地图，构建金融企业数据目录体系，通过数据资产目录共享数据资源，让数据管理者、开发者、使用者能清晰、敏捷地找到需要的数据资产。

● 数据认知一体化：通过元数据治理，完善对数据资产的描述，在数据中台之上构建数据标签体系，让数据开发者和数据使用者对数据认知一体化，提升数据资产的利用率。

● 数据资产可用化：数据中台通过统一的数据标准提高数据的质量及数据的安全性，让数据使用者可以放心使用数据资产，避免因数据的不可用造成的成本浪费。

● 数据资产运营化：金融企业需要建立一套以数据驱动的组织管理制度和流程及数据资产价值评估体系，提升数据资产管理水平，提高数据资产价值变现能力。

● 数据应用多元化：数据资产是需要业务不断滋养的，只有丰富的数据应用，在提交数据价值的同时，不断地丰富金融企业数据资产，数据资产进一步反哺业务，良性互补、良性循环，才能让数据资产的价值越来越大。

（4）数据资产管理职能

《数据资产管理白皮书4.0》中规定，数据资产管理的管理职能包括数据标准管理、数据模型管理、元数据管理、主数据管理、数据质量管理、数据安全管理、数据价值管理以及数据共享管理等八个方面。在白皮书中，对数据资产管理职能的八个方面做了很详尽的阐述，我们完全认可白皮书中关于八个职能的分析与讲解。这里不再对白皮书中的内容进行转述，我们会结合曾经的经验，对白皮书中的"数据标准管理"进行一些实践落地方面的补充，以及结合数据中台的特性，加入标签管理和数据应用管理两个方面的管理职能。

（1）数据标准管理实践落地的经验补充。

首先，需要认清数据标准和数据标准化是完全两个不同的概念。数据标准是静态的，而数据标准化是动态的动作，并且是一个很复杂的、持续性的工作。数据标准相对来说好制定，但是，要把这套标准落地就是另一回事了。在数据标准落地的过程中，我们通常会面临如下问题：

● 数据标准自身的问题：在制定数据标准的过程中，切记不能脱离了金融企业内部的数据实际状况、技术能力而一味地追求标准，不能因为标准而标准，一定要站在业务、成本、效益的角度酌情标准化，因为追求标准而标准化，对于落地来说，是一场灾难……

- 标准化落地推进的问题：价值导向问题，管理者要的仅仅是数据标准文件、制度文件，不关注落地执行计划。
- 不注重人员梯队建设：过分依赖厂商，而不建立自身的技术人员梯队，厂商一旦离场，落地就推进无力。
- 无组织支持：数据治理、数据中台不是一个项目，而是一个长期而浩大的工程，需要上层组织的大力支持才能正常运行。

这些问题，会导致数据标准化的过程非常痛苦，很难取得好的效果，这也是数据资产管理面临的现状，也是我们和金融企业需要正视的问题。我们希望金融企业在进行数据标准化落地的过程中，能对照上面的情况，采取符合金融企业组织特性的措施，保障数据标准化平稳推进。

（2）标签管理。

前面不止一次提到，数据中台的价值魅力体现始于标签，可见标签在数据中台中的地位是何等的重要，因此，数据资产管理就不能不对标签进行管理。我们前面提到标签目录，标签管理主要是针对标签目录的管理，让业务人员能通过标签目录清晰、快速地找到自己需要的数据指标、特征等。因此，标签目录要按照业务需求来建立。

（3）数据应用管理。

为什么会提到数据应用管理？前面也多次提到，数据资产是需要业务滋养的，通过业务的不断滋养，可以优化、完善我们的数据资产。同时，更丰富、准确、有效的数据资产反哺业务，良性循环，可以更好地为业务提供端到端的数据服务。丰富的数据资产，可以更灵活的支撑未来多元化业务的创新，为金融企业带来更多的价值。

所以，我们把数据应用管理纳入数据资产管理，用强有力的组织保障，促进数据资产的多元化应用，业务和数据良性互补，让丰富的数据资产体现更大的价值。

3. 数据资产管理，我们要知己知彼

金融企业在做数据资产管理的过程中，要做到知己知彼。知己：要认清机构资产管理现状；知彼：要清晰机构资产管理目标。要做到知己知彼，就需要了解如何评价数据资产管理的成熟度。我们把金融企业数据资产管理能力模型定义为四级结构模型，如图 5-2-8 所示。

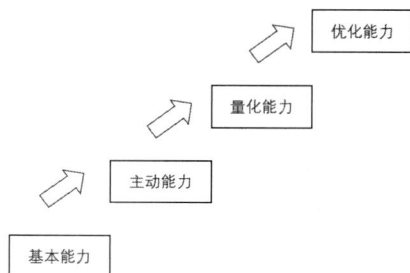

图 5-2-8　数据资产模型四级结构

- 基本能力：数据资产能支持业务基本工作，定义了数据质量检查方面的制度和流程。
- 主动能力：数据基本能满足业务的管理要求，明确了组织级的数据检查规范和流程，定义相关的数据质量检查计划，主动管理，通过检查结果进行相关考核。
- 量化能力：数据完全满足业务需求，并运用量化指标，对数据质量进行检查以及对问题进行有效分析。
- 优化能力：数据支持多元化业务场景，数据资产成为机构核心竞争力。

我们可以对照四级能力模型，了解我们目前处于哪个能力层，然后制定切实可行的计划和目标，切忌好大喜工。要知己知彼，方可平稳落地。

4. 小结

大数据时代，数据中台的合理利用注定会给金融企业带来重生、颠覆和创新，金融企业应重点关注、顺势而为，适时建立起符合自身业务和数据特点的数据资产管理体系，让数据发挥出应用的价值，加大数据资产场景应用的投入，提升在金融行业内的核心竞争力。

5.2.3　数据中台之“整”，难点在数据治理

汉语对“整”的解释非常多，《后汉书·张衡传》中提到“整法度”，即整顿法度，所以整字有整顿、整治、治理等意思。在这里，我们取的“整”字，也是整顿、整治、治理之义。

数据治理是数据资产管理中必不可少的一部分。数据治理兴起于 20 世纪 90 年代，但是纵观中国整个发展史，每一次朝代的更替，都是一次数据治理的过程，清朝政府的“留头不留发、留发不留头”就是一场数据治理。再往前，秦灭六国，始皇帝统一度量衡、焚书坑儒、车同轨、书同文，这是中国历史上最为彻底的一次数据治理。因此，我们中国人对于数据治理向来不陌生。

1. 从面向监管的治理到两手都要抓、两手都要硬

（1）金融企业数据治理的外因

十九届四中全会审议通过《中共中央关于坚持和完善中国特色社会主义制度、推进国家治理体系和治理能力现代化若干重大问题的决定》提出，要“健全具有高度适应性、竞争力、普惠性的现代金融体系”。具体到金融领域，就是进一步增强金融业的治理能力，在支持经济高质量发展的同时，及时防范和化解各类风险，促进金融业持续健康发展。当前，随着技术创新与金融的深度结合，数字金融蓬勃兴起，在繁荣经济的同时也带来了巨大的潜在风险，必须对此予以充分重视。结合金融企业在业务多元化创新的时代，风险管理、业务创新方面，金融企业还有很长的路要走。“风险管理”要求金融企业能够提供精准的数据模型，“业务创新”需要金融企业有高标准、高质量的数据资源。这是催生金融企业数据治理发展的外部推动因素。

（2）金融企业数据治理的内因

以客户为中心，金融企业已然进入了定制化时代。金融企业以低成本生产多样化的金融产品，以满足不同客户的需求成为刚需。对数据本身而言，金融企业业务多元化发展加快了数据膨胀的速度，也带来了数据不一致等问题，业务部门的频繁增加和剥离同样会对数据治理提出挑战。这是催生金融企业数据治理发展的内部因素。

以上这些内外因素，数据逐步成为企业的生产资料，对金融企业的数据治理提出了更高的标准和要求。传统的保证监管报送数据准确为目标的数据治理，已经发展到业务创新、风险控制并举，两手都要抓，两手都要硬。

2. 金融企业数据治理核心

（1）认清现状、制定规划、统一认知

①数据成熟度评估

各金融企业对数据建设的重视程度与现状都是不同的。因此，需要对自身数据成熟度进行评估，认清现阶段我们的数据发展在行业内所处的位置，使数据治理的目标更明确。数据成熟度阶段划分如表 5-1 所示。

表 5-1　数据成熟度阶段划分

	人员、组织	流程、制度	技术支撑
随机阶段	临时或无人员	无	无
认知阶段	科技人员兼职	项目的形式、临时流程	数据分散存储
成长阶段	专职或兼职人员、有明确的职责	系统内、部门内固化流程	系统内数据管理或分散的数据管理平台
成熟阶段	固定的专职人员、人员分工细化、职责分明	跨部门、跨系统流程	数据集市、企业级数据管理平台
创新阶段	专职的组织、分工常态化、数据服务常态化	优化的企业级管理流程及制度	数据中台

②找到差距、制定计划

数据治理是一个持久战，也是一个持续性的工作。我们需要根据自身所处的现状，来制定近期、中期、长期的战略计划，在整体战略规划中，采取急用先行的战术。

- 了解近期以及中长期在业务和技术上的策略及目标，特别是与数据治理相关的信息。
- 通过访谈、调研等方式，在内部营造数据治理的氛围、人相关人员在数据治理目标及价值方面达成普遍共识。
- 根据现实存在的差距与计划，制定符合自身的数据规划，如图 5-2-9 所示。

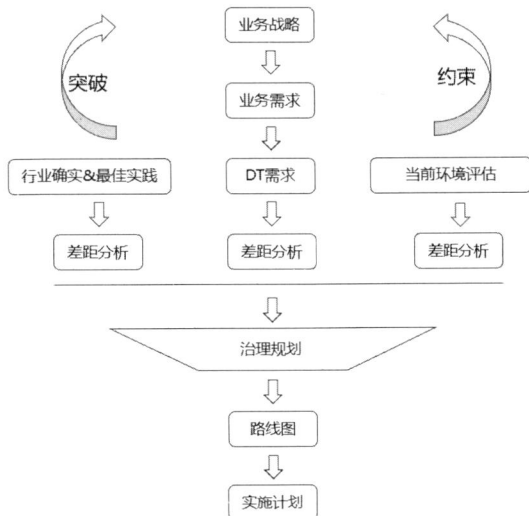

图 5-2-9 数据治理战略规划

（2）保障机制：组织及制度

①万事开头难，根据业内先进的数据治理经验，建立自身的数据治理要素体系、组织架构。组织架构包括：决策层、管理层、执行层。根据自身情况，各人员可以是专职人员，也可以是各部门抽调的兼职人员。

②结合自身现状，为数据治理的开展制定有据可依的管理办法，规定数据治理的业务流程、数据治理的认责体系、人员角色和岗位职责、数据治理的支持环境和颁布数据治理的规章制度政策等，同时应规定工具的使用办法、使用流程等。

（3）全局掌控：数据模型

数据模型是对金融企业运营和管理过程中涉及的业务概念和逻辑规则进行统一定义，是数据治理的重点。数据模型包含三个部分：数据结构、数据操作和数据约束。

- 数据结构：数据模型中的数据结构主要用来描述数据的类型、内容、性质以及数据间的联系等。数据结构是数据模型的基础，数据操作和数据约束都是建立在数据结构之上的。不同的数据结构有不同的操作和约束。

- 数据操作：数据模型中的数据操作主要用来描述在相应的数据结构上的操作类型和操作方式。

- 数据约束：数据模型中的数据约束主要用来描述数据结构内数据间的语法、词义联系、它们之间的制约和依存关系，以及数据动态变化的规则，以保证数据的正确、有效和相容。

（4）书同文、车同轨：数据标准

金融企业的数据标准一般以业界标准为基础，如国家标准、监管机构（如国家统计局、中国人民银行、工信部）制定的标准，结合本身实际情况对数据进行规范化，一般会包括分类、格式、编码规则、字典值等内容。良好的数据标准体系有助于金融企业数据的共享、交互和应用，可以减少不同系统间数据转换的工作。数据标准的制定，要适应业务和技术的发展要求，优先解决普遍的、急需的问题。数据标准由业务、技术、权限等内容构成：

- 业务：明确所属的业务主题以及业务概念，包括业务使用上的规则以及标准的相关来源等。对于代码类标准，还会进一步明确编码规则以及相关的代码内容，以达到定义统一、口径统一、名称统一、参照统一和来源统一的目的，进而形成一套一致、规范、开放和共享的业务标准数据。
- 技术：描述数据类型、数据格式、数据长度以及来源系统等技术属性，从而能够对信息系统的建设和使用提供指导和约束。
- 权限：明确数据标准的所有者、管理人员、使用部门等内容，从而使数据标准的管理和维护工作有明确的责任主体，以保障数据标准能够持续地进行更新和改进。

因此，数据标准的制定应以业务数据为出发点，经过详细的数据调研、访谈、设计、评审等标准定义流。数据标准的制定需以"循序渐进、不断完善"为原则，支撑完整的数据标准创建过程，确保每一个数据标准对应企业的数据需求，做到数据标准有理有据。

（5）业务与科技的桥梁：元数据

元数据分为业务元数据、技术元数据和操作元数据及管理元数据，业务元数据指导技术元数据，技术元数据以业务元数据为参考进行设计，操作元数据为两者的管理提供支撑。元数据与数据的对应关系如表 5-2 所示。

表 5-2　元数据与数据的对应

元数据	数据
业务元数据 （定义和业务相关数据的信息）	数据指标、数据字典、数据代码、数据安全、数据质量等
技术元数据	物理模型（关系型数据库物理模型、NoSQL 数据库存储模型等）
操作元数据	数据 ETL 信息、处理策略数据信息、调度信息、异常处理信息
管理元数据	数据归属信息（业务归属、系统归属、运维归属、数据权限归属）

①元数据管理的难点

元数据是业务和科技互通的桥梁，是数据治理的重要组成部分。因此元数据建设的好坏会对金融企业整体数据以及管理带来重要的影响。我们认为元数据管理有三个难点：

- 数据识别：要确定要管理哪些元数据，按元数据的定义来看，只要能描述数据的数据都能作为元数据进行管理，但从价值角度讲一定要找到对数据业务、数据运维、数据运营、数据创新带来帮助的元数据进行管理，避免眉毛胡子一把抓。一般企业元数据建设都是围绕着源系统、数据平台、数据集市、数据应用中的数据模型、数据库、表、字段、报表（指标存储字段）、字段和字段间的数据关系进行管理。围绕这条主线，进一步管理业务元数据和操作元数据。在建设过程中要围绕本企业数据管理问题域进行虚实结合的建设。
- 元模型的构建：元模型其核心结构要稳定，因为元数据的建设不是一蹴而就的，需要慢慢地积累和演变，因此存储元数据的元模型结构一定要抽象出稳定的结构，比如：针对关系抽象出组合关系和依赖关系，针对模型要抽象出每一类型元数据父类或基类以方便其灵活扩展。

- 元数据间的关系：从元数据应用的角度来看，光分析元数据的结构对数据分析人员和数据应用的价值还不是那么突出。元数据管理的价值主要在其关系的丰富程度，举个不恰当的例子，犹如一个人，如果其社会关系足够丰富，那么其处理各种事情就游刃有余，元数据也类似数据分析和应用，一定是从其关系中探寻出数据的价值，进而指导业务或进行数据创新。从长期的实践中发现，基于信息项或字段的元数据关系构建是最稳定的。

②元数据管理最佳实践

结合我们多年数据治理的经验，我们认为需要从以下三个方面进行元数据管理。

- 谋定而后动：元数据管理是一盘棋，需要进行管理设计，如基于规范和制度的设计、元模型的设计、实施的设计、推广的设计。每一环节都要想一想再动。
- 选好价值点：元数据管理是纷繁复杂的，它是对企业数据现状的一种抽象、整合和展现，其管理是复杂和不容易的，其价值有可能是隐形的、不容易察觉的，它是一项承上启下、贯通业务和技术的基础性管理工作，因此需要选好不同时期其管理的价值点，以逐步影响企业的方方面面。
- 选好工具：元数据管理可借助管理工具使管理工作变得相对快速和简单一些，如元数据的采集、元数据存储、数据血统、数据地图、元数据整合等都可以通过元数据工具来实现。

（6）数据价值的保障：数据质量

数据质量管理是金融企业数据治理的有机组成部分。高质量的数据是金融企业进行分析决策和规划业务发展的重要基础，只有建立完整的数据质量体系，才能有效提升银行数据的整体质量，从而更好地为客户服务，提供更为精准的决策分析数据。数据质量体系如图 5-2-10 所示。

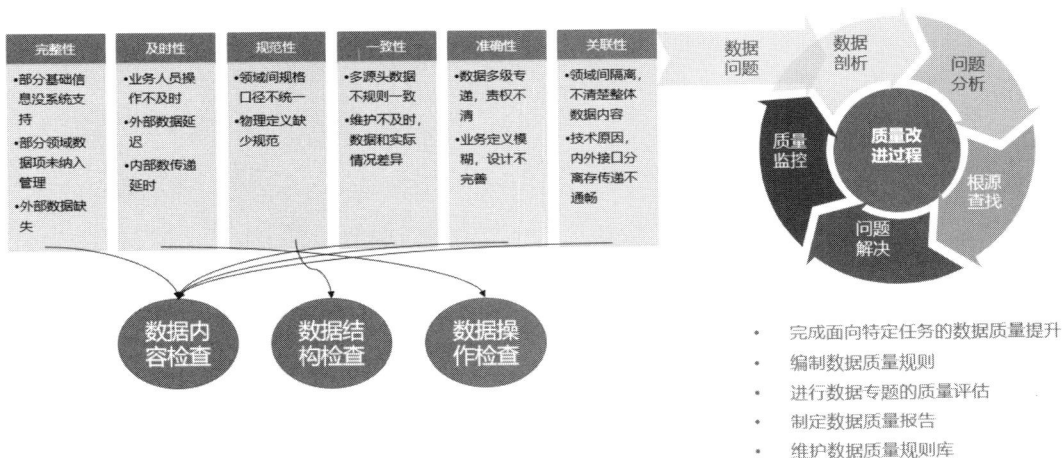

图 5-2-10　数据质量体系

①制度与规范

从技术层面上，应该完整全面地定义数据质量的评估维度，包括完整性、时效性等，按照已定义的维度，在系统建设的各个阶段都应该根据标准进行数据质量检测和规范，及时进行治理，避免事后的清洗工作。数据质量的评估维度如表5-3所示。

表 5-3 数据质量的评估维度

维度	描述	衡量标准	自动检查
完整性	业务必须的数据项被记录	业务必须的数据项是否完整、空字符；数据源是否完整、数据取值是否完整	是
及时性	数据及时更新、获取，体现当前实时	当需要使用时，数据能否反映当前事实，能够满足系统对数据的时间要求。如：位置信息等。	是
唯一性	该数据在特定数据集中不存在重复值	在制定的数据集中是否存在重复数据	是
参照完整性	数据项在被引用的父表中有定义	数据项是否在父表中有定义	是
依赖一致性	数据项与数据项之间的依赖关系	数据项取值是否满足与其他数据项之间的依赖关系	是
基数一致性	数据项在子表中出现的次数符合标准	如：一个账户一年计息次数为 4 次，就要符合账户和计息次数为 1:4 的标准	是
准确性	数据必须体现真实情况	数据内容与定义必须一致	是
精确性	数据精度必须满足业务要求	数据精度是否达到业务要求	是
可信度	数据的可信赖程度	根据客户调查或客户主动提供获得	否
……	……	……	……

②金融企业数据质量管理流程

数据质量问题会发生在各个阶段，因此需要明确各个阶段的数据质量管理流程。例如，在需求和设计阶段就需要明确数据质量的规则定义，从而指导数据结构和程序逻辑的设计；在开发和测试阶段则需要对前面提到的规则进行验证，以确保相应的规则能够生效；最后在投产后要有相应的检查，从而将数据质量问题尽可能消灭在萌芽状态。数据质量管理措施，宜采用控制增量、消灭存量的策略，有效控制增量、不断消除存量。数据质量管理流程如图5-2-11所示。

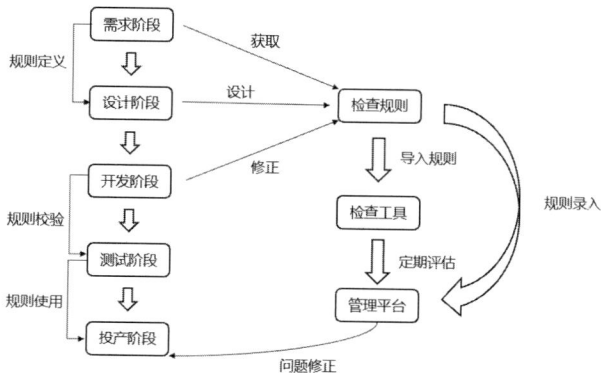

图 5-2-11 数据质量管理流程

3. 小结

近年来，欧盟推出了《通用数据保护条例》（General Data Protection Regulation，简称 GDPR），收集、传输、保留或处理涉及欧盟所有成员国内的个人信息的机构组织均受该条例的约束。我国监管层面也不断完善数据治理工作，我们必须将数据安全纳入数据治理的范畴。尤其金融企业从数据获取到数据存储，大量涉及客户敏感数据，目前主要从数据获取安全、数据存储安全、数据传输安全、数据使用安全层面，通过一定的技术和规章制度来尽可能提高数据安全，比如现在的数字签名、智能合约、物理隔离、通道隔离等技术的应用，安全性会不断提高，但想要彻底消除安全隐患可能还需要很长的一段路要走。数据安全将是金融企业数据治理的一个重点，也是金融企业的科技从业人员将要面临和解决的一大难题。

5.2.4　数据中台之"用"，体现在数据服务

"用"，即使用、应用。前面我们多次提到，数据中台让数据使用更简单，数据中台为业务提供端到端的数据服务。这些都是描述数据中台的能力，并且对数据中台的使用场景进行系统性描述。接下来，我们将系统性地讲述数据中台的应用场景。

1. 数据服务，打通数据应用最后一公里

我们在前面的章节中将数据类比为石油，这里，同样以石油作类比，我们通过一定的技术手段，对石油进行萃取、加工，进而得到了能被汽车用作燃料的汽油，当汽车需要加油时，我们去附近的加油站就可以满足我们的需求，我们可以把加油站理解为一个服务接口，打通了石油运用的最后一公里。同样，对于数据而言，我们只有将数据封装成数据服务，以接口的形式提供给上层应用，才能提高应用对数据利用的效率，提升数据资产的价值。数据服务就是把数据变成一种服务能力，让数据资产参与到业务中，通过业务的实现，体现出数据资产的价值，资产服务化，这也是数据中台的价值体现之一。

可以回顾一下，在没有数据中台、没有数据服务体系之前，我们是怎么做的？以往，我们会根据某个业务应用的需要，构建非常多的数据接口，与应用系统对接，导致接口也成了孤岛，当另一个应用系统有需要时，我们又得重新构建新的接口。大量的接口造成了开发、运维、监控等一系列成本。而现在，数据中台架构之下，我们要做的是什么？我们要做的是把接口抽象成可重用、可管理的、统一标准下的、端到端的数据服务体系。通过数据服务敏捷地对接业务，才能灵活运用数据资产，同时通过业务体现数据资产价值，并且提升效率。数据服务是数据中台资产服务化的核心能力，是连接前台业务和数据的桥梁。通过服务接口的形式对数据进行封装、开放，灵活地满足前台业务的需求。数据中台以数据服务的形式直接驱动业务，让业务快速地创造价值。

2. 常见的数据服务模式

数据服务模式是对数据服务的抽象，以便更容易地实现端到端的数据服务能力。在金融企业实际的业务场景中，我们对数据服务进行分类，归纳出以下几种常见的数据服务：

（1）查询服务：通过特定的条件输入，返回该条件下的数据集，以 API 的形式供前台业务调用（API 包括实时和批量两种情况）。查询类服务应用场景非常广泛，基本贯穿了整个经营及管理活动，是最为常见的一种数据服务类型。

（2）分析服务：结合大数据技术手段，高效地对数据进行关联分析，以 API 的形式供前台系统调用。在金融企业中，分析类型的服务主要用于决策支持、风控、客户洞察等应用场景。

（3）推荐服务：以客户标签为基础，对客户进行画像，根据客户的活动轨迹、行为偏好等属性，定向、精准地推送服务产品，在金融企业精准营销场景下使用广泛。

（4）圈人服务：在金融企业中，一般以产品、营销活动为核心，在全量的用户数据中，基于标签组合圈定营销对象，比如理财产品营销，产品定位为青年、高净值人群，那么可以通过圈定这两个标签人群，进行营销。这本质上和推荐服务一样，都是通过用户标签体系组合，构建客户画像，只是主体不同。

3. 常见的数据应用类型

上面我们讲了常见的数据服务类型，这几种数据服务类型可以对接很多数据应用，下面我们来介绍几种较为常见的数据应用类型，在下一个节中我们会列举具体的应用。

- 数据大屏：数据可视化大屏是一个很重要的"面子"，它一方面能够通过酷炫的效果让人眼前一亮，同时也能借助精心的策划把业务和数据的"里子"有效地传达出来。数据可视化大屏是将艺术和科学结合的技术，数据查询服务作为使用最广的一种数据服务类型，为数据大屏提供了数据支撑。
- 数据报表：通常情况下，分析类数据服务为数据报表提供服务支撑。数据表报类应用主要是通过可视化形态，呈现各种数据指标，主要是通过下钻、对比、关联等分析手段，对所关注的数据进行灵活的查看。
- 商业智能：商业智能型应用是数据应用的核心，是数据洞察以及业务创新的重要支撑，商业智能是和数据标签结合最紧密的一种数据应用形态，从数据服务类型上看，它包含了推荐服务、圈人服务，主要是通过数据画像达到数据洞察和业务创新，在金融企业中使用场景广泛，比如：风控、营销、产品设计、生物识别等。

4. 小结

数据服务是数据中台资产价值变现的核心载体，是连接前台和后台的桥梁，数据中台能够以服务的形式为前台业务提供端到端的数据支持，支撑数据应用，距离业务更近，可以让业务更快地创新，创造出更多的价值。

5.3　数据中台之应用篇

前面，我们简单对数据中台从数据服务和数据应用两个类型简单分析了数据中台的两种使用方式。数据中台的价值魅力体现在数据标签层，接下来的应用也始终围绕利用数据标签建设来实现银行在管理及经营活动中的优化、创新，为银行的整体运营赋能。

在本节中，我们将从银行实际场景出发，从网点优化、营销优化、风险管控、运营优化四个方面进行展开，来讲述数据中台在银行中的典型应用。

5.3.1　银行网点绩效优化

移动互联网时代，随着新型数字化金融的崛起，市场上出现类似"银行业务无处不在、但就是不在网点"的声音。然而，银行作为一个强合规产业，网点是银行最小经营单元，是进行客户细分、需求对接、产品投送的前沿阵地，是业务发展的基础，是银行与用户保持服务温度及银行形象展示的强力纽带，因此网点在银行业务发展上至关重要。然而，不得不忽视，严峻的外部环境和高昂的经营成本令许多网点的盈利能力出现问题，实体网点立足于银行业务最前沿，其网点规划、服务质量、客户体验直接影响着网点业绩与效能。网点如何优化绩效、提升利润？从网点规划、客户服务、网点管理等各方面进行优化和转型，而这些都需要系统性的数据支撑来进行分析和决策。

1. 数据中台支撑网点科学规划，让网点的成功可以复制

通过数据中台构建银行网点标签体系，以网点画像为依托，助力网点绩效优化，实现网点利润增长。结合我们多年的银行机构服务经验，银行网点标签体系构建，应从地缘属性、资源属性、人流属性、竞争属性、立地属性、产品偏好、客群经营等多个维度来构建银行网点标签体系，如图 5-3-1 所示。

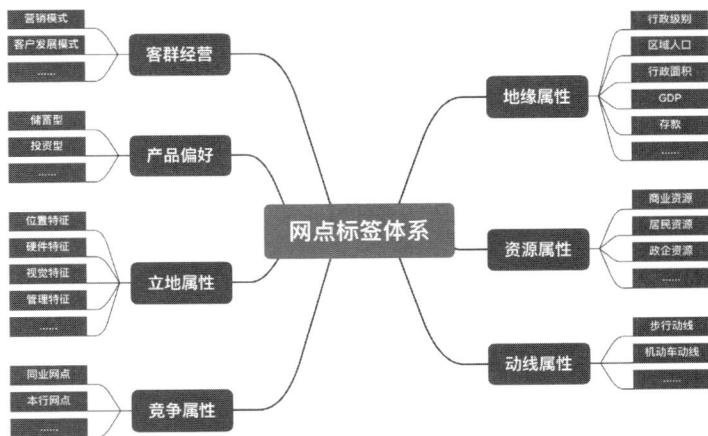

图 5-3-1　网点标签体系

上图网点标签体系至二级标签类目，三级标签需根据各银行实际情形进行细分。

通过网点标签体系，一方面银行可以根据各标签设置不同的权重比例，对网点设立及规划提到决策支撑作用，在网点转型阶段，为落实银行整体业务转型及多元化发展战略，满足当前及未来业务发展的需求，在保持现有网点布局框架基础上，运用网点指标体系并结合网点经营效益现状，通过迁址、调整等方式降低网点的重复覆盖，提升网点整体布局效果。同时，对新设网点，运用指标体系并结合未来效益预测模型对选址进行科学性评估。网点转型是一项长期的系统化工程，将该项目所形成的选址模型纳入系统开发运用，并通过数据分析对全国地市及部分县域的网点布局现状进行评价，形成调整策略，不断推进网点设置向精准化方向发展，提升网点竞争力。另一个方面，通过网点标签体系，构建网点画像，同业和行内网点横向比较，复制高绩效网点运营经验，促进低绩效网点持续优化，整体达到绩效提升。

2. 数据中台赋能网点从"业务需要"到"客户需要"转型

在前面的章节我们提到，消费互联网时代，客户才是商业战场的中心。无论是产品、网点、渠道等，最终汇聚到一个点：就是"客户"，然而，互联网金融高效便捷服务打破了传统壁垒，支付脱媒也给传统网点带来了巨大的影响，互联网金融产品受到越来越多人的青睐，在这一点上基本动摇了传统网点的客户基础，让网点眼睁睁地看着客户卡内的资金慢慢流失，网点的客流越来越少。这在减轻银行网点服务压力的同时，也使银行近距离接触客户的机会减少，传统网点对到场客户进行的被动营销模式便难以奏效。同时，随着银行业务多元化发展、产品的种类越来越多，如何找到合适的客户，成了银行网点经营及管理活动中的一大痛点。因此，要求银行的网点工作人员需要比客户更了解客户，了解客户的资产现状、行为偏好、风险偏好等，为客户提供针对性、专业化的金融服务。

通过数据中台，构建客户标签体系（前面章节着重讲述了客户标签体系及画像内容，此处不做赘述），通过客户画像打造 360 度客户视窗，如图 5-3-2 所示。

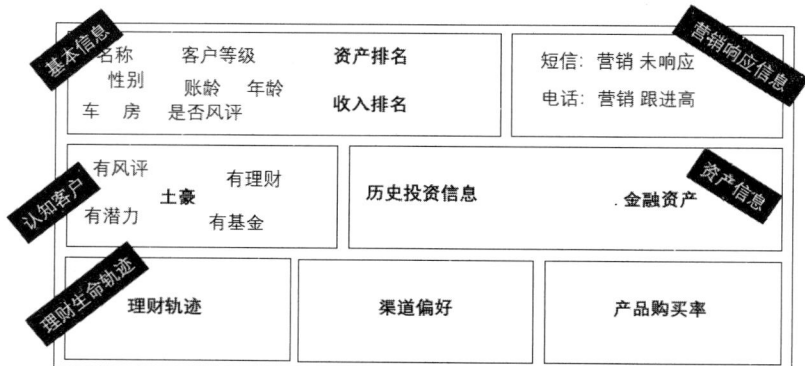

图 5-3-2　360 度客户视窗

网点客户经理，可以通过客户视窗，360 度全方位了解客户"衣、食、住、行、玩、医、金融"等行为需求，为客户提供精准、周到的服务，防止客户流失，挖掘客户潜在需求，提升网点绩效。

3. 数据中台提升网点渠道的经营能力

数据中台聚合了行内外数据资源，网点标签、客户标签基本覆盖了网点地址位置、城市信息、宏观经济数据，以及客户线上行为数据。数据中台数据服务能力能有效支撑网点渠道经营的多元场景分析，如商业业态、基础设施、人群属性、职住分析预测等。

数据中台数据服务能力助力网点了解区域客户资源、了解商业合作资源，搭建多元客户营销触达渠道，助力网点渠道客户引流和经营管理。通过场景落地，驱动网点渠道经营能力的升级。

4. 数据中台赋能网点从"粗放型"到"精细化管理"

数据中台聚合了各个经营和管理系统的数据，以及层级机构的业务指标及各机构、网点的产品信息，能够准确地从多个维度考量产品、管理、客户及员工价值。准确计量网点员工业绩，为绩效考核提供科学、及时、精准的数据支撑，减少了人为主观评价的随意性，最终实现绩效考核的公平、公正和合理。

基于数据中台数据服务能力，实时提现"网点经营数据""网点运营数据"，量化网点经营与运营指标，挖掘数据价值，提高网点效能，为总、分、支行经营管理层提供高效的可视化数据支撑，透视网点的营销人员、自助设备、柜面及设备账务性交易量等运营信息，透视对公、对私客户的各项业务情况，包括账务性交易笔数、产品覆盖度、场景情况等业务信息，从而作出科学的决策，实现网点的精细化管理。

5.3.2　精准营销

关于营销，对于技术人员来说往往显得很遥远，我们不必给营销下定义或者告诉大家什么是营销，但是，我们结合数据的角度，可以把"精准营销"行为抽象成三句话：

- 找对人
- 说对话
- 做对事

大家粗略看这三句话，可能会觉得，这三句话跟数据中台有什么关系，数据中台为什么能做到精准营销。我们这里来进行一个映射：

- 找对人：依托数据中台客户画像与产品画像，根据客户相关维度标签信息，快速精准匹配银行产品信息。
- 说对话：通过数据中台客户和产品的高度匹配关系，配合营销策略、渠道画像，通过准确的营销语言或营销渠道，将产品信息传达给目标客户。
- 做对事：通过产品画像和客户画像、渠道画像，将合适的产品推荐给适合的客户。

由此可见，这三句话从始至终围绕数据中台才能达到"精准"效果。因此，数据中台为银行精准营销提供了数据分析及决策支撑。当然，营销是一个系统性的行为，客户、产品、渠道、话术等都决定了营销的回报率。如图 5-3-3 所示描述了整体营销流程。

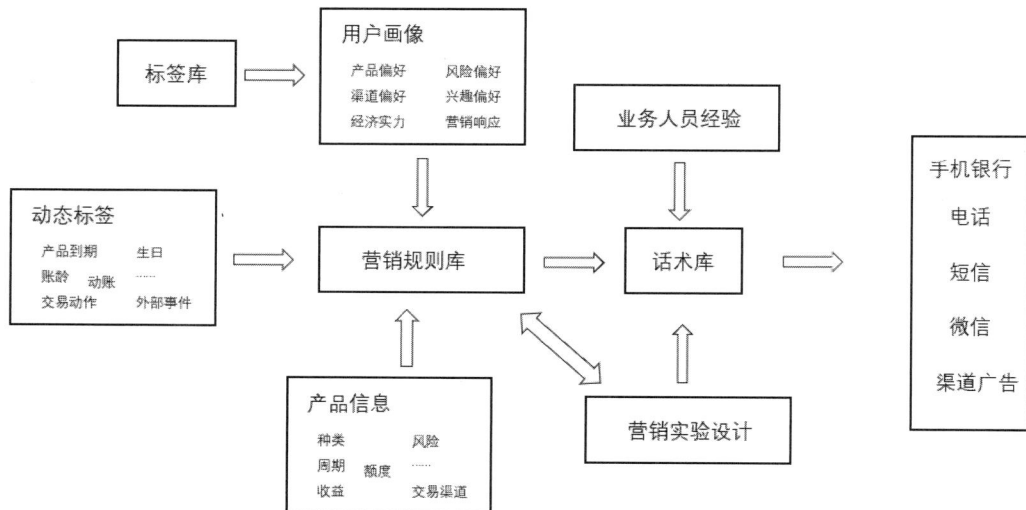

图 5-3-3 营销流程

当然，此处我们无意去讲述营销，重点讲述基于数据中台下的精准营销应用模式。我们认为数据中台在精准营销下的应用模式分为三类：

- 实时营销
- 个性化推荐
- 交叉营销

数据中台之所以能够赋能"精准营销"，根本原因在于数据中台聚合了银行所有经营管理活动所产生的内部数据以及外部数据，打破了组织壁垒、数据壁垒，从数据全视角的挖掘、分析，打通银行多产品线（信用卡、零售、借记卡等）数据链路，达到了数据一体化协同。

接下来，我们逐一讲解数据中台精准营销的应用场景。

1．实时营销

所谓实时营销，即根据客户实时状态来进行的营销行为，比如客户当时的位置（根据手机银行、第三方数据获取客户实时位置信息）、客户最近一次的交易信息等，结合客户画像来分析出用户潜在需求，精准提供金融相关产品服务。例如：根据客户手机银行登录地址或者其他信息来确定客户当时所在位置，如武汉，这时，营销中台可根据客户行为偏好等数据推荐武汉当地（衣、食、住、行等）消费场景，结合信用卡产品的相关信息，迅速匹配信用卡在武汉当地的关联商户的优惠策略，然后分析客户渠道偏好，通过正确的渠道（手机银行、短信、邮件、公众号等），将优惠信息推送给客户，以达到信用卡产品的消费场景诉求。根据客户最后一次的消费，比如：客户最近一次消费记录是通过借记卡、信用卡支付购买孕婴用品，结合客户画像，发现客户已婚，这个时候，我们预判客户已经怀孕或者生育，可以向客户推荐相关的保险产品、儿童成长卡等产品信息，促进产品购买意向。

2．个性化推荐

个性化推进是以客户为中心，将数据中台中客户画像运用到极致，银行可以根据客户轨迹、社交、兴趣偏好、风险偏好、营销属性等充分发挥，挖掘客户潜在需求，提供相应的产品及金融服务。例如：根据客户信息，发现客户有车贷和房贷，结合客户的资产、收入信息，分析用户具有消费压力，可以推荐信用卡产品、消费金融产品等，缓解客户生活压力，提高客户生活质量。通过客户兴趣偏好及历史行为信息，我们分析出客户每年 8 月有境外旅游的偏好，那么在这个时间之前，我们可以提高客户信用卡境外消费额度，提供个恈化产品服务，满足客户的消费诉求，提升客户服务体验，增强客户黏性。

3．交叉营销

交叉销售的本质是以客户为中心，创造需求、发现需求、挖掘需求，为客户提供优质的产品组合服务。交叉销售可以极大地提高客户忠诚度。

关于什么是交叉销售，我们结合零售行业的经验，举一个在零售行业非常经典的例子"尿布与啤酒的故事"：在美国沃尔玛连锁店超市中，曾经有一个有趣的现象，尿布和啤酒赫然陈列在一起出售。这个奇怪的举措却使尿布和啤酒的销量双双增加了，成为一个零售业的经典案例。原来，美国的妇女们经常会嘱咐她们的丈夫下班以后要为孩子买尿布，而丈夫在买完尿布之后又要顺手买回自己爱喝的啤酒，因此啤酒和尿布在一起购买的机会还是很多的。这就是一个典型的交叉销售的场景，卖啤酒的同时，把纸尿裤也卖出去了……

但是，在银行不同的产品归属不同的业务部门，要做到交叉销售，必须打破各业务系统的组织、数据壁垒，打通数据链路，达到不同业务部门数据一体化协作，产品告诉组合的模式，显然，数据中台很好地解决了这个问题。接下来，我们以银行信用卡业务来构建交叉销售的场景。

对于信用卡业务来讲，开展交叉销售能够充分利用其他条线的业务资源，降低客户获取成本、提升客户贡献度和忠诚度。对于其他条线来讲，信用卡作为日常支付产品，能够利用信用卡业务作为业务突破口，进而深入拓展业务，同时也能够利用信用卡作为提升客户黏性的重要工具。我们可以以客户需求和市场动态为出发点，以优质多样化的产品为落脚点，通过数据中台的客户画像（个人客户、企业客户），精准定位出目标客户，通过个人金融业务、公司业务、机构业务和结算、现金管理等部门紧密合作，对政府机关、事业单位、军队等新增代发工资客户开展代发工资业务与信用卡业务的产品组合营销，不仅能快速扩大信用卡产品的发卡规模，同时可以实现新增代发工资单位和代发工资客户数量的突破。在完成银行相关产品销售的同时，极大地提高客户忠诚度，降低获客成本。同时，通过客户的行为数据，分析出客户可能购买的产品需求，进行产品组合，比如通过信用卡、借记卡支付购买机票，同时根据客户的渠道偏好，推荐用户购买航空意外险等保险类产品等。

总之，数据中台为交叉销售提供了更好的数据支撑，同时可极大提高客户忠诚度、降低客户流失率。

4. 小结

数据中台为银行精准营销提供了更好的数据支撑及数据服务，同时，精准营销通过产品组合进行交叉营销，降低银行获客成本。精准营销有针对性、及时地为客户提供高质量的金融相关产品服务，可有效提高客户满意度。交叉销售有效提高客户对银行不同金融产品的购买率，增进银行和客户的黏性，提高客户对银行的忠诚度，降低客户流失，从获客、挽客（招行建立客户流失模型，针对流失率等级前 20%的客户，精准推荐高收益理财产品，来进行挽客，使金卡、金葵花卡客户流失率有效降低）、回流来完善客户全生命周期管理。

5.3.3　风险管控

银行产业一直是一个强合规、强监管行业，这也导致了以往银行业务以线下居多，然而，在现今的时代背景下，银行要发展，必须直面多元化业务挑战，这需要将很多原有的线下业务搬到线上，并且需要以客户为中心进行产品创新，提高客户体验。与此同时，业务的合规、监管丝毫不会因为线上化而有所降低。因此，银行金融科技转型、业务多元化发展的方向很多，但是最要紧解决的问题还是风险管控。

风险管控，在以往线下业务经营中，客户需要提供很多的数据材料，风控部门结合行内数据以及业务的风险模型来进行风险管控。随着银行业务的线上化，对风控工作带来了一定的挑战，因为银行不能要求客户线上准备一堆的证明材料，这是一个很不友好的体验。

在现在的背景下，风险管控在对应的产品/业务风险模型之外，更重要的是数据。

数据，对于大的银行机构来说，不是一件困难的事情，因为他们有足够庞大的用户体量（用户体量决定了数据体量）、足够的技术人才、足够强势的传统零售业务支撑，所以，他们可以小步快跑，在现有的风险模型上，逐步完善自主的风控能力。然而，小银行特别是农商行、城商行，没有足够的人才储备，存量用户线上行为不够明显，将现有业务从线下搬到线上尚且困难，又如何去进行产品创新、业务创新？

1. 农商行、城商行的风险管控能力决定了其业务及风控特点

互联网金融公司的资金方作为助贷平台和联合贷款的资金方，依托平台的风控能力，最多由风控部门或者依托第三方搭建风控模型来应付监管诉求，最终陷入独立决策却又无力决策的局面（无数据输入，实际上就是无力决策）。一旦上游公司遭到监管清查，而银行又不具备自主风控能力，这些业务势必停摆，回归线下……

青睐风控产品厂商一站式解决方案。因自身无自主风控能力，人才储备不足，为应对绩效、监管，从而被厂商一站式解决方案所吸引，快速对接，快速上线，自身无法对数据资产进行管理，无法对风控模型进行迭代。这样会导致一个现象，银行金融科技无论鼓吹如何转型，转型过几年后，银行自主风控的能力还是基本为零。问题出在哪？即出现在数据服务能力上。

2. 依托数据中台，造就自主风险管控能力

数据，是银行的立命基石。银行风险管控，终究摆脱不了两个核心因素：数据和风险模

型及风控模型。

（1）数据

我们在前面"数据中台方法篇"中讲到，数据聚合主要是两个方面，一方面是外部数据；另一方面是内部数据。从时间维度归纳为实时数据和历史数据，实时数据主要包括空间（位置）、时间、行为、设备，等等。对于农商行、城商行而言，由于数据环境趋严（个人数据安全越来越被重视）以及银行业务量有限，因此全面拓展外部数据资源显得没有那么重要，我们认为按需索取更为现实。

我们认为，对于数据层面来说，更重要的是激活内部数据，用好外部数据。激活内部数据，形成统一的用户视图；用好实时数据，是要把这些数据融入到业务流程和风控模型中去。

如何去激活内部数据、用好实时数据？显然，数据中台的建设在聚合外部数据同时，整合了银行内部所有业务条线的数据，打破了部门壁垒，让数据在不同的业务间流通，形成统一的用户视图，通过统一的用户、产品画像，为自主风控能力提供了夯实的数据服务能力，让银行在有自主决策权利的同时，具备自主决策的数据支撑。

（2）风险模型

我们讲风控管理的时候，讲得最多的是风控模型，很少涉及风险模型。风险模型主要是针对银行不同业务来进行业务风险评估，不同的产品对应有不同风险模型，在业务经营（产品运营）的过程中，依据风控模型，制定出合适的风险管控措施。

风险模型作为产品画像或产品组合画像的一个维度，我们认为，银行产品风险模型大致分为四种：

- 欺诈风险
- 高风险
- 中风险
- 低风险

根据产品不同的风险模型，结合风控模型，采用合适的风控策略，提升客户体验，防止过度风控造成的资源及成本浪费，导致营销回报率流失。

（3）风控模型

风控模型实际上是一套风控流程体系。这里，我们结合最常见的信贷业务来讲述信贷类风控模型，因为各金融企业此类风控模型基本一致，如图 5-3-4 所示。

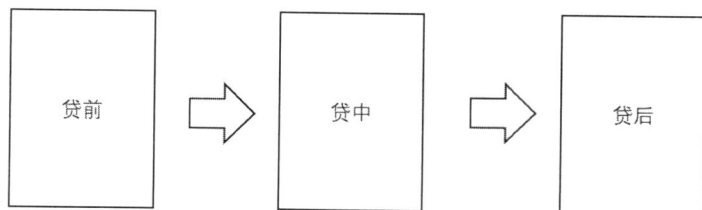

图 5-3-4　风控模型

- 贷前：此类业务风控任务主要集中在贷前风控，涵盖了从用户入口端的精准营销到信用评分的整个阶段，如图 5-3-5 所示。

图 5-3-5　贷前风控

- 贷中：主要以监控为主，包含但不限于设备、位置、手机号、消费记录、行为轨迹等。
- 贷后：贷后风控主要包含资金用途监测、风险行为监测、催收、资产处置及循环借贷等。

从上图可以看出，银行只要具备夯实的数据服务能力，自主做好风险管控并不难。因此，风控的根本是数据，数据中台的建设，为银行自主风控提供了夯实的数据基础及数据服务能力，依托数据中台，结合银行自身的风控模型，打造银行自主风控基础，良性迭代，不断滋养，助力银行金融科技转型，提升行业竞争力。

3. 小结

在新零售行业中，我们强调人、货、场，从这三方面做很多的优化。在金融企业中，同样可以通过三个重要因素来进行优化：客户、产品、渠道，数据中台彻底打通了客户、产品、渠道的数据通道，三者相互融合、相互影响，促进金融企业运营不断优化，提升机构在市场中的核心竞争力。

第6章

中台之法三：金融企业技术中台建设

6.1　应用集成架构，提高企业应用的整合能力

　　应用集成架构，顾名思义其目标就是要将各应用整合起来，以一致的视图展现给使用者。从 B/S 到 SOA 再到云计算、大数据等技术，标志着 IT 建设已经进入到了深水区，金融企业动辄上百个应用系统，如果多个应用不能整合，则会直接影响用户的使用体验，也造成了应用间互联互通的困难。因此，技术中台建设中应用集成架构的优先级应该是最高的。如图 6-1-1 所示为集成类组件在架构中的示意图。

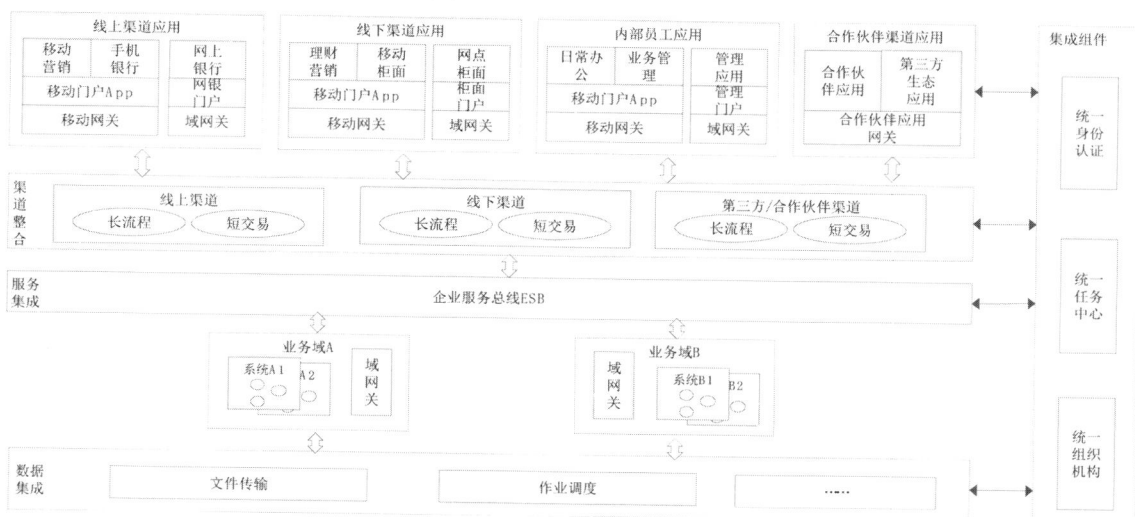

图 6-1-1　集成类组件在架构中的定位

　　总体来讲，所谓集成就是要做整合，从业务使用视角和实施运维的视角看，相关集成组

件一般有页面集成、流程集成、服务集成、数据集成和一些其他公共的集成所需组件，例如统一身份认证、统一应用门户框架、统一任务中心、统一组织机构用户、统一流程集成、服务集成、批量文件传输、作业调度等等。本章将对集成组件进行逐一说明，下面我们先从统一身份认证开始。

6.1.1　统一身份认证

应用安全性是 IT 应用系统建设必须考虑的问题。金融企业中系统数据的重要程度不言而喻，几乎所有应用系统都需要对这些数据的访问者身份进行认证。

1. 身份认证是指什么？

在这里的身份认证或身份验证（Authentication）就是对应用程序的"访问者"身份进行验证识别。访问者分两类，一类是需要"用户"登录的客户端；另外一类是"API 客户端"，即设备或者应用程序。下面我们对这两种身份认证场景进行简单说明：

- 基于用户登录的客户端（Login-based Client）：用户访问服务提供者的应用程序功能时，需要通过一个客户端交互界面来与服务提供者交互，用户需要先登录，然后由客户端代表用户身份去访问服务提供者应用程序。
- API 客户端（API Client）：客户端程序类型的访问者，这类客户端自身具备部分 API 的访问权限，不需要用户授予其访问权限或者是不具备用户交互的条件。常见的场景如下：
  - ➢ 场景 1：系统间服务调用。一个定时作业调度系统，在无人值守的情况下，由该系统定时触发调用其他应用系统的服务，此时服务提供者需要确认消费者的身份。
  - ➢ 场景 2：移动设备访问后端服务。一个没有 UI 交互界面的移动设备需要访问服务端获取数据时，后端服务需要确认其身份。

不论是用户还是 API 客户端，在访问应用之前，均需要先到认证服务所在系统进行注册，以创建其身份凭证（如：用户账号和密码、客户端 ID 和密码）。有了身份凭证，才能通过认证服务的验证。

2. 为什么身份认证需要统一？

假设现在我们是科技部门的负责人，需要建设和管理非常多的业务系统。这时我们就会发现，没有统一身份认证会带来一系列问题：

- 每个系统各自开发维护登录模块，重复造轮子，浪费成本。
- 用户账号和密码散落在各系统中，既不安全又不可控。
- 多点登录，业务人员处理不同系统业务时，频繁登录，效率低下。
- 系统之间服务集成困难，认证方式不统一，或是没有安全认证。

以上这些问题的场景相信大家也都经历过，所以不难得出结论：没有统一身份认证是不可接受的。统一身份认证是系统集成的前提条件。有了统一的身份认证服务会在认证安全性、服务集成效率方面有显著提升，上述的一系列问题将得到如下改善：

- 系统仅需与统一身份认证服务集成，使用统一认证服务提供的 SDK，仅需简单配置即可完成认证，效率高。
- 用户账号密码由统一身份认证服务统一管理，更安全。
- 有了统一认证，自然带来了单点登录能力。系统切换无须登录，为前端门户集成场景扫清了技术障碍，更方便省事。
- 系统之间服务调用认证方式得以统一，让服务集成更简单、更可靠。

3. 认证需要标准化流程

对于传统 Web 应用，用户登录访问采用会话状态在服务端保存的方案，用户请求通常采用会话粘滞（Sticky session）或会话复制（Replication session）策略，来保持客户端和服务端的会话。集群部署时为了会话共享而不得不将会话信息写入公共缓存或数据库，导致应用之间产生了耦合性。

现阶段多数应用架构向微服务架构方式转变，不再推荐采用服务端保存会话的方式，应用应该尽量保持无状态运行。因此我们推荐使用基于访问令牌的标准化认证流程，在这类认证流程中应用无须保存会话状态，并且对于访问者来说保存 SessionId 和访问令牌无区别。目前常见的认证流程规范有 OAuth2.0 和 CAS，二者均有现成的开源实现框架。

现在 Java 微服务架构体系中 Spring Cloud 架构占据主导地位，而 OAuth2.0 也是 Spring Cloud 官方推荐的认证流程组件，成熟可靠，因此在这里我们推荐 OAuth2.0 认证流程。

（1）OAuth2.0 认证流程角色解析

在 OAuth2.0 认证授权流程中，定义了四种参与者角色，说明如下：

- 资源所有者：能够许可对受保护资源的访问权限的实体。当资源所有者是个人时，它被称为最终用户。
- 资源服务器：托管受保护资源的服务器，能够接收和响应使用访问令牌对受保护资源的请求。
- 客户端：使用资源所有者的授权，代表资源所有者发起对受保护资源的请求的应用程序。术语"客户端"并不限定任何特定的应用程序实现方式（例如：应用程序是否是在服务器、台式机或其他设备上执行）。
- 授权服务器：在成功验证资源所有者身份并获得授权后，颁发访问令牌给客户端的服务器。

结合企业应用的特点，我们对这些角色进一步分析：

- 对于前面提到的 API 客户端，自身具备 API 访问权，不需要用户授权，因此在 OAuth 角色对应时，它可以理解为既是客户端又是资源所有者。
- 如果应用采用了前后端分离的模式，前端为基于浏览器访问的纯前端应用，网关作为后端应用程序的入口，此时网关可以作为 OAuth 中的客户端角色访问服务提供端应用的功能接口。
- 授权服务器：即本节描述的身份认证服务，通常在统一身份认证系统（IAM）中实现。
- 资源服务器：所有的业务系统中的服务功能提供者都是资源服务器，当然也包括身份认证应用中的账号信息。

（2）OAuth2.0 认证授权通用性分析

OAuth2.0 认证授权流程中还支持多种常见的身份验证场景，包括：授权码认证流程、简单授权流程、客户端凭证流程、用户名密码流程。下面我们对这几种流程适合的场景做简要说明：

①使用授权码认证流程，避免简单授权流程

OAuth2.0 协议中提出前端单页 Web 应用可以用简单授权模式，但简单许可模式有些局限性，令牌到期就需要重新登录授权，不支持令牌刷新。很多使用简单授权的应用为了改善用户体验会颁发一个长期的令牌，时间长达几天甚至几周，用户体验较差，不适合企业使用。

企业应用中，API Gateway 可作为服务端应用入口，使得 Web 应用也移动 App 一样，均有条件使用支持刷新令牌的授权码模式，在保持良好用户体验的同时还更加安全可靠。

②客户端凭证流程应用场景

典型的 API 客户端如批量调度系统、物联网设备程序等，通常不需要用户登录授权就可以自动运行。使用客户端凭证许可类型比较适合。

③用户名密码流程应用场景

高度信任的特权类客户端，可以使用用户名密码流程。在银行中最常见的应用场景就是 ATM 设备。

4. 认证服务的可变性分析：支持多因素认证方式

认证过程中，最常见的身份标识就是账号和密码。实际情况中不同渠道的用户登录方式不同，需要支持各种不同账号登录。企业内部系统常以员工账号、密码登录为主，比较统一；而对客类业务账号类型就五花八门了，如客户账号、手机号、邮箱、身份证号、银行卡号、法人机构号，等等。因此对于不同登录方式的支持，用户与账号的关系应为 1:N，即从概念模型上支持一个用户从不同渠道使用不同的账号登录。

随着 5G 时代的到来，物联网将会飞速发展，各种类型的客户端设备也不断涌现。就用户登录来说，支持多因素认证即 MFA（Multi-factor authentication）对应金融企业是必须项。当然在这方面金融企业也是先行者，由短信动态密码到 U 盾再到指纹支付、刷脸支付等各种认证方式层出不穷。

统一认证服务也需要支持多因素认证，尤其是对客业务，用户需要通过两种以上的认证方式后，才可以使用相关资源。多因素认证可以大大提高账号的安全性。各种认证方式简单说明如下：

（1）静态密码

静态密码即由用户输入用户名和密码，因为用户设定的密码不会随意改变，相对来说是静止不变的，所以称为静态密码。静态密码依据用户已知的信息来进入认证，是最普遍的身份认证方式。为保证安全性，对静态密码常有一些要求，大致如下：

- 密码长度要求，如：8 位以上。
- 复杂度要求，如：大写字母、小写字母、数字、特殊字符，至少 3 种以上的组合。

- 定期更换要求。如：最多 90 天要更换密码。
- 重用限制要求。如：修改密码时不能与近期使用过的 5 个密码相同。

（2）动态密码

动态密码英文简称 One-time Password，即单次有效。动态密码根据一定的算法生成的随机字符组合，如常见的 6 位数字动态口令。主流的动态密码有短信密码、硬件令牌（U 盾）、手机令牌，是基于用户所拥有的东西（手机、U 盾等）来进行认证的。动态密码是一种安全便捷的认证方式，用户无须定期修改密码，安全省心。

（3）生物识别

生物识别是基于用户固有的生物特征验证身份，如：指纹识别、面部识别、虹膜识别等。越来越多的设备支持各种生物识别方式，验证方便、安全性高。对于统一认证服务应用而言，需要做到的就是以标准的授权流程为基准，管理好身份识别服务的可变性，在保障服务的前提下，能够支持和扩展更多的认证方式，增强用户体验与安全性。

6.1.2　统一组织机构用户数据

1. 组织机构用户数据使用需要有统一的标准和规范

组织机构用户数据是企业运营的基础数据，IT 系统中的业务运行离不开组织机构数据。金融企业的 IT 建设规模大，动辄数以百计的业务系统，如果组织机构数据放任由业务系统各自管理维护，会造成数据标准不统一，系统集成统计等工作无法进行，大量数据的映射转换工作将让人望而却步，久而久之就出现了一个个孤岛应用。面对这些问题，解决方案是显而易见的，首当其冲是需要进行统一的、标准化的组织机构用户数据管理。

对于组织数据标准化，首先需要定义组织机构、岗位、角色、用户等组织机构实体的唯一编码和名称，编码格式要有章可循，并制定好编码规范和管理规则，进而可以精确到数据库字段的名称、类型和长度一致，实现数据标准统一。各系统中数据引用和关联组织机构数据时，均需要使用统一组织机构服务中定义的编码，不可擅自修改组织数据，以确保系统集成、数据关联统计时的数据准确性和高效性。除了编码和数据标准外，组织机构数据标准中还需要将组织上下级、组织角色用户等等组织数据之间的关系进行统一管理，以确保业务得以正确分工和执行。

2. 统一组织机构系统为什么推广困难？

然而不少企业又遇到了新的问题，那就是有了统一组织机构数据的目标，落地起来还是困难重重。建设了组织机构、用户管理系统，推广起来却遇到各种阻力，究其原因基本为如下几种：

- 企业规模较大，各子公司的组织架构各不相同，组织机构管理系统无法同时管理多套组织机构，不同子公司组织数据的差异性兼容困难。
- 由于业务系统的业务各有特点，组织机构数据不能完全支撑其业务运行，而组织机构管理系统对于某些业务系统的数据变更持谨慎态度，为了尽量避免影响其他业务，变更测试周期会很长，因此很多系统因为工期原因就妥协为系统内部管理组织数据。

- 部分外购业务系统，其自身包含了组织机构模块，且不具备与组织机构管理系统集成的能力，改动困难，只能继续妥协。
- 还有部分系统重度依赖组织数据，性能要求高，而从组织管理系统中获取数据的延时性无法接受，因此选择系统内自建组织数据。

上述的几个组织机构管理系统推广时遇到的难题，首要原因就是组织机构系统自身的柔性不足，不能支撑某些差异化场景，变更、集成方面的能力较弱而导致的。如果组织机构管理系统的柔性足够好，即使是存在问题，也可以配合些许管理手段迎刃而解。至此我们又有了更加完善的方案：想要统一的组织机构用户，除了标准化的组织数据之外，更需要组织数据系统能够更灵活、易集成，具备足够的柔性。

3. 组织机构服务的可变性分析

有了标准化的组织机构数据，但并不意味着一成不变。随着企业发展壮大、业务运营的变化，组织机构也会进行调整以适应新的企业运营模式。结合大型金融企业的一些特点，组织机构数据要具备柔性（可变性）的特点。常见的组织机构的柔性如下：

- 兼容组织机构数据的多样性，如：支持"多法人"模式。
- 在主体框架范围内，支持不同业务维度下组织数据的可变性，如："多维度"模式。
- 组织机构数据集成方式的多样性，如：支持远程接口调用、数据同步共享等集成方式。

组织机构维度如图 6-1-2 所示。对于组织机构管理的系统和服务建设，需要对上述的可变性进行规划和支撑。分别说明如下。

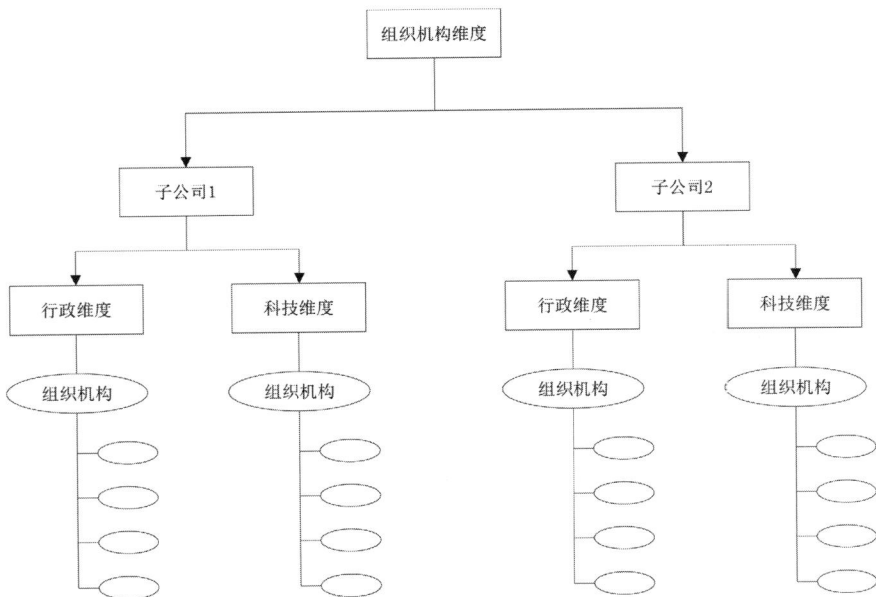

图 6-1-2 组织机构维度

（1）多法人模式

对于一些大型集团型企业，集团之下通常会有多个子公司，这种场景就是我们所说的多法人模式。一般情况下，不同的子公司有不同的组织架构。在这种多法人的集团子公司企业，如果需要有公共的科技部门进行整体 IT 建设时，就组织机构管理的系统或服务来说，需要提供多法人模式支持。实现方式可以参考 SaaS 中的多租户模式，一个子公司对应一个租户，不同子公司的组织机构用户数据各自隔离，由各自的管理员负责维护。

这种模式下，对于组织机构数据的结构差异化兼容需要着重设计考虑，抽取多个子公司组织的共性进行建模，保留组织机构、角色、用户等模型的扩展属性。除了兼容了数据差异，还需要考虑对于不同子公司的数据、应用、权限进行合理分配。实在无法统一差异的情况也是存在的，这种情况可以考虑单独建设多套 IAM 系统。具体请根据企业的实际情况选择方案落地。

（2）多维度模式

多维度组织是不同业务视角下结合组织机构进行业务运营的解决方案。大多数企业的组织机构在软件实现上只有单一的维度，就是行政组织维度，所有的业务比如行政审批、财务核算、科技管理等等均依托行政组织来进行分工管理和执行。久而久之，为了满足业务需要，行政组织变得复杂无比，各种部门、组织、岗位、角色层出不穷，有的企业组织架构中甚至有几千个角色，这么高复杂度的组织机构关系，导致业务人员、IT 人员均痛苦不堪……

实际上大家会发现不同企业由于业务特点不同，组织架构各有不同，比如：直线职能型、事业部型、矩阵型等等。这就意味着，组织架构并不是确定不变的，面对不同的业务，可能换个角度去使用组织架构可能会变得更加清晰和高效。比如说，行政组织维度确实是企业最基本的静态组织管理维度，日常办公审批，机构上下级、负责人上下级审批都是非常合适的。如果我们从科技管理部分业务的角度去看，通常更关注动态的项目组和项目是哪些部门、人员负责，项目内部有哪些角色和人员，而不关心财务部门的会计岗位上有哪几个人、有些什么角色等。假如我们将组织机构中动态的项目组和关系从科技管理的视角进行重新抽取调整，一定会更加适合其相应的业务处理。

总结多维度模式的核心思想就是：在保障组织机构骨干框架一致性基础上，针对不同的业务维度，对某些骨干组织节点下的组织数据的新增、隐藏或扩展，其变化仅对一个业务维度有效，影响范围可控。这种支持灵活变化的模式，可以让组织机构数据与业务结合得恰到好处，让系统建设和业务处理变得更高效。

4. 提供高效的组织数据实施方案

在建设统一的组织机构管理系统时，如果对于数据集成的方案考虑不周，那么推广必然会有阻力。针对不同业务系统的特点，组织机构管理系统需要提供多种集成的手段来支撑，关键点说明如下：

- 远程接口调用：对于一般类型的业务系统，获取组织机构数据时，建议采用远程 API 接口集成的方式。这种集成方式，对于组织机构管理系统自身需要对性能、可靠性有较高要求。只应开放查询类的服务给数据使用方，对数据缓存是必须选项。大型金融企业还要考虑针对不同的业务域规划部署对应的组织机构供数服务。远程 API 协议建议采用语言无关的轻量级协议，如基于 HTTP 的 RESTful 风格 API。这种集成方式的好处是较简单、易推广，缺点是需要评估远程调用的性能损耗是否满足系统要求。

- 数据同步共享：对于业务并发量大、性能要求高的系统，建议采用数据同步共享的方案。针对这类系统，单独部署数据库服务，利用数据库的读写分离、实时同步等技术实现数据同步变更，仅为组织机构数据使用方业务系统提供组织机构数据的读权限。
- 提供本地化集成开发工具包（SDK），提升集成效率：不论选择远程接口调用还是数据同步共享方式，都可以考虑提供标准的本地化 SDK，给数据使用方系统调用。可以为不同类型程序的客户端分别提供 SDK，本地化 SDK 类库还可以屏蔽集成方式的差异，可以通过配置变更的方式切换集成方式。

6.1.3　统一应用门户

1. 为什么需要门户？

随着企业信息化的发展，随之而来的是企业应用系统的不断增多，企业信息以各种不同的格式存在于不同的数据库中，分布在企业不同的地点，甚至连企业的员工都不知道它的存在，或者不能够获取到对其工作有帮助的信息，实际上已在企业形成了各种各样的信息孤岛。不同阶段、不同厂商建设的各式各样的业务系统，风格迥异，体验不一，系统间相对封闭，相关性考虑较少，虽然含有丰富的信息资源，但却难以实现信息共享和集成应用。这些业务系统甚至包含大量的重复建设，造成资源浪费。这些"孤立"的系统已然不能满足企业管理者对企业协同、资源优化、扁平化管理以及快速决策等的管理要求，让企业的 IT 数字化转型面临重重挑战：

- 如何快速实现多应用集成，为员工提供统一入口和任务的全景视图？
- 如何满足员工的个性化需求，提高员工的业务关注度和工作效率？
- 如何为客户量身定做，快速打造个性化服务？
- 如何提高企业的随需应变能力，实现跨系统信息整合、流程重组、新信息和新业务快速重组发布？

"门户"的英文是 Portal，早在 2003~2005 年已成为企业信息化建设的一个重要组成部分，现在更是企业必上的系统之一。企业门户是企业现有应用与新应用的集成节点，使用户能够与人员、内容、应用和流程进行个性化的、安全的、单点式的互动交流。它也是一个集成的、可配置的、个性化定制的工作环境，可以随时随地提供给员工、客户和合作伙伴使用，是企业实现高效管理的重要工具和手段。

2. 门户有哪几类？

一般企业会根据服务对象类型划分不同的门户，比如面向客户的应用门户、面向内部管理的业务协同门户。金融企业规模大，业务复杂度高，比如银行会根据服务对象的不同，为客户、柜面和内部员工分别建设了对应的门户：线上客户门户、线下客户门户、内部员工门户，以支撑金融企业运营和管理。

- 线上客户门户：即网银、信用卡类门户应用。门户使用者为客户（个人或企业）。客户登录到线上门户时，可以进行金融业务办理，如转账、信用卡业务办理、理财产品购买等。
- 线下客户门户：即柜面门户、移动柜面等门户应用。此类门户的使用者为柜员或客户经理。登录到柜面门户后由柜员或客户经理为客户办理相关业务。
- 内部员工门户：即管理类业务应用的门户。使用者为银行内部的行政、财务、科技等员工。员工基于此管理门户可以进行日常办公、流程审批等管理类业务处理。

通常以上三类门户会根据不同使用终端提供多种技术形式的门户应用，比如：PC 端门户、移动端门户、微信门户等。不论是对客或是对内或是面向不同终端技术类型的门户，通常都具备如下特点：统一应用入口、统一信息出口、统一流程协作。分别说明如下：

（1）统一应用入口

没有统一门户入口的情况下，业务人员在处理业务的过程中，需要在不同的业务系统之间切换，这样的切换在一定的程度上不仅浪费业务人员的时间，也使得其不能将全部的精力专注于业务。为了规避这种杂乱的系统建设模式和不合理的工作方式，企业需要在 Web 端和移动端都建设统一的门户入口，作为业务处理、日常办公的集中入口。有了集中的业务门户，就能够很好地对企业应用进行一定规范性约束和统一管理，也能够带来业务人员日常办公的效率提升。

①与授权服务器集成，支持 SSO 单点登录

门户作为应用集成的入口，首先需要支持与 SSO 单点登录授权服务器集成，然后才能够做到不同应用嵌入后的一次登录跨系统访问。基于微服务架构体系的门户，通常采用前后端分离的模式，前端是门户 Web UI 应用和门户 App，后端则是支持门户业务的几个重要的服务：应用商店（AppStore）、内容管理平台、集中任务中心。门户前端 UI 或 App 通过 API Gateway 交互，因此门户依托 API Gateway 的能力，具备了 SSO 单点登录认证的能力。具体的单点登录认证介绍请参考 6.1.1 小节有关统一身份认证的内容。

②建设应用商店，支持规范化的应用管理

统一的门户入口，首先要考虑对应用的标准化、规范化管理。通过应用商店能够解决应用集成的规范化，使应用能够有效复用，避免重复造轮子。所有的应用如果需要集成到门户，都需要到应用商店中注册和发布。应用商店通常应具备如下能力：

- 应用商店应该要支持不同架构、不同渠道的应用发布和推送：支持 PC 端、移动端各类应用的发布和推送。不管对内还是对客的门户应用，发布应用进行审批都是必要的，尤其是对客应用，更要规范和严格。
- 应用商店应该负责应用使用授权：应用权限需严格控制，对内业务应用需要避免越权使用，对客需要分级授权。针对内部业务门户，常见的方式是根据企业组织机构角色对应用进行使用授权。针对外部客户，常见场景为会为不同级别的客户针对性地推荐服务类应用、理财类应用等。

- 支持第三方应用集成和发布：第三方应用集成是对客门户的信用卡业务中的常见需求，如：招商银行的掌上生活 App，依托个人信用卡业务，集成各类消费应用，为用户提供便利生活金融服务。

（2）统一信息出口

通过统一的门户，企业内外所需的各类信息可以进行统一发布、统一呈现。作为信息的统一出口，门户也是一个面向企业的内容管理、信息发布和集成展现平台。

①建设内容管理服务，支撑企业信息、知识的通用管理发布

通过内容管理平台的统一建站能力构建支持多组织、多维度的门户。根据业务需求，建立多级子门户、专栏。根据内容管理平台丰富的信息栏目和外部系统接口的组件化服务，任意定制门户平台展现的内容。通过灵活的自定义能力，实现以用户为中心的业务场景化诉求。

- 自定义建站，让业务功能场景化：门户入口是统一的，业务却是多变的，在统一入口的基础上还能考虑柔性，兼顾业务特色，做到千人千面，按需定制。这种个性化定制的可变性，通常有如下方式实现：
  - ➤ 支持团队或个人仪表板（Dashboard）配置，根据个人或团队业务需要，创建自定义仪表板，集成各类应用功能。
  - ➤ 允许添加常用应用、流程到快捷入口区，使日常办公更快捷。
  - ➤ 支持应用订阅和菜单装配，自定义门户菜单项，实现极致的个性化。
- 非结构化数据管理：企业中的数据有结构化数据和非结构化数据之分，其中"内容管理平台"主要管理的是"非结构化数据"。企业内容管理是在企业中用于获取、管理、存储、保留以及运用内容的技术、工具以及方法。最基本的 ECM 工具和策略允许组织对非结构化数据进行管理，例如各类电子文档、业务凭证扫描件、网页、CAD 图纸、照片和音视频文件等。非结构化数据在企业所有数据中所占的比重非常大，并且它们所起的业务价值也非常大，因此内容管理平台的重要性不言而喻。

②"内容管理系统"与"业务应用系统"的连接与集成

"内容管理系统"与"业务应用系统"的连接与集成，至少需要考虑三个层面：内容支撑、内容沉淀以及跨业务系统的内容利用。

- 内容支撑：即"业务应用系统"需要非结构化数据时，能够便捷地从"内容管理平台"获取的支撑能力。
- 内容沉淀：即能够高效、有序地确保业务应用系统里的非结构化数据录入到"内容管理平台"。
- 跨业务系统的内容利用：即跨系统的内容数据集成、转换和利用。例如，公司 HR 同事以 Word 文档形式写了一份规章制度上传至"内容管理平台"，公司员工在办公门户网站上应该看到这份规章，而且最好是网页格式的，下载下来最好是 PDF 格式的，甚至还要打上公司水印。

（3）统一流程与协作

有了统一的应用门户入口以及门户中的各种应用，对于统一的流程处理和协作，门户也

能提供很好的支撑。流程、任务处理是日常办公中最常见的场景，这部分功能从体验上讲，应该是门户首页中的一个重要的模块。通过流程任务处理，员工能够进行一站式的任务处理。不必切换应用和菜单。由于门户本身并不产生业务数据，那么流程和任务数据需要后端的从"统一任务中心"服务获取和展现，统一任务中心是业务门户能够支持一站式工作的基础。绝大多数企业会将"统一任务中心"作为一个独立的系统建设，相关内容请参考 6.1.3 小节统一任务中心的相关内容。

协作是内部管理门户的一个重要组成模块，通常建设方式是门户与企业的 IM 通信应用进行集成。让员工可以方便地在门户中与企业内部相关人员沟通，安全可靠，避免了采用其他三方应用交流造成涉密信息外泄。对于流程任务处理和协作沟通相关内容，在 Web 门户或移动门户的不同渠道之间应该是可互联互通的，以保障沟通的连贯性和易用性。

6.1.4　统一任务中心

有了统一的门户，让企业员工能够统一业务处理的入口进行业务处理。但是流程任务处理相关的数据如果来自不同的业务系统，业务人员还是需要在流程门户中切换应用或菜单，处理任务。实际上不同系统的任务处理模式均是大同小异的，无非就是先查询待办任务列表，之后点击任务进行处理，如此等。这种共性的日常工作处理，正是企业日常办公效率提升的关键优化点。因此，统一任务中心也是企业系统集成、门户建设的一个重要的集成类组件。由于门户本身并不产生流程任务数据，而统一任务中心作为门户任务数据的来源，是门户能够支持一站式流程任务协作的基础。

任务中心简单来讲就是整个企业业务人员的待办任务数据池。任务中心可以接收来自流程平台或其他应用系统推送过来的任务、通知、流程等任务数据。业务人员访问业务门户的任务中心应用后，对自己当前的任务可以一目了然，这样既避免了业务人员处理不同业务的时候在不同的业务系统之间的菜单切换，也方便了业务人员对不同业务系统数据之间的比对和分析，使得业务人员将更多的精力专注于业务，进而提升工作效率，节约业务成本。

建设统一的集中式任务中心，需要从任务数据的生命周期角度全面考虑，即：任务收集、任务查询、任务结束等几个阶段对任务数据和状态的管理，同时还需要对于任务中心的集中管理、权限进行考量。

1. 建立标准化数据模型，集成企业任务数据

（1）标准化的任务数据模型

统一任务中心中，通常负责为门户提供日常办公中的流程、任务协作类数据。包含流程实例、任务实例、系统通知三类数据。这三类数据的关键属性说明如下：

- 流程实例：在门户中，通常会查询本人已发起的审批中的流程或审批结束的流程列表数据，并对流程实例审批过程进行查看，因此流程实例数据的核心属性就包含：编码、流程标题、发起人、状态、所属应用、所属机构、流程信息查看链接地址等信息。
- 任务实例：在门户中，通常会查询本人的待办、已办任务列表，并对待办任务进行处理，因此任务处理的核心属性应该包含：任务编码、流程标题、任务名称、流程编码、任务处理人、状态、所属应用、任务处理链接地址等信息。

- 系统通知：在门户中，通常会查询发送给本人的通知信息列表，并对通知信息进行查看，因此系统通知数据应该包含的核心属性为：通知编码、通知标题、阅读状态、发送方、所属应用、通知相关查看链接等信息。

有了标准化的数据模型后，还需要考虑相关模型的一些扩展属性：如流程、任务、通知的超时状态，任务的催办、批注和评论等能力，为日后的扩展场景打好基础。

（2）被动接收推送数据还是主动收集数据？

获取任务数据的有两种方式，一是被动接收外部系统推送的数据，二是主动到外部收集数据。两个方案的优缺点说明如下：

方案一：被动接收外部收集的数据（推荐）

- 优点：
  - 提供统一的 API 和 SDK 供外部系统调用远程服务推送任务。任务中心团队的工作量低。
  - 高可用模式下，可以采用消息队列集成的模式。集成可靠性高，对于业务方性能损耗低。
- 缺点：
  - 业务系统端需要开发程序，调用任务中心的 API。具备标准 SDK 的情况下，开发成本低。
  - 任务中心可能需要维护消息队列服务器（如果没有公共服务可用的话）。

方案二：主动到外部系统中收集数据（不推荐）

- 优点：
  - 业务系统无须开发调用 API 的代码。
- 缺点：
  - 需要采用轮循采集的方式。可能要在业务系统端安装 Agent 查询数据，或需要业务系统提供查询接口。会影响性能。
  - 任务中心需要负责各式系统的数据采集，数据标准各异，沟通成本高，整体开发成本高。

上述两种方案对比来看，方案二的缺点明显，最多能省却了一些集成 SDK 的工作量，很可能由于轮循抓取数据的方式影响性能。而方案一则从可靠性到集成方式的便捷性均有较好表现。我们强烈推荐方案一。

2. 任务数据生命周期管控与性能可靠性

统一任务中心定位为全企业的待办任务池，其数据量可想而知是海量的。为了保证查询效率，对于未结束的任务、流程和通知数据可以考虑做缓存，而已经结束的数据放缓存就不那么经济了。实质上不论是否有缓存，对于流程、任务、通知数据的管理，都应该根据其生命周期进行合理的规划。总体思路如下：

- 运行中、已结束的数据分表存储。
- 已结束的数据按时间分区，久远的数据可以考虑归档到离线存储设备。

- 对运行中的数据进行定时超期检查，已过期的数据迁移到超期表存储。
- 为超期的数据提供专用接口查询。定期与业务系统对数，清理超期数据。避免客户端系统方由于推送失败导致任务中心中的数据长期滞留。

其他性能优化点：

- 待办任务、运行流程、待阅通知全量存储到分布式缓存，以提升查询效率。状态变化时，必须及时清理。
- 已办任务、办结流程、已阅通知近期少量数据存储到缓存，设置过期时间（不需排序时方案可用）。
- 待办中心服务分布式部署，数据库读写分离，数据收集服务负责写入，列表查询服务只读。
- 需求简化控制，如：已办列表排序与缓存的取舍。

除了提供标准接口给门户查询的模式之外，任务中心还可以提供标准化的查询组件页面供门户集成（见图 6-1-3）。如果选择页面集成方案，则需考虑实施 PC 端、移动端的流程、任务列表组件。

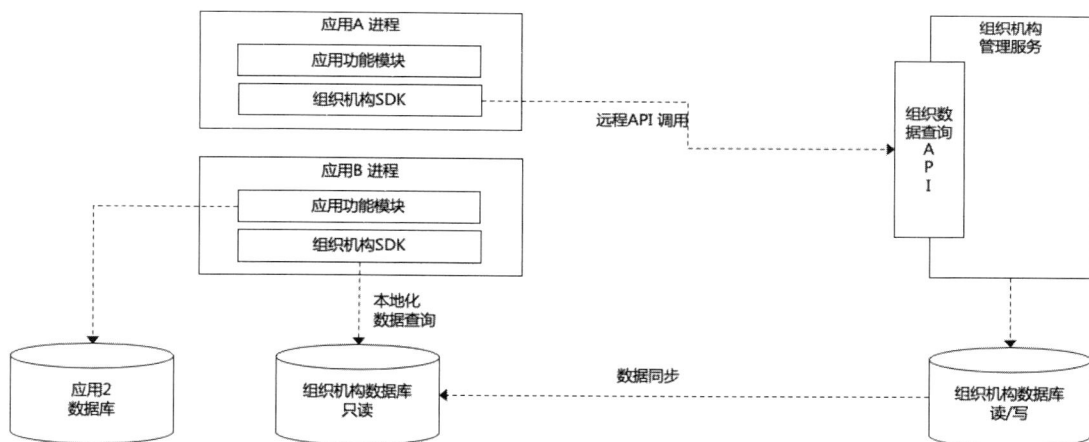

图 6-1-3　任务中心查询组件

通过上述两种集成方式再结合本地化的集成开发工具包，使得与组织机构管理系统或服务集成变得简单、高效和可靠，也更容易面向企业全面推广。

6.1.5　服务集成平台

1. ESB 和网关之争

在互联网技术的引领下，微服务架构得以流行，对于服务集成相关工作，首当其冲就是由网关（API Gateway）负责。乍一看貌似没 ESB 什么事，实则不然，金融企业 IT 建设起步早、规模大，数以百计的业务系统在运行，而且金融企业 IT 架构本身就是分布式的架构，也完全没有必要全部使用微服务相关技术栈全面改造，因此提全面微服务化那就是纸上谈兵。我们必须承认 ESB 在金融企业应用系统间的服务枢纽地位牢不可破，仍将持续发挥着重要的作用。ESB 接过了原来 EAI 的枪，把系统间通过 EAI Hub 和 Agent 数据集成的方式，转向了面向服务的标准化集成方式。金融企业内部的核心系统、管理系统、渠道类系统之间仍存在这两种技术和协议的差异，正是因为在 SOA 时代实施了 ESB，系统间服务集成才得以统一成基于 HTTP+XML 协议的 Web Service 标准，变得标准化、规范化和可治理。

我们通过这段从数据到服务集成的历史，更能够认识到企业和用户多年来不断变化和发展的需求。在已有业务系统之间打通服务仍是 ESB 的核心任务。面对新一代数字化转型中的业务的需求，需要能够围绕一个简单、灵活的标准协议对所有新应用进行连接，相对而言 Web Service 协议略显沉重，ESB 由于其集中式枢纽的地位，快速响应变更对于它来说也不是很合适。轻量、快速响应变化且可配置的敏捷集成执行能力对于数字化企业至关重要。互联网类的业务率先开始采用微服务的技术栈建设，那么这就是 API Gateway 网关的用武之地了，网关需要精心设计为数字业务转型加速，需要让应用集成更简单。网关使用了更轻量级的 HTTP 协议和 RESTful 风格的 API，可以更方便地打通移动端、物联网设备、云服务，等等多渠道的应用。

因此我们的结论是，在数字化转型时代，在金融企业中 ESB 与 API Gateway 是共存的，都是 IT 系统之间的服务集成平台。ESB 作为系统之间的服务集成的枢纽，网关则在微服务架构体系的业务领域内部进行系统之间集成通信。不论是 ESB 还是网关，作为服务集成平台的建设来说，重点应该关注的内容包含：身份验证、权限管控、服务路由能力增强等方面。复杂的服务组装、数据、协议转换工作通常需要编码开发，灵活度低，容易产生故障，不建议在服务集成平台中实施，这类工作建议交给负责交易流应用实施的平台负责。下面我们首先从身份验证说起。

2. 服务集成平台应该负责身份验证

服务集成平台作为业务系统的 API 入口，当其面向外网的访问者时，服务集成平台还是内外网的分界，访问令牌验证理应由服务集成平台负责，不应该将令牌验证的事情交给服务提供者，这样既能避免未经验证的请求进入内网，又能够简化服务提供端的代码，服务提供端无需处理不同类型客户端的验证。

（1）身份验证方案分析

服务集成平台验证访问令牌有两种方案：服务集成平台委托认证授权服务验证以及服务集成平台直接验证，说明如下：

（1）方案一：服务集成平台委托认证授权服务验证。每次收到请求后，服务集成平台均将访问令牌发送到认证授权服务进行认证，认证通过后才允许继续访问。

图 6-1-4 为网关作为服务集成平台时，委托 IAM 进行身份令牌校验的示意图。说明如下：

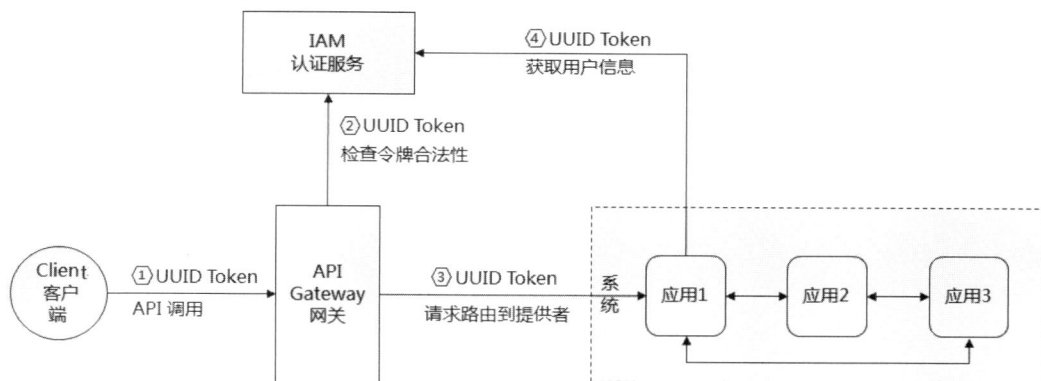

图 6-1-4　IAM 身份令牌校验

- 客户端成功认证后，使用 UUID 类型的访问令牌调用服务集成平台上的服务。
- 由于 UUID 类型令牌不包含客户端的信息，服务集成平台需要委托认证服务校验令牌。
- 令牌检查合法后，将请求路由到服务提供者。
- 应用中也无法解析令牌，需要根据 UUID 令牌到认证服务中获取用户信息。

（2）方案二（推荐）：服务集成平台直接验证身份。要求服务集成平台能识别认证服务颁发的令牌，这种模式推荐使用 JWT 令牌，服务集成平台需要具备解析校验 JWT 加密的访问令牌的能力。

图 6-1-5 为网关作为服务集成平台时，自身负责令牌校验的示意图。说明如下：

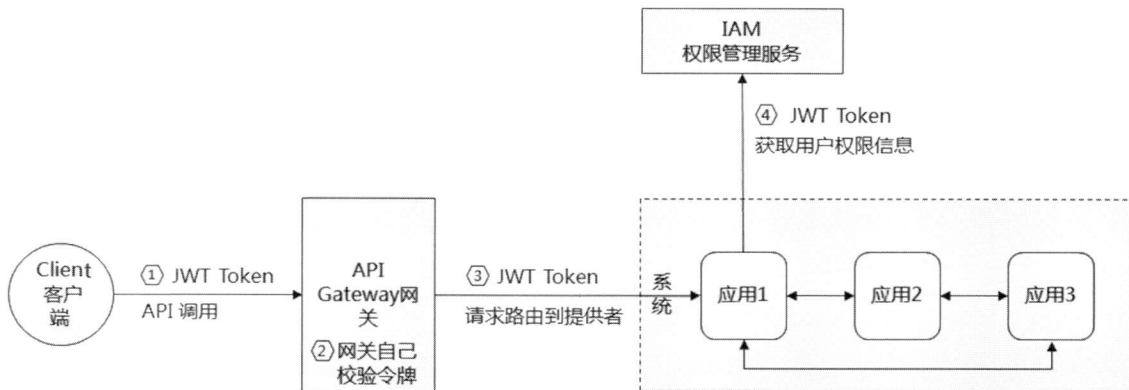

图 6-1-5　JWT 令牌校验

- 客户端成功认证后，使用 JWT 令牌调用服务集成平台上的服务。
- 服务集成平台自己直接解密 JWT 令牌进行校验。
- 令牌检查合法后，将请求路由到服务提供者。
- 应用收到请求后，如果需要更多权限信息，可以根据 Token 去权限管理服务获取权限信息（非必须步骤，需要时添加）。

上述两个方案中，方案一的令牌是无业务含义的身份标识字符串，每次收到请求服务，集成平台都去认证服务器认证，对认证服务的性能压力较大。方案二中 IAM 颁发的令牌中包含部分客户端或用户信息，使用 JWT 加密，认证服务将验证方式或 SDK 提供给了负责认证的服务集成平台。对于认证服务器来说，减少了每次请求令牌认证带来的通信次数，负担变轻了。

推荐采用方案二实现令牌检查，需要注意的是方案二中的 JWT 令牌中仅包含必要的信息即可，不要放太多的角色权限信息。后续功能中需要额外的信息时，可以根据令牌再去认证服务中获取。如果令牌中存放了很多的权限数据，一旦后台的授权数据发生变化，令牌中的权限数据与实际认证服务的权限会存在不一致的问题，只能强制用户下线重新登录。

JWT 令牌是防篡改的，但并不加密，如需要存储到浏览器存储中，建议采用 JWT+JWE 方式进行令牌加密。令牌中存放必要少量数据即可，以避免滥用。多数服务器通常会对 HTTP header、cookie 长度做限制。

（2）系统内部应用之间服务建议直通，无须经过服务集成平台

服务集成平台应该由独立团队负责运维管理，否则对于单个系统来说，多维护一组服务集成平台的程序过于烦琐。API 变更发布、内部联调验证还得跨团队协调，实在不可行。推荐系统内直通不经过服务集成平台，而跨系统访问必须走服务集成平台。要做到这一点，应用也需要识别请求来源，进行客户端认证，这种认证方案没必要太复杂，应用只应该允许信任的服务集成平台和系统内部应用程序访问其服务，不允许系统外部请求绕过服务集成平台直接调用。因此，需要在服务集成平台和系统内部应用之间这个小范围内建立信任，常见方案有两种：

- 方案一：系统保密令牌。系统内的应用在发布接口到业务集成平台时，提供一个系统内部共享的令牌给服务集成平台和系统内所有应用，接收到请求时，检查请求头中是否包含当前系统的专属令牌，如果包含当前系统专属令牌，那么就允许访问，否则就拒绝。
- 方案二：系统内保密令牌+业务集成平台令牌单独认证。系统内用保密令牌交互就是方案一，方案二的重点是内部令牌不共享给服务集成平台，避免跨团队的令牌泄密。服务集成平台与系统应用之间是采用网关专用令牌进行身份验证的。如：用公私钥证书签名方式与域内系统建立信任，由服务集成平台生成公私钥证书，颁发公钥给各个系统，服务集成平台调用服务提供者时，请求头中带上用私钥签名的"服务集成平台专属令牌"，应用收到请求以后，用服务集成平台提供的公钥验证其令牌。

方案一优点是实现简单，缺点是安全级别略低。常见的企业架构中，服务集成平台和业务系统会是不同团队甚至不同的厂商负责开发维护，内部令牌共享给了其他团队负责的服务集成平台，存在一定的风险。方案二相比方案一略复杂一点，安全性更高，系统内互通用系统专属保密令牌，系统和服务集成平台认证使用了独立的安全令牌检查。两种方案可根据实际需求选择。

3. 服务集成平台应该对 API 进行权限管控

有关 API 的权限管控，我们先来看三个问题：

- 通过认证的 API 客户端能够访问服务集成平台开放的所有 API 吗？
- 通过认证的用户能够调用所有 API 吗？
- 通过认证的用户允许调用修改订单的接口，那么他能修改所有人的订单吗？

很显然在绝大多数场景中上述三个问题答案都是"不能"。在绝大多数业务场景中除了对访问者的身份认证之外，我们还需要再进一步控制权限。

（1）API Key 与身份认证结合管控

如果访问者是 API 客户端时，API 调用的权限需由服务集成平台进行控制。建议采用"消费者先订阅一组 API，订阅成功后才允许访问"的授权模式，服务集成平台应该仅允许 API 客户端访问其订阅过的 API 。具体实现方法就是绝大多数服务集成平台都会提供的、基于 API Key 控制 API 访问的方式。需要注意的是，仅使用 API key 的访问控制是不够的。API Key 是在服务集成平台订阅 API 时生成的一串唯一编号，并不具备识别客户端身份的能力。就好比以前买火车票是不实名的，谁拿到火车票，都可以乘坐对应的车次。火车票实名制之后，首先需要核验身份证，核验通过后才能购票乘车。如果证票不符，则不允许乘车。

将客户端认证和 API Key 配合进行访问认证和权限校验才是个更安全的方案。图 6-1-6 为网关作为服务集成平台时，访问令牌结合 API Key 的认证鉴权示意图。说明如下：

图 6-1-6　API key 认证鉴权

- 客户端 1 获取了 API Key 但其没有合法的访问令牌，如果不允许匿名访问，则网关会拒绝客户端 1 访问，返回错误码 401，表示客户端未通过用户认证。
- 客户端 2 拥有了合法的访问令牌，但其持有的 API Key 未订阅目标 API，网关在客户端 2 认证检查通过后，检查 API Key，发现其权限不足，则返回错误码 403，表示客户端的权限不足。
- 客户端 3 拥有合法的客户端访问令牌和 API Key 访问网关上的服务，网关认证、鉴权通过之后，将请求路由到实际的服务提供端，最终发回正常响应数据。

（2）用户权限服务集成平台管不管？

用户访问的功能权限或数据权限不建议交给服务集成平台管控，原因是服务集成平台仅能支持基于 API Path 授权，而实际需要控制的用户权限有很多，如菜单、功能、数据等。如果由服务集成平台控制用户权限，管少了不满足需求，管多了就要耦合太多应用数据。跨团队直接沟通协调、问题定位等分工责任也难以界定。

因此推荐用户权限由业务应用自行管控。每个业务系统内部如果需要控制用户权限，可以将系统内部的权限在统一权限管理服务中配置。应用从权限中心获取数据进行用户权限控制。如没有权限中心，也可以由应用自身维护权限数据。对于权限管理是业务系统自治还是集中管控，一般根据企业自身的需求特点决定即可。

4. 服务集成平台应提供灵活的路由与服务控制能力

（1）服务集成平台能够融入微服务生态中

建设服务集成平台要考虑的就是能够融入微服务生态中。与微服务基础服务中的注册中心、配置中心、监控中心、日志中心等基础组件集成，能够大大加强服务集成平台的服务治理、路由、运维等能力。

- 服务集成平台与注册中心集成：服务集成平台能够通过注册中心获取应用的实例信息，比如：应用 A 有几个集群组？每个集群组中有哪些实例进程。让服务集成平台的路由、负载等等相关能力更加强大。
- 服务集成平台与配置中心集成：服务集成平台能够通过配置中心在线动态修改配置，自动同步到服务集成平台，结合配置热更新能力，服务集成平台就可以做到不停机修改和调整相关的控制策略，更加灵活快速地响应变更。
- 服务集成平台与监控中心、日志中心集成：服务集成平台本身也是分布式部署的，可能不同渠道、不同业务域、甚至不同类型的客户端都会部署服务集成平台，集成了监控中心、日志中心后，分布式部署的服务集成平台也可以做到统一的监控和服务跟踪，在享受分布式架构好处的同时，还能有聚合监控的体验。

（2）服务集成平台要支持应用分组路由（版本控制、灰度发布）

基于可靠性、性能方面考虑，通常一个服务提供者应用会以集群形式对外提供服务。随着快速响应业务变化的需求越来越多，应用通常会进行多版本并行迭代，以便快速交付。比如说，某个应用在生产系统同时运行了两个集群，也就是说同样一个 AppId 对应的多个进程实例，实际上在注册中心中划分为两个组，一组为之前上线运行的稳定版，另一组为新上线的版本。这种场景下，就要求服务集成平台能够支持对同一个 AppId 进行分组路由，不同组的应用 API 对应的版本不同。这个场景就是我们常说的通过服务集成平台进行 API 的版本控制，服务集成平台支持了应用分组路由的能力，也就意味着支持了应用灰度发布。注册中心应用分组路由示意如图 6-1-7 所示。

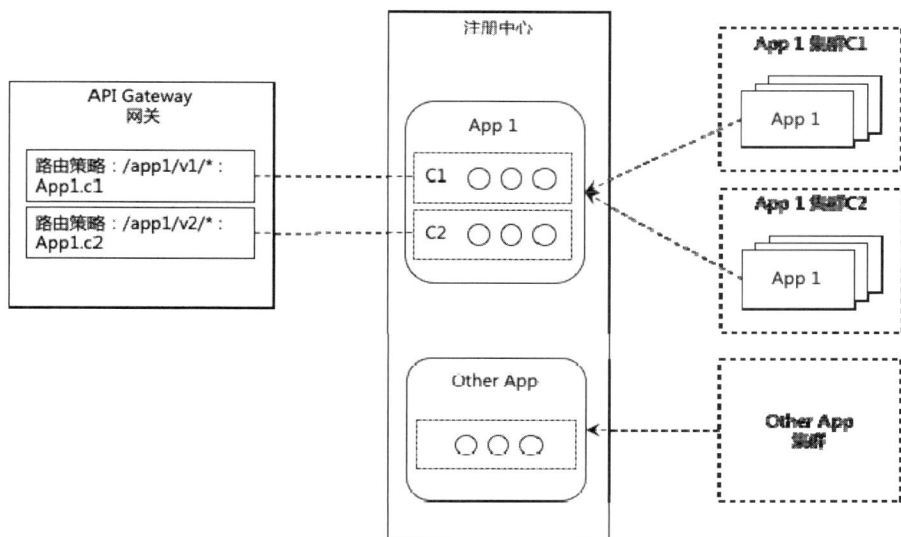

图 6-1-7　注册中心应用分组路由

（3）服务集成平台要支持动态负载均衡

一个服务提供者应用集群中会存在多个进程实例，这些进程实例会与注册中心通讯，报告自身的健康状况。而服务集成平台则须支持通过注册中心获取应用的实例列表信息，用以在服务路由过程中的负载均衡调用。借助了注册中心的能力，集群内的应用实例增加或减少，服务集成平台均可在短时间内知悉，因此这种模式下服务集成平台对应用的动态负载均衡也能够很好的支持。对于负载均衡策略服务集成平台应该支持常见的几种，比如：轮循、随机、哈希、一致性哈希、权重比例等，还需要提供良好的扩展能力，用以针对企业应用的特点进行扩展。

（4）服务集成平台要具备熔断、降级、限流的能力

服务熔断、降级、限流等概念均是从可用性和可靠性出发，为了防止系统崩溃而采用的一些保护性手段。对于服务消费端的体验是类似的，都是部分服务暂时不可用。不同的是这三者的触发时机有所不同，分别说明如下：

- 服务熔断：这个概念就出自电力设备保护的保险丝，实质上是指在应用集群内，如果某个应用发生了故障则将其断开，即：负载均衡时将其排除在可用列表之外。服务集成平台自身内部应该包含客户端路由的能力，一旦调用某个应用发生故障，应该随即记录在案，短期内将故障应用实例排除在路由目标范围之外，待其恢复之后，再次启用。这种熔断策略是被动触发的，能够有效地防止因为单点故障引发的连锁反应，甚至雪崩。

- 服务降级：与熔断不同的是，服务降级是在服务集成平台判断当前运行负载过高时，预防性地将一些优先级低的非核心服务调用请求主动舍弃，避免服务提供端压力过大导致崩溃。

- 服务限流：限流是针对服务消费者请求的限制手段，通常基于 API 访问次数的计量结果进行控制。静态限流模式类似流量套餐，如：按请求数量计费的模式，套餐限制一天内调用某一组 API 的次数不超过 1000 次，超过后服务集成平台就会阻止消费端的调用请

求。动态限流模式可以跟服务降级类似，在运行负载高的时候，限制拒绝优先级低的客户端请求，将主通道让路给运行核心和重要的业务。

6.1.6 文件传输

1. 建设企业级公共文件传输平台的必要性

随着 IT 技术的不断发展，企业大量的 IT 投资建立了众多的信息系统，各个系统会产生大量的数据信息，需要传送的数据量也迅速增加，不同系统间稳定、可靠、快速的数据传输成为必然。随着云计算的普遍应用，金融企业通常会采用混合云模式，甚至几朵云共存。在这种混合云模式下的数据调度，本地与云端的数据同步与交换，将成为一个常态化的需求场景。在新的 IT 架构形态下，在本地、私有云与公有云这三种位置之间的数据交换将越来越密切。同时，随着业务端对业务数据的使用程度逐步加深，对于本地与云之间、云与云之间的数据交换的持续性需求将逐渐加强。

没有统一的文件传输平台时，跨系统的文件传输通常由手工或项目级解决方案实现。手工操作通常不符合金融企业的运维规范，而且不适合高频次的传输场景，人工操作安全性低，易出错；项目级的解决方案可靠性很难保障，可复用性低，额外增加了系统建设的实施成本。

而统一的文件传输解决方案具有集中管理、自动化、实时触发、无人值守等特性，更适合金融企业的实际需求，可以助力企业降低成本，加速业务流转效率。文件传输平台定位为可以面向分布式应用的文件传输平台，应该具备良好的可扩展性、处理性能，且易于管理和维护。要能够抽象各种传输场景和模式，提供多样化的策略配置手段，以达成实现不同节点间的文件可靠、安全、高效传输的目标。

2. 金融企业建设公共文件传输平台的关键要素

作为企业级的统一文件传输平台，需要支持多种传输的场景，在高效性、高可靠性、安全性、可管控性、平台自身运维能力等方面着重考虑，分别说明如下：

（1）支持传输场景的多样性与高效率
- 支持点对点（P2P）和组播传输：
  - P2P 传输：需要支持 P2P 文件传输，对于单个的传输节点，应采用无阻塞 IO 模式和先进的缓冲交换技术，以保证传输的高效性。
  - 组播传输：即可以将文件发送到一组接收节点上，定义任务时指定多个目标节点即可生成配置实现组播发送。在保障传输高效率的同时，考虑传输任务定义的方便性。
- 压缩传输：传输过程中需要根据相关策略自动对数据进行压缩，并提供扩展接口，用户可以方便地制定自己压缩算法。需要提供文件压缩能力，以便在进行大容量文件传送时提高效率。压缩策略需支持灵活扩展，如：调用系统提供的压缩函数接口，或使用用户扩展的压缩函数库进行压缩传输。
- 支持 API 级的小文件传输模式：需要支持高频度、小文件实时传输场景，这种模式下频繁地进行任务定义配置非常低效，大量琐碎的任务定义也会难以运维。支持实施 API 调用的快捷文件传输模式，能够减少任务配置、运维的复杂度，提升效率。

（2）支持传输过程的可靠性

- 断点续传：鉴于各种网络传输的差异性及网络环境的不确定性，当文件在传输过程中，出现网络异常中断、系统崩溃、非正常关机时，系统自动记录文件发送标记；当系统恢复后，文件继续从断点位置进行传输，而不是整个文件重新发送。这样可以有效减少网络通信量，在不稳定网络状态下，保证数据的可靠高效传输。
- 切片与组装：在传输的过程中，需要支持智能地把文件切分为不同的小块在网络上进行传输，传输到目的端后再重新组织为完整的文件。每个小块的大小可以根据网络带宽和网络质量的不同灵活设置；网络质量较高的系统，可以调大每个数据块的大小，以充分的利用网络带宽；网络质量较差的系统，可以相应调小每个数据块的大小，以减少对网络的压力。支持并发传输，每个传输节点可以同时并发传输多个文件，以提高文件传输的效率。
- 多级传输反馈：不论是简单的传输任务或是跨域或多级节点之间的传输任务，任务成功或失败的结果反馈与上报非常重要。对于异常情况的全面掌握是可靠性保障的前提。因此，传输节点之间的正常完成、异常结束均需要提供通信反馈能力。
- 分时传输流量策略控制：需要针对金融企业的业务特点，支持分时间段进行任务处理策略的配置和控制。在金融企业中，日间属于大部分业务系统正常运行的时间，仅适合少量小文件场景的传输，必须减少大批量数据传输任务，避免影响业务运行。卸数与数据传输大多发生在夜间，支持大中小批量文件并发传输。
- 文件校验：文件传输过程中对于文件的正确性校验是必须项，应避免文件在未写完全时被读取使用或发送。平台应支持文件完整性校验、文件发送和接收端的一致性校验等能力，还需要具备文件校验的扩展能力，供业务系统用于对文件正确性的检查。
- 异常恢复、重做：传输节点首先需要具备文件自动备份能力。传输任务定义时，需要支持异常时重试等容错策略的配置。一旦传输节点发送故障重启、未及时处理的情况，处理一半的任务需要能够自动恢复传输。

（3）保障传输过程和平台自身的安全性

- 加密传输：在传输过程中，需支持文件加密传输，平台提供常用的加解密算法工具和默认实现，同时还需提供方便的扩展方式，供业务应用方进行扩展实现。
- 权限管理：文件传输平台的权限包含平台自身的运维人员的权限和业务系统用户的权限管控两部分，对于权限的分配均需要在集中的管理平台中进行控制。对于平台自身运维管理人员的权限来说，需要控制域、节点、任务定义、策略调整等不同运维功能配置和管理的权限。对于业务系统用户来说，需要由平台管理员统一为业务系统用户分配账号、令牌以及传输节点的访问权限等。

（4）提供集中的管控和审计能力

- 集中管理：提供统一的图形用户界面，传输、管理、控制等都可以通过图形界面操作完成。

- 实时监控：传输平台需提供可视化的监控管理工具，能够实现端到端的监控，即时掌握文件的传输状态。
- 可审计性：需提供文件传输作业和步骤的历史记录的查询与统计分析功能。如：统计文件传输的成功率，精确定位到传输失败原因等场景。

（5）平台自身易运维

- 平台安装升级：需要支持平台自身传输节点的自动化快速安装部署能力，否则数以千计的节点手工安装配置会成为运维人员的噩梦。需要支持通过集中管理平台对传输节点进行远程控制，如：启动、停止、程序版本升级等操作。
- 平台自检能力：平台本身需要具备自检能力，各传输节点需要与集中管理节点保持心跳联系，定时上包传输节点的健康状况，如：磁盘空间、进程状态、网络状态等。

6.1.7　作业调度

1. 为什么需要作业调度？

对于企业的应用集成来说，不论是文件集成还是数据集成，需求越来越多，越来越频繁，例如某股份制银行，每晚需要完成的批处理、数据交换、定时任务等作业达到百万级的水平。如果没有的作业调度平台，多方协作时经常出现混乱、冲突的情况。常见问题如下：

- 手工操作大量作业，工作繁杂、容易出错。
- 作业触发条件混杂，多系统集成容易发生冲突。
- 没有整体批量作业和集中式监控手段。
- 没有很好的业务运行状况分析手段。

2. 作业调度的好处

作业调度平台，能够处理企业中大量的运维作业，能够按业务逻辑梳理作业，自动调度作业，并集中监控各作业运行情况，还能够快速反馈并定位作业运维问题。结束由运维人员手动完成的现状。降低作业执行错误风险，减少企业运维人员的工作强度，很大程度上提高投资回报率。作业调度平台能够为系统的集成和运维提供以下价值：

- 解放人力，提高工作效率：通过使用作业调度监控产品，对作业进行自动化管理和监视。当系统出现异常的情况时，以邮件、短信等多种方式通知相应的管理员进行人工干预，大大减轻了现有管理员的工作压力，提高了 IT 系统的管理效率。
- 及时告警，减少损失：利用作业调度监控产品灵活的配置功能和完善的告警处理机制，大大避免了因为故障处理不及时而带来的损失。
- 多应用分权管理，保护核心功能和资源：通过作业调度平台，支持为不同应用分配作业管理及运维人员。采用应用间多租户隔离的方式，由作业开发和管理人员进行权限限定的批量作业设置、运行和监视，使业务应用的权限得到有效保护。
- 集中式的全面的作业运行状况分析、预警和系统状态监控：通过自动采集作业运行状况、时间，分析故障分布、作业运行时长等业务运行指标，能够整体把握系统运行的健康度。

3. 作业调度平台建设的关键要素

（1）架构层面采用集中管控和分布运行模式

建设能够管理和运行金融企业成千上万批量作业的作业调度平台，需要考虑从架构上进行总体设计。我们推荐的模式是：集中管控、分布运行。

- 集中管控：目的是为了方便地进行作业定义以及关系维护，能够进行统一的作业运行协调与调度，能够进行统一的监控分析。
- 分布运行：为了支撑海量任务作业运行，显然应该采用分布式的模式来支撑，否则性能、可靠性将无从谈起。调度服务器与作业运行服务器分离的模式下，通常二者采用远程异步或事件通信的方式交互，还能够避免作业执行过程与调度服务的资源竞争，提升调度服务器运行的效率和调度的精确性。作业执行服务器也可以根据需要按需扩容，以支撑作业运行。

采用集中管控、分布运行的架构后，建设金融企业级的作业调度平台还需要从平台的柔性、可靠性、管理监控运维能力等几个方面着重考虑。

（2）作业调度平台的柔性

- 作业定义的扩展性：
  - 作业类型的多样性：平台应支持各类操作系统脚本调用、远程服务调用、数据库 SQL 或存储过程执行等作业处理工具，还需具备强大的扩展性，支持二次开发扩展，如：支持各种语言应用程序执行、动态脚本语言执行等。
  - 作业之间的复杂关系配置：平台应支持多种作业的组合执行，定义作业之间的依赖关系，根据依赖关系，控制作业流中定义的作业执行。如：能够定义作业前置，即根据前置作业执行状态来控制当前该作业是否执行；定义作业后置配置，即根据当前作业的执行状态、返回值、作业参数等来决定是否触发后置作业等。
- 调度模式的多样性：支持按照业务场景灵活配置多种作业调度方式，提供日历、频度、消息配置等按需的任务调度，支持多角度的作业调度管理，包括 API 触发、事件触发、计划调度，以及手工触发等。且需要支持应用程序扩展触发模式，如：监听文件到达后触发等。

（3）高可靠性

- 作业执行的异常处理：支持定义作业运行期间的异常处理策略，如：作业失败后的执行策略，包括忽略（Job 失败后流程可以继续运行）、作业失败后的重试策略（失败后从断点执行还是重头执行，失败重试间隔，失败重试次数）等。
- 作业状态恢复：在调度服务重启、主备切换后，系统状态以及任务运行状态能否准确地恢复。比如，主节点崩溃或维护期间，发生状态变更的任务在主节点恢复以后，能否正确更新状态等。
- 作业执行状态监控和告警：作业运行节点在作业处理的过程中，作业流以及作业中的每个步骤的状态变化均需要有可靠的事件记录，将作业和步骤的运行与实例状态信息上报到管理中心。还可以在作业流上设置作业流执行状态通知和报警，如作业执行失败后在上报管理中心的同时，还可以发送系统告警，将异常明细通过 Email 发给相关应用的运维人员。

- 作业优先级与流控：可支持按照作业的优先级进行分配调度，比如：在任务执行高峰、资源紧张的情况下，根据策略配置有效地进行相应的流控。遵守整体资源使用情况为最高原则，并按照一定的限流策略控制任务的执行，比如：任务优先级、任务组并发度、平台任务并发数、任务特定执行时间等因素。在保证平台资源允许的情况下，尽量按时执行任务。为了保障任务的实时性，必须保障任务资源的可用性和计划可控性。

（4）管理监控运维能力

- 平台资源统一管理：通过统一的集中管理门户，可以对平台的管理监控服务器、调度服务器、作业处理服务器进行集中式的管理和运行状态监控。
- 集中式的作业定义与管理：通过集中式的管理门户，应用的作业配置和运维人员可以对其负责应用的作业进行配置和管理。支持根据权限对作业进行配置修改、发布、回退、启用、停用、手动执行等等操作。多应用之间的作业数据相互隔离，各自由应用的配置管理人员负责维护。
- 集中式的作业运行监控：通过集中式的管理门户，能够清晰地对作业执行的过程进行监控和追溯。要提供灵活的作业状态日志查询，支持作业批次的详细日志的查询，通过作业流水分析与监控，能够快速定位问题。应用管理员和平台运维人员均有权限查询作业运行监控的相关数据。

6.2　DevOps，建立数字化的软件生产线

6.2.1　软件生产过程中的十四大浪费

技术中台设计原则中提到了精益运营理论 TOC，落地以 DevOps 为核心的数字化的软件生产线时也是利用 TOC 方法论来审视软件生产的全流程，查找其中的瓶颈、制约因素和浪费，然后考虑和践行解决方式，通过度量来考察成果。以下先来看一下普遍存在的浪费现象。

1. 需求定义不清

这种浪费通常存在于需求阶段，其主要原因：一是业务与科技之间资源不匹配，造成的资源争抢；二是业务与技术的语言不统一，达成共识困难。

（1）业务目标不清晰。业务目标的合理设定是软件产品的灵魂，如果业务目标不合理，无法达成业务预期的价值，那所有的投入都是浪费，从开始就已注定了失败的结局。例如：字节跳动的飞聊、锤子科技的子弹短信，软件的业务目标不切实际，要弯道超车业界老大微信，结果现在的状态是半死不活，或干脆消声匿迹。在金融行业，也有类似的现象，当蚂蚁金服推出余额宝之后，很多银行也推出了类似的实时赎回、实时到账的短期小额理财产品，但在产品推出伊始，只是模仿，在业务层面没有想清楚差异化竞争的方式，结果也逃脱不了消亡的命运。

（2）业务需求不清晰。在金融行业中存在一个较为普遍的现象：业务部门的需求提不清楚，就是常说的"一句话需求"，仅仅是表明想法，需求内容就语焉不详了，科技与业务部门产生大量的沟通，用于将业务需求的场景、流程、规则、关键点、竞争分析等进行细化，并逐步转化为软件系统需求，费时费力。

（3）优先级不合理。在软件敏捷开发领域，一直在强调 MVP，就是在较短的周期内做最有价值的事情，那对谁最有价值呢？当然是对客户最有价值，才能给企业带来收益。但在金融行业目前普遍存在忽略用户的核心诉求、简单堆砌功能的情况。分析其原因可能涉及多个层面，例如：需求是在前一年的年底梳理的，工作量已经评估，预算已经报了，那在今年就按计划做了，不考虑或干脆主观评判用户诉求的变化、市场的变化、竞争对手的变化，这些变化极有可能带来需求优先级的变化。另一层面，金融行业通常采取外包的开发方式，外包厂商如何体现其工作量呢？堆功能！但往往忽略一个软件经常被使用的功能占比不超过 15%，但外包厂商的精力不是把这 15% 做精，而是在剩余 85% 去做面上的堆砌。同时，在很多金融企业由于业务部门与科技是多对一的关系，所以势必会出现资源争抢的矛盾，业务部门为了争取到科技的支持，往往会夸大业务需求的重要性和紧迫程度，这也是造成需求优先级不合理的一个原因。所以如何在组织层面，打破这种多对一的境地，形成专业的对口支撑，形成责权利在业务和科技之间的有效流动，也是我们要解决的一个问题。

（4）语言不同，需求理解不一致。对于这一点，读者往往会深有感触，业务人员和技术人员对于同一件事的理解，往往由于其知识背景、经历不同等原因造成很大的差异，举个例子：就对 DevOps 这个词的理解，每个人就很不同：有些人理解 DevOps 就是工具链，有些人理解 DevOps 就是自动化，往往都是基于其工作、知识、专业领域的片面理解。如何统一业务和技术人员的沟通语言，甚至如何统一科技团队内部开发和测试人员、前端开发和后端开发人员沟通与理解的差异，是我们杜绝此类浪费的重中之重。

2. 沟通协调不畅

这种浪费通常存在于跨部门的沟通场景中，往往由于：参与者对自己的职责定位不清晰；针对跨部门沟通一次又一次地开会沟通，但由于没有关键或重要角色参与，只能沟通、无法拍板；执行计划不清晰，或无法透明化的跟踪，造成管理上的黑盒。

（1）参与者对自己的职责不清晰。通常在项目执行伊始，我们会编写项目章程，我们也是希望通过项目章程来明确项目经理的责权利。但在日常工作中，我们也往往会碰到项目干系人责任不清晰的情况，一件事貌似 A 部门和 B 部门都在管，但实际上是 A 部门和 B 部门都不管，或者是 A 部门和 B 部门都管，但标准和规范又不一致，造成了执行者的困惑，又投诉无门。例如：单元测试，到底是该开发部门管，还是测试部门管，单元测试的覆盖率指标到底是谁来定？如果开发部门管，可以通过代码走查来识别开发人员的单元测试的编写质量，但某些时候因为要赶进度，大家就心照不宣的达成了默契；如果是测试部门管，开发人员提供的单元测试覆盖率高、通过率高，但往往很多单元测试都空的，徒有指标而已，又如何解决。

（2）缺少重要部门或角色的参与。我想读者都参加过一次次的没有结论的会议，针对本次月度版本或迭代的需求，到底哪些上，哪些不上，讨论来讨论去，怎么也定不下来。这就是缺少重量级角色的参与，导致这个大家都要参与决策，但又没人决策的境地。

（3）计划不清晰或无法有效跟踪执行。曾经参与调研过一些城市商行的科技管理调研，对于业务人员提出的需求，往往科技给出的基本是三种状态：这个需求在排队或者已经受理了；这个需求正在被开发着；这个需求要上线了，现在需要业务人员参与 UAT 测试。业务需求进入到科技部门之后，对于业务人员其进度、状态就变成了黑箱，无法透明化了解，这也就一定程度上导致了业务人员的催催催，科技人员的推推推的状态。

3. 工作负荷不足或超载

这种浪费通常存在于跨部门的工作交接场景，通常会出现阶段性的闲的闲死、忙得忙死，人员数量配比、人员技能配置、工作拆分不合理，都可能导致此类浪费。

（1）人员太多，人浮于事；工作负荷超出团队能力，士气低下。这两种情况往往在实际工作中是并存的，这也往往是因为在软件生产线上某一个环节人员数量或人员能力的不匹配造成的，导致发生累的累死、闲的闲死的情况。我们需要基于 TOC 的方法论去找瓶颈或制约因素，也就是这个原因。这种情况下，瓶颈环节决定了整个生产线产出，非瓶颈环节，花再大力气去优化，也是徒劳，事倍功半。

（2）工作没有长期稳定的节奏。读者们可能看过卓别林大师出演的电影《摩登时代》，在这个电影里，卓别林饰演的是一个生产线的工人，每天都在重复的拧螺母。我们来看这个电影里的积极层面，就是工业生产流水线中对于单一工作包（或任务）的拆分是恰到好处的，上一个环节做完，流转到这个环节，正好这个环节的事情也做完，没有等待和浪费，这就保证了整个生产线的产出节奏。这里，我们可以将工业生产的流水线与软件工程的流水线进行类比，在 DevOps 领域所强调的单件流，也是为了保证软件工程生产线的稳定产出节奏。所以对于系统需求的拆分、功能的拆分、工作任务的拆分是否恰到好处，上下游的工作流转是否以单件流的形式进行，就是一个巨大的考验，但也是解决杜绝这种浪费的有效手段。

4. 过多的中间产物和交接环节

这种浪费通常存在于跨部门的工作交接传递场景，各个流程活动之间的交接物标准定义不清晰，过繁或过简，或者不必要的流程环节设置，都会导致此类浪费。

（1）过多在中间产物传递。我们曾经调研过一家金融企业，在它的软件开发流程中，存在研发与测试之间对于系统需求的交接。虽然现在金融企业采取的开发方式多为瀑布，但测试人员参与需求讨论，测试人员了解一手的业务需求，而不是二手的系统需求，这是保证测试方案设计、测试用例合理覆盖业务需求的一个前提条件。但此金融企业中，测试人员只能通过研发人员去了解、揣摩、臆测业务需求，势必会将研发人员对于业务需求的曲解进行传递和放大，久而久之就造成了测试形同虚设，测试质量低下，找不到业务场景中的关键缺陷。开发和测试本该在同一个起跑线起跑，结果搞了接力赛，这就是不必要的、过多的中间交接和中间产物导致的巨大浪费。

（2）不必要的交接评审。在金融企业科技管理过程中，存在着各种评审环节：需求分析评审、设计评审、架构评审、投产评审、投产之后的总结及评审，这些评审环节一方面是希望将不合理和分析扼杀在摇篮里，避免后期修正产生更大的浪费、更大的成本投入，另一方面也是为了满足审计的要求。这里，我们基于行业特性不盲目否定这些评审活动，但需要考虑能不能加快速度？例如：我们能不能基于 5S 的思想，将现有企业内的系统分级，并根据其级别确定几套经过验证的、可行的应用技术架构标准和应用间集成架构标准，只要按照标准来的，就可以快速通过评审；不按标准来的，要求说明其特殊性。另外，在上线投产评审之前，能不能将非结构化的测试报告和部署文档，转变为结构化的质量门禁报告和图形化流水线加脚本、以及清晰的基线视图，利用这些数字化、结构化的形式来提供决策支撑，并且在数字化、结构化的基础上，考虑使用机器（例如：RPA）来代替人做决定。

（3）复杂烦琐的工作流程。上文提到在金融企业科技管理过程中诸多评审环节，其实在软件生产过程中，也存在着诸多的工作流程及审批环节。通常在金融企业中存在针对大型需求、中小型需求、普通补丁、紧急上线等多种场景的软件生产和投产流程，并且在一级流程之下还对应着诸多的二级或三级子流程。诚然，这些流程环节和审批活动的设置也是为了屏蔽风险和审计要求，我们考虑能不能将各个流程活动的输入、输出的必要项和非必要项梳理出来，将其结构化；另外，各个流程环节对应的工具、平台等能不能做到自动化的流转，从而加速决策，节省在审批上花费的时间。

（4）没有人为最终结果负责。或者换句话说，科技做不了业务的主，所以也就不愿意做主了。因此，在软件生产过程中，适时将业务人员引入、参与互动，阶段性地交付 Demo 和成果，就显得尤为重要了。

5. 过度设计

此类浪费通常存在于设计和编码阶段，技术人员主动或被动的过度增加架构的复杂性、过度设计、过度编码。

（1）过度复杂的方案。其实这个过渡可以从三个层面来看：作为业务人员，其对业务需求实现的诉求是"多、快、好"，自然会导致科技人、财、物的过度投入，例如：过度的 SLA 要求、过度 QoS 要求。第二个层面，作为科技人员，对于业务人员"多、快、好"的诉求，是没有相应的 KPI 指标让他从"省"这个角度去把关的，从而业务价值或业务收入与实际的投入不成正比，入不敷出，造成了浪费。第三个层面就是外包厂商，由于外包厂商要将工作量撑起来，简单需求复杂化，引入了过度的方案设计和实现方式。

（2）自己创造的对用户没有增加价值的技术特性。对这种浪费，归根结底还是业务与科技、行方与外包商之间的责权利的不流动，以及利益诉求的不统一。所以应对客户核心诉求及业务变化的紧迫感，在整个价值链条中逐层被消减。科技做产出的软件产品不是解决客户最痛的点，在非关键的 85% 的功能上做无效的堆砌。

（3）引入不必要的新技术。例如：金融企业对于微服务架构和容器技术的引入一直存在争议。我们认为架构和技术没有优劣之分，只有适不适合，即要考虑功能、非功能，也要考虑效率、实现成本、资源使用、后期的维护成本。新技术为了用而用，而不是解决业务问题，反而为后期的维护、运营带来麻烦。

6. 没有重用

此类设计通常存在于设计及开发阶段，由于团队部门墙或团队内部的沟通不畅，造成了"重复造轮子"。

一切从头开始，不能合理地复用既有的产品和经验，重复解决相同的问题。这种浪费用一句时髦的话来形容就是"重复造轮子"。各业务线相对独立，各圈各的地，并且麻雀虽小五脏俱全，每条业务线都配备产品经理、研发、测试、运维、运营，团队围着需求转。在这种条线分割的情况下，每条线都会针对类似的需求进行重复建设。这是对组织资源的极大浪费，并且因为每条线成熟度不同，也很可能把其他团队趟过的坑，这个团队还需要趟一遍。从阿里公司建立中台组织，提升组件化和复用度，也是要杜绝这种浪费。反过来，这也是在考验中台团队对于业务和技术能否实现高度抽象，以及能否兼顾灵活性扩展实现的能力。其实在 DevOps 领域，也一样存在类似的问题，每一条持续部署流水线，因为其针对的环境不同、介质版本不同、目标目录不同、中间件类型不同，多会有差异化的配置，但能够从个性中抽象出共性，从而组件化、可扩展化，也是我们去实现 DevOps 的一个重要任务。

7. 缺陷和人为失误

此类浪费通常存在与开发的构建、配管打包及部署阶段。目前金融企业还大量存在质量控制阶段偏后和手工构建、打包及部署的情况，以往积累的质量管理体系如何能够高效化、轻量化、自动化地融入开发、配管、部署阶段是解决此类浪费的关键。

（1）质量没有标准，缺少有效的防错机制。目前在金融企业都有一套较为成熟的质量控制体系，但大部分都是按瀑布模式，将质量控制放在了开发版本提测之后。这就造成了，版本一直有缺陷被测试打回，开发一直在改缺陷提测版本，如此反复多次，交付的周期就拉长了，或者受限于固定的投产窗口，直接带"病"上线，客户成了"小白鼠"，投产后再屡次三番地紧急线上打补丁。所以金融企业质量控制体系不是有没有的问题，而是如何打散、分层并与 DevOps 流水线高效集成，形成每个阶段质量门禁的问题。

（2）各种人为故障造成的质量不达标或过多的 bug。这里说的是在软件生产全流程中过多使用手工操作的问题，手工操作蕴含着非标、随意性强、难以监控和审计等风险。举个例子：在某城市商业银行对于上线投产的成功率拿不到统计数据，或者成功率很高，但将剖析之后发现：每次发布部署都是由手工进行的，如果上线验证之后出问题就直接在生产环境通过手工操作去处理。所以对于组织来说，真实的发布成功率并不高，并且对于一些关键问题的处理往往是积累到某些人的脑子里，无法沉淀成组织的知识资产，久而久之形成对于人的依赖。另外，在产生软件介质环节，也同样是手工打包，并且由于配置文件与介质裹在一起，针对不同环境部署时还要重复打包，所以就会经常造成发布投产时"货不对版"的问题。

8. 反馈周期太长

这种浪费主要出现在软件生产全流程中各流程环节之间的跨部门反馈及开发与运维之间的闭环反馈上面。目前金融企业的跨部门反馈多为"口"字形，例如：测试部门的 A 想去找开发部门的 B 沟通，多是先找到自己测试部门的领导，再通过测试部门的领导找到开发部门的领导，最后再由开发部门的领导找到 B，B 再去找到 A 沟通相应的问题，这一来一回之间拉长了反馈的周期。目前很多金融企业在开发管理模式上推行敏捷转型，团队中包含各类角色，也是为了缩短反馈周期。

（1）对产物进行验证耗时过长。其实这一点考量的是软件产品及过程交付的质量。基于瀑布式的开发，软件质量控制相对靠后，按金融企业一般的月度版本周期来计算，一般发现质量问题大概在版本提测之后的 1~2 周，距离研发人员接了需求或设计开始编码要滞后 2~3 周，研发人员要修改缺陷需要去回忆下当时的想法、去读一下代码的实现逻辑了，而质量控制前移到设计和开发阶段（如技术中台设计原则中提到的、利用引领性指标进行 TOC 实践的案例）是缩短反馈周期的有效手段。另外，金融行业软件交付过程中，多以文档形式作为跨部门或跨流程阶段的交付物，而在我们质量控制过程中，也往往忽视对于文档质量的验证，例如：部署手册中如果某一步操作失败，是可以进行覆盖性部署还是需要做回滚，如果要回滚如何回滚。究其原因，一是缺少前置的流程卡点进行审核和验证；二是文档是非结构化的，需要人来读来解析，没有沉淀成组件自动化的执行验证。

（2）获取用户反馈耗时太长。软件产品只有在真正交付给客户之后，才能体现其业务价值，而科技需要做的就是尽全力去缩短从 idea 提出到产品交付的周期。金融企业通常以月度版本的形式进行软件投产发布，再加上需求积压的时间，所以真正的交付周期基本都是大于 1 个月。但这也有金融行业自己的苦衷，因为业务需求通常会导致多个应用系统变更，从研发协同到投产协同，既是对项目群管理的考验，也是对系统之间耦合程度、集成程度及接口健壮程度的考验。

（3）耗费大量时间收集数据、制作报表，获取决策所需数据困难。在金融行业软件生产过程中，数据是散落在各系统中的，涉及需求、整体项目进度、成本、运营等数据在科技管理系统中，代码贡献度等数据在代码库中，软件缺陷数据在测试管理系统中，运营数据则在数据中心的 ITSM 系统中。如果为各类角色提供全生命周期、全视角的数据呈现，需要从很多系统提取数据，线下完成报表合并。这也证明了要通过 DevOps 打造数字化生产线、做数据集中的必要性。

9. 知识和经验不能有效传递

这种浪费其实存在于软件生产全流程的各个阶段，无论是需求分析、还是编码或者是对某组件具体部署的处理，都是可以进行知识和经验积累的，而相应的标准化、组件化、服务化、平台化也是基于知识积累而逐渐形成的。

没有记录学习到的经验，缺少知识分享和培训，无法获取所需的技能指导。金融行业现行的流程、规范、标准，其实就是组织在知识、经验上的积累及传承。所以，在这一点上我们想探讨的是：如果让知识积累和传承更加高效，核心思想是：明确性（避免二义性、理解差异）、复用性、可扩展性。例如：以 5S 方法论为指导进行的环境标准化、DevOps 流水线组件化、业务中台和技术中台的组件化，都是在遵循这个核心思想，使组织知识和经验高效沉淀、高效传承。

10. 低价值的重复手工劳动

此类浪费存在于配置管理、测试及部署阶段。

大量更适合机器自动化执行的手工操作。目前在金融行业中仍充斥着大量的可被机器取代的手工操作，例如：环境申请、置备、发放、回收，代码打包编译，介质的部署，单元测试和回归类测试的执行，软件在生产环境的投产发布等。好一些的是文档指导手工操作，更糟的是只有手工操作，连文档都没有或文档不够准确。由于人员流动风险，组织更应重视知识资产的积累，而通过 DevOps 实现自动化流水线，并积累和落实版本化的脚本、组件、标准、规范是个很好的路径。

11. 工具太复杂

此类浪费存在于开发、测试、配置管理、测试及部署阶段。

工具复杂难用，无法有效集成的工具链。纵观金融行业软件生产的全生命周期，对应每一个活动（或操作）都会对应一类或多类工具，例如：设计阶段，前端页面、API、后端代码及数据库就会利用不同的工具来完成。就 Java 这个单一技术栈类型的项目，由于历史原因，也可能会有 Ant 和 Maven 等不同的编译打包工具。所以说到底，我们是在讨论一个分布与聚合这对矛盾如何解决的问题。本节虽然主要在探索金融行业 DevOps 的建设，但我们仍建议遵从技术中台设计原则中分布与聚合这一对矛盾的论述，及基于架构层面的解决建议。从某种程度上说，DevOps 其实是金融科技实现精细化管理，落实精益运营的有力抓手，当然我们也希望通过 DevOps 解决金融科技管理的分布与聚合的矛盾。

12. 数据没被有效利用

数据架构不清晰，数据的业务含义不清晰，无法查找现有数据，无法快速获得现有数据。

13. 数据质量不高

反复的数据清洗，数据错误导致频繁的更改。

金融科技人为各位业务系统梳理了数据架构、标准，并且通过各种各样先进的技术，协助业务通过数据进行业务拓展的挖掘。但金融科技人对于自己反而没有那么好，涉及科技管理和运营的各类系统、平台、工具等往往没有统一的数据标准，也往往无法实现数据的互通或集中，更不用说通过进一步的数据分析来指导其软件生产的持续优化。

14. 无价值或无产出的活动

此类浪费存在于软件生产全流程的各个阶段。

日常中的邮件、电话、会议等干扰，90%时间不需在场的会议，没有任何结论的会议，工作之间切换造成的时间浪费。金融行业中很常见，相信我们多多少少都被这种浪费所困扰。而我们希望通过 DevOps 的全流程可视化、单件流等手段来减少或杜绝这种浪费。

6.2.2　建立数字化生产线的软件生产全流程

我们希望通过引入基于 DevOps 的数字化生产线来有效解决上述发生在软件生产全流程各个生命周期环节之中的浪费现象。但基于 DevOps 的数字化生产线是需要与金融科技现有的软件生产全流程紧密结合，渗透到每个流程活动环节、每个环节的输入及交付物的标准、以及每个角色的分工界面和具体操作中去才能达成目标。所以在引入 DevOps 建设之前，对于现有软件生产全流程的梳理是必不可少的。

1. 金融企业科技部门的主要流程分类

金融企业科技部门主要面对三类流程：

大中型项目全生命周期建设和投产流程，通常用于大型项目群的管理过程，以及新增系统的建设管理过程，如图 6-2-1 所示。

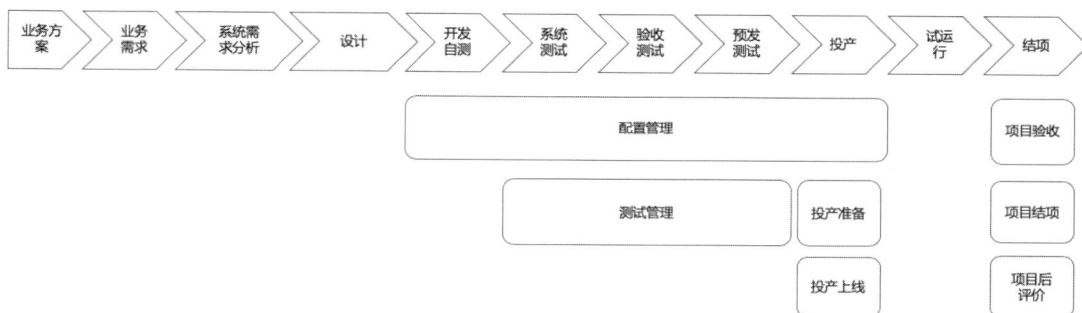

图 6-2-1　大中型项目建设流程

小型项目全生命周期建设和投产流程，通常用于已有系统的优化、依据业务或技术迭代进行变更管理的过程，如图 6-2-2 所示。

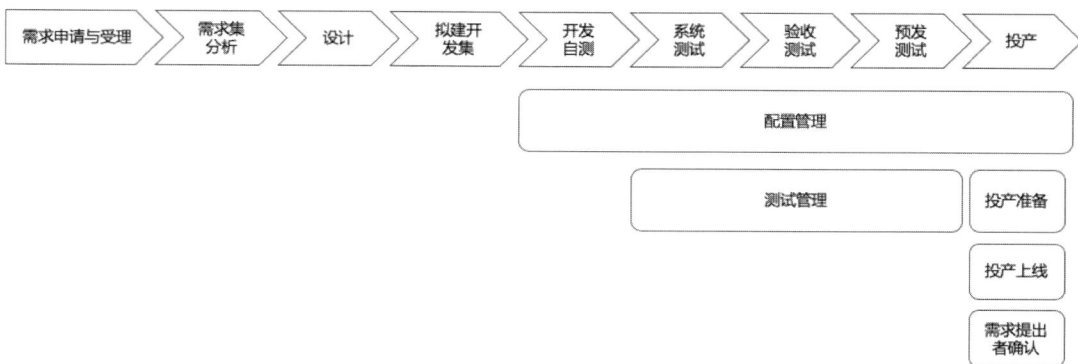

图 6-2-2　小型项目建设流程

紧急上线流程，通常用于基于 SLA 保障的紧急处置过程管理，如图 6-2-3 所示。

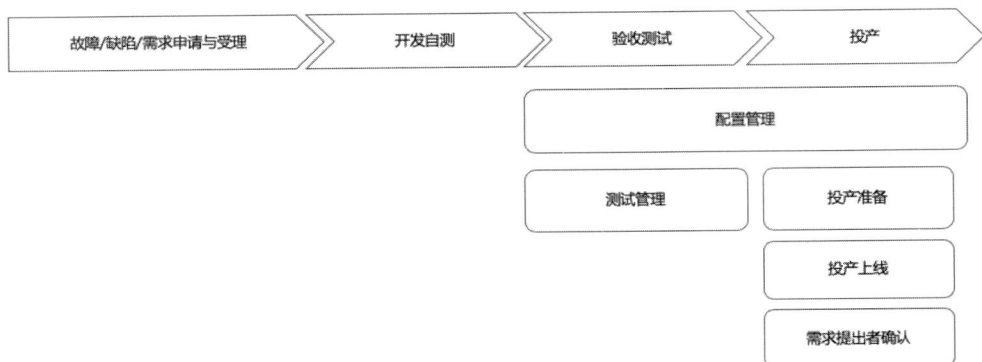

图 6-2-3　紧急上线流程

读者可能都有感受，在金融企业中，如果想加快业务系统上线是可以加快，比如：在 2019 年底 ETC 中间业务的紧急上线，还有就是生产系统出现严重缺陷，引起高层的关注等情况。但这种快是有前提条件的，一方面是将各部门的优势资源全部集中到一点上发力，高层和技术人员一起办公；另一方面就是精简了一部分流程环节。但长久对于一般紧急程度或重要程度的事情，不能这么处理。这就要求我们去思考如何让日常的软件生产活动也变得顺畅。

2. 数字化的软件生产全流程融合

我们以大中型项目全生命周期建设和投产流程为例进行深入分析：这条软件生产的全流程只是画出了第一级的流程环节，基于 DevOps 的数字化要与软件生产线全流程相融合，还需要第二级，甚至第三级的子流程（或流程活动环节）。

比如，我们都可能问同样的问题：

- 如何实现软件生产全流程（或全生命周期）的可视化？
- 如何实现工件（软件开发中的具体工作任务，如：具体功能点的开发、业务功能的测试用例编写等）在不同流程环节的顺畅流转？

回答第一个问题，大家可能首先想到的是看板（或泳道）的可视化方式，但只是简单地引入工具，而不去深入剖析第一级流程环节下的二级和三级子流程，也是很难从看板上发现问题的。例如：开发自测这个环节，包含基于系统需求分析及架构设计、详细设计之后的任务拆分、任务领取、编码、单元测试、单个功能的代码提交、代码审核、整体版本的功能代码提交、基于挡板的开发、内部冒烟测试和集成测试、代码质量检查、版本基线检查（包含文档、代码、配置文件、脚本、CI/CD 流水线 Pipeline 等、单测情况报告、集成测试情况报告、代码质量报告）、整个版本的代码提测等多个子流程。如果只是简简单单地说可视化用看板，那如何来设计看板？如何从看板中看到进度、问题、瓶颈等关键要素？

回答第二个问题，大家可能首先想到的是 DevOps CI/CD 的自动化流水线，但同样只是套用工具，而不深入剖析第一级流程环节下的二级和三级子流程，也很难自动化起来。例如：我们很自然想到当软件版本提测之后，就可以自动触发配置管理员角色，拉取最新的分支代码，进行自动化构建和打包（CI 流水线），当打包成功介质上传到介质库之后，就可以自动触发在 SIT 环境的自动化部署（CD 流水线），但在这两条自动化流水线之间，其实是三个部门之间的工作交接：开发部门提交软件产品，质量部门的配置管理员检查软件产品，测试部门接收软件产品后续测试工作。这其实对应三个二级子流程（流程活动），都有各自的输入、输出、角色及工具。

我们建议进行如下梳理工作：

- 每个流程活动对应的输入，明确其必选项和可选项，明确其必选项的检查标准（是否可将其结构化，是否可通过程序自动检查其完成程度）。
- 每个流程活动对应的输出，明确其必选项和可选项，明确其必选项的检查标准（是否可将其结构化，是否可通过程序自动检查其完成程度）。
- 每个流程活动对应的角色，通过 RACI（R：流程由谁发起，A：由谁负责审批，C：如有问题咨询谁，I：流程完成后通知谁）的模型进行表述，从而明确此流程活动的分工操作界面。
- 要完成此活动需要使用的工具，并且结合其输入、输出，能否将其加工生产的过程自动化。

最后，我们在分析完每个二、三级子流程（活动）之后，可明确各串联流程活动之间的交付物（此输出为输入），以及交付物的质量标准（必选项是哪些，必选项要完成到什么程度才能流入到下一流程活动环节），每个活动的分工梳理清晰之后，才能打通各活动对应的工具形成自动化的工具链，使工件自动化流转（见图 6-2-4）。这种做法也是真正对于精益运营思想中 JKK（百分之百的质量保证，精益求精）和 DoD（对于工作完成标准的清晰定义）的有效落实。

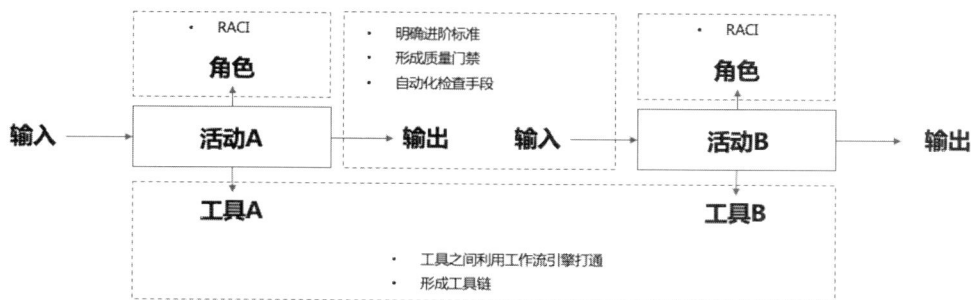

图 6-2-4　梳理过程

6.2.3　打造数字生产线需要做到的五个统一

理清全流程之后，是不是就大功告成了呢？很遗憾，还没有。我们还有很多基础的工作需要做，需要在整个软件生产全流程进行五个统一的工作。

1. 软件运行环境的统一

软件在开发、测试、生产运行等各环节中需要不同的运行环境（服务器、数据库、存储、网络等），究竟需要几个环境，需要明确定义。我们提出了 3＋N 的环境，即每个项目至少需要开发环境、测试环境、发布环境，根据系统重要性的不同，再增加非功能测试环境、预发环境、集成/回归测试环境和基于新技术预研的新技术环境等，应用系统对应的每套环境都应该是一致的：配置方法是一致的、环境置备的方法是一致的、应用部署的脚本和流水线是一致的、配置文件存放的位置是一致的、应用部署的目录是一致的等等。我们在以往的项目交付过程中，也遇到过很多的反模式，例如：同一个系统开发、测试、生产所用的中间件不一致，开发用 Tomcat，测试和生产上用 Weblogic；同一个系统不同模块所用的中间件版本不一致；同一个系统在 SIT、UAT、生产中对应的中间件部署目录、配置文件存放目录等不一致。以上这几种反模式，可以强制执行 DevOps 的自动化流水线来适应，但基于各类环境差异的流水线不会带给我们对于软件产品发布的坚定信心，反而给日后维护带来无尽的麻烦。

2. 配置管理的统一

何时将软件运行涉及的配置项注入，这决定了采用何种配置管理方式。目前主要有三种配置注入方式：

- 打包时注入：目前很多金融的老应用都是采取这种方式，配置文件存放在介质包里，这就导致了在不同环境部署时，需要重新编译打包，将适用于该环境的配置文件导入。重新打包的过程，极有可能产生从错误的代码分支上拉取代码、人为修改配置项引入错误、使用错误的配置文件等问题，这就是在应用部署时发生"货不对版"的主要原因。
- 部署前注入：配置文件从介质包中脱离，单独存放在外围目录中（如果配置文件仍在介质包内时，由 DevOps 来接管配置管理，应用针对各环境的配置项存在 DevOps 中，自动化实现解压介质包、替换配置项、重新打包等工作），在应用部署之前，由工具自动进行或手工修改相关的配置项。这种方式是很多应用在进行配置统一化改造过程中的一个中间步骤，即：先将配置文件从介质中分离出来，由工具接管配置项的维护，从而保证介质包的一致性。
- 运行时注入：在运行时，应用去配置中心查询对应环境的配置项，存在内存数据库中，进行配置项的实时获取、实时更新，这也是目前主流分布式架构应用的做法。这就依赖于统一的配置中心，并且各类系统（尤其是传统单体架构或 SOA 架构的老系统）要进行必要的技术改造。

从配置管理统一性来分析，当然是运行时注入的这种方式更好，但考虑到金融行业的现状，建议可以先把部署前注入做起来，告别打包时注入，再逐步实现运行时注入。

3. 工具的统一

软件研发过程中，涉及多种工具，包括开发工具、测试工具、协作工具、发布工具、版本管理工具，这些工具每种类型应用是一致的，应该避免各自为政。由于工具的差异性，经常会造成科技管理的相关规范无法有效落实。例如：代码库层面，不同项目组有些用 SVN，有些用 Gitlab，由于这两种代码库功能上的差异性，造成开发分支模型策略上具体执行的差异化；代码质量工具层面，有些项目组使用开源工具，有些使用商业软件，造成对于一些具体代码质量策略解读和执行的差异化。所以不同的工具，会带来生产过程中不同的工艺标准，这样就对跨流程环节、跨部门的自动化对接造成障碍。

4. 每个阶段之间产出物定义的标准统一

在上一小节中谈到如何梳理流程活动输入和输出，说到底就是要解决产出物标准化的问题。另外，随着软件的迭代，相关的脚本、代码、配置文件、文档等都会有差异，所以也需要形成版本化的管理。我们建议脚本、代码、配置文件等由代码库进行存储和管理，二进制介质由介质库单独进行管理，文档则可以考虑引入可互动性文档库管理工具。

5. 各阶段内部及各阶段之间沟通语言的统一

部门分工和责权利不同，人的背景、精力、专业范围不同，其实都让每个人对于同一个事物的理解产生了差异。描述这种差异一个很好的例子是"盲人摸象"，而西方世界则用了"上帝建造的通天塔"。在金融企业中，业务和科技之间，科技内部各部门之间，其实都存在这各自的沟通语言：业务人员所提出的业务需求，科技人员看了总是觉得"言简意赅"，所以就通过一遍又一遍的需求分析会，将双方的理解层面拉齐到同一层面上。而开发人员给业务人员或最终用户提供的用户手册，也是同样"简约并简单"，看着目录罗列得很长，但总是"书到用时方恨少"。我们可以通过知识库的积累和推广，来减少沟通的差异化理解，例如：在沟通非税业务时，谈到"非税单笔缴费"，业务人员和科技人员脑子里对于此交易的理解是一致的："本交易用于非税收费的实时缴费，允许现金、转账和内部账交易。联动非税缴费确认交易。本交易用于非税缴费成功后，由于打印失败或其他原因系统无法联动发起确认时，由柜员通过此交易人工发送非税缴费确认信息。"谈到用户身份证信息的校验，既涉及用户身份证规则的校验，又要进行生日及属地信息的校验等。另外，我们需要通过在流程阶段内部和流程阶段之间，能够明确之间产出物的标准，并逐步将标准验收的手段自动化地实现。

通过以上的讲述，希望大家能够理解，软件生产过程中的精益运营没有那么的"阳春白雪"，更多做的是"下里巴人"的事情。在工业生产中，精益改进体现在流水线工人是通过按钮、还是通过扫描枪或是通过拉绳通知下游工序环节。如果用了按钮，按钮是放在流水线上（会不会引起误操作），还是放在旁边的柱子上（要不要工人起身）。在软件生产中，其实也是一样的道理，开发人员的代码是每日提交还是单个功能开发完后提交，后续触发的代码评审是每天都审核代码，还是按功能点审核。以上种种都是要在实践中摸索和实践才能找到最适合的点，并且每个组织又因为自身的情况，解决方式又不尽相同。

6.2.4　度量与引领性指标必不可少

度量是建设数字化的软件生产线必不可少一环，度量的原则是：

- 科技管理过程中，诸如：测试阶段的缺陷数量、项目整体的交付周期、应用上线后的缺陷逃逸率等，均为滞后性的统计指标，无法在软件生产的过程中发现问题，或引导软件生产的高标准、正常进行。所以需要思路。如果通过过程中的度量指标来指导过程改进，如何实现由量变到质变。

- 我们建议，依据管理目标，来设置引领性指标，通过引领性指标的逐步达成，一步一个脚印，坚实达成提效、提质的目的。
- 利用引领性的过程度量指标，实现工艺的持续优化。建议自己和自己比：今天的自己和昨天的自己来比，这个月的自己和上个月的自己来比。没必要拿自己的指标和其他人去比较，由于业务类型、具体实现、历史积累、所要求的实现周期都有所差异，所以单纯的横向比较发布次数、迭代周期等没有意义。
- 度量要面向各类不同的角色，所以其关注点也不同，如何利用度量"抓大放小"，支撑该角色的关键决策，是涉及度量指标的关键问题。

下面基于金融行业的特点，提供一些度量视图的建议，从而使我们通过度量，在了解如何建设数字化的软件生产线基础上，能够持续优化我们的生产线。

1. 项目群视角

项目群是金融科技管理过程中一个很具特色的项目协同管理方式。在金融企业中，通常单一业务需求或合并后的业务需求会触发多个系统的配合改造来满足，这就出现了一个主项目、多个配合项目协同开发、协同投产的情况。通常主项目的项目经理，会被指定为该项目群的项目经理，负责多方的统筹、规划、督促、协调。但目前大多数金融企业之中，对于项目群从管理的方法论、到工具支撑、再到度量的决策支持，都非常薄弱，完全是在靠主项目的项目经理的责任心和组织内的沟通协调能力苦苦支撑。

所以我们建议从项目群视角出发，提供三个支撑：

- 计划阶段的协同支撑：可以利用里程碑视图的形式或甘特图的形式，将主项目和配合项目的主要里程碑展示出来，并帮助项目群项目经理依据项目群下辖各项目的进展计划，梳理出项目群的关键路径，指定项目群整体的交付计划。
- 执行阶段的协同支撑：通过数字化生产线动态监控项目群下辖各项目的个体执行情况，并将各项目执行过程中的各类风险（主要是延期风险）直观反馈给项目群项目经理，帮助项目群项目经理决策，判断单一项目的风险在不在项目群执行的关键路径，是否影响整个项目群的交付。
- 发布阶段的系统支撑：在投产阶段，项目群各应用系统之间普遍存在着依赖关系，在目前金融企业中梳理上线投产顺序的通常是生产环境的运维负责人，所依赖的工具也只是部署手册和 Excel 表格，手工梳理出本次投产窗口各应用系统之间的依赖关系，并根据依赖关系手工部署或自动化部署各个应用。所以在发布阶段，数字化生产线可以从全局视角向运维负责人提供在项目群设计和执行阶段的各系统依赖视图，并支持其根据实际情况图形化编排，及最后的一键式部署投产。

2. 部门视角

上面谈到项目群视角，更像是一个虚拟团队视角，而部门视角则是由科技管理团队/部门划分来决定，并为部门管理来提供决策支撑。在金融企业中，通常按核心类、渠道类、管理类、信贷类进行部门团队的划分，每个部门负责少则几套，多则十几套、几十套的应用系统，每个应用系统通常甲方配备项目经理、技术经理（或开发经理），乙方（系统承建方或外包方）配合项目经理、技术经理、开发工程师、测试工程师等。所以每个部门管理压力大、事情繁琐，所以更多的是事后介入的管理方式。我们建议将一些引领性指标引入到部门管理之中，并按日/周提供报表、排名、风险等，帮助部门管理者提供决策依据。在此主要讨论三点：

- 对于引领性指标的正向鼓励性排名：我们建议在滞后的度量指标基础上，增加指导目标达成的引领性指标，例如：持续集成的次数和成功率、持续部署的次数和成功率、单元测试的有效性和通过率、回归性测试的执行次数和成功率、缺陷的修复时间、缺陷的前置时间等，对于这些引领性指标我们可以将做得好的优秀团队排名前列，用于鼓励先进，落后的团队向先进团队看齐，营造出"比学赶帮超"的良好氛围。
- 对于底线指标的反向警告性排名：例如：投产后发生故障或缺陷逃逸的情况，直接影响SLA，也会直接影响部门的绩效，对于这种底线问题，需要重点警示，并协助问题团队找到问题和制约因素，帮助其不要再犯同类的错误。
- 基于项目群执行风险的资源协调：在每个部门都会有自己主导的项目群，也会有支持其他部门的项目群，我们希望通过单个项目执行情况的透明化、精细化管理和质量控制前移，在前期尽早暴露问题，并能够帮助部门管理者能够有时间、有方法协调相关资源，应对项目群交付的风险。

3. 单一系统视角

对于单一系统，依据系统的重要程度和团队大小的差异，开发模式通常分为多月度版本（多特性）并行（如：核心和信贷等系统）和单月度版本串行的模式，也可能根据建设周期的不同在两者之间进行切换。作为项目经理，有可能同时负责多个项目的建设和系统的维护，所以管理多为黑盒或者卡里程碑的方式。站在应用系统的视角，我们提出三点建议：

- 管理的透明化和精细化：目前，很多金融企业运用看板的方式来管理敏捷开发模式的迭代，其实这种可视化的方式无论对于敏捷开发，还是瀑布开发都是有易的。在项目执行过程中，我们建议将系统需求细分到系统的模块、模块内的功能点，以及实现功能点的开发任务和验证功能点的测试任务，通过可视化的手段来跟踪需求、功能点的进度、工时投入、影响任务进展的前置依赖条件等，从而使项目/系统管理者清晰地了解进度、风险、成本投入等要素；通过这种精细化的管理模式会积累出该系统功能实现、变更改造等实际发生工作量的数据，为今后的开发、变更等耗时、工作量评估和技术风险评估可提供决策依据；另外，通过看板各阶段泳道积累的任务数量，可以帮助判断软件生产过程中的资源瓶颈，合理配置资源。
- 应用系统内部的依赖管理：其实不止在项目群这个层级存在系统间的依赖，在系统内部通常多个功能点实现，也会有前后的依赖关系。并且在金融企业中，通常会将功能或变更划分到多个月度版本，分期分批的实现，这样就需要清晰的视图来展示各功能点或变更之间的依赖关系。
- 项目群与系统版本间的对应关系：单一系统有可能一个月度版本合并了多个项目群的改造需求，也有可能每个月度版本或特性分支对应支撑一个项目群，这完全是由金融企业现有的开发分支管理模式和版本规划方式不同来决定的，但关键在于通过数字化生产线能够明确和理清单一应用系统的版本与项目群之间的对应关系。

6.2.5　金融企业引入以 DevOps 为基础的数字化生产线的五点建议

DevOps 的本质，是在软件生产过程中是落实精益运营思想，杜绝浪费，建立数字化生产线。在金融行业内部，已有很多大、中、小型的金融机构实践了 DevOps，我们认为金融行业在引入 DevOps 之前，需要先考虑以下五点建议。

1. 小步快跑好过一蹴而就

众所周知金融行业需要以稳为主，并且软件外采和外包的长期存在，积累了一定的技术债和历史包袱，不太可能"忽如一夜春风来，千树万树梨花开"，短时间内进行大规模、横跨多个部门的推进。因而需要充分尊重现状，分阶段的、小步快跑式地逐步迭代。例如：在开发环节，明确单元测试覆盖率的标准以及单元测试执行的工具，并能及时提供可读性强、能用脚本识别和自动化判断的报告，之后再将单元测试环节集成到持续集成的流水线之中。代码质量环节，先区分关键的必须避免的问题和建议改进优化的问题，利用开源工具或商业工具进行有效、清晰的检查和报告，之后再利用脚本识别和自动化手段判断报告，再将代码质量检查环节集成到持续集成的流水线之中。这样一步一个脚印，扎扎实实地落实。

2. 没有"银弹"

因为数字化生产线要与科技管理的业务流程深度绑定，虽然各金融企业的科技管理业务流程大致相同，但管理手段和水平差距很大，流程中各流程环节涉及的角色、部门分工界面、输入输出标准执行手段不同带来执行效果上的差异。因此每个金融企业都要依据自身情况，找到自己的最佳实践，别家的东西可参考，但不能照搬，这就导致目前没有发现"开箱即用"的全能型产品。

3. 数字化生产线的建设不能只依赖于工具层面

工具能够支持我们很好地达成管理目标，但工具毕竟是只是手和脚的延伸。例如：关于测试，有些金融企业目前只关注覆盖主要业务流程的 Happy Path 功能测试，并且写测试用例、做测试的人是需求人员，没有专门的测试人员参与来覆盖容错性的 Sad Path 测试，更不用提非功能性测试了。在这种情况下，不论引入什么质量管理工具或自动化测试框架，都无法解决测试用例覆盖范围不全的问题。

4. 精益运营思想

精益运营思想其实是 DevOps 的核心组织部分，是以全局视角审视整个软件生产全流程，做到持之以恒、精益求精。能够发现流程中的瓶颈和制约因素，遵循 TOC 五步法持续优化。并且同样的错误不能再犯第二次，以及杜绝不必要的浪费，哪怕是软件多做出来的无用功能都是一种浪费。另外建议清晰梳理软件生产全流程中各个环节的输入、输出、活动、参与角色，以 RACI 的模式展示出来。明确环节（或团队、部门）之间的必要和非必要的交接物，并逐步实现交接物结构化、数字化，形成明确的质量门禁，自动化实现质量门禁的判别，从而实现跨部门、工作交接的数字化和自动化。

5. 逐步形成精细化管理

软件生产全流程中往往还充斥着粗粒度、较为粗犷的管理模式，例如：单纯的卡里程碑、卡投产时间点、对结果负责等。推荐逐步将管理精细化，例如：由概要的、跨多个应用系统业务需求进行结构化，将粗糙的系统需求细化，推荐以用户故事（什么场景下、什么角色、执行什么活动，产生了什么价值（或商业价值））来描述需求，并配备对应若干的测试故事（或测试用例），从而达到可验收、可跟踪的目的。用户故事继续拆分成开发任务（一个开发工程师3 天左右的工作量），利用项目管理系统（如：JIRA、禅道或 DevOps 看板、泳道等工具）进行跟踪、评估。这样管理者可以实时拿到项目的进度、风险、成本情况，使项目执行过程变得透明，并且也减少了沟通不清和理解差异情况，少了很多沟通、扯皮的环节。

6.3　微服务化的应用技术架构与技术组件

应用技术架构是按一定规范将技术组件组合起来，支撑每个应用运行的架构。它和应用集成架构一样，都属于技术架构的一部分，但它关注的是应用内部的运行，而集成架构是将多个应用整合起来。B/S、C/S 这些属于应用技术架构，SOA 属于集成架构，它们之间的界限是非常清晰的。本章主要介绍应用技术架构与相关组件。

近年来微服务架构开始大行其道，与之对应的是单体架构、单体应用这样的词汇，仿佛传统应用技术架构都是单体的，微服务是一种新的技术架构。实际上，微服务不是孙猴子，能够从石头里蹦出来，它本质上是将应用内部变成分布式的模式，包括数据分离、服务分离等等，将系统内部的模块独立部署、发布，减少内部的耦合性，微服务架构作为一种架构模式，不是新的概念，实际上流行的 JavaEE 架构就是分布式的，但是当前实现微服务架构的技术，却发生了变化。那为什么过去应用内部分布式的模式较少采用呢？我们可以从业务层面、技术层面两个视角分析这个问题。

6.3.1　从业务发展来看应用技术架构的变迁

金融企业的应用架构本来就是分布式的，应用分为渠道、服务整合、产品、管理决策等四个层次，大大小小上百套系统各司其职，每个企业大同小异，很多系统没有必要在内部采用分布式。随着科技的发展，系统功能越来越多，越来越庞大，例如某大型国有商业银行网上银行，采用对等部署的方式已经存在了上百个节点的应用服务器，虽然自行研究了版本管理、自动化部署、波浪重启的方式，但仍然感觉版本变更复杂。同时，由于应用全量对等部署，如果某个功能出现故障，可能会影响到其他不相干的模块，导致系统整体的不可用。曾经发生过一起内存溢出导致系统不可用的故障，后来发现故障原因是刚刚上线的贵金属交易软件出问题导致，但是其他完全不相关的交易也受到影响。因此，希望将各模块独立部署、独立发展，降低各模块之间的耦合性。

互联网业务发展尤其是移动互联网的出现，让对客服务、三方服务系统的压力指数级增长，例如某大型国有商业银行信用卡中心，早年在应对"双十一"活动时，由于系统交易量大发生过故障，通过分布式、微服务化的改造，将相关交易功能独立部署，减少相互影响，进行了交易异步化处理，增加了熔断、限流等服务保护机制，从根本上提高了系统的吞吐量和容错能力，至此之后每年"双十一"均平稳度过。实际上，"双十一"现象是促进金融企业采用微服务架构，实现系统内部分布式改造的一个重要推动。

随着单一系统越来越庞大，参与研发的人员越来越多，往往涉及多个团队，单体应用模式让研发管理变得比较困难。例如：某大型政策性银行对公信贷系统，开发团队达到百人规模，每次全量编译、打包、冒烟测试时间都比较长，导致每次大版本回归周期长。为此采用增量部署的方式，手工管理容易出错，虽然自行研究了相关工具，还是有战战兢兢的感觉，非常希望能够在研发上实现解耦。

此外，在大环境影响下，"下主机"将成为一个趋势，如何将金融企业的核心系统，从传统大机模式迁移到开放平台、迁移到新的软件硬件体系，是各金融机构必须考虑的问题。在新的体系下必须承认，单独的软件、硬件无论性能、可靠性均可能低于新体系，从业人员对新体系的理解、熟悉也需要时间，更需要在架构上做出相应的设计，提高性能和可用性。正所谓"硬件不足软件补，底层不足上层补"，分布式、微服务架构是核心系统"下主机"的必然选择。

由此可以看出，随着业务的增长，将系统内部进行分布式部署的需求越来越多，独立的划分方式可以参考下面的原则：一是按照不同业务功能划分，如果单独模块的规模比较大，研发团队也能够独立，各自没有太大关联，为降低之间的影响度可以考虑分离；二是从非功能性的角度考虑，将并发量大、可靠性要求高的系统独立出来部署；三是从变更频率上考虑，频繁变更超出系统整体水平的可以独立部署。按照上述原则可以看到，很多系统内部并不需要分布式，要么代码规模不够大，要么可用性要求不够高。

6.3.2 从技术发展来看应用技术架构的变迁

从技术层面看，B/S 架构出现后，金融机构开放平台应用建设逐步转移到 Java 领域。Java领域的应用技术架构以 JavaEE 规范为基础，对照一下 JavaEE 规范的基本概念，看一下微服务相关技术的来世今生，可以更好地理解这些技术，正所谓温故而知新。JavaEE，就是 Java企业版的意思，目前是 JavaEE 8 版本，2006 年以前称之为 J2EE（出现在 1998 年），是在Java 之上为实现企业应用而制定的规范，相关规范很多，我们可以把它按照分层架构，划分为展现规范 JSP、接入网关规范 Sevlet、服务调用规范 EJB、事务规范 JTA、数据访问规范JDBC、消息服务（JMS）、部署规范（EAR、WAR）、命名服务规范 JNDI 等，这些规范有些至今还在发挥作用，有些就早已是落日黄花了。其实，这些规范的目的在微服务架构中都有提及，但为什么结果各异，就很值得分析了。

目前还在发挥作用的规范是接入网关规范 Sevlet、数据访问规范 JDBC、消息服务（JMS）、部署规范（WAR）至今仍然广泛使用，而服务调用规范 EJB、事务规范 JTA、命名服务规范 JNDI 很少使用了。看一下很少使用的规范，EJB（Enterprise Java Bean）看名字理解不了是做什么的，实际上是一个实现后端服务的规范，希望为服务发布和调用提供一种规范的方式，早期只支持远程调用，使用 RMI 为通信协议，后来也支持本地调用的方式了。EJB 的问题是使用比较复杂，一来那时候 Java 没有动态代理的能力，使用 EJB 必须声明和实现特定的接口，代码上比较烦琐；二来需要声明配置文件，因为那时候 Java 没有支持注解，而且每个应用服务器的配置方式有区别，需要额外配置两到三个配置文件；三是使用 RMI 这样的特殊协议，不像现在 HTTP 这样的协议已经非常流行；四是使用了面向对象的方式，希望远程调用和本地调用类似起来，希望在远程和本地都能进行对象状态的传递与共享。JNDI 提供了命名服务，在运行环境中将名称与对象绑定起来，可以使用名称来获得指定对象，从而得到对象的属性或者调用对象的方法。JNDI 的问题有二，一是在不同应用服务器中，实现差别比较大，体现在名称的规范不同，使用起来尤其是绑定对象比较复杂；二是对象作为命名服务中的实体并不好用，不如键值对字符串直观；JTA 是事务控制的规范，作为本地事务，这部分 JDBC 里面已经有了，作为分布式事务，它又太简单了。

上面的问题可以总结成两点，第一要用比较方案要轻不能重，所谓重不是方案的依赖太多、太复杂，所谓重是改变人的习惯：EJB 使用的实现特定接口来做服务声明的方式，改变了大家的编码习惯，使用多个配置文件改变了发布的习惯；JNDI 绑定对象而不是键值对，改变了编码习惯；RMI 协议改变了习惯使用的 HTTP 协议，让一大批基于 HTTP 生态的工具栈失去作用。Spring 在 2005 年出现后，一致致力于简化编程方式，提倡约定大于配置，所以逐渐取代了 JavaEE 中后端服务的编写方式。第二就是不要采用面向对象的方式，Java 是面向对象的语言，但是在企业应用中，不要过多使用这种方式，究其原因，企业应用是面向结果集的，并没有实际的对象/行为与之对应，引入对象模式后多了一层无用的转换，例如经常听到失血模型、贫血模型、充血模型的讨论，就是如何在结果集与对象模型之间映射，凭空增加了复杂度。面向对象更多是设计层面的语言特征。这也是 JMS、JDBC 这样面向结果集的规范至今仍在使用的原因。

微服务架构天然是一个分布式的架构，相关技术有了新的演进，但目前实现技术有很多种情况，在整合应用技术架构、选择相关技术的时候，尤其要吸取 JavaEE 的经验：①要轻量不要重量，不要改变人的习惯，例如利用 Spring 的编程模式对编程友好，约定大约配置，不要配置文件满天飞，要尽可能使用 HTTP 协议以便依赖这个生态；②面向结果集，而不是面向对象；③给出完整方案，例如支持事务完整性，后面我们就有一个复杂的解决方案。

6.3.3　当前应用技术架构微服务化出现的问题与解决原则

微服务架构已经成为一种趋势，它的好处已经很清楚了，如何拆分微服务也清楚了。但是面对微服务架构带来的问题，应该如何应对？这些问题从管理角度看包括：

（1）过去的架构和微服务架构的关系。如何选择？如何迁移？是全部迁移到微服务架构采用分布式方式，还是两种形式并存？决策的依据是什么？

（2）基于开源的技术众多，选型复杂、困难，并且随着开源版本的升级，企业自行维护存在困难。如果不同应用项目采用不同的技术架构，会导致维护困难，系统间的集成存在较多问题。比如日志离散、数据离散、前后端的服务联调、服务间的服务联调等，对技术人员的能力要求增加。

（3）研发团队如何组织？微服务的"微"字，本身就是一个陷阱，很多团队看到"微"字后，就想当然地将服务拆分得很细，有的团队人员规模是 5~6 个人，然而却拆分出几十个微服务，平均每个人要维护好几个微服务。

从技术角度看包括：

（1）数据一致性问题。微服务架构下数据分离、服务分离。以前在单体应用中很好解决的事务问题，现在变得很困难：在基于微服务的应用程序中，需要更新不同服务所用的数据库。通常不会选择分布式事务，一方面是因为 CAP 定理，另一方面是分布式事务根本不支持如今高度可扩展的 NoSQL 数据库和消息代理。最后不得不采用基于最终一致性的方法，这对于开发人员来说更具挑战性。

（2）服务调用链较长，性能下降。由于微服务之间都是通过 HTTP 或者 RPC 调用的，每次调用必须经过网络。一般线上的业务接口之间的调用，平均响应时间大约为 50 毫秒，如果用户的一个请求需要经过几次微服务调用，则性能消耗就是几百毫秒，这在很多高性能业务场景下是难以满足需求的。

（3）系统复杂度大幅度提高，因为微服务将系统内的复杂度转移为系统间的复杂度了。从理论的角度来计算，n 个服务的复杂度是 $n\times(n-1)/2$，整体系统的复杂度是随着微服务数量的增加呈指数级增加的。

（4）微服务应用测试很复杂。例如，使用 Spring Boot，我们只需要编写一个测试类来启动一个单体 Web 应用程序并测试其 REST API。相比之下，一个类似的测试类对于微服务来说需要启动该服务及其所依赖的所有服务，或者至少要做服务 mock，虽然这不是一件高深的事情，但这多出来的工作量和复杂度不可忽视。

（5）没有配套工具之配套，无法快速交付。微服务技术体系复杂，导致对开发、构建、部署和运维形成新的挑战，迫切需要一套工程化的交付方法来支撑微服务应用建设的各个阶段，才能加速应用的交付。如果没有相应的自动化系统进行支撑，都是靠人工去操作，那么微服务不但达不到快速交付的目的，甚至还不如一个大而全的系统效率高。

其实，单体架构不过是分布式的一种特殊形式而已，不应该再区分单体架构还是微服务架构，而是不同的技术栈实现而已。未来的应用技术架构本身就应该是微服务的，不过在部署形态上可以选择分布式部署还是集中部署而已，我们在前面提到这就是一种架构的可变性。实际上，应用技术架构就是解决运行分布与体验聚合这一矛盾的。技术的螺旋式上升，需要我们采用更新的技术栈，但目前的很多技术实现，往往自成体系，希望一并解决很多问题，尤其是目前的开源软件，由于来自不同组织并没有产品化的要求，以至于很多软件的很多功能重叠，依赖混乱。这就需要我们掌握分布与聚合的原则，将面向的问题域分门别类建立起来，为各种技术实现找到明确的定位。分布与聚合这个矛盾的对立统一，我们希望达到服务分布、流程统一，即服务是分布式部署的，但是在业务逻辑上能够统一起来；数据是分布，但是对外呈现的信息是聚合的，事务是完整的；各分布式模块的感觉（末梢神经）是分布的，但系统的知觉（大脑）是统一的，后面我们不再区分微服务架构与单体架构，统称为微服务架构，从这三个方面进行讨论相关的架构原则、设计思路、技术选型与组件、相关规范等，如图 6-3-1 所示。

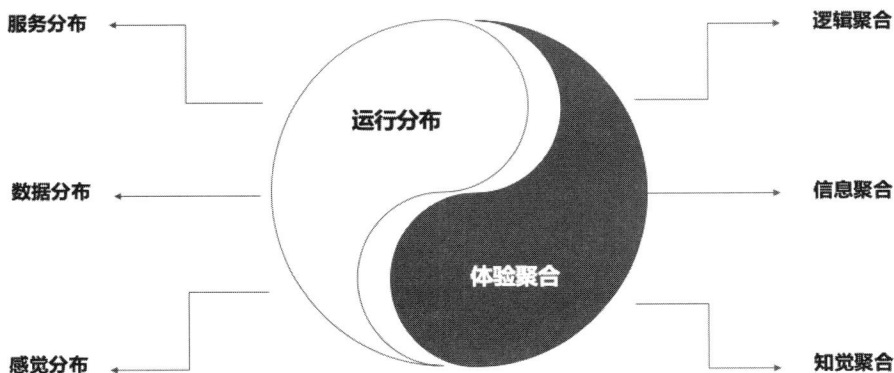

图 6-3-1　运行分布与体验聚合

6.3.4　服务分布，流程聚合的服务设计原则

服务的物理部署是各自独立的，但我们在使用这些服务的时候并不希望区别对待，用不同的方式来管理这些各自独立的微服务，我们希望从"逻辑"上看，每个服务并没有什么不同，它们都按照相应的配置参数运行，对外提供相应服务接口，实现特定的业务功能。这就需要服务注册、接口管理、服务调用、服务配置、消息处理等组件来支持。

1. 服务调用模式与服务框架选择

服务调用分为"服务提供者"和"服务消费者"两个角色，"服务提供者"将自己的服务地址等信息登记到"服务注册中心"中，调用者（服务消费者）从"服务注册中心"查询到提供者的信息，根据这些信息调用服务。

服务调用有两种模式，客户端模式和代理模式：在客户端模式下，"服务消费者"在向"服务注册中心"查询到自己需要调用的"服务提供者"地址之后，"服务消费者"就会自己根据地址去直接访问微服务，此时需要客户端自己实现负载均衡逻辑。在代理模式下，"服务消费者"通过 API Gateway 组件与微服务、"服务注册中心"连接。"服务消费者"只管去找 API Gateway 访问即可。至于去注册中心查询服务地址，以及访问服务地址的动作都由 API Gateway 代劳了，最后 API Gateway 在把结果返回给"服务消费者"即可。这种模式，简化了"服务消费者"的工作，增加了 API Gateway 组件的复杂度，API Gateway 成为系统的关键节点，不仅需要保障自己的稳定性和性能，而且还需要处理一些负载均衡的逻辑，如图 6-3-2 所示。

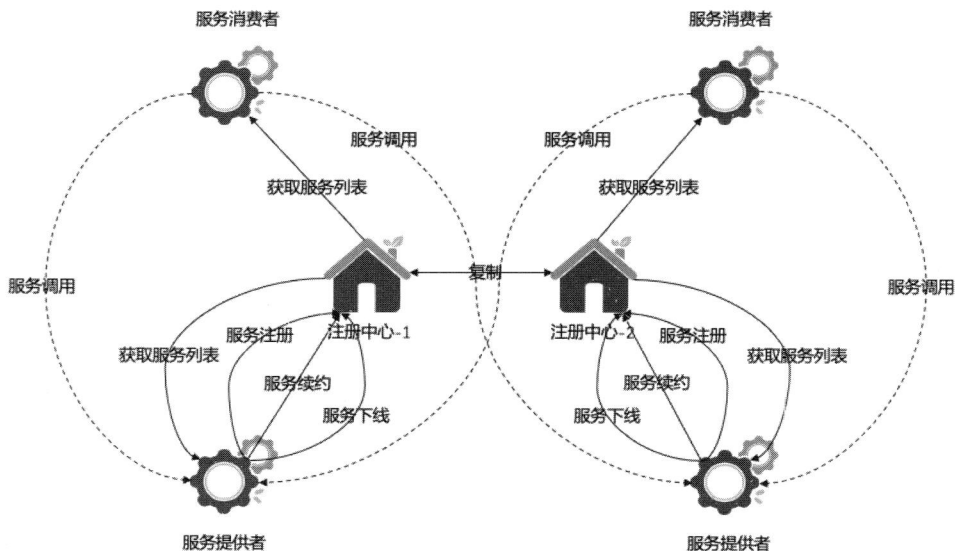

图 6-3-2　服务调用

这两种模式，在服务调用中都是需要的，我们推荐的服务调用模式是："跨系统调用走网关，系统内部直接调用"，原因如下：①跨系统调用走网关，网关作为请求的入口，可以为开发的服务提供很多增强的能力，如安全认证、流控、动态路由等等能力。网关作为系统服务的统一出口，可以屏蔽服务的实现。让客户端使用更简单；②如果跨系统不通过网关的话，类似服务安全控制、流控、降级这部分能力在网关、应用两端均需要重复建设。多种方式融合时，控制会非常混乱；③系统内部通常是一个项目团队，网关通常是不同的团队维护，系统开发期沟通交互多，应用间直接依赖 SDK 调用，相比到网关发布再调用来说更方便；④系统内部调用的服务接口范围通常与给外部系统开放的服务接口范围不一致，如果都通过网关发布，工作量增多、安全控制方面的个性化需求多，管理复杂，如图 6-3-3 所示。

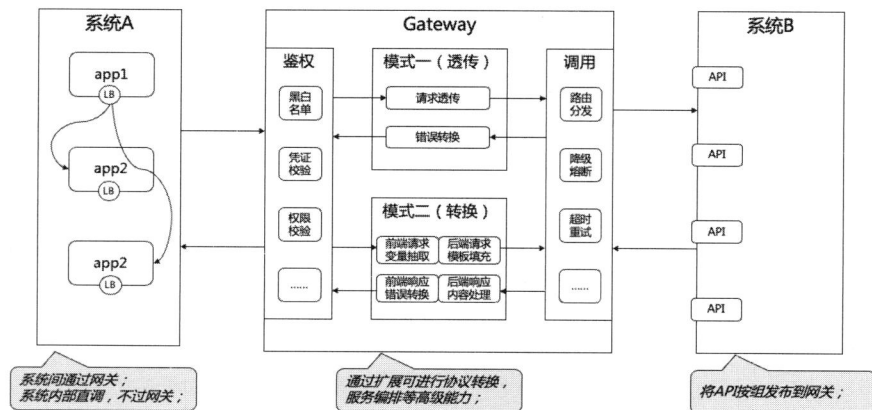

图 6-3-3　网关

在业务中台体系架构方法中，我们已经提出了微服务架构下系统的概念模型，根据这个模型，可以推导出系统的部署方式。这里每一个业务域是由多个系统组成的，每个系统下面有多个应用作为独立的进程部署。我们建议每个业务域有自己独立的网关，而不是全企业统一，也可以每个系统是独立的网关，对外提供服务。这里，单独提出了一个应用组的概念，用于灰度发布这样的管理能力。

因为分布式后，多出了很多管理节点，对于传统的单体应用来说，复杂了很多，管理能力如果跟不上，没必要这么搞：

（1）管理节点的共享方式：目前我们推荐每个域部署一套管理节点，这样维护起来比较简单，也可以多个域共享，要看企业的管理水平。

（2）代理部署方式：每个应用容器旁都有一个代理容器，这是一种部署模式。也可以将 Agent 放在应用容器中，这样的好处是按传统方式运维简单；坏处是隔离性不好，大规模应用有问题。目前在大规模系统中，往往希望容器能更单纯，减少三方库，很多东西都独立出来了，例如 ServiceMesh 中，服务调用也独立出来了。

（3）高可用方式：管理节点是三份，目的是达到高可用，例如注册中心 Eureka 必须是三节点的，这样数据保存三份，才是高可用的。但是其他管理节点，数据通过持久化存储，服务节点采用两个对等节点就可以；高可用方式这里有主备和对等两种，不能混淆使用，如图 6-3-4 所示。

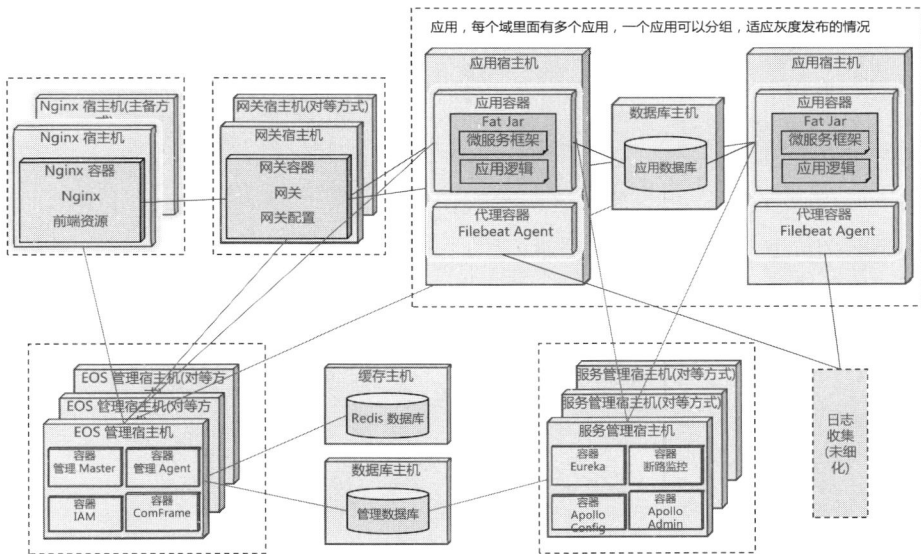

图 6-3-4　注册中心高可用

从上述分析可以看出，服务调用涉及这些相关的组件与能力：服务注册、服务框架、服务网关，其中服务容器负责系统内分布式服务的调用，它除了具备负载均衡能力之外，还需要具备服务限流、服务升降级、服务熔断、服务健全等工作。

目前服务容器一般有 Dubbo、Spring Cloud 两种开源软件可以选择，它们都提供了比较比较丰富的功能，在业界也都有广泛的应用。如何在这两者之间进行选择呢？

（1）从功能性角度看，两者是类似的，只不过实现的技术栈不同而已，但是 Dubbo 支持更细粒度的服务限流和鉴权，可以控制到 API 级，而 Spring Cloud 往往以应用为单元进行控制。这种做法我们开始也不理解，后来发现 Spring Cloud 认为一组相关的服务组成一个应用，应用内部服务之间是平等的，因此它们在管理上也是平等的。服务分组是非常必要的，但这种模式强制将服务分组独立部署或按照端口号发布，在一些场景下灵活性不足。例如我们要求交易码在一定范围内的交易，其中查询类交易做流控，动账类交易不进行控制，这样的功能就需要将两类交易独立部署或者做不同端口号映射，不方便管理。Dubbo 的相关控制都是面向一个细粒度 API 的，灵活性强，但是需要建立相关规范进行约束。Spring Cloud 提供了扩展机制，也可以实现上述能力，改变默认方式。

（2）它们的协议不同，Dubbo 是 RPC 协议，Spring Cloud 是 HTTP 协议，理论上 Dubbo 可以更快一些。但是，我们在介绍 JavaEE 规范的时候曾经说过，要轻量不要改变习惯，EJB 的一个大问题就是基于特殊的 RMI 协议，导致很多工具、惯例无法使用。当然，也可以修改 Dubbo 的实现方式，这就是另外的要求了。

如果一定要有一个选择的话，我们倾向于 Spring Cloud 这样相对标准的方式。但是，企业的麻烦在于如果缺少架构管控，不同项目使用了不同的框架，势必带来技术栈的不同。我们曾经在某股份制银行进行过 Dubbo、Spring Cloud 融合管理的方式。由于他们两个都依赖复杂的技术栈，形成一整套体系，因此必须像本书说的，从架构上分类出具体的能力，为每种能力提供一个推荐的实现，将这个实现与不支持的框架进行适配。我们通常将 Spring Cloud 作为默认选择，将它相关的技术栈适配 Dubbo，而不提供反向适配。

2. 集中式的服务配置管理

服务运行通常要设定一些参数，这些参数以往以配置文件的形式存在。但微服务架构下配置众多，而且分布在每个独立部署的服务中，传统采用配置文件就会存在很多问题，例如某国有大型商业银行网上银行，服务器有上百台以上，修改一个配置参数需要运维人员一台台地进行修改，运维势必难以忍受。此外，我们在进行业务开发的时候，一般会有多个环境，例如开发环境、测试环境、生产环境，那这三个环境之间的配置文件肯定是有不同的，比如说这三个环境对应的数据库地址配置肯定是不同的。在不同环境部署时，就需要手工改变这个参数。此外，历史版本管理、权限控制、安全性等等问题，更是传统的配置文件无法解决的。

集中式的服务配置管理，让我们告别投产或运维手工修改配置的方式，统一管理所有微服务节点的配置，提升运维的效率。Spring Cloud 体系中 Spring Cloud Config 就是这样的组件，但是功能远远达不到生产级，携程开源的 Apollo 是我们推荐使用的，它支持多环境发布，配置变更实时生效，具备权限和配置审计等多种生产级功能。Apollo 既可以用于连接字符串等常规配置场景，也可用于发布开关（Feature Flag）和业务配置等高级场景。

Apollo 这样的开源软件仅仅提供了配置中心运行的能力，并没有提供配置的规范。为提升配置的管理水平，将代码、数据与配置解耦，实现细粒度管控，必须建立配置使用的规范，如图 6-3-5 所示。

配置文件主要有运行前的静态配置和运行期的动态配置两种。静态配置通常是在编译部署包之前设置好。动态配置则是系统运行过程中需要调整系统变量或者业务参数。要想做到集中的配置管理，需要注意以下几点：

（1）配置与介质分离，这个就需要通过制定规范的方式来控制。千万别把配置放在 Jar 包里。

（2）配置的方式要统一，格式、读写方式、变更热更新的模式尽量统一，要采用统一的配置框。

（3）运行时需要有个配置中心来统一管理业务系统中的配置信息，这个就需要平台来提供配置中心服务和配置管理门户。

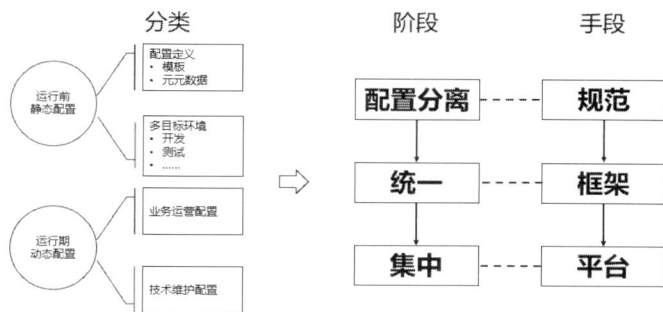

图 6-3-5　配置使用规范

3. 消息模式与实现技术选择

消息模式用于下面几种情况：①系统间耦合性太强，例如系统 A 调用系统 B 和系统 C，如果将来 D 系统接入，系统 A 还需要修改；②在高并发的情况下，当接入新系统或者大量写请求，或者具体地说应该是瞬时大量的写请求到来时，系统中出现"生产"和"消费"的速度或稳定性等因素不一致的情况，此时，一些非必要的业务逻辑以同步的方式运行，太耗费时间；一旦大量并发请求同时到达，所有的请求直接压到数据库，造成数据库连接异常。

使用消息模式实现系统间解耦，用异步处理方式实现削峰、填谷。该如何选择现有消息模式进行技术实现呢？主流的消息队列产品各有各的特色，对于一个企业来说没有最好的产品，只有现阶段最适合的。我们来对比一下常见的消息队列，如表 6-1 所示。

表 6-1　常见的消息队列

特性	RabbitMQ	Kafka	RocketMQ
PRODUCER-COMSUMER	支持	支持	支持
PUBLISH-SUBSCRIBE	支持	支持	支持
REQUEST-REPLY	支持	-	支持
API 完备性	高	高	低（静态配置）
开发语言	Erlang	Java 和 Scala	Java
多语言支持	语言无关	支持，JAVA 优先	支持
单机吞吐量	万级	十万级	单机万级
消息延迟	微秒级	毫秒级	毫秒级
可用性	高（主从）	非常高（分布式）	高
消息丢失	低	理论上不会丢失	-
消息重复	可控制	理论上会有重复	-
文档的完备性	高	高	中
提供快速入门	有	有	无
首次部署难度	低	中	高

由上表可知：

（1）RabbitMQ 技术路线比较独特，它本身的开发语言，二次开发成本高，扩展功能非常困难，不建议选择。

（2）Kafka 使用 Scala 和 Java 语言开发，设计上大量使用了批量和异步的思想，使得 Kafka 能做到超高的性能，正因为它大量采用了批量跟异步的理念，当你的消息数量不到一定数量的时候反而会出现消息延迟，基本上不太适合在线业务使用，建议在对可靠性要求不是特别高的大并发场景下使用。

（3）RocketMQ 有非常活跃的中文社区，大多数问题可以找到中文的答案。RocketMQ 使用 Java 语言开发，源代码相对比较容易读懂，容易对 RocketMQ 进行扩展或者二次开发。RocketMQ 在阿里内部被广泛应用在订单、交易、充值、流计算、消息推送、日志流式处理、Binglog 分发等场景。经历过多次双十一的考验，它的性能、稳定性和可靠性都是值得信赖的。RocketMQ 对在线业务的响应时延做了很多的优化，我们推荐在线业务使用 RocketMQ。

消息模式也有自身的缺点，使用后也给我们带来了一些问题：

（1）系统可用性降低：系统引入的外部依赖越多，越容易出故障。本来你就是 A 系统调用 BCD 三个系统的接口就好了，人家 ABCD 四个系统好好的，没啥问题，你加个消息队列进来，万一消息队列出故障了怎么办？消息队列一失效，整套系统就会崩溃。如何保证消息队列的高可用？以 RocketMQ 为例，我们建议采用多 Master 多 Slave 同步双写的模式来部署，这样数据与服务都无单点，在 Master 宕机情况下，消息无延迟，服务可用性与数据可用性都非常高。

（2）系统复杂度提高：加入个消息队列进来之后，要多考虑很多方面的问题，比如一致性问题、如何保证消息不被重复消费、如何保证消息可靠传输。因此，需要考虑的东西更多，系统复杂性增大。所以，消息队列实际是一种非常复杂的架构，引入它有很多好处，但是也得针对它带来的坏处做各种额外的技术方案和架构来规避掉。这其实是消息队列的消费怎么保证幂等性的问题，这通常需要结合具体的业务来看，比如说从消息队列里拿个数据要写库，先根据主键查一下，如果数据有了，就不要插入了，更新一下即可。

（3）一致性问题：A 系统处理完了直接返回成功，本以为这个请求就成功执行完成了，但是问题是，要是 BCD 三个系统那里，BD 两个系统写库成功了，而 C 系统写库失败了，这种情况数据不一致了。怎么解决这个不一致问题，这取决于业务对于强一致性的容忍度如何？如果容忍度大，可以增加重试机制，报错后即时触发告警信息，通知人工介入；如果容忍度小，那么可以利用分布式事务，比如可以使用 TCC，在失败后进行补偿。

6.3.5　数据分布与信息聚合的设计模式

数据是企业应用的核心，企业应用也是围绕着数据展开，当系统数据越来越庞大的时候，我们就需要考虑将数据拆分，分而治之。表面上使用微服务架构后，必然出现数据的分布，实际上正是由于数据需要分布，才产生了微服务架构。一方面，随着目前移动互联网、物联网的发展导致数据量越来越大；另一方面"下主机""自主可控"等架构要求导致单机处理能力有所降低，因此需要进行数据分布。数据应该如何分布，分布的原则是什么，如何在数据分布的情况下保证事务的一致性，这些是下面我们要讨论的主要问题。根据 CAP 原理，一致性、可用性、分区容忍性三者无法同时满足，我们不奢望找到全能的方案，但可以应该根据不同场景归集到几种模式，制定相应的处理策略。

1. 数据分布的模式

数据分布主要有两种模式，即垂直拆分与水平拆分。垂直拆分是按照业务逻辑的相关性，将不同领域的数据拆分开来，由不同的数据库存储，避免数据量大超出单库的处理能力。实际上微服务的拆分正是数据垂直拆分的一种体现，对不同数据的访问通过服务方式进行，避免了数据之间的耦合，提高了处理能力。例如客户信息与账户信息分离。垂直拆分中比较难以把握还有一些关联关系数据，例如机构与产品关系、介质与账户关联等，这些数据也就是我们在四色原型法中讲到的角色（Role），它们需要按照管理维度划分，也可以作为引用数据来维护。

水平拆分是根据某个要素把同一个业务实体的数据拆分到多个表、多个库里，应用与数据库之间使用数据路由组件，按一个固定的规则产生 SQL 语句，把 SQL 语句发送到相应的数据库节点上执行。水平拆分一般是在垂直拆分基础上进行的，主要针对单一实体数据量大、数据库能力不足的问题。水平拆分中往往按业务来确定拆分要素，这个要素是当前应用中的聚合根标识，例如：存款应用采用账号作为要素、交易应用使用客户号作为要素。但是在实际使用过程中，不能简单地用有业务含义的属性进行标识，需要根据该要素转换为一个用于拆分的 ID，根据这个 ID 找到对应的数据库。水平拆分后，不可能每次操作都有拆分要素作为输入，例如：根据手机号码查询客户信息，这就需要额外增加索引表，在客户信息创建或者更新时，将手机号码与拆分 ID 进行关联，以便于非精确查询。

读写分离是一种特殊的水平拆分方式，多用在更新频率低、查询频率高的情况。将业务实体的读库与写库进行分离，数据更新到写库，从读库查询，当数据更新时从写库同步到读库中。如果查询性能要求高，还可以将读数据进行缓存，缩短响应时间。

无论如何进行拆分，首先要考虑数据的完整性，即事务一致性要求高的数据，应该在一个数据库中，尽可能避免跨库。例如：在设计发红包场景时，发红包、查红包、抢红包等并发量比较大，而且数据一致性要求高，反而其他业务要求会低一些，因此通常以红包 ID 作为拆分要素，将该红包所有操作都路由到一个数据库中，以保证事务一致性。

企业数据可以分为元数据、引用数据、主数据、交易活动数据、流程轨迹数据、行为轨迹数据、分析数据等。这些数据类型的特点是：①元数据、引用数据的数据量不大，通常无须拆分，但是访问性能要求可能会很高，可以采用读写分离与缓存进行访问优化。机构与产品的关联关系、账户与凭证的关联关系、参数配置等都可以作为引用数据，采用这样的方案；②主数据企业经营中不易随时间发生变化的数据实体，例如产品、客户等。首先采用垂直拆分，然后根据数据量考虑是否水平拆分。主数据一般采用拉链表方式存储，由于主数据读多写少，往往采用读写分离方式。可以有一个读库多个写库，在读库和写库之间进行全量复制。如果进行了水平拆分，需要建立索引表，以便支持非精确查询。③交易活动数据是企业经营活动产生的数据，例如合约、支付等等。交易活动数据非常适合水平拆分，可以根据交易号进行分库，例如前面讲的抢红包模式；④流程轨迹数据是对数据变更通过进行记录，例如审批、复核，包含了交易审计数据，一般来自企业管理行为，数据量不会很大，根据业务领域进行垂直分离即可；⑤行为轨迹数据是近年来为优化用户体验、提高对业务感知记录的数据，例如用户的操作行为等，数据量较大，适合水平拆分，由于它的读写都不频繁，一般不属于 OLTP 范畴；⑥分析数据是分析后产生的汇总数据，根据需要水平拆分，一般采用读写分离方式。

最后说一个特殊的交易活动数据——账务数据，它要求数据强一致，每一次对余额的增减必须基于一个绝对正确的当前值，否则就会造成资损。账务数据一般根据账号进行水平拆分，由于强一致性要求，必须考虑拆分后某个数据库出现故障时如何处理。这里涉及 RTO、RPO 两个概念：RTO（Recovery Time Objective，恢复时间目标）表示能容忍的、从故障发生到系统恢复正常运转的时间，这个时间越短，容灾要求越高；RPO（Recovery Point Objective，数据恢复点目标）表示能容忍故障造成过去多长时间的数据丢失，RPO 为 0 表示不允许数据丢失。账务数据显然首先是 RPO=0。一般每个数据的主库，都要有相应的备库，主备库数据不一致无法避免，但我们可以在交易中锁定那些刚刚发生变更的数据，把它们放入黑名单。如果故障发生，业务切换到备库，黑名单中的账户不能在备库进行交易，不在黑名单的账户可以利用备库数据正常交易，这样就把不可操作账户减少到最少。

能够满足账务数据的可靠性要求，其他就不成问题，只不过方案不同而已。最后说一句，能不拆分，就不拆分。

2. 保证数据一致性的模式

数据操作在单库的，使用传统的数据库事务保证数据一致性：①开始一个事务；②改变（插入、删除、更新）很多行；③然后提交事务；④如果有异常时回滚事务。数据拆分后，就出现了一个应用需要同时更新两个或两个以上的数据库的情况。开始我们用分布式事务（XA）来保证一致性，也就是我们常说的两阶段提交协议（2PC），这种模式存在几个比较突出的问题：

（1）单点问题，即事务管理器在整个流程中扮演的角色很关键，如果其宕机，比如在第一阶段已经完成，在第二阶段正准备提交的时候，事务管理器宕机，资源管理器就会一直阻塞，导致数据库无法使用。

（2）同步阻塞问题，即在准备就绪之后，资源管理器中的资源一直处于阻塞，直到提交完成，释放资源。

（3）数据不一致问题，即两阶段提交协议虽然为分布式数据强一致性所设计，但仍然存在数据不一致性的可能，比如在第二阶段中，假设协调者发出了事务 commit 的通知，但是因为网络问题该通知仅被一部分参与者接收到并执行了 commit 操作，其余的参与者则因为没有收到通知而一直处于阻塞状态，这时候就产生了数据的不一致性。

依据 CAP 理论，必须在可用性（availability）和一致性（consistency）之间做出选择。

如果选择提供一致性需要付出在满足一致性之前阻塞其他并发访问的代价,这可能持续一个不确定的时间,尤其是在系统已经表现出高延迟时或者网络故障导致失去连接时。依据业务要求,我们必须选择最终一致性,就要保证这个不确定时间要在用户可接受的范围之内。那么如何实现最终一致性呢?

从一致性的本质来看,需要保证在一个业务逻辑中包含的服务要么都成功,要么都失败。那我们怎么选择方向呢?保证成功还是保证失败呢?这里业务模式决定了我们的选择。实现最终一致性有三种模式:可靠事件模式、业务补偿模式、TCC 模式。

1. 可靠事件模式

可靠事件模式属于事件驱动架构,当某件重要的事情发生时,例如更新一个业务实体,微服务会向消息代理发布一个事件。消息代理会向订阅事件的微服务推送事件,当订阅这些事件的微服务接收此事件时,就可以完成自己的业务,也可能会引发更多的事件发布,如图 6-3-6 所示。

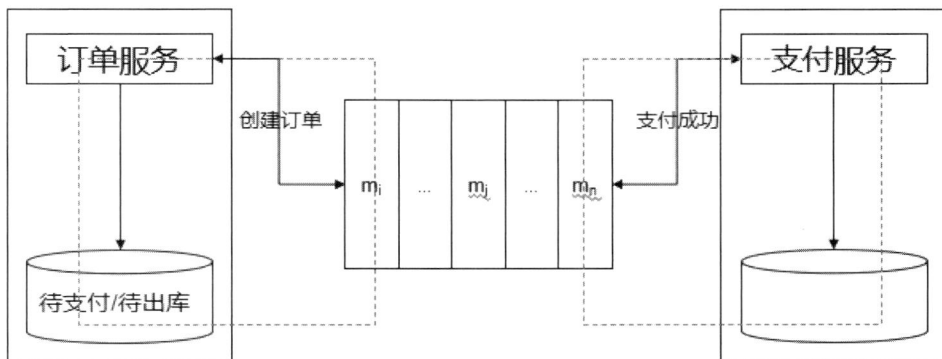

图 6-3-6　可靠事件模式示例

(1)订单服务创建一个待支付的订单,发布一个"创建订单"的事件。

(2)支付服务消费"创建订单"事件,支付完成后发布一个"支付成功"事件。

(3)订单服务消费"支付成功"事件,订单状态更新为待出库。

从而就实现了业务流程。但是这个过程可能导致出现不一致的地方在于:

(1)某个微服务在更新了业务实体后发布事件却失败。

(2)虽然微服务发布事件成功,但是消息代理未能正确推送事件到订阅的微服务。

(3)接受事件的微服务重复消费了事件。

可靠事件模式在于保证可靠事件投递和避免重复消费,可靠事件投递定义为:

(1)每个服务原子性的业务操作和发布事件。

(2)消息代理确保事件传递至少一次。避免重复消费要求服务实现幂等性,如支付服务不能因为重复收到事件而多次支付。

2. 业务补偿模式

补偿模式使用一个额外的协调服务来协调各个需要保证一致性的微服务，协调服务按顺序调用各个微服务，如果某个微服务调用异常（包括业务异常和技术异常），就取消之前所有已经调用成功的微服务。补偿模式建议仅用于不能避免出现业务异常的情况，如果有可能应该优化业务模式，以避免要求补偿事务。比如：账户余额不足的业务异常可通过预先冻结金额的方式避免，商品库存不足可要求商家准备额外的库存等。

我们通过一个实例来说明补偿模式，一家旅行公司提供预订行程的业务，可以通过公司的网站提前预订飞机票、火车票、酒店等。在客户提交行程后，旅行公司的预订行程业务按顺序串行的调用航班预订服务、酒店预订服务、火车预订服务。最后的火车预订服务成功后，整个预订业务才算完成。如果火车票预订服务没有调用成功，那么之前预订的航班、酒店都得取消。取消之前预订的酒店、航班即为补偿过程，如图 6-3-7 所示。

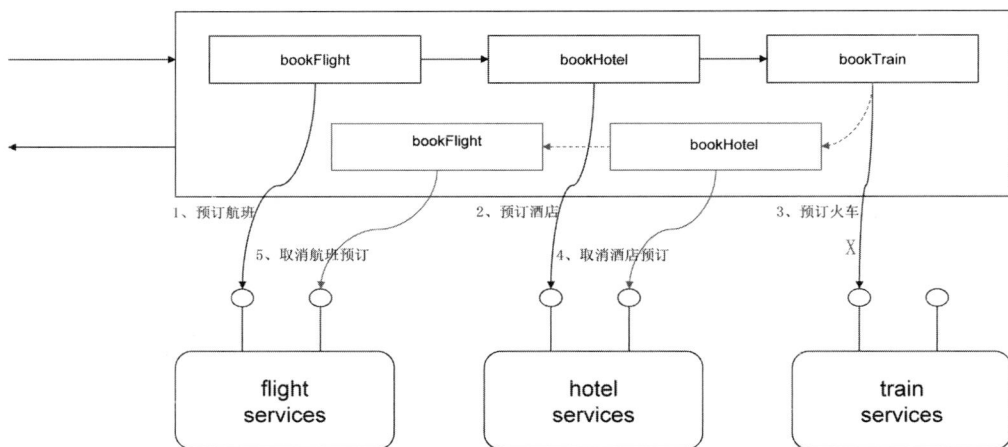

图 6-3-7　业务补偿模式示例

为了降低开发的复杂性和提高效率，协调服务实现为一个通用的补偿框架。补偿框架提供服务编排和自动完成补偿的能力。

要实现补偿过程，我们需要做到两点：

（1）首先要确定失败的步骤和状态，从而确定需要补偿的范围。在上面的例子中，我们不仅要知道第 3 个步骤（预订火车）失败，还要知道失败的原因。如果是因为预订火车服务返回无票，那么补偿过程只需要取消前两个步骤就可以了；但是如果失败的原因是因为网络超时，那么补偿过程除前两个步骤之外还需要包括第 3 个步骤。

（2）其次要能提供补偿操作使用到的业务数据。比如一个支付微服务的补偿操作要求的参数包括支付时的业务流水 id、账号和金额。理论上说实际完成补偿操作可以根据唯一的业务流水 id 就可以，但是提供更多的要素有益于微服务的健壮性，微服务在收到补偿操作的时候可以做业务的检查，比如：检查账户是否相等，金额是否一致等。

做到上面两点的办法是记录完整的业务流水，可以通过业务流水的状态来确定需要补偿的步骤，同时业务流水为补偿操作提供需要的业务数据。微服务实现补偿操作不是简单地回退到业务发生时的状态，因为可能还有其他并发的请求同时更改了状态。一般都使用逆操作的方式完成补偿。

补偿过程不需要严格按照与业务发生的相反顺序执行，可以依据工作服务的重用程度优先执行，甚至是可以并发的执行。有些服务的补偿过程是有依赖关系的，被依赖服务的补偿操作没有成功就要及时终止补偿过程。

如果在一个业务中包含的工作服务不是都提供了补偿操作，那我们编排服务时应该把提供补偿操作的服务放在前面，这样当后面的工作服务错误时还有机会补偿。设计工作服务的补偿接口时应该以协调服务请求的业务要素作为条件，不要以工作服务的应答要素作为条件。因为还存在超时需要补偿的情况，这时补偿框架就没法提供补偿需要的业务要素。

3. TCC 模式（Try-Confirm-Cancel）

一个完整的 TCC 业务由一个主业务服务和若干个从业务服务组成，主业务服务发起并完成整个业务活动。TCC 模式（见图 6-3-8）要求从服务提供三个接口，try、confirm、cancel：①try：完成所有业务检查，预留必须业务资源；②confirm：真正执行业务，不作任何业务检查，只使用 try 阶段预留的业务资源，confirm 操作满足幂等性；③cancel：释放 try 阶段预留的业务资源，cancel 操作满足幂等性，整个 TCC 业务分成两个阶段完成。

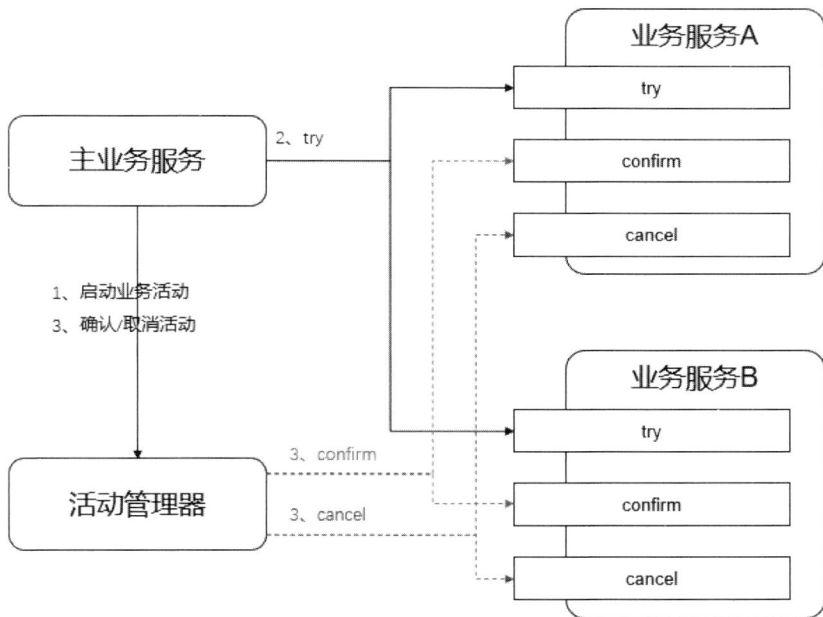

图 6-3-8　TCC 模式

- 第一阶段：主业务服务分别调用所有从业务的 try 操作，并在活动管理器中登记所有从业务服务。当所有从业务服务的 try 操作都调用成功或者某个从业务服务的 try 操作失败，进入第二阶段。

- 第二阶段：活动管理器根据第一阶段的执行结果来执行 confirm 或 cancel 操作。如果第一阶段所有 try 操作都成功，则活动管理器调用所有从业务活动的 confirm 操作，否则调用所有从业务服务的 cancel 操作。

需要注意的是，第二阶段 confirm 或 cancel 操作本身也是满足最终一致性的过程，在调用 confirm 或 cancel 的时候也可能因为某种原因（比如网络）导致调用失败，所以需要活动管理支持重试的能力，同时这也就要求 confirm 和 cancel 操作具有幂等性。

在补偿模式中一个比较明显的缺陷是：没有隔离性。从第一个工作服务步骤开始一直到所有工作服务完成（或者补偿过程完成），不一致是对其他服务可见的。另外，最终一致性的保证还充分依赖了协调服务的健壮性，如果协调服务异常，就没法达到一致性。TCC 模式在一定程度上弥补了上述的缺陷，在 TCC 模式中直到明确的 confirm 动作，所有的业务操作都是隔离的（由业务层面保证）。另外，工作服务可以通过指定 try 操作的超时时间，主动地 cancel 预留的业务资源，从而实现自治的微服务。

TCC 模式和补偿模式一样需要有协调服务和工作服务，协调服务也可以作为通用服务一样实现为框架。与补偿模式不同的是 TCC 服务框架不需要记录详细的业务流水，完成 confirm 和 cancel 操作的业务要素由业务服务提供。TCC 模式也不能百分之百保证一致性，如果业务服务向 TCC 服务框架提交 confirm 后，TCC 服务框架向某个工作服务提交 confirm 失败（比如网络故障），那么就会出现不一致，一般称为 Heuristic Exception。

需要说明的是为保证业务成功率，业务服务向 TCC 服务框架提交 confirm 以及 TCC 服务框架向工作服务提交 confirm/cancel 时都要支持重试，这也就要 confirm/cancel 的实现必须具有幂等性。如果业务服务向 TCC 服务框架提交 confirm/cancel 失败，不会导致不一致，因为服务最后都会超时而取消。

上述几种模式，经常有人提到下面的问题：①都要求服务提供者在正常的交易之外，提供额外的功能，貌似带来了代码的复杂度，加大了工作量。实际上都是业务需求中必备的，例如：TCC 模式在交易系统中都有预扣款这样的接口，并不会增加实现的工作量。而对于服务的调用者来说，相关服务的调用由微服务框架实现，例如自动的事件投放、自动补偿调用、TCC 中 CC 服务的调用，也不需要额外的工作量；②如何从当前上下文向补偿接口、confirm 接口、cancel 接口传递参数？实际上只要将正向交易的数据传递过去即可，不需要额外的数据；③如果补偿还是失败，该怎么办？还是需要对账的。

6.3.6 感觉分布与知觉聚合

微服务架构带来了系统复杂度的大幅度提高，整体复杂度是随着独立应用数量的增加呈指数级增加。这就需要我们更加重视系统的运营工作，但是目前相关技术相当凌乱，一些产品与框架往往从自身出发，覆盖了和自己相关的很多功能，重复制造了很多"轮子"，而缺少整体上的统一规划。经常出现这样的情况，为了一个功能选择了一个技术组件，但这个技术组件依赖了特别多相关框架，而这些框架提供的能力在其他组件上已经存在，但两者又不能打通或者各自替换，只好在技术上简单堆砌，尤其是不同系统、不同团队选择了不同的技术栈，带来的管理问题更多。

为了提高微服务架构下的运营能力，我们提出了感觉分布、知觉聚合的设计原则，为系统建立感知能力。所谓感觉是对事物某一属性的具体认识，即看得见、摸得着等等；所谓知觉则是对某一事物的各种属性以及它们相互关系的整体反映。在系统拆分为微服务后，我们要掌握微服务的运行情况，就需要把"感觉器官"放到微服务各个节点上，节点数量增加导致需要"感觉"的机器、网络、进程、接口调用数等监控对象的数量大大增加，一旦发生异常情况，我们需要快速根据各类"感觉"到的信息来做出反应。因此分布的"感觉"就像人的神经系统，聚合的"知觉"就像人的大脑，我们需要将"感觉"的能力和"知觉"的能力分开，分门别类的建立相关的基础能力，在技术架构上解耦，避免做成简单的技术堆砌，减少重复的"轮子"。系统感知能力如图 6-3-9 所示。

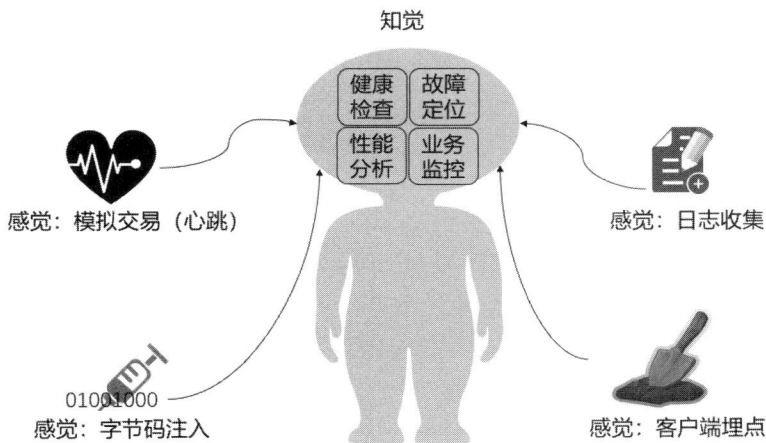

图 6-3-9　系统感知能力

建立感觉能力可以概括为以下四种方式：

（1）心跳监测：提供模拟交易，由系统主动提供运行状态信息。

（2）日志记录：系统将运行情况记录下来，用于感觉后端服务的运行情况。

（3）字节码注入：注入到服务端代码中，用于感觉后端服务的运行情况。

（4）客户端埋点：注入到客户端代码中，用于感觉前端的运行情况。

上述"感觉"探查到的信息汇总形成完整的"知觉"，例如：

（1）健康检查：知晓微服务健康状态，了解服务的可用性，避免调用到失效服务上。

（2）性能分析：知晓微服务运行的性能，了解整个系统的瓶颈，在实时分析的基础上进行预警，在问题萌芽的阶段发觉并告警，降低问题影响的范围和时间。

（3）业务监控：知晓业务交易情况，监测业务访问量、慢交易数量、业务时延及发生错误的次数等各项业务指标。

（4）故障定位：知晓微服务的拓扑结构、调用关系和调用顺序，实时搜集信息并进行聚合分析，了解系统和应用中发生的事件，尽量避免故障，并且在发生故障后快速定位故障，减少处理时间。

下面我们将分别介绍建立"感觉"与"知觉"的关键技术与设计。

1. 分布式感觉能力的相关技术

（1）基于日志的感知能力

日志是记录系统运行状态非常好的手段，但是由于微服务是相互隔离的，它们不共享公共数据库和日志文件，我们需要跟踪不同节点服务发生的日志，这就需要收集端到端链路上的日志，以帮助我们建立相关的"知觉"能力。我们建议定制 ELK 技术栈，构建日志中心做日志集中收集和分析，并做了相关组件的选择，这些组件也可以利用其他组件的感知能力，避免了技术重叠带来的复杂度，如图 6-3-10 所示。

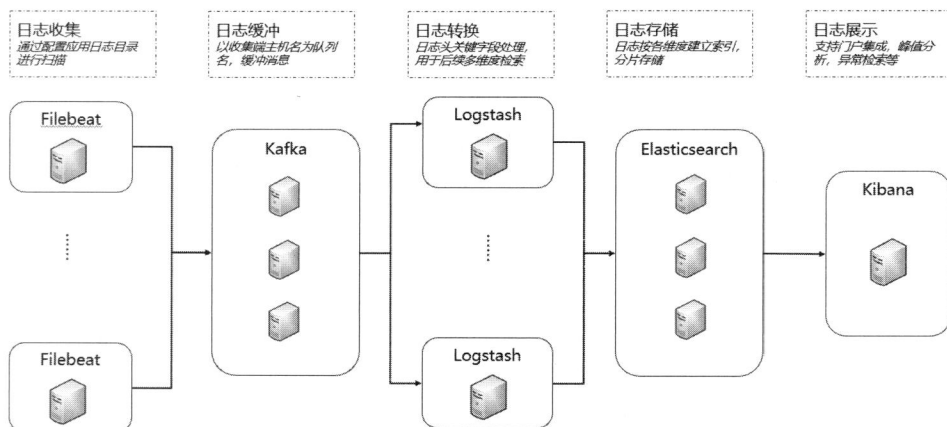

图 6-3-10　日志集中收集和分析

（2）定制 ELK 的相关技术选型

日志数据的生成直接使用 Logback 等日志框架就可以，也可以自己封装公共方法、AOP、注解等方式来生成指定的埋点日志。使用日志埋点能实现日志数据与业务数据分离，日志记录对业务的影响可以降低到 3% 以内。

Filebeat 主要负责采集日志，通过配置应用日志目录进行扫描采集，并将采集到的日志输出到 Kafka ，需要每台服务器都部署一个收集日志的 Agent。关于日志数据的收集可选择的中间件比较多，除了图中的 FileBeat 之外还有 Flume、Fluentd、rsyslog 等，经过我们的测试与评估，建议选择 Filebeat。

Kafka 主要负责接收来自 Filebeat 的日志，进行日志的聚合和转换，同时能够减轻后续日志分析的压力，达到削峰填谷、安全限流的作用。转换工作由 Logstash 完成，从 Kafka 采集各种样式、大小和来源的日志数据，利用过滤器进行实时解析和转换日志数据，过滤器能够解析各个事件，识别已命名的字段以构建结构，并将它们转换成通用的日志格式，再将转换后的日志数据利用 Kafka 传输到 ElasticSearch，用于后续多维度检索。Logstash 的工作，也可以用 Flume 完成，Flume 是 Java 开发的，技术栈比较统一，但是 Logstash 目前的可配置能力比较强。

（3）能够还原调用链的日志相关格式规范

为了便于后面的数据解析，日志数据需要规范先行，所有的日志必需约定好统一的格式，例如：{时间}|{全局流水号}|{请求流水号}|{响应流水号}|{来源}|{对象 id}|{类型}|{对象属性(以 & 分割)}，避免埋点的日志文件和系统本身输出的日志混淆，埋点的日志输出的目录、文件等需要和应用本身的日志分离，通过 Logback 的配置可以实现。

日志可以分为系统日志、调试日志两种类型，前者记录系统处理的过程，后者用于开发调试，在运行期不使用，不能将两个日志混为一谈。

系统日志需要能够反映出调用链，就要为每次调用做个标识，然后将服务按标识大小排列，可以更清晰地看出调用顺序，我们将该标识命名为 spanid。实际场景中，我们需要知道某次请求调用的情况，所以只有 spanid 还不够，得为每次请求做个唯一标识，这样才能根据标识查出本次请求调用的所有服务，而这个标识我们命名为 traceid。现在根据 spanid 可以轻易地知道被调用服务的先后顺序，但无法体现调用的层级关系，多个服务可能是逐级调用的链条，也可能是同时被同一个服务调用。所以应该每次都记录下是谁调用的，我们用 parentid 作为这个标识的名字。

现在已经知道调用顺序和层级关系了，但是接口出现问题后，还是不能找到出问题的环节，如果某个服务有问题，那个被调用执行的服务一定耗时很长，要想计算出耗时，上述的三个标识还不够，还需要加上时间戳。时间戳可以更精细一点，精确到微秒级。只记录发起调用时的时间戳还算不出耗时，要记录下服务返回时的时间戳，有始有终才能算出时间差，既然返回的也记了，就把上述的三个标识都记一下吧，不然区分不出是谁的时间戳。

虽然能计算出从服务调用到服务返回的总耗时，但是这个时间包含了服务的执行时间和网络延迟，有时候我们需要区分出这两类时间以方便做针对性的优化。那如何计算网络延迟呢？我们可以把调用和返回的过程分为以下四个事件：

- Client Sent 简称 cs，客户端发起调用请求到服务端。
- Server Received 简称 sr，指服务端接收到了客户端的调用请求。
- Server Sent 简称 ss，指服务端完成了处理，准备将信息返给客户端。
- Client Received 简称 cr，指客户端接收到了服务端的返回信息。

假如在这四个事件发生时记录下时间戳，就可以轻松计算出耗时，比如 sr 减去 cs 就是调用时的网络延迟，ss 减去 sr 就是服务执行时间，cr 减去 ss 就是服务响应的延迟，cr 减 cs 就是整个服务调用执行的时间。

其实 span 块内除了记录这几个参数之外，还可以记录一些其他信息，比如发起调用服务名称、被调服务名称、返回结果、IP、调用服务的名称等。最后，我们再把相同 spanid 的信息合成一个大的 span 块，就可以完成一个完整的调用链。

（4）字节码注入

Java Agent 是 JDK 1.5 以后引入的，也可以叫作 Java 代理，用来协助监测、运行甚至替换其他 JVM 上的程序，通过自定义类加载器，进行字节码修改等手段，可以实现虚拟机级别的 AOP 功能。

Skywalking 是一款国内开源的应用性能监控工具，支持对分布式系统的监控、跟踪和诊断。它就是使用 Java Agent 做字节码植入，无侵入式的收集，并通过 HTTP 或者 gRPC 方式发送数据到 Skywalking Collector，Collector 对 Agent 传过来的数据进行整合分析处理并落入相关的数据存储中。通过 Skywalking，可以对服务的性能进行分析，包括：SLA 服务可用性（主要是通过请求成功与失败次数来计算）、CPM 每分钟调用次数、Avg Response Time 平均响应时间等。

Skywalking 也是一个全套的技术栈，如何与 ELK 日志处理技术整合，就需要考虑清楚：

- Skywalking 作为字节码注入的感知框架，未来需要基于字节码扩展的"感觉"能力都可以在这一级别扩展。
- Skywalking 支持多种数据存储方式，例如 ElasticSearch、MySQL、TiDB、H2 等，我们采用 Elasticsearch 进行存储，与 ELK 的技术选择一致，这样使用 Skywalking 后仅仅增加了 Collector 组件，其他是重用的。
- Skywalking 记录的跟踪信息，符合日志规范的定义，包括 spanid、traceid、parentid 等内容，以便能够与日志关联起来。
- Skywalking 可以用作系统的监控、跟踪和诊断等功能，但我们仅仅把它作为性能分析的工具，采用采样式的信息收集方式，避免大而全的使用。

（5）客户端埋点

客户端埋点对应的形态有网页、App、小程序、H5 等。常见的客户端埋点划分为三种实现方式：全埋点、可视化埋点以及代码埋点。

- 全埋点：嵌入式埋点，也称为无痕埋点或者无埋点，通过 SDK 的形式植入到终端设备，将终端设备上用户所有的操作和浏览行为内容全量、完整地记录下来，全埋点是数据采集覆盖面最全面的埋点方式。
- 可视化埋点：通过服务端可视化配置的方式有针对性地收集用户在终端上的行为数据，根据金融企业对不同数据的需求局部埋点，定向获取数据。
- 代码埋点：代码埋点和可视化埋点一样，都是根据金融企业的业务场景，有针对性地收集用户行为数据。它们的区别在于：代码埋点是纯定制化的，每次调整都需要对终端应用进行升级。

2. 聚合式知觉能力的相关技术

"感觉"是信息采集的过程，而"知觉"是产生行动的过程。建立微服务架构下系统的知觉能力，需要多个层面配合完成，是一个系统性的工程，而不是孤立的考虑。我们把系统的"知觉"能力纵向分为四个层次，客户端（Web、H5、APP、小程序等）、服务端（微服务进程）、技术组件（虚机、容器、中间件、数据库等）、基础设施（网络、服务器、存储等）。"知觉"体现的最终行动，分为链路拓扑、监控、预警、故障定位、趋势分析等几个主题；配置中心（CMDB）实现所有涉及的应用软件、系统软件、服务器和网络设备的配置管理、监控参数设置、业务规则配置，监控中心负责监控展示与告警；分析中心根据"感觉"采集的数据进行深度挖掘，积累知识，如图 6-3-11 所示。

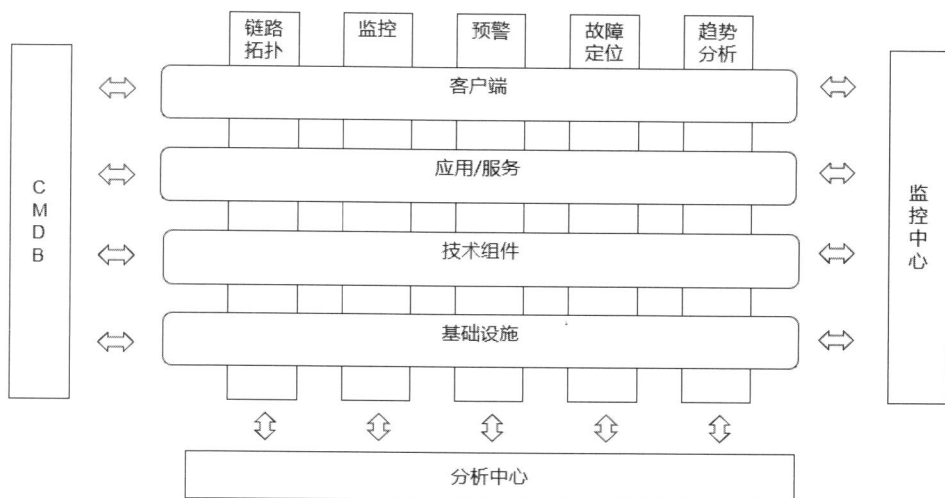

图 6-3-11　聚合式知觉能力相关技术

- 链路拓扑：根据日志、旁路采集、注入等数据记录的链路信息，为系统生成一张调用的拓扑图。通过这张图，我们就可以知道系统中各个组件间的调用关系是怎样的，依赖了哪些服务。并且还可以起到监控全局服务的作用，便于架构师、运维人员掌握系统的状态。
- 监控：不同层面监控要求不同，客户端监控以实时监控客户体验为主，包括性能、返回码、城市、地区、运营商、版本、系统等；应用/服务监控包括核心指标的监控（例如登录、支付、注册、下单的关键指标），以及响应时间、吞吐量等技术指标；技术组件的监控包括可用性、响应时间、磁盘、存储等技术指标；基础设施的监控包括网络流量、丢包、错包、连接数等。监控的重点是延迟、流量、异常、资源饱和度这几个黄金指标。
- 预警：根据"感觉"采集的数据，对可能出现的故障提出警告，需要使用复杂事件处理的技术提高实时性，避免事件风暴。
- 故障定位：根据完整的调用链数据，对实时搜集的信息进行聚合分析，基于时间和类型快速定位问题，减少处理时间。基于多方数据整合分析，帮助分析根源问题。
- 趋势分析：结合跨时间长期趋势分析，及早发现潜在问题。

应用技术架构微服务化带来的系统复杂度，意味着相关运营监控手段需要相应提高，正所谓"魔高一尺，道高一丈"。这里我们希望从"感知"的角度，对建立运营监控体系进行分类，将体系内部关系解耦，避免技术堆砌带来的复杂度，为系统性建设提出指导原则。

第 7 章

中台之术：金融企业中台成熟度模型

7.1 基于业务、架构、软件过程和组织保障的多维成熟度模型简介

在金融企业数字化中台建设中，我们认为存在四个维度相互依赖的切面，即：

- 业务：中台建设的业务目标与策略。
- 架构：构建中台的技术手段。
- 软件过程：基于中台软件研发的流程、角色、职责和关系。
- 组织保障：角色和职责到组织结构的实际映射。

这四个问题很难割裂来看，它们互相关联，一个维度的变化会引起其他维度的变化。业务是最有影响力的因素，必须优先考虑；架构反映中台软件结构和规则问题；软件过程构建由架构确定中台产品；最后，通过组织保障执行软件过程。

我们将这四个维度互相关联的问题作为金融企业中台成熟度模型评估框架的四个评估维度，被评估的组织在每个评估维度上进行独立的成熟度级别评估。成熟度评估框架模型如图 7-1-1 所示。

图 7-1-1　成熟度评估框架模型

我们的评估框架依据业界经验收集并构建有效施行中台架构的金融企业的特征，其目的在于：

- 作为有效的中台架构的基准。
- 支持中台架构的评估，以评估金融企业的能力。
- 支持中台架构的改进，包括制定评估和改进计划。

评估框架如图 7-1-2 所示。

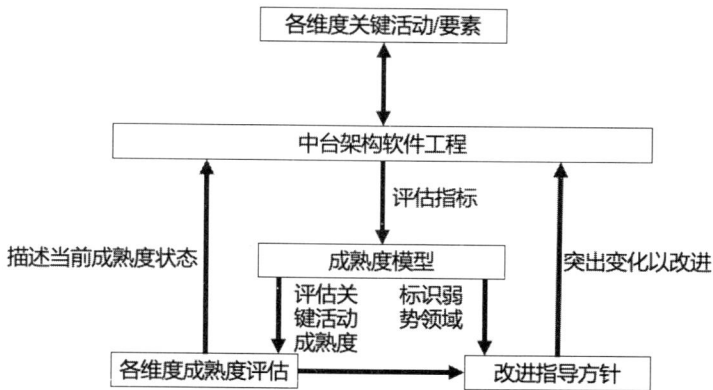

图 7-1-2　评估框架

我们对中台架构评估指标进行选择，考虑评估维度之间可能存在的依赖关系和权衡取舍，然后分别用业务、架构、软件过程和组织保障四个独立维度的评分来表示，评估的结果最终形成金融企业中台架构成熟度的画像。在接下来的章节中，我们将详细描述每个评估维度中不同评估级别的评估指标。

7.2 成熟度分级模型评估框架

7.2.1 业务成熟度模型

在中台实施过程中，要求我们用产品化方式建设可重用能力，因此业务是最关键的因素，这就需要对客户、竞争对手、市场细分、营销策略、财务、资产管理等进行持续的监控和评估。中台的业务成熟度模型旨在建立一个综合性评估手段，确定企业产品化方式实施中台的成熟度，并确定其优势和劣势。企业可以由此确定如何进行各种业务实践以及分配给中台研发的资源。模型的功能结构由一组专门为评估而设计的评估指标组成，五个成熟度等级按单项目、有意识、可管理、可测量和最优化的顺序递增。

中台架构的业务成熟度模型包括两个业务维度（愿景和战略、融合创新），以及分布在这两个维度上的 12 个业务实践，如表 7-1 所示。

表 7-1 业务评估模型

维度编号	业务维度	实践编号	业务实践
1	愿景和战略	1	愿景规划
		2	定位策略
		3	生命周期策略
		4	开发策略
2	融合创新	5	市场创新
		6	产品创新
		7	运营创新
		8	渠道创新
		9	营销创新
		10	数据资产创新
		11	软件研发创新

愿景，通俗地说就是中台建设的事业理想，是一个产品生存和发展的基石。愿景为产品指明清晰、长远的努力方向，为产品延伸的范围进行严格界定，并对产品核心价值和规划设定基调。建立愿景有助于企业以此为基础制定战略计划，并且为企业提供确立目标的一种参照标准。中台建设的愿景规划包括：

- 中台的核心经营理念和对未来前景的展望。
- 具体的行动安排，包括持续不断的改进和多样化的应对策略。
- 组织建设，包括对组织进行治理和建设。

以上三个方面共同构成组织统一的战略观，中台一切的战略思想和使命都是围绕愿景来展开的，而战略方针无不是围绕着客户。中台的客户既有前台应用，又有业务部门，也有运维等科技其他团队。产品品质的好坏取决于产品战略，包括定位战略、生命周期战略和开发战略。

产品化方式进行中台建设，中台的定位应考虑以下内容：

- 明确目标客户：对目标客户群体进行分析，仔细区分用户和客户，找到肯为产品"付费"的真客户。
- 确定产品核心价值：明确本产品能提供的独特卖点，为什么要做这个产品，能提供什么核心价值。
- 为客户解决了什么核心问题：明确我们的产品跟其他的产品对比有什么独到之处。
- 提供解决方案：明确产品需要实现的最重要的功能、解决客户问题的办法和时间计划。
- 确定渠道：明确通过哪些渠道找到客户，与客户有哪些接触渠道。
- 选择合作方：选择本产品涉及的各个参与方以及明确需要哪些人/部门/公司参与。
- 制定考核指标：明确需要考核的业务指标。
- 收入分析：说明产品的盈利模型、产品如何定价，并分析有客户付费情况。
- 成本分析：明确主要的成本支出以及所需要的主要资源，有哪些成本支出，收支平衡点在哪里？
- 竞争优势分析：分析我们与竞争对手相比有什么优势，如何保证我们的产品无法轻易被复制。

传统的软件开发基于各个单独的项目进行，基于中台的软件开发要求系统全面地对市场进行定位。既然是产品就不可能永远畅销，因为一种产品在市场上的销售情况和获利能力并不是一成不变的，而是随着时间的推移发生变化，这种变化经历了产品的诞生、成长、成熟和衰退的过程，就像生物的生命历程一样，所以称之为产品生命周期。产品生命周期就是产品从进入市场到退出市场所经历的市场生命循环过程，进入和退出市场标志着周期的开始和结束。典型的产品生命周期一般可以分成四个阶段：引入期、成长期、成熟期和衰退期。好的产品生命周期战略应做到：在引入期能瞄准市场，先声夺人；在成长期能顺应增长，质量过硬；在成熟期能改革创新，巩固市场；在衰退期能面对现实，见好就收。

传统的开发战略是指通过改良现有产品或开发新产品来扩大销售量的战略。中台的开发战略是建立在市场观念的基础上，企业向现有"市场"（企业或者生态）提供新产品，以满足"客户"（业务部门、前端应用、科技管理、运维）需要，增加"销售"（使用量、业务量）的一种战略。这种战略的核心内容是激发"顾客"的新需求，以高质量的新产品引导"消费"（使用）潮流。开发战略能避免企业临时地、随意地、盲目地开发和进入一些没有市场价值的产品，而忽视了那些真正能够提升市场竞争力的产品机会。开发战略指引中台产品开发的方向和路标。

熊·彼特认为，"创新"就是把生产要素和生产条件的新组合引入生产体系，即"建立一种新的生产函数"。参考这一理论，金融企业数字化中台建设，应从以下 7 个维度考虑，即市场创新、产品创新、运营创新、渠道创新、营销创新、数据资产创新和软件研发创新。以创新为基础，不断地开发新的可重用能力，通过提供给客户（业务部门、前端应用、科技管理、运维）满意的服务，让可重用能力真正被消费者认可，完善的业务模式和业务流程，使整个体系达到最优的状态，不断更新管理和制度，适应政策与业务环境的变化。

1. 级别1：单项目级

中台架构的第一个业务成熟度级别为1级"单项目"。这是最基本的级别，只分别考虑单个项目，没有证据表明组织执行业务实践以在业务和中台架构活动之间建立协调。该组织倾向于仅响应市场需求而进行多种产品开发，当前对中台架构方法缺乏了解。该组织没有建立中台架构的技术资源和技能，没有为领域工程准备专门的预算，所有预算都针对每个单独的系统，尽管他们对建立适合产品线工程的基础结构的兴趣日益浓厚。

2. 级别2：有意识级

中台架构的下一个业务成熟度级别为2级，并定义为"有意识"。此级别的组织通常都意识到中台架构能带来好处，从意识上总体把握中台架构，但是不知道如何管理中台架构，也没有清晰的中台架构愿景。在2级的早期阶段，组织无法使业务实践与产品线工程保持一致，但是企业没有清晰的策略来运行中台架构。应用开发时间表受进入市场的顺序影响，计划仍旧是按照单个系统开发来制定，但是在应用开发中有机会的话会考虑中台架构，很多可重用能力都是过程中产生，而不是有计划地开展。组织显示出对中台架构概念的兴趣，开始管理软件资产。总体而言，组织了解中台架构对实现业务目标的重要性。他们正处于建立中台架构基础架构的阶段，对中台架构活动进行投入，有一定的预算开支。目前还缺乏对业务和工程之间开展协作活动以启动中台架构的了解。

3. 级别3：可管理级

级别3（也称为"结果推断"）的组织能够建立中台架构的基础架构。组织对产品线愿景和目标都很清晰，该组织能够收集和传播市场信息，对中台架构已经有较好的认识，中台架构已经是商业战略的一部分。该组织将中台架构作为正式业务计划的一部分。中台架构的范围使组织可以识别潜在的业务案例。市场、客户和竞争对手的定位为软件产品的交付时间表提供了指导。中台架构预期收益驱动市场、销售和产品开发，可以以较低的成本进行大量定制化工作。战略计划开始权衡中台架构对实现业务目标至关重要的权重。建立中台架构基础架构所需的初始活动集在战略规划的议程之内。组织了解中台架构的流程方法，并能够开始在业务和产品线之间进行协调，分别计划领域工程和应用工程的路标。组织正在努力以创新的方式调整业务和产品线的工程结果，以占领目标市场。由于中台架构，商业组织开始感受到对其财务实力的积极影响，中台架构开始影响投资决策。

4. 级别4：可测量级

中台架构的业务成熟度的第四级是"主动"。这个级别的组织已经能够在业务策略和中台架构之间建立协调，企业对中台架构应用已经非常熟悉，中台架构可以很好地协助制定商业战略。中台架构决策受业务关注的影响，组织外部，包括客户和投资者都对产品线愿景和目标有比较清晰的认识，中台架构范围和应用要求与市场保持一致。应用交付时间表可满足市场需求。该组织能够维护和更新核心资产存储库，成本、收益和投资回报率都可测量，可变性管理也可度量，市场、销售和产品管理由这些可测量值指导。该组织已经获得了启动和维护中台架构所需的技能和知识，领域工程和应用工程的计划和路标共同计划，获取最好的业务价值。战略计划涵盖了产品线要求。组织的业务远景预见了产品线在长期业务目标中的重要性。在应用建设中引入了创新措施，组织的业务决策重视中台架构。

5. 级别 5：最优化级

最高的业务成熟度是"战略性"。级别为 5 的公司应用中台架构已经非常成熟了，中台架构和商业协调一致，共同作用。商业组织将中台架构软件产品系列视为战略资产，可以将其调动起来以实现所需的业务目标，基于中台架构开发的软件产品反过来调整或优化目标和愿景。应用的市场规模在一段时间内不断增长，市场和销售知道由中台架构带来的成本以及投资回报率，并可以使用这些知识改善商业战略。在中台架构之外，使用战略上的计划和路标获取最好的商业价值。该组织具有足够的资源和技能，可以对竞争对手的行为做出适当的响应。竞争对手将组织的产品线视为对其业务的直接威胁。该组织展示了产品开发的先驱者甚至先锋者的特征。中台架构有助于提高组织的财务实力，并能够准确地计算中台架构产品的成本和利润。中台架构在组织的业务构想中起着不可或缺的作用。中台架构在实现组织的战略目标中起着重要作用。业务与产品线方法完全一致。组织的业务决策受到中台与应用生产计划的强烈影响。

7.2.2　架构成熟度模型

评估中台架构的架构维度是改善组织中台架构过程的一项基本活动，包括领域工程、需求管理和建模、通用性管理、可变性管理、架构分析与评估以及架构工件管理等六个关键架构过程活动。我们将这六项架构过程活动划分为三个维度，即架构设计、产品线管理和架构组件管理。架构评估模型如表 7-2 所示。

表 7-2　架构评估模型

维度编号	架构维度	实践编号	架构实践
1	架构设计	1	领域工程
		2	需求管理与建模
		3	架构分析与评估
2	产品线管理	4	共性管理
		5	可变性管理
3	架构组件管理	6	架构产物
			业务组件
			技术组件管理

架构设计是程序或系统的体系结构、它们之间的相互关系、控制它们的设计和发展原则以及指导方针，它涵盖领域工程、需求管理与建模和架构分析与评估。软件架构正朝着中台架构的方向发展，中台架构的重点不是单一产品与应用的开发，而是基于可重用的多产品、多应用开发。架构设计可以有不同的方式：从零开始、基于现有组件进行设计或重用标准化架构进

行。因此，好的架构设计应利用和管理复杂的客户需求、业务约束和技术等机会，将风险降至最低。

在整个开发生命周期中，存在需求、设计、实现和测试等过程，领域工程和应用工程在这几个过程中互相匹配，流程都紧密相连。领域工程的子流程目的在于满足通用需求，而应用工程是为了生产可供使用的产品或应用。应用工程的子流程可以重用多达 90％的领域工程资产，在生产过程中会不断地提供反馈给领域工程，这种循环反馈才能确保平台持续迭代，提高产品或者应用的交付效率。

分析与评估架构的一些主要因素包括对系统进行分级分类，确定不同类型、不同级别的系统应采用的管控强度和具体设计要求，例如从系统重要性、安全要求等维度进行考虑。

中台建设的主要关注之一是对软件资产的有效利用，从而大大减少软件产品的开发时间和成本，因此必须解决业务开发中的可变性和共性，所有的应用共享相同的架构与可重用组件。通用性和可变性分析为软件工程师提供了一种系统化的方法来概念化和识别他们正在创建的产品与应用系列，使用特征模型来管理软件的共性和可变性。

架构组件管理对包括架构产物、业务组件和技术组件等在内的技术架构资产进行管理，将中台提供的可重用资产可视化，形成能力地图，提高中台可重用能力的利用率。

1. 级别 1：独立产品开发级

"独立产品开发"阶段表明，组织没有基于中台进行软件研发的稳定且有组织的体系结构流程活动。在这个级别的组织中，对中台架构的重要性缺乏了解，也没有证据表明该组织以协调的方式执行了领域工程、应用活动。相反，组织倾向于独立开发多个产品或应用。而且，没有定义从单个产品切换到共享通用体系结构的过程与方法。尽管组织对可重用能力越来越感兴趣，但该组织没有建立相应的技术资源和技能。

2. 级别 2：标准化基础设施级

"标准化基础设施"阶段表明，组织旨在采用可重用能力的建设，并鼓励员工获得并分享中台架构工程的知识和技能。在此早期阶段，该组织正在集中精力创建一个领域工程部门，以启动其可重用基础结构的开发。该组织了解对架构结构和模式进行建模的重要性，并且目前正在开发其专业知识来管理和建模。此外，组织了解通用性和可变性管理的重要性，但是缺乏对产品或应用之间的通用性和可变性进行系统和计划的管理。另外，也没有明确的准则或方法来评估。总体而言，该组织了解可重用能力建设的重要性，并且他们正在为之建立基础结构。

3. 级别 3：软件平台级

"软件平台"阶段表明，组织能够通过完成全面的领域工程活动来建立可重用的基础结构，战略计划表明了组织对制定建设中台的承诺。由于对该领域有足够的知识，因此会识别和记录中台架构要求。组织准备并管理需求模型，这些需求模型表示结构布局以及各个体系结构子单元之间的互连。随后，该组织使用体系结构描述语言来记录组件、接口等可重用能力，组织中的领域工程活动确定了一组设想的应用程序之间的共性和可变性。具体而言，在中台架构模型中明确标识了应用之间的共性和可变性。该组织已经建立了明确的指导方针和有据可查的方法来评估可重用能力建设。总体而言，组织了解可重用能力建设的过程方法，并且能够从体系结构方面简化相关的活动。

4. 级别 4：柔性可变产品级

"柔性可变产品"阶段表明，组织对可重用能力的范围进行了明确定义和记录，并详细说明了业务领域的要求。该组织开发并管理可变性和通用性模型，以引入受控的可变性，并最大程度地提高成功应用之间的通用性。此外，组织明确定义并利用质量和功能属性来评估可重用能力的建设。组件说明、接口要求、互连层次结构和变体机制均已明确记录且可追溯。组织中存在有效的沟通渠道，以解决与架构相关的问题。该组织致力于学习和改善他们在中台领域的知识。组织结构支持中台工程，并且领域和应用工程部门之间有很强的沟通证据。而且，各个部门和子部门之间的过程活动是同步的。

5. 级别 5：低代码平台级

架构成熟度最高的级别称为"低代码平台"。在此级别上，中台在组织的业务中起着不可或缺的作用。有很强的证据表明，组织的各个子部门可以协同工作来开发和管理中台。组织建立了跨职能团队，负责监督整个中台架构过程并支持管理层的决策。该组织从他们的实验中学到了改进中台架构流程方法的知识，并避免了将来的错误。因此，学习和获取有关中台架构的新知识是组织中的一个连续过程。领域和应用工程部门协同监督两个部门中活动的同步。必要时会定期检查和更新中台要求。此外，有效的通用性管理可以最大程度地在组织中重用软件，还支持中台中的创新并促进研发。该组织正在不断改进其评估中台架构的过程并尝试创新方法。

7.2.3　软件过程成熟度模型

软件过程成熟度模型处理软件开发中的角色、职责和关系。它涉及执行活动进行开发的方式。领域工程和应用工程的过程是软件开发过程，对软件开发过程进行评估的方法已经有非常成熟的 CMMI 评估体系，我们没必要另外再设计一套评估模型，因此，我们直接采用 CMMI 体系分别对领域工程和应用工程进行评估。由于应用程序设计过程与领域工程以及其他应用程序设计过程必须协调进行，我们可以从领域、应用程序和协作过程进行评估：

- 领域工程：执行领域工程工作的过程。
- 应用工程：执行应用程序工程工作的流程。
- 合作：执行领域和应用工程之间的协作活动的过程。

成熟度参考 CMMI 的定义分为初始级、受管理级、已定义级、量化管理级和可优化级，这里不再展开。软件过程评估模型如表 7-3 所示。

表 7-3　软件过程评估模型

维度编号	软件过程维度	实践编号	软件过程实践
1	领域工程	1	领域工程支持
		2	领域工程项目管理
		3	领域工程过程管理
		4	领域工程实施管理
2	应用工程	5	应用工程支持
		6	应用工程项目管理
		7	应用工程过程管理
		8	应用工程实施管理
3	协作	9	支持协作
		10	项目管理协作
		11	过程管理协作
		12	实施管理协作

7.2.4　组织保障成熟度模型

全面评估中台建设的组织规模对于改善组织内流程至关重要。中台成熟度评估模型的总体目标是双重的。首先，它提供了一种执行评估的机制，其次，它提供了对当前流程进行进一步更改以进行改进的指南。组织成熟度模型在评估框架中纳入了这些因素，评估过程将基于识别当前过程中组织保障的弱点，提出一些改进建议。理想情况下，在执行评估之后，改进指南将凸显当前中台架构过程中需要进行的改进。

组织成熟度模型由两个组织维度组成：组织行为和组织管理。更具体地，这两个维度可细分为 7 个组织因素。组织行为维度包括组织文化、组织承诺和组织学习的因素。组织管理关注诸如组织结构、变更管理、冲突管理和组织沟通之类的问题，如表 7-4 所示。

表 7-4　组织评估模型

维度编号	组织保障维度	实践编号	组织保障实践
1	组织行为	1	组织文化
		2	组织承诺
		3	组织学习
2	组织管理	4	组织结构
		5	变更管理
		6	冲突管理
		7	组织沟通

1. 级别 1：初级

组织成熟度的初始阶段是指尚未为中台提供稳定且组织化的环境的组织。在这种情况下，没有证据表明组织以协调的方式执行中台活动。该组织倾向于仅响应市场需求而进行多种产品开发，并且软件资产的可重用性是随机的和（或者）根据需要而定的。当前，没有从单一产品切换到一系列产品的明确程序。另外，由于缺乏对中台架构方法的理解，导致与任务相关的不必要的私人冲突。同样，部门及其子部门之间的沟通也很差。尽管组织对于开发适合于中台的基础设施兴趣日益浓厚，但他们缺乏这样做的技术资源和技能。

2. 级别 2：持续级

建立中台架构的下一个组织成熟度级别是 2 级，定义为"持续性"。此级别的组织通常都知道中台的潜在好处，并鼓励员工获得并分享知识和技能。在级别 2 的早期阶段，组织会引入公司结构的更改以支持中台架构。该组织展示了将中台架构纳入其战略计划和未来方向的行动和承诺。它具有处理任务冲突的已定义策略，这些冲突主要是由于对软件过程方法的误解而发生的。组织学习揭示了对中台概念的兴趣。因此，管理层支持员工重用软件资产。在组织内各个实体之间存在已定义的通信协议，该协议可帮助决策。总体而言，该组织了解中台架构对实现业务目标的重要性，并且目前正致力于建立支持中台架构的基础架构。

3. 级别 3：精简级

级别为 3（也称为"精简"）的组织可以通过合并定义的策略和程序来建立中台的基础架构。该企业的战略计划表明该组织致力于对中台架构进行长期投资。员工具备所需的中台方法知识，并且他们与管理层一起不断学习改进流程。员工还了解中台对实现组织业务目标的重要性。而且，组织结构完全定义了个人和团体在执行中台任务中的角色和职责。他们在建立特定中台方面的经验使之能够对组织结构进行改进。而且，过程方法和产品功能的变化有据可查且可追溯。该企业基于共享信息并跨部门提供反馈。维护、使用和更新软件资产，这说明了企业具有针对软件资产可重用性的强大组织文化。管理层支持积极的冲突，并鼓励公开讨论和交换意见以解决与任务相关的冲突。总体而言，组织了解中台的过程方法，并且能够从组织的角度简化中台架构的活动。

4. 级别 4：成熟级

4 级中台架构的组织成熟度称为"成熟"。此级别的组织能够与中台协调组织策略。在这个级别，中台的工程决策受员工共同愿景的影响。中台架构中还引入了创新措施，这些措施反映了采用产品线工程中组织文化的丰富性。员工认为中台是实现长期组织业务目标的重要战略目标。该组织会跟踪其错误，并从经验中吸取教训，以免重蹈覆辙。人际冲突与任务冲突的数量也很少。员工可以访问所需的信息以协助他们的工作绩效。组织内部存在开放的沟通渠道，员工在表达自己的观点时感到顺畅，各个部门和子部门之间的过程活动是同步的。

5. 级别 5：制度化级

级别 5 是组织成熟度最高的级别，称为"制度化"。级别 5 的组织认为中台是一种战略资产，可以动员起来以实现所需的业务目标。中台在组织的业务构想中起着重要作用。可重用的工艺方法的研究与开发是一个持续的过程。该组织从以前的经验和错误中吸取教训，并利用这些经验教训来改进流程方法。员工更喜欢团队合作，团队内部信任在最大限度地减少任务冲突方面发挥着重要作用。组织内的信息流是自由而流畅的。管理层密切听取员工的意见，并认为只有通过向员工公开提出建议的改进计划，才能实现质量绩效和生产率。此外，管理层还允许员工尝试他们的想法和创新概念。所有组织单位都是集体工作，每个人都认为组织可以切实实现其目标。

7.3　成熟度评估流程

对金融企业数字化中台架构成熟度评估过程而言，其目的是如何能够客观地确定组织所处的状态，因此最为重要的是如何采集信息以及据此进行判断。我们将整个评估流程（见图7-3-1）分成四个阶段。

1. 阶段一：评估准备

完成成熟度评估过程的准备和设定，其中确定目标（评估等级）、建立责任人（评估小组）、工作范围（业务、架构、软件过程和组织保障）、成熟度评估计划（时间、进度和资源）等活动。

2. 阶段二：执行评估

根据第一阶段制定的计划进行数据采集和分析，确定发现的问题并进行评级。主要是访谈相关人员，采集覆盖所有业务、架构、软件过程域、组织保障等活动，同时能够表征组织中台架构能力的数据，并记录数据域目标的差距。

3. 阶段三：分析评估

在此过程中，需要多次重复分析采集到的数据，直至达到相应目标，然后确定相应的发现，确认每一个关键实践的评定。

4. 阶段四：报告结论

评估小组向评估发起人和被评估组织递交相应的评估结论和改进建议。根据组织要求，归档相应评估资料，并按计划要求对部分信息进行保密处理。

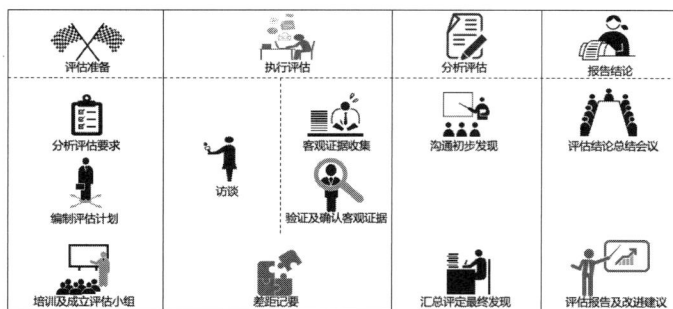

图7-3-1　评估流程

7.3.1　评估准备

开始评估之前，我们要做好充分准备。

首先，要分析评估要求，其目的在于理解发起评估的组织对于这次评估的具体要求。这些具体要求包括：

- 评估小组负责人应与发起评估的组织充分沟通，了解被评估组织的商业目标，在这个大背景下拟定合理的评估目标，比如：减少费用、改善质量、缩短产品面市时间等。
- 评估工作的开展需要被评估组织在资源上给予支持，评估所采取的方式方法的限制和对资源的要求之间需要能达到平衡。
- 评估涉及被评估组织的方方面面，评估过程就是对各方面关键实践活动的调查验证，我们需要明确评估的范围涵盖被评估组织的哪些部门、哪些活动。
- 评估的交付物哪些是必需的，哪些是可选的或者可裁剪的，譬如文档化的评估结果是否要整理编写成最终报告，是否要对评估过程中发现的问题给出改进建议等。

其次，通过评估要求的分析，评估人员在对评估目标、约束、范围和输出形成共同理解的基础上对下一步评估工作做出合理安排，编制相应的工作计划。

最后，我们要在被评估组织中挑选出相关的核心人员，共同组成评估小组，并对他们进行培训，让他们了解评估工作的开展形式和需要他们给予支持的地方。

7.3.2　执行评估

执行评估的过程是对评估内容相关的人员进行访谈，了解被评估组织当前的现状，同时收集相关的资料和证据，比对访谈记录和实际的证据，验证受访人员的陈述内容的准确性和可信程度。

由于中台成熟度评估涉及业务、架构、软件过程和组织保障等多个维度，并有一定的深度，访谈对象的选择范围有一定的要求，调研访谈的所有受访者都必须是被评估组织的正式员工，并在过去三年中与该组织的中台架构有关联。其中，多数受访者应为组织中高级技术管理人员，与软件开发过程相关；一部分受访者应来自前端应用、业务部门、科技管理、系统运维、架构等部门；另一部分受访者应在制定政策或实施组织战略方面扮演着自上而下的角色。

成熟度模型评估框架使用业务、架构、软件过程和组织保障四个维度和各维度的五个成熟度级别应具备的一系列关键实践评估指标，来刻画被评估组织当前的成熟度状态，访谈对象要在访谈过程中表达对每个关键实践评估指标的观点，即被评估组织在某个方面的现状是否正如关键实践评估指标中陈述的那样。

我们举个例子来说明评估的过程。在成熟度模型评估框架的业务维度中，成熟度级别为四级的"业务愿景"关键实践评估指标有以下两项：

- 业务愿景已传达给组织的所有成员，他们致力于实现组织目标。
- 软件产品线是组织业务愿景的一部分。

那么在访谈过程中，评估小组要与访谈对象确认被评估组织的"业务愿景"现状是否如关键实践评估指标所陈述的那样，其符合程度我们以认同度级别来判定：

- 完全认同
- 非常认同
- 部分认同
- 不认同

认同度级别对成熟度评估指标提供了一组定量的度量，这些度量最终反映了被评估组织中的访谈对象对每个成熟度指标评价的认同程度。具体来说，如果访谈对象认为某项评估指标所代表的能力表述，符合被评估组织当前的现状的程度超过 80%，那么我们认为访谈对象完全认同被评估组织的某项成熟度能力达到了该项评估指标，我们将该访谈对象对此项评估指标的评估结果记为 4 分，以此类推，如表 7-5 所示。

表 7-5　评估指标的评分

评分	对指标项表述的认同程度	评分标准（指标表述与现状的符合程度）
4	完全认同	>80%
3	非常认同	66.7%~79.9%
2	部分认同	33.3%~66.6%
1	不认同	<33.2%

当然，访谈对象也可以选择对不想回答的任何成熟度指标项的能力情况进行回避，即不做任何评价。如果访谈对象认为被评估组织当前的"业务愿景"成熟度现状正如关键实践评估指标所述的那样，那么访谈对象要给出有力的数据以证实其观点。评估小组根据访谈对象提供的线索收集、验证和确认这些证实该观点的数据，留待后续分析评估。

我们的调研访谈采用自下而上的方法，每位访谈对象必须先完成成熟度一级的调查，然后逐步增加到成熟度五级。调研问卷中成熟度评估指标项的设计也基于自下而上的方法，在这种方法中，当从较低的级别向较高的级别进行考量时，较高级别的指标项会呈现出更多的增强特征，即较高成熟度级别的评估指标项中所陈述的能力包含并超出较低成熟度级别的评估指标项中陈述的能力，并层层递进。例如，"业务愿景"成熟度各级别的能力陈述如下：

- 级别一：员工不知道该组织在未来的发展方向。
- 级别二：该组织正处于计划阶段，已设定未来目标，并将软件产品线定位为实现预期目标的重要工具。
- 级别三：
  - ➤ 该组织具有记录良好、表述清晰的业务愿景声明。
  - ➤ 在组织的业务愿景中，软件产品线旨在留住当前客户并吸引未来客户。
  - ➤ 中台或可重用能力建设被认为对于组织实现其未来目标至关重要。
- 级别四：
  - ➤ 业务愿景已传达给组织的所有成员，他们致力于实现组织目标。
  - ➤ 中台或可重用能力建设是组织业务愿景的一部分。

- 级别五：
  - ➢ 定期检查业务远景，根据需要进行更新，并传达给组织中的所有人。
  - ➢ 员工了解软件产品线在业务中的重要性，并认为组织可以切实实现其目标。
  - ➢ 中台或可重用能力建设在实现组织的业务构想中起着重要作用。

在调研访谈中，我们将一些主要的数据来源（如文件、计划、模型和参与者）告知受访者访谈对象，这样可以减少由于判断不当而高估或低估的概率，从而提高调研访谈的可靠性。同时，针对每个成熟度评估指标，调研访谈中还会采集多个访谈对象的反馈意见，来提高评估方法的可靠性。由于一个组织内的多个访谈对象可能存在意见冲突，因此我们在调研访谈中还要进行跨访谈对象的协调分析，尽可能减少评估偏差。

7.3.3　分析评估

在分析评估过程中，我们就各个访谈对象的各个评估指标项的评估结果进行沟通，汇总整理各访谈对象的评估结果。初步的评估结果是依据各访谈对象的评估结果进行定量计算得出的，如果对某个评估指标项进行打分时，打分为 3 分以上的人数超过对该指标进行打分的访谈对象人数的 80%，那么我们就认为被评估组织的该项评估指标达标了。

接着，我们来分析被评估组织的成熟度级别。每个评估维度的每个级别都是由若干个评估指标项组成，如果某一级别下的 80%以上的评估指标都达标了，那么我们就认为被评估组织在这个评估维度上达到了这个级别。

最后，我们看被评估组织在某个维度上的成熟度级别最高能达到什么级别，我们取这个最高的成熟度级别作为被评估组织在这个维度上的最终级别。

假设某评估维度的成熟度三级共有 20 项评估指标，成熟度四级共有 15 项评估指标，成熟度五级共有 10 项评估指标，访谈了 10 人。对于某一项评估指标而言，如果有 8 人以上给出了 3 分以上的分数，我们就认为这项评估指标达标了。而成熟度三级的 20 项评估指标如果有 16 项以上达标，那么我们就认为成熟度已经达到三级了。进一步分析，如果成熟度四级的 15 项评估指标有 12 项以上达标，五级的 10 项评估指标只有 7 项（不足 80%）达标，那么综合起来得出的评估结果就是，该被评估组织在这个评估维度上的成熟度达到了四级。

7.3.4　报告结论

分析评估之后，我们对评估结果进行总结和修正，将评分结果和佐证数据一一映射到评估指标上，从而得出严谨的评估结论，形成评估报告。并根据评估准备阶段确定的目标，剖析成熟度现状与目标之间的差距，以及达到目标所面临的挑战，以成熟度雷达图的形式直观展现。成熟度雷达图如图 7-3-2 所示。

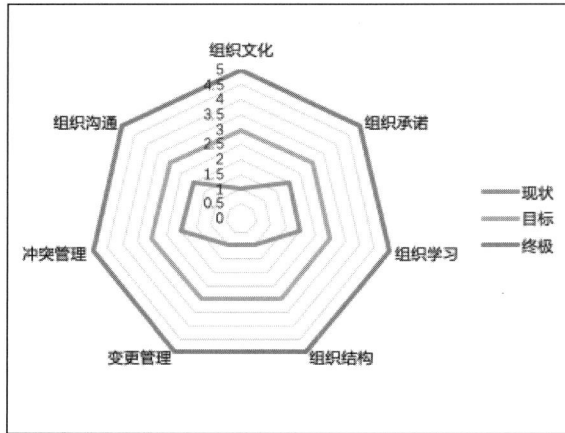

图 7-3-2 成熟度雷达图

根据成熟度评估结果和目前的差距与挑战，结合其他金融企业的经验，在评估报告中对被评估组织提出改进建议。